KB058265

아프리카의
배터리 킹

가나 빈곤층에 희망을 밝힌 착한 자본주의 실험기

아프리카의 배터리 "킹"

맥스 알렉산더 지음
박산호 옮김

Bright Lights, No City

시공사

더러운 내 성질을 참아 주면서
더러운 제 성질 또한 유감없이 보여 준
동생에게

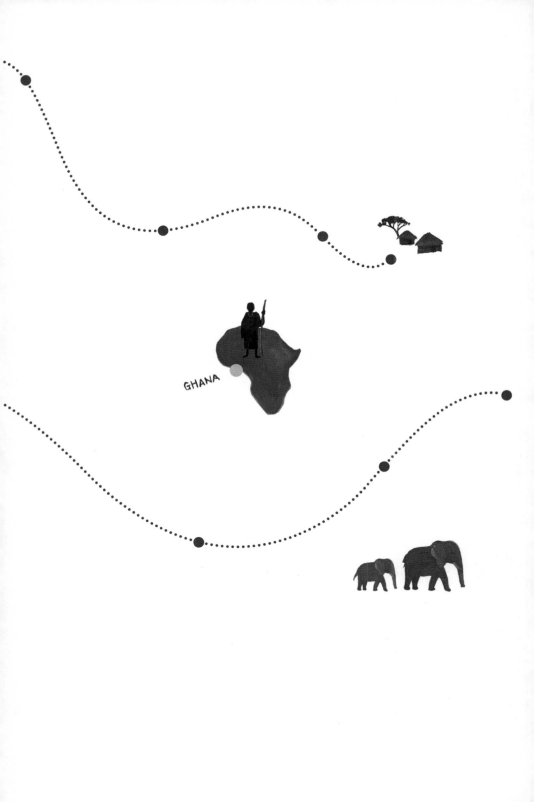

GHANA

차례

가나와 나는 17일 간격으로 태어났다. 1957년 3월 6일 황금해안으로 알려진 영국의 전초기지가 아프리카 사하라사막 이남의 식민지 중에서 가장 먼저 독립했다. 그 선례를 따라 현대의 가나는 연철을 만드는 것처럼 인간의 교만과 고통이라는 하얗게 타오르는 불길에 달궈졌다가 거친 망치로 두들겨 맞으면서 조악하게 만들어졌다. 하지만 반세기에 걸쳐 타오르던 그 하얀 불길도 이젠 사라지고 그보다 더 밝은 새벽이 가나에 찾아왔다. 현재 가나는 자유분방한 언론과, 활기찬 다당제 민주주의, 정치에 큰 관심을 가지고 적극적으로 참여하는 유권자들, 정당한 법적 절차에 따라 정치가 행해지는 전통이 자리 잡은 국가다. 그렇지만 가나의 부와 사회적 지위는 지배계급을 살살 구워삶은 연줄 좋은 사업가들이 독점하다시피 했으며, 정치가와 그런 사업가가 손을 잡아 사실상 소수 독재정치를 하는 이면도 있다. 이런 사정은 미국도 마찬가지 아니냐고 말하는 사람이 있을 것이다. 미국과 가나의 큰 차이점은 가나는 사회·정치적 연줄이 가늘고 섬세하면서도 촘촘하게 얽혀 있는 작은 국가라는 점이다. 현재보다 조금 더 잘살아 보고자 하는 가나 사람이 권력을 쥐고 있는 사람에게 얼핏 아주 사소해 보이는 무례한 언동이라도 하면 감옥에는 가지 않더라도 그 사람의 경력은 그것으로 끝장날 수 있다. 그래서 여기 나오는 가나 사람 몇 명은 가명을 써야겠다고 생각했다. 이 책에 나오는 가명은 그런 이유에서 비롯된 것이다. 가명을 제외한 나머지는 모두 사실이다.

논리라고? 아, 친애하는 나의 새 친구여, 그게 논리긴 하지, 그렇지.
하지만 그건 자네의 논리가 아니야. 그건 아프리카의 논리라네.

-레드몬드 오한론,《콩고 여행(Congo Journey)》

우리가 성공한 이유는 사람들과의 대화를 통해
그들의 감정과 애로 사항을 알았기 때문이다.

-콰메 은크루마, 가나의 초대 지도자

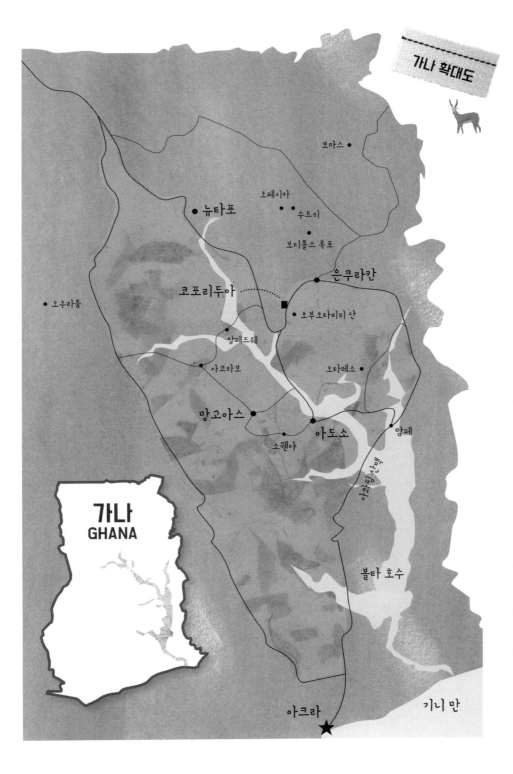

가나 확대도

보마스 •

오페시카 •
뉴타포 ●   • 수트리

보티폴스 폭포

은쿠라칸 ●

코포리두아 ....■

오우라툼 •   • 오부오타비리 산

암페드웨 •

아코라보 •   오타레소 •

망고아스 ●   맘페 •

소퀜야 •   아도소 ●

아콰폼산맥

가나
GHANA

볼타 호수

아크라 ★   기니 만

착륙

2008년
회사 창립

현장이 생명. 동생이 아프리카에서 사업하면서
배운 것은 대부분 현장에서 고객들에게 직접 배웠다.

Bright Lights, No City

나는 아프리카에 관심을 가진 적이 없었다. 평화봉사단에 가입하거나, 잠베지 강에서 래프팅을 하거나, 역사적인 도시 페즈에서 물건값을 흥정하거나, 킬리만자로에 올라가고 싶었던 적도 없다. 내가 좋아하는 어니스트 헤밍웨이의 소설 배경은 강렬한 햇살이 이글거리는 세렌게티가 아니라 기후가 온화하고 친숙한 이탈리아, 프랑스, 미시간 같은 지역, 짜증스러운 벌레는 아주 가끔 나오고 스테이크의 마블링이 기가 막힌 그런 곳이었다. 뿌리채소인 얌을 주식으로 하는 아프리카 식단에도 관심 없었다. 아프리카를 위한 자선 콘서트에 가 볼 생각조차한 적이 없었다. 어렸을 때 하워드 호크스 감독의 영화 〈하타리〉를 보고 나서 가 볼까 생각한 적은 있지만, 잠깐뿐이었다. 심지어 사파리에 가 보고 싶었던 적도 없다. 탄자니아라고? 영화배우 척 노리스를 인터뷰하러 캘리포니아 남부의 타르자나를 방문한 적이 있는데, 그게 나로서는 탄자니아와 가장 비슷한 곳에 가 본 경험이다.

하지만 동생 휘트는 매년 인플레이션이 20퍼센트를 넘고, 군사 쿠데타가 일어나면 사람들이 집단 총살을 당하는 나라에서 하루에 1달러를 버는 사람들에게 건전지를 대여해 주는 '부로Burro'라는 상호로 사업을 시작했다. 사업적인 시각에서 볼 때 폭삭 망할 조짐이 다분했다. 이를테면 사업 실패작만 모아 놓은 명예의 전당에 설 가능성이 농후한 아이디어였는데, 오히려 난 그래서 그 사업에 관심이 갔다.

휘트는 젊었을 때 서아프리카에서 몇 년 살았다. 처음에는 유학생으로, 나중에는 다양한 구호단체에서 일하면서 동생은 훌륭한 자선단체가 아프리카 사람들의 삶을 크게 변화시키고 있지만, 결국에는 정부에서 거저 주는 지원금이나 자선 콘서트가 아닌 시장이 아프리카 빈곤 문제에 장기적으로 효과가 지속되는 해결책을 내놓을 것이라고 믿고 있었다. 동생의 그런 생각은 시의적절하면서도 최신 트렌드에 잘 맞는 것이기는 했다. 다보스에서 시애틀까지, 잠비아에서 뉴욕까지, 학자들과 재계 거물들은 가난한 사람들에게 그들이 살 수 있는 유용한 물건을 제공하고, 그 과정에서 지속 가능한 기업을 설립해 고용을 창출하는 방법에 대해 무수히 논의해 왔다. 그러나 아프리카에 사업 기회를 제공하자고 이야기만 하는 것은 자선 콘서트에 참석하는 것과 별반 다르지 않다. 그런 이야기를 하는 콘서트에 참석하든, 하는 사람의 기분만 좋아질 뿐 현실적으로 그들이 희생할 필요는 없기 때문이다. 하지만 가족을 고국에 남겨 두고 사업 비자를 받아 아프리카 공항에 착륙하는 것은 전혀 다른 차원의 문제다.

내가 관심을 가졌던 건 바로 그 착륙이었다.

그리고 동시에 그 위험에 매료됐다. 여기서 내가 말하는 위험이란 새로운 소아마비 변종 바이러스에 감염된다거나 반란군에게 붙잡혀 신체 일부가 절단되는 그런 넓은 의미에서의 위험이 아니라 사업상의 위험을 뜻한다. 왜냐하면 내게는 동생의 이 정신 나간 창업 계획을 놀려먹는 것보다 세상에서 더 재미있는 일은 없기 때문이다. 1997년 동생은 마이크로소프트에서 함께 근무했던 동료인 리처드 테이트와 손을 잡고 새로운 보드게임을 만들었다. '모든 사람이 빛을 발하는 게임'이 바로 리처드가 최초에 구상한 아이디어의 골자였고, 그 결과 나온 것이 바로 크레니엄 보드게임이다. 휘트가 날 고용해서 게임 첫 버전에 나오는 질문을 쓰게 했다. 나는 그 일에 열정적으로 매진했지만 나중에 제정신이 돌아오자 시큰둥해졌다. 상식 퀴즈, 제스처 놀이, 단어 퍼즐, 휘파람 불기, 찰흙 만들기를 섞은 이 게임은 너무 산만한 데다가 사람들의 마음을 사로잡지 못할 것 같았다. 아무도 이런 게임을 사지 않을 거란 생각에 동생이 불쌍해졌다.

그러나 곧 내가 보드게임에 대해 아무것도 모른다는 사실이 드러났다. 크레니엄은 히트 게임이 돼 줄리아 로버츠 같은 명사의 마음을 사로잡았고, 두뇌 기능을 향상시키는 영양 식품처럼 스타벅스에서 날개 돋친 듯이 팔려 나갔다. '크레니엄의 주역들'인 리처드와 휘트는 순전히 자력으로 그 업계의 유명 인사가 됐다. 둘은 〈피플〉에도 실리고 경제 잡지 〈아이엔시Inc〉 표지에도 실렸다. 심지어 듀어스의 스카치 광고에도 출연했다. 항상 후줄근하게 입고 다니던 동생은 캘빈클라인 양복에 휴고보스 셔츠를 받쳐 입고 넥타이까지 매고 나와서 점잖은 사업가인 양 사기를 쳤다.

그 후 몇 년 동안 크레니엄은 새로운 게임을 많이 발표했는데 내 눈에는 대부분 형편없어 보였다. 그래서 휘트에게 "그건 아무도 사지 않을 거야. 움직여야 하는 부분이 너무 많잖아", "아이들이 그 주사위를 입에 넣었다가는 질식할 거다", "우리 집 고양이도 그 게임을 하면 이기겠다" 같은 망언을 퍼부었다. 하지만 내가 깎아내린 게임들은 매년 개최되는 뉴욕장난감박람회에서 그해의 게임으로 선정되곤 했다. 대체 이 인간들은 내가 모르는 무슨 심오한 비법이라도 알고 있는 걸까?

내막을 알고 보니 그런 비결은 없었다. 혁신가들은 자신의 뇌보다 직감을 훨씬 믿지만 평범한 사람들은 대부분 그렇게 위험을 무릅쓰면서까지 스트레스를 받는 걸 달가워하지 않는다. 우리는 빌 게이츠를 머리는 좋으나 세상 물정 모르는 천재라고 생각한다. 빌 게이츠가 정말 그런 사람일지도 모른다. 하지만 이 점을 한번 생각해 보자. 빌 게이츠가 하버드를 중간에 때려치우고 마이크로소프트를 시작한 데는 뭔가 강력한 직감이 작용했기 때문일 것이다. 정말 세상 물정 모르고 머리만 좋은 괴짜였다면 학교를 제대로 마쳤겠지.

2008년 1월, 빌 게이츠는 다보스세계경제포럼에서 '창조적 자본주의'라는 자신이 명명한 주제를 놓고 연설했다. 그는 기업들에게 경제적 사다리에서 가장 낮은 단계에 있는 소비자들에게 도움이 될 수 있는 혁신적인 제품 개발을 촉구하면서 자선만으로는 개발도상국 사람들이 빈곤에서 벗어나지 못한다는 점을 지적했다. 그리고 그들의 삶을 향상시켜 줄 해결책을 발명할 시장의 힘이 필요하고, 적정한 가격에 유용한 상품을 출시하면 가난한 사람들이 스스로 길을 다져 나아갈 것이라고 말했다. 그는 이 모델을 서로 상생할 수 있는 상황으로 묘사했다. 빈민이 스스로 자신의 삶을 향상시켜 현대적 의미의 소비자가 되는 동안,

기업은 돈도 벌고 사회적으로 인정받게 된다는 것이다. 심지어 제3세계에서 개발한 혁신적인 제품을 선진국 시장에 적용할 수도 있을 것이라고 했다.

대단한 연설이었다. 이 연설을 들으면 인디애나 존스가 산탄총과 스프레드시트를 들고 아프리카의 대초원을 횡단하는 모습과 〈세일즈맨의 죽음〉의 늙은 세일즈맨 윌리 로먼이 터벅터벅 걸어가는 모습이 떠오른다. 하지만 그들이 아프리카에 있다면 블로그를 하거나 홍보 담당자를 끼고 있지는 않을 것이다.

휘트는 개발도상국에서 새로운 해법을 찾고 있는 선구자(서구인과 토착인 양쪽 다)를 몇 명 알고 있다. 하지만 자금을 조달하고 투자자를 찾는 데 있어서 휘트만큼 전통적인 사업 경영 방식을 열정적으로 적용한 사람은 거의 없을 것이다. 사람들은 대부분 비영리단체에서 일종의 창업 보조금을 지원받으려고 하지, 이윤 추구를 기반으로 투자자를 끌어들이는 경우는 거의 없다. 그리고 휘트처럼 브랜드 개발에 집중하는 사람, 마을마다 찾아다니면서 실제 현장 상황을 기록하는 이도 없다.

아프리카에 대해 알려고 노력하면 할수록 나는 동생이 가장 멀리까지 나간 몇 명 중 한 명임을 알게 됐다. 아니, 이 새로운 운동을 최초로 시작한 몇 안 되는 사람 중 하나일 것이다. 어쩌면 이 일은 순식간에 사라져 버릴지도 모른다. 아니면 세상을 바꿀 수도 있고. 어쨌든 난 그 자리에 있고 싶었다. 휘트가 내 동생이기 때문만은 아니다. 전 세계적으로 경기가 침체되고, 일자리가 사라지고, 은행이 망하는 상황에서, 나는 개발도상국에서 사업을 하는 것이 가난한 사람들을 돕는 것 이상의 일을 할 수 있겠다는 생각을 하게 됐다. 어쩌면 세계에서 가장 가난한 사람들이 그 나머지 사람들에게 더 잘사는 방법을 가르쳐 줄 수 있을지도 모르겠다는 생각이 들었다.

2007년 베스트셀러인 《심오한 경제: 지역사회의 부와 장기적 미래^{Deep} Economy: The Wealth of Communities and the Durable Future》에서 빌 매키벤은 현대 자본주의의 초석과 같은 믿음, 즉 '성장은 좋은 것이고 더 많은 것이 더 좋은 것이다'라는 믿음은 자원이 유한하고 대중 심리가 변하기 쉬운 현대에는 맞지 않다고 주장했다. 그는 더 많은 것과 더 나은 것을 구분하고, 기존의 시각으로 봤을 때에는 비효율적일 수 있으나 장기적으로 봤을 때에는 지속 가능성이 훨씬 높은 소규모 지역 시장을 육성하는 새로운 자본주의 패러다임을 주장했다.

매키벤식의 새롭고 유익한 자본주의를 실제로 시험해 보기에 가나는 가능성이 있어 보였다. 가나는 절반이 넘는 사람들이 아직도 전기가 없는 곳에서 살고, 많은 사람이 가까운 장이 서는 읍보다 더 먼 곳은 가 본 적도 없다. 그 거리라고 해 봐야 고작 자기가 사는 마을에서 걸어서 반나절 정도다. 작고 비효율적인 지역 시장들로 이뤄진 나라에서 자본주의의 새 패러다임을 시험해 보고 싶다면 가나가 이상적인 곳일 수 있다. 하지만 내 아내는 아프리카 사람들에게 전기와 좋은 정부가 아닌 더 많은 '물건'이 진정 필요한지 의문이라고 했다. 의도는 좋지만 '어쩌면 우리가 하는 일이 르완다에 월마트가 들어서기에 더 좋은 조건을 만들고 있는 건 아닐까' 하는 것이었다.

"형수님은 유치원 선생님이잖아." 2008년 하반기 어느 날, 통화 중에 내가 그 이야기를 꺼내자 휘트가 말했다(휘트는 사업을 시작하기 위해 그해 여름 가나에 갔다). "형수님은 하루 종일 아이들과 나무 막대기를 가

20

지고 놀면서 비디오게임에는 손도 못 대게 하잖아. 그러니 당연히 아프리카에 소비지상주의가 생길까 봐 걱정하지. 내 생각에 형수님은 다른 취미가 필요해. 레이저로 하는 목각 같은 하이테크적 취미가 좋을 것 같은데……. 형수님은 하루 종일 여섯 살짜리들과 형하고만 시간을 보내잖아. 그러니 당연히 편견이 생기지. 농담이 아니라, 아프리카 사람들은 정말 물질만능주의하고는 거리가 멀어. 적어도 여기 미개간지에 사는 사람들은 그래. 내가 부로에서 하는 일은 이곳 사람들에게 긍정적인 영향을 미치는 거야. 하긴, 여기 수도 아크라에 있는 쇼핑몰에서도 직업만 있으면 뭐든 외상 거래를 할 수 있다는 전단을 어마어마하게 뿌려 대고 있어. 아무 의미도 없고 쓸모도 없는 것들을 소비자들에게 제공하고 있지. 그 쇼핑몰들은 가나 엘리트들의 돈을 긁어 가기 위해 상상할 수 있는 모든 물건을 팔고 있어. 그런데 가나 사람들은 쇼핑 요령이라곤 전혀 없어. 그러니 도살장에 끌려온 양 같은 신세지. 부로는 정부나 자선단체의 도움을 받지 않고 저소득층이 감당할 수 있는 가격에 그들의 생산성을 높여 주는 제품과 서비스를 제공하면서 거기서 지속적으로 이윤을 확보하는 게 목적인 기업이야. 그게 어떻게 아프리카 사람들에게 악영향을 미칠 수 있는지, 하나님을 걸고 맹세하는데, 난 정말 모르겠어."

"거기에 하나님은 갖다 붙이지 않는 게 좋을걸. 아프리카 사람들은 무지하게 독실한 데다 거긴 부두교도 있잖아."

동생은 내 말을 무시했다. 그래서 이제 그것이 우리 대화의 주제가 됐다. 내가 이래 봬도 왕년에 매년 예산이 600만 달러에 달하는 일간지를 경영한 적도 있는데 휘트는 내가 수도원에 칩거하는 수녀 정도의 사업 감각을 갖고 있다고 생각했다.

"들어 봐, 가나가 아프리카 기준으로 봐서 비교적 부유한 국가라는 건 내가 보장할게. 가나는 사하라사막 이남의 국가 중에서는 1인당 국내총생산이 10위 안에 들어. 섬 전체가 놀이공원 같은 세이셸 같은 나라를 빼면 말이야. 세계은행은 가나를 아프리카에서 경제활동이 아주 활발한 나라 중 하나로 보고 있고. 그것도 우리가 여기 온 이유 중 하나지. 하지만 그건 다 상대적인 거야. 글자 그대로 굶어 죽는 사람은 없다는 뜻이지, 지금 당장은. 하지만 영양실조에 걸린 사람이 부지기수야. 깨끗한 식수는 요원한 꿈이고. 성인이 받은 공식적인 교육이 평균 4년이 안 되고, 인구의 4분의 1, 어쩌면 그보다 더 많은 사람이 문맹이야. 이 사람들은 형이 생각하는 그런 다람쥐 쳇바퀴 도는 생활하고는 거리가 먼 삶을 살고 있다고."

"내가 거길 가는 건 정신 나간 생각인 것 같다."

"그건 형이 내릴 결정이고. 부로에서는 구성원 각자가 알아서 자신이 위험한지 판단해야 해."

맞다. 그건 휘트가 내릴 결정은 아니었다. 문제는 아프리카가 나를 부르고 있다는 것이었다. 동생과의 사이를 다시 돈독하게 다질 수 있는 기회였다. 그 기회는 1년 전 아버지가 갑자기 돌아가셔서 둘이 장례식을 준비하면서 시작됐다. 게다가 아버지가 돌아가셨으니 다음은 나라는 불안감도 있었다. 미친 짓 같아도 죽기 전에 동생과 뭔가 의미 있는 일을 해 볼 기회가 또 있을까 싶었다.

그리고 2008년 하반기가 아프리카에서 새 사업을 시작하기에 적기가 아닐지 모르지만(전 세계적 경기 침체로 국내 경기도 엉망인 상황에서),

다른 대륙에 관심을 가져 보는 것도 좋을 것 같았다. 휘트가 자원봉사를 하러 그곳에 가는 것은 아니었지만, 그의 성공은 전적으로 불쌍한 아프리카 사람들이 필요로 하고 원하는 게 무엇인지 이해하는 그의 능력에 달려 있다고 해도 과언이 아니었다. 그 출발점은 아마 휘트가 아프리카 사람들이 하는 말을 주의 깊게 듣는 일일 것이다. 내가 그때까지 사회에 이바지하고자 했던 활동이라고는 주로 내가 살던 곳에 국한돼서 아이들이 다니는 학교에서 자원봉사를 하거나, 교회에서 운영하는 무료 급식소를 돕거나, 내가 사는 곳에 있는 시민자연보호단체에서 활동한 것이 전부였다.

우리 가족은 뉴욕과 로스앤젤레스에서 수년 동안 살다가 비교적 자유로운 곳에서 아이들을 키우고 싶은 마음에 10년 전 메인으로 이사했다. 메인은 미국에서 광고 게시판을 법으로 금지하는 세 개 주 중 한 곳이었다. 그 사실이 이사를 가는 데 큰 영향을 끼치진 않았지만 어쨌든 지난 10년간 인터넷이 모든 미국인 가정을 쇼핑몰로 바꿔 버렸고, 광고 게시판이 있든 없든 우편번호가 있는 곳이라면 소비문화를 피해 갈 방법을 도저히 찾을 수 없게 돼 버렸다. 그래서 나는 아프리카를 우리가 사들이는 모든 물건으로부터 벗어날 수 있는 또 다른 도약으로 봤고, 그게 어떤 기분인지 알고 싶었다. 당시 나는 대도시 고속도로보다 가나 시골에 있는 비포장도로에 술 광고가 더 많이 붙어 있다는 사실을 모르고 있었다. 그리고 사람들이 자기 집 전체를 통째로 페인트 칠해 회사를 광고하는 대가로 돈을 번다는 사실도 모르고 있었다. 사실 그런 집이 근사해 보이긴 했다. 어쨌든 아프리카도 가게라곤 하나도 없는 지상낙원은 아니었다. 하지만 신세계임에는 분명했다.

우리가 메인에서 히피처럼 산 건 아니다. 사실, 아프리카에 가겠다고 생각했을 때는 내 안락한 삶이 사하라사막의 신기루 같았다. 난 이미 휘트가 한 번에 몇 달씩 아내인 셸리 선드버그(빌&멀린다게이츠재단의 간사)와 10대의 두 딸인 캐머런과 레이철을 시애틀 집에 놔두고, 일주일에 수돗물이 두 번 나오는 가나의 시골 동네에서 믿을 수 없을 정도로 시끄러운 사무실 일곱 개와 주거 공간이 있는 곳에 2년 치 임대료를 한꺼번에 지불하고, 자기 돈을 몇십만 달러씩 투자하고, 크레니엄의 전 사업 본부장이었던 잰 왓슨을 설득해서 마이크로소프트를 그만두고 가나에서 함께 일하게 만들고, 국가에서 요구하는 수당을 다 주면서 가나에서 상근 직원을 고용하는 걸 봤다. 나는 메인에 좋은 집, 든든한 아들 둘, 세상에서 가장 멋진 아내가 있고, 요트도 한 척 있다. 이런 내가 대체 무슨 생각을 하고 있는 거지?

거기다 우리가 의지할 수 있는 연구 자료도 별로 없었다. 동생과 나는 쿠퍼휴잇미술관에서 2007년 개최된 제3세계 제품 디자인 전시 카탈로그부터 아프리카 역사, 지도자, 식민지 개척자, 탐험가에 대해 몽땅 읽었다. 하지만 그 과장된 내용을 속속들이 읽어 본 결과 풀뿌리 사회 기업가 활동에 대한 내용은 단 하나도 없었다. 바보들을 위한 가이드는 존재하지 않았던 것이다. 빌 게이츠가 다보스에서 했던 연설에 대한 반응을 한번 생각해 보라. 링컨 대통령이 게티즈버그에서 했던 연설 이후로 짧은 연설이 이렇게 집중적으로 분석되고 해석된 적이 있는가? (2,765단어로 이뤄진 빌 게이츠의 연설은 링컨보다 열 배 더 길지만, 대부분의 기업 중역이 하는 장황한 발표보다는 훨씬 짧다.) 하지만 최근 구글에서 빌 게이츠의 창조적 자본주의를 검색해 본 결과 무려 14만 1,000개의 문서가 쏟아져 나왔다. 빌 게이츠가 사실상 전 세계 사람들에게 개발도 상국에서 자본주의가 효력을 발휘할 수 있도록 해결책을 찾아 달라고 한 이상 놀랄 일은 아니다. 게다가 빌 게이츠가 말한 창조적 자본주의 가 정확히 무슨 뜻인지 파악할 수 없는 것도 문제였다. 그러니 봇물 터 지듯 정보의 수문이 열릴 수밖에.

그중에서도 주목할 만한 예로는 그가 한 연설에 대한 답으로 온라인 잡지 〈슬레이트〉의 편집자인 마이클 킨슬리가 인터넷상에 올린 에세 이를 모아서 편집한《빌 게이츠의 창조적 자본주의》가 있다. 거기에 몇 가지 유용한 정보가 있었는데 주로 경제학자인 윌리엄 이스털리가 쓴 것이었다. 그는 빈곤 국가에 있는 세계은행에서 오랫동안 일한 경험이 있었다. 그는 이 책에서 '가난한 사람들이 원하고 필요로 하는 것이 뭔 지 알아내기 위해 노력해야 한다. 그리고 '그곳의 상황에 맞춰'(이건 내 가 강조한 것이다) 그런 요구 사항을 충족하기 위해 노력해야 한다'라고 주장했다.

좋은 지적이다. 하지만 그렇게 하기 위해 어떻게 행동해야 하는지 실 질적인 충고를 한 저자는 단 한 명도 없었다. 사실 그들이라고 무슨 뾰족 한 수가 있겠는가? 이 책에 글이 실린 마흔두 명의 저자 중 단 한 명(가난 한 나라를 위해 인터넷 기술을 개발한 HMS 와이어리스의 로레타 마이클스)만 이 지저분한 외국 현장에서 직접 일한 사업가였다. 그 외 모든 기고가(인 터뷰 내용이 간략하게 실린 빌 게이츠와 워런 버핏을 제외하고는)는 교수, 기 자, 컨설턴트, 특별 연구원 등이었다. 이런 직업을 가진 사람들에게 반 감이 있는 건 아니다. 나도 기자지만 개발도상국에서 사업을 시작하려 는 사람에게는 쓸데없이 생각만 많은 경제학자와 신문 사설을 쓰는 이론가는 필요 없다. 개발도상국에는 생존 장비가 필요하다.

극히 가난하고 위험할 수도 있는 곳에서 효과를 발휘할 수 있는 사업 모델은 어떤 종류가 있으며, 거기에 투자할 수 있는 사람은 누구인가? 유능한 직원을 찾아내는 방법이 있을까? 이제 막 사업을 시작한 신생 기업에 방해가 되는 터무니없는 관료주의적 규제로는 어떤 것이 있을까? 사업에서 나온 이윤을 본국으로 보낼 수 있을까? 거기 페덱스는 있나? 악어와 뱀은 없을까? 이런 여러 긴박하고 현실적인 문제에 대해 전문가들은 침묵했고, 개발도상국에서 들리는 소리라고는 윙윙거리는 체체파리 소리뿐이었다.

제1장

공공맨

2009년 1월
사업 홍보

이것은 쇼 비즈니스로, 동종 업계에 있는
다른 많은 사람들처럼 이 공공맨 역시
아침부터 술 한잔 걸친 모양이다.

GHANA

지평선 너머

아침나절에 공공맨^{gong-gong man}은 이미 얼근하게 취해 있었다. 우리는 앉아 있었고, 귀빈들은 우리 소형 픽업트럭 타타 뒤에서 내린 접이식 싸구려 캠핑 의자에 앉아 있었다. 마을 사람들은 크리스마스트리에 다는 장식물처럼 멧새 둥지가 주렁주렁 달린 망고 나무 밑에 놔둔 플라스틱 테라스 의자에 앉아 있었다. 중심 도시인 코포리두아 근처에 있는 암페드웨는 가나에 있는 무수히 많은 다른 마을과 별반 다르지 않다. 무수하다고 한 이유는 이런 많은 마을이 공식 지도에 나와 있지 않고, 심지어 도로와도 연결되어 있지 않으며, 누구에게 물어보느냐에 따라, 그리고 튀어, 에웨어, 가어, 하우사어 혹은 공식 언어인 영어(현재 전 세계에서 사용되는 6,000개 언어 중에서 약 2,000개가 아프리카어다. 문자가 없는 많은 아프리카 토착어가 사라지고 있으며, 가나의 튀어나 시에라리온의 멘데어 같은 전국적인 공통어가 그 빈자리를 차지하고 있다)를 제외하고 가나에서 사용되는 70여 개의 언어와 방언 중 무엇으로 말하느냐에 따라 다른 이름으로 불리기 때문이다.

가나의 마을 이름은 종교적이거나 영감을 불러일으키는 뜻을 가진 경우가 많다. 암페드웨는 아콰핌어(여기서 사용되는 튀어의 방언)로 '자랑하지 마라'라는 뜻으로, 이 마을 사람들은 이 충고를 잘 따르고 있는 것처럼 보였다. 파란색과 베이지색의 치장 벽토를 바른 학교 건물을 제외한 암페드웨의 주거 환경은 자연에서 거의 벗어나지 않은 상태였다. 대나무나 야자 섬유를 사용해서 지붕을 올리고, 외를 엮은 가지에 점토와 진흙을 섞어 발라서 벽을 만든 직사각형의 오두막집이 수십 채 있었다. 1월은 건기다. 매일매일 더운 데다 새벽 6시에 동이 터서 오후 6시에 해가 지는 나라에서 계절을 구분할 수 있는 몇 안 되는 지표 중 하나가 바로 우기와 건기다. 1월에는 서아프리카 전체가 건기로 하르마탄이라는 바람이 사하라사막 모래를 다 들어 올려 기니 만까지 불어온다. 그 두껍고 숨 막히는 희부연 먼지가 사람들의 눈을 찌르고 코를 막고 바나나의 넓적한 잎을 뒤덮는다. 전기도 우물도 없는 마을인 암페드웨는 붉은색 먼지로 뒤덮인 도로 하나로 양분되고, 낡아빠진 봉고 차인 닛산 오지 택시가 쌩 하는 소리를 내며 질주(이것이 가나에서 볼 수 있는 유일한 스피드다)하면 그 불법 거주 가옥 전체에 쓰나미 같은 먼지 바람이 일어나면서 닭과 염소 들이 사방으로 흩어진다.

"오케이!"

공공맨이 망고 나무 밑에 있던 의자에서 비틀거리며 일어나 차렷 자세로 서서 우리에게 오른손으로 씩씩하게 경례했다. 그는 왼손에 마을의 '공공'을 쥐고 있었다. 공공이란 30센티미터 정도 길이의 막대기와 수제 소 방울을 뜻한다. 그는 갈색 폴리에스테르 바지에 샌들을 신고,

단추가 몇 개 떨어진 지저분한 갈색 볼링 셔츠를 입고 있었다. 바지 뒷주머니에 1리터짜리 진 병이 쑤셔 박혀 있었는데, 술병 때문에 앉아 있는 것도 불편했을 것이고, 술기운 때문에 똑바로 서는 것도 힘들었을 것이다. 그는 꼬인 혀로 뭐라고 알아들을 수도 없는 소리를 재빠르게 주절거렸고, 그와 동시에 손에 쥐고 있는 막대기로 허공에다 대고 뭔가를 휘갈겨 쓰고 있었다. 나는 디지털카메라로 녹화를 하고 있었기 때문에 그가 뭐라고 했는지 정확히 안다.

"난 여러분들을 알아요. 자! 잘 들어요, 그래서, 여러분이 왔고, 내가 공공을 치죠(그는 공공이란 말을 할 때 막대기로 소 방울을 두 번 쳤다). 오케이. 좋은 아침, 좋은 아침, 좋은 아침입니다! 안녕하세요? 고맙습니다! 여러분은 항상 여기 있겠죠. 여러분은 아르노에 좋은 일을 하기 위해, 우리에게 이야기를 하러 왔습니다. 난 이제 갈 테니 제디들은 와서 흙을 치유하기 바랍니다."

뭐 나는 대충 이렇게 들었다. 그가 한 말은 그저 비유적인 표현일지도 모른다.

"고맙습니다." 그는 고개를 까닥 숙이면서 말을 끝냈다. "하나님의 축복이 있길!"

그리고 그는 공공을 치면서 뒤로 "아고! 아고!"라고 외치며 비틀비틀 걸어갔다. '아고'는 '잘 들어요'란 뜻이다.

둔탁하게 울리는 공공 소리를 듣고 곧 마을 사람들이 더 많이 나타났다. 오늘은 목요일로 암페드웨의 휴일이다. 즉, 남자들은 카사바와 카카오를 키우는 땅을 돌보지 않아도 돼 주민 회의에 참석할 수 있다는 뜻이다. 원칙적으로 아이들은 학교에 있어야 한다. 하지만 학비가 무료인 공립학교에 아이들을 보내면서도 교복과 책을 살 돈이 없는 집이 많았고, 집안일을 돕는 데 아이들 손을 빌렸다. 아이들은 동생들을 돌보고, 물과 나무를 해 오고, 가축을 보살펴야 했다. 그래서 속옷만 입은 맨발의 아이들이 도로 건너편에서 손을 흔들면서 "오브루니! 오브루니!"라며 꺅꺅 소리를 질러댔다. '오브루니'는 튀어로 '지평선 너머'라는 뜻이지만, 가나에서는 사실 '백인'이라는 뜻으로 쓰인다(백인을 뜻하는 에웨어의 속어인 '예부'는 원래 '사기꾼 개자식'이란 말에서 비롯됐다고 하지만 확실하지는 않다).

아이들은 눈치껏 길을 건너오진 않았다. 중요한 주민 회의는 어른들만 참석한다. 가나의 아이들은 어른들이 있는 곳에서 멀찍이 떨어져 있는데 어른들을 공경해서 그런 건 아니다. 가나에서는 다른 사람의 아이를 때리면 아이 부모가 때린 사람에게 고맙다고 인사한다. 아이가 맞을 만한 짓을 했기 때문이라고 생각하는 것이다. 열일곱 살 먹은 내 아들 하퍼를 제외하면 망고 나무 밑에 있는 유일한 미성년자는 어머니 젖을 빨고 있는 갓난아기뿐이었다. 여자는 딱 세 명 참석했는데 그 아이 어머니가 그중 한 명이었다.

"여자들은 다 어디 있어요?" 나는 옆자리에 앉아 있던 젠 왓슨에게 작은 소리로 물었다.

"바빠요. 누군가는 푸푸를 빻아야 하잖아요."

푸푸는 가나의 주식 중 하나로 삶은 카사바와 플랜테인을 빻은 가루를 만두처럼 빚어 땅콩이나 야자수 수프에 적셔 손으로 먹는 음식을 말한다. 하지만 곧 여자들이 긴 푸푸 절굿공이를 놔두고 모여들어 회의가 시작됐다. 가나 사람들은 전통적인 남녀 간의 경계를 존중한다.

여자들은 요리하고 머리 위에 탑처럼 짐을 쌓아 나르고, 남자들은 농사를 짓고 날이 넓고 무거운 칼인 마체테를 가지고 다니며 가끔 머리 위에 짐을 지기도 한다. 아샨티 같은 부족은 모계 중심 사회로 한 사람의 지위는 외가의 지위로 결정되는데, 아버지보다는 어머니가 누군지 확인하는 게 훨씬 쉽기 때문에 현실적인 제도라고 할 수 있다. 그리고 이 나라는 기독교인이 주류를 이루지만 이슬람 여인도 직업을 가지고, 투표를 하며, 미용실을 자주 드나들고(사실상 블록마다 길가에 미용실 판잣집이 있다), 남자들이 주도권을 잡고 있는 척 여자들이 봐주며 살고 있다. 가나 여자들도 농사를 짓는데 작은 텃밭을 가꾸는 경우도 있지만 남편의 땅과 분리된 상당히 큰 토지에서 농사를 짓는 경우도 많다. 최근 연구에 따르면 아프리카 남자들이 일자리를 찾기 위해 도시로 떠나기 때문에 점점 많은 여자가 농사를 짓고 있다고 한다.

외지인들과 같이 있을 때 가나 사람들은 격식을 갖춰 예의 바르게 행동한다. 우리는 마을에서 중요한 지위에 있는 원로 몇 명과 악수하는 것으로 회의를 시작했다. 마지막으로 악수한 사람은 마을 추장이었는데, 겸손하지만 다소 참견하기 좋아하는 중년 남자로 말끝마다《로버트의 법칙Robert's Rules of Order》(회의 진행 규칙을 담은 작은 책자—옮긴이)을 언급할 것처럼 보였다. 오렌지색 스포츠 셔츠에 회색과 녹색이 섞인 완벽하게 다려 빳빳한 바지를 입은 그는 요트 클럽에 있어도 손색이 없을 것 같았다. 그들은 악수할 때마다 가나식으로 정교하게 손가락을 마주쳐 소리를 내면서 "유어 웰컴!"이라는 말을 했다. 가나에서 이 말은 '고맙습니다'에 대한 답변인 '천만에요'라는 뜻이 아니라 '저희 집에 오신 걸 환영합니다'라는 뜻으로 쓰인다. 지역 원로들은 나와 악수를 끝내고 여러 사람을 거쳐 맨 끝에 서 있는 동생 휘트와 악수했다.

휘트는 버락 오바마보다 몇 주 앞서 태어났다. 나보다 네 살 어렸지만 머리는 나보다 일찍 세서 영화배우 스티브 마틴처럼 은빛의 백발이었다. 그는 최신 유행하는 안경에 프린트 셔츠와 면바지를 입고, 카키색 크록스를 신고 있었다. 그야말로 캘리포니아의 히피풍 기업가의 유니폼 같은 옷을 입고 있었다. 휘트는 "넥타이는 바보들이나 매는 거야"라고 말한 적이 있다.

하지만 암페드웨 사람들이 그런 걸 알 리 없었다. 가나에서 넥타이를 맨 사람은 중요한 인물이다. 대학을 나왔고, 심지어 거물일지도 모르며, 마체테를 가지고 다닐 필요가 없는, 좋은 직장에 다니는 사람일지도 모른다는 걸 뜻한다. 거기다 에어컨도 나오고, 책상 앞에서 일을 하다가 잠을 잘 수도 있는 그런 사무실에서 일하는 사람일지도 모른다고 생각한다. 여기서는 외모가 중요하다는 뜻이다. 그래서 사무실에서 일하는 가나 남자들은 푹푹 찌는 날씨에도 넥타이를 매고 투 버튼 모직 양복을 입는다. 휘트는 이런 지역 관습에 정통으로 맞섰지만 이번 만큼은 마을 원로와 한 명씩 악수할 때마다 관례에 따라 목례를 했다. 모두 앉아서 휘트가 말을 하길 기다렸다.

"안녕하세요. 멘테 튀."

튀어를 하지 못한다는 휘트의 고백에 마을 사람들이 재미있어하는 것 같았다. 말을 못한다면서 튀어로 말했다는 것도 그렇고, 백인이 튀어를 못하는 게 당연해서 우스웠던 것이다.

"우리가 창업한 새 회사를 여러분께 소개하고자 합니다. 건전지를 새로운 방식으로 사용하는 사업으로, 여러분도 좋아하실 거라고 생각합니다. 먼저 제 소개부터 하겠습니다. 전 휘트 알렉산더라고 합니다. 미국인입니다."

휘트가 한 문장씩 말할 때마다 가나에서 처음 뽑은 직원(케빈이라고 부르겠다)이 튀어로 통역을 했다. 케빈은 키가 작고, 땅딸막한 체격에 염소수염을 길렀으며, 과거에 아크라에서 배우로 일한 경험이 있다. 그는 휘트가 영어로 한 말의 다섯 배 정도 분량의 튀어로 통역을 했다(나중에 "가끔 사람들이 사장님이 한 말을 잘 이해하지 못해서 제가 살을 좀 붙여서 설명했어요"라고 케빈이 말했다). 마을 사람들은 대부분 영어를 좀 했기 때문에 휘트가 한 말과 케빈이 통역한 말 사이에 그들의 반응이 마치 메아리처럼 울려 퍼졌다. 휘트는 계속 이야기를 이어 나갔다.

"저는 서아프리카 전역에서 여러 해 살았습니다. 코트디부아르의 수도인 아비장에서 1년간 대학을 다녔고, 대학을 졸업한 후에는 니제르의 니아메에서 곡물 마케팅 프로젝트를 수행했습니다. 그리고 말리의 바마코에서 영농 프로젝트로 2년 반 동안 일했습니다. 세네갈, 감비아, 모리타니, 부르키나파소도 여행했습니다. 이제 아이들도 얼추 다 크고 해서 다시 아프리카로 돌아와 평생 원했던 사업을 시작해 보자고 결심했습니다."

영농 프로젝트는 논외로 치고, 내가 아는 한 휘트는 아프리카에 기반을 둔 CIA 요원이었다. 휘트는 한 번도 시인하지 않았지만. 조지타운외교대학을 졸업한 후, 휘트와 약혼녀였던 셸리는 서아프리카에서 몇 년간 살긴 살았다. 당시 나는 휘트가 아프리카의 농업 전문가인데 정작 농사에 대해선 아는 게 거의 없다는 사실에 주목하지 않을 수 없었다. 휘트에게는 얌이나 코코넛이나 당근이나 다 그게 그거였다. 휘트는 토양을 '흙'이라고 불렀는데, 그의 손톱 밑에서 흙이라곤 찾아볼 수 없었다. 그리고 그는 농장이 아닌 다른 곳, 예를 들면 워싱턴 DC와 UN 같은 곳에서 많은 시간을 보냈다. 그에게 편지를 보내려면 국무부의 외교 행낭(대사관과 본국 정부 사이의 통신 문서를 넣어 나르는 자루—옮긴이)을 거쳐 가도록 주소를 써야 했다. 휘트는 UN에 가는 길에 가끔 브루클린에 있는 내 아파트에 묵었다. 한번은 동생이 잠자리에 든 후에 내가 그의 지갑을 뒤지다 온갖 종류의 공적 대사관 출입증과 기밀 사항 취급 허가증을 발견했다. 증거를 들이대면서 추궁하자 휘트는 비밀이 발각됐으니 이제 나를 살려 둘 수 없다고 했다. 그러고 난 후 거기 있는 신임장은 모두 자기 명의의 것이나, 미 대사관의 레크리에이션 센터와 소비자협동조합 같은 곳에 들어갈 수 있는 출입증이라고 했다. 난 도저히 그 말을 믿을 수 없었다. 원래 CIA 요원들은 그런 어쭙잖은 변명으로 자기를 향한 사람들의 의심을 떨쳐 버리지 않는가?

어쨌든 1990년이 되자 휘트는 다시 미국으로 돌아와 셸리의 고향인 시애틀에 정착했다. 그러다 1992년 대학원을 중퇴하고 마이크로소프트에 들어갔다. 그곳에서 처음으로 디지털 백과사전인《엔카르타》에 나오는 지도를 제작했고, 그 후에는 좀 더 자세한 내용이 나오는《엔카르타 월드 아틀라스》를 디자인하고 개발했다(CIA 요원이라면 이국적인 외국 지도에 대해 많이 알 것 아닌가?). 당시 마이크로소프트는 스톡옵션이 한창인 때여서 1980년대에 고용된 비서들도 은퇴할 때 수백만 달러를 챙겨서 나가던 시절이었다. 휘트는 인생을 한 방에 끝낼 수 있는 대박을 잡기에는 너무 늦게 그 판에 뛰어들었지만, 취직한 지 5년이 지난 서른다섯 살에 역시 편하게 앉아서 다음번 인생행로를 계획할 수 있을 만큼의 넉넉한 스톡옵션을 받고 은퇴했다.

그로부터 8개월 후에 동생은 새로운 사업에 뛰어들었는데 그게 바로 크레니엄 보드게임이었다. 10년 후 장난감 업계에서 정상까지 오른 휘트와 파트너인 리처드, 그 회사 투자자들은 7,500만 달러가 넘는 돈을 받고 크레니엄을 전문 완구 업체인 하스브로에 팔았다. 과거에 아프리카에서 '영농' 관련 일을 했을 때 그랬던 것처럼 항상 비밀에 싸여 있는 휘트는 투자자들에게 진 빚과 다른 빚을 갚고 나니 회사를 매각했을 때 받았던 거금은 거의 다 사라지고 없다고 했다. 내가 아는 거라곤 휘트가 그때 두 번째로 은퇴했다는 것이다.

공공맨이 돌아왔다. 그의 술병은 비어 있었다.

"저는 가족을 부양하고 더 나은 삶을 살기 위해 아주 열심히 일하는 아프리카 사람들을 존경합니다." 휘트는 열심히 일하는 마을 사람 중 하나가 정오도 되기 전에 술에 취했다는 사실을 무시한 채 계속 이야기했다. "가끔은 일을 하는 데 지금보다 더 나은 방법이 있다는 걸 전 알고 있습니다. 저는 아프리카 사람들이 살아가면서 더 많은 일을 하도록 도울 새로운 방법을 찾고 있습니다."

미시간 그랜드래피즈의 중산층이 사는 교외에서 성장한 휘트와 나는 어렸을 때 사이가 좋지 않았다. 휘트는 학교에 갔다 온 후에 내가 한 짓을 부모님께 일러바치는 그런 얄미운 동생이었고, '컴퓨터 마니아'라는 용어가 나오기 전부터 이미 그런 존재였다. 폴 앨런이 빌 게이츠에게 최초의 알테어 마이크로컴퓨터를 보여 준 지 채 2년도 되지 않았을 때 고등학교에 다니던 동생과, 동생보다 훨씬 컴퓨터에 미쳐 있던 동생 친구들이 왕Wang 마이크로컴퓨터를 프로그래밍했다. 폴 앨런과 빌 게이츠는 결국 알테어 마이크로컴퓨터를 발판 삼아 마이크로소프트를 창업했다. 동생과는 영 딴판인 나는 대학에 다니던 4년 내내 전기 타자기와 수정액 한 병으로 버텼다. 그러다 취직하면서 어쩔 수 없이 컴퓨터를 배웠다. 기자로 출근한 첫날 편집자가 내게 말했다.

"6시까지 기사 써 와."

나는 지금부터 작업해야 할 새 컴퓨터의 텅 빈 화면만 뚫어져라 쳐다보고 있었다.

"먼저 컴퓨터를 켜야지." 보다 못한 편집자가 한마디 덧붙였다.

부모님은 내가 열일곱 살 때 이혼하셨다. 나는 친구 한 명과 아파트를 얻어서 나갔고, 휘트는 어머니와 함께 투손으로 이사를 갔다. 그것으로 한 지붕 아래에서 함께 살던 우리의 삶은 끝이 났고, 결혼식과 장례식을 제외하고는 우리 삶의 행로가 겹치는 일이 없었다. 나는 반항심에 가득 찬 외톨이였다. 부모님의 결혼이 실패한 것에 화가 났고, 그런 일이 일어나게 방치한 나 자신에게 화가 나 있었다. 그래서 부모님이 내게 바랐던 것, 예를 들어 대학에 가거나, 심지어 고등학교를 졸업하는 것마저 거부하고 그 반대로 하겠다고 결심했다. 학교도 중퇴했고 이런저런 일을 하면서 전국을 떠돌아다녔다. 아내 사라를 만나지 않았다면 그런 식으로 평생 살았을지도 모른다. 사라는 야심만만한 배우 지망생으로 그녀 역시 자신의 정체성을 찾기 위해 엄청 노력하고 있었는데, 물론 그녀는 나보다 더 착실하고 계획적인 삶을 사는 사람이었다. 사라와 나는 함께 뉴욕으로 갔고, 그곳에서 스물여섯 살에 대학에 입학했다.

휘트는 착실하게 살아서 고등학교를 졸업한 후 곧바로 대학에 들어갔다. 동생은 레스토랑에서 아르바이트를 한 적도 없었다. 좋은 직장에 들어가서 저금하고 '확장 가능한 사업' 같은 용어를 써 가며 사람들과 토론했다. 그는 재무 설계사도 있고 자신에게 잘 맞는 보험도 들었다. 사람 보는 눈은 있다고 생각하시던 아버지는 이런 말씀을 하셨다.

"휘트는 부자가 되겠지만 맥스는 유명해질 거야."

미국 중서부 사람 특유의 사고방식을 가진 아버지는 대통령 암살범을 제외하면 대개는 부와 명성이 같이 온다는 걸 깨닫지 못하셨다. 휘트는 부와 명성을 향해 착실히 나아가고 있는 것처럼 보였는데 나는 둘 다 별로 흥미가 없었다.

이렇게 성격이 판이한데도, 아니 어쩌면 그래서였는지도 모르겠지만, 휘트와 나는 그 후 점점 더 가까워졌다. 물론 4,800킬로미터나 떨어진 곳에 살면서 몇 년에 한 번 보는 사이라 가까워지는 데에 한계가 있었지만 말이다. 우리는 재치 있는 농담을 즐기고 서로 놀리고 창피주는 걸 좋아했다. 나와 같이 있으면 휘트는 조였던 넥타이를 풀고(비유적인 의미로), 전문적인 사업 용어는 잊어버리고 평범한 동생이 될 수 있었다. 우리 둘은 서로의 부족한 점을 보완해 주는 완벽한 형제였다는 식의 고상한 표현을 쓰고 싶지만, 사실 같이 있을 때 한 일이라고는 시시한 농담을 마음 편히 한 것뿐이었다. 그러니 우리가 언젠가 가나의 한 시골에 있는 망고 나무 밑에서 사업을 하게 되리라고는 누구도 예상하지 못했다.

"이거 망치면 큰일 난다." 나는 동생을 도와주려고 애쓰면서 말했다. "진즉 튀어를 좀 배워 놓지 그랬어."

"닥쳐, 형." 휘트가 속삭였다.

내가 코를 풀자 붉은 먼지가 섞인 코가 한 주먹이나 쑥 나왔다. 휘트는 이야기를 이어 나갔다.

"우리 회사 이름은 부로입니다. 우리의 목표는 사람들이 더 많은 일을 할 수 있도록 돕는 것입니다. 하지만 먼저 솔직히 말씀 드리겠습니다. 저는 여기서 돈도 벌려고 노력하고 있습니다."

그 말에 공손하게 웃는 소리가 들리다 어느 순간 그 웃음이 폭소가 돼 버릴 것만 같았다. 휘트가 한 말이 우스워서 웃는 건지 아니면 비웃는 건지 분간이 되지 않았다. 가나 사람들은 날카로운 유머 감각을 지니고 있는데, 특히 어이없는 농담에 잘 웃었다. 반짝거리는 새 소형 픽업트럭을 탄 오브루니 넷이 나타나면 대개 자원봉사자이거나, 평화봉사단원이거나, 비정부기구 대표거나, 정부 지원 단체 요원이다. 이들은 모두 뭔가를 공짜로 주러 온 사람들이다. 하지만 우리는 우물이나 변소를 파거나, 고아원에 페인트칠을 해 주러 온 게 아니다. 사실 우리가 공짜로 준 건 오바마 대통령 캠페인에서 쓰다 남은 핀뿐이었고 그것조차 떨어져 가고 있었다.

그들은 우리가 하루에 1달러로 먹고사는, 지상에 10억 명 정도 되는 사람들 중 서른세 명에게 그들이 쓰는 돈의 일부를 달라고 설득하러 왔다는 걸 이해했다. 코미디언 조지 번스가 말한 것처럼 '그들이 웃는다면, 그건 정말 우스운 것'이었다.

"저는 부로가 발전 가능성이 있고, 이윤을 내는 사업을 하면 여러분에게도 지속적으로 기여할 수 있다고 믿습니다." 휘트는 주민들이 웃는데도 굴하지 않고 용감하게 이야기를 계속했다. "그렇게 되면 우리는 여러분을 위해 항상 이 자리에 있을 수 있습니다."

대놓고 노골적으로 표현한 건 아니지만 휘트는 방금 비정부기구들이 야심 찬 프로젝트를 시작했다가 자금이 떨어지면 홀연히 사라지는 문제를 넌지시 암시했다. 이 문제는 시골에 사는 가나 사람들에게는 아주 친숙하다.

"우리는 많은 일을 하고 싶습니다. 그중 가장 먼저 떠오른 아이디어는 바로 여러분이 건전지를 많이 쓸수록 돈을 절약하고 더 많은 일을 해낼 수 있다는 것입니다. 부로가 제공하는 것이 여러분에게 적절한 것인지 우리가 결정할 수 있도록 도와주셨으면 합니다."

마을 사람 한 명이 일어서서 튀어로 말했다.

"그 건전지로 뭘 할 수 있는지 말해 봐요."

언제든 원할 때마다 새것으로

전기가 안 들어오는 아프리카 마을에서 건전지에 대한 중요성은 아무리 강조해도 지나치지 않다. 전기와 상하수도 같은 공공시설이 없는 시골에 사는 가나 사람들에게 건전지는 손전등과 라디오라는 두 가지 필수 기기를 작동시키는 도구다. 손전등은 마을 사람들이 밤에 달팽이나 영양 혹은 커다란 설치류(모두 중요한 수입이자 단백질 공급원)같이 좀 더 큰 동물을 사냥할 수 있도록 해 주고, 아이들이 저녁을 먹은 후에 숙제를 하고, 어두워진 후에 마을 사람들이 안전하다고 느낄 수 있도록 해 준다(사법 당국을 신뢰하지 않기 때문에 가나 사람들은 안전 문제에 매우 집착한다. 뉴욕에 있는 보석 가게보다 외딴 마을에 있는 농작물 창고에 더 많은 자물쇠와 창살이 달려 있다). 전기가 공급되는 도시에서도 손전등은 필수다. 가로등이 별로 없는 데다가 보도는 빗물에 파인 구멍부터 개방된 하수구, 교통사고가 난 후에 치울 여력이 없어 그대로 방치된 망가진 차까지 있어 지뢰밭이 따로 없다. 따라서 밤에 걸어 다닐 때에도 손전등이 있느냐 없느냐가 생사를 갈라놓을 수 있다.

휴대용 트랜지스터라디오는 가나 사람들에게 뉴스뿐 아니라 오락거리를 제공하는 유일한 도구다. 이들은 라디오로 가나 출신 레게 스타들의 노래를 듣는다. 가나 특유의 하이라이프 장르는 미국의 재즈와 R&B에서 영향을 받아 제2차 세계대전 이후 발달해 왔으며, 이것의 현대풍 랩 버전이 바로 힙라이프이다. 그리고 특히 온몸에 소름이 돋게 만드는 가스펠풍의 음악은 일요일 아침에만 들을 수 있는 게 아니라 유감스럽게도 시도 때도 없이 흘러나온다. 라디오로 뉴스도 들을 수 있다. 가나에는 활기 넘치고 자유로운 언론이 존재하며, 라디오 뉴스에서는 계속 힘이 넘치는 소리로 여러 개의 언어가 나온다. 가나에서의 삶은 야외에서 이뤄지며(내가 알기론 섹스를 제외한 모든 일이 나무 밑에서 이뤄진다), 대부분의 일은 라디오에서 나오는, 귀청이 떨어질 것 같은 큰 소리를 배경 음악으로 깔고 일어난다.

또한 휴대전화가 들어오면서 건전지의 용도가 진화하고 있다. 가나에서는 휴대전화가 저렴해서 대부분의 사람에게 첫째이자 유일한 전화기가 됐다. 물론 휴대전화에는 충전해야 하는 배터리가 들어 있는데, 전기가 없으면 충전이 문제가 된다. 그래서 사업 감각이 있는 현지인들은 외딴 마을에 사는 사람들의 휴대전화를 모아 충전할 수 있는 가장 가까운 곳으로 가져갔다. 하지만 한 번 충전하는 데 거의 1달러나

들고, 거기다 전화기를 운송하는 비용까지 더해야 했기 때문에 그보다 더 나은 해법이 절실히 필요한 상황이었다. 몇몇 중국 제조 회사들이 휴대전화 안에 있는 배터리를 충전하기 위해 AA 건전지 하나가 들어가는 저렴한 휴대용 휴대전화 충전기를 출시했다. 하지만 충전기의 품질이 일정하지 않은 데다(어떤 것은 상자에서 꺼내는 순간부터 작동이 되지 않는다), 거기 포함된 어댑터가 모든 휴대전화에 맞는 것도 아니었다. 그리고 가나에서 살 수 있는 저렴한 AA 건전지는 충전기를 작동시킬 만큼 전력이 강하지 않았다. 휘트는 이미 좀 더 나은 건전지로 작동되는 휴대전화 충전기를 생산하는 문제를 알아보고 있었는데, 유럽이나 미국에 사무실을 두고 사업하는 사람들에게는 전혀 떠오르지 않을 아이디어였다.

"여러분 중에서 건전지를 쓰시는 분은 손을 들어 보세요." 휘트는 빙그레 웃으며 말했다. 그는 거의 다 손을 들 거라는 걸 이미 알고 있었다.
한 남자가 일어서서 자신의 라디오를 들어 올렸다. 그는 라디오 뒷부분을 열어서 그 안에 있는 타이거헤드 브랜드의 D 건전지 세 개를 보였다. 이 건전지는 가나 전역에서 판매되는 저렴한 중국산 망가니즈 건전지로 성능도 안 좋고 잘 샜다. 라디오를 든 남자는 건전지를 일주일에 한 번씩 바꾼다고 했다. 건전지 한 쌍을 사기 위해 반나절을 일해야 하는 시골 사람 입장에서 보면 건전지를 가는 것도 적지 않은 부담이었다.
휘트가 주머니에서 건전지를 하나 꺼냈다. 밝은 초록색 바탕에 검은 당나귀 로고('부로'는 에스파냐어로 '당나귀'라는 뜻이다－옮긴이)가 찍혀 있었다.

"이것이 부로 건전지입니다."

그것은 실제로 몇 번이고 다시 충전할 수 있는 니켈-수소 AA 건전지였다.

"이게 크기는 작아 보여도 타이거헤드만큼의 에너지를 갖고 있습니다." 그는 다른 주머니에서 D 건전지 크기로, 앞서 보여 준 건전지와 똑같은 초록색 플라스틱 튜브 하나를 꺼내서 부로 건전지를 그 어댑터 슬리브에 넣었다. "이걸 타이거헤드처럼 쓸 수 있습니다."

듣고 있던 청중이 놀라 헉 소리를 냈다.

"비용은 건전지 하나당 한 달에 75페세와입니다. 이것이 타이거헤드 하나를 사는 것보다 세 배나 비싸다는 사실을 저도 잘 알고 있습니다. 하지만 여러분은 사실 부로 건전지를 사는 게 아닙니다. 여러분은 그 안에 들어 있는 전기를 사는 겁니다. 부로 건전지는 언제고 여러분이 사용하고 싶을 때 새것처럼 쓸 수 있습니다. 건전지가 쓰러지면(수명이 다 된 건전지를 가나에서는 이렇게 근사하게 표현한다) 에이전트에게 가서 돈은 따로 내지 않고 새것을 받아 오면 됩니다. 그러니까 여러분이 타이거헤드를 한 달에 세 번 이상 바꾼다면 부로 건전지로 돈을 절약할 수 있습니다. 그리고 부로 건전지는 제한 없이 언제고 쓸 수 있습니다. 그러니까 더 많은 일을 할 수 있는 겁니다."

'더 많은 일을 하라'가 부로의 슬로건이었는데 휘트가 재치 있게 건전지 선전에 그 말을 끼워 넣은 것이다.

한 남자가 D 건전지 네 개가 들어가는 랜턴 타입의 손전등 하나를 들어 올렸다. 다른 마을에서 왔다는 그는 자신이 이미 부로 고객이라고 설명했다.

"예전에는 자기 전에 불을 끄고 잤습니다. 하지만 이제는 안전을 위해 불을 켜 놓고 잡니다." 그가 뒤어로 말했다.

우리가 그 사람을 바람잡이로 심어 놨다고 해도 이보다 더 호소력 있게 말해 주진 못했을 것이다. 휘트가 그 뒤를 이어 말했다.

"이것 말고도 다른 장점이 있습니다. 타이거헤드를 쓰시다가 기계가 손상된 분 있으십니까?"

많은 사람이 손을 들었다.

"부로 건전지는 성능이 훨씬 우수합니다. 부로 건전지를 쓰시다가 건전지가 새서 기계가 망가지면 저희에게 가져오세요. 그러면 저희가 고쳐 드립니다. 마지막으로 아이들이 땅바닥에서 주운 폐건전지를 가지고 노는 걸 본 적 있으십니까?"

모두 고개를 끄덕였다.

"그건 안전하지 않습니다. 부로 건전지는 버릴 필요가 없습니다."

군중 속에서 한 사람이 손을 들었다.

"만약 내 건전지가 월말에 쓰러지면 어떻게 됩니까? 그럼 새로 충전하기 위해서 돈을 내야 합니까?"

"그렇습니다. 여러분은 그 건전지를 한 달 동안 그냥 사용하시는 겁니다. 그리고 다음 달에 요금을 내셔야 합니다. 건전지를 아직 쓸 수 있건 쓰러졌건 상관없이 말입니다." 이제 급성장하는 휴대전화 시장에서 전반적으로 정착된 용어를 사용해서 잰이 분명하게 밝혔다. "여러분은 한 달 요금을 선납하시는 겁니다. 그리고 그달 내내 건전지의 전기를 사용하는 거죠. 그리고 다음 달에 쓸 것을 또 선납하는 겁니다."

그 남자의 질문은 부로 사업 모델이 도전한 중요한 부분 중 하나를 건드렸다. 사실 가나에는 임대 문화란 게 없다. 이 사업 모델이 눈에 띄는 장점을 가지고 있지만 미래 고객이 될 사람들에게 실물인 건전지가 아니라 서비스를 산다는 기본 개념을 설명하는 데 시간이 꽤 오래 걸렸다. 부로가 사내에서 자체적으로 교육한 에이전트 네트워크를 설계해서 고객들에게 이 회사가 제공하는 색다른 서비스를 설명하려고 하는 데는 이런 사정도 있었다. 고객과 에이전트가 직접 관계를 맺게 되면 신뢰가 쌓이면서 임대 모델이 제대로 작용할 수 있다. 분쟁을 해결하기 위한 믿을 만한 법적 시스템이 없는 나라에서, 신분증이나 은행 계좌, 거리 이름이 나온 주소도 없는 대부분의 사람에게 고가의 상품을 일부 가격만 받고 대여해 준다는 것은 상당히 큰 위험이 따르는 일이다. 그냥 거리 한구석에 가게를 내고 아무에게나 건전지를 내주는 식으로는 일할 수는 없다고 휘트는 말했다.

현재까지 가장 유망한 에이전트는 암페드웨에 있는 직원으로, 머리가 희끗희끗하고 콧수염의 양 끝이 아래로 처진, 사업가적 재능을 가진 지역 의회 의원인 기드온이란 남자였다. 나는 스파이더맨 배낭을 메고 다니면서 일하는 기드온을 보고 처음에는 그의 능력을 미심쩍어했지만 시간이 좀 지나자 아프리카의 그런 일상에 익숙해졌다. 아프리카는 미국에서 흘러 들어온 중고 의류와 스포츠 장비가 넘쳐 났다. 휘트가 발표를 마친 후에 망고 나무 밑에서 공공 모임을 주선한 기드온이 배낭을 열고 금세 신규 고객을 몇 명 가입시켰다. 나중에 그는 가나에는 동족을 의심하는 사람들이 많기 때문에 새 건전지를 준다는 약속만 믿고 현금을 내는 걸 꺼림칙하게 여긴다고 설명해 줬다.

"그 사람들은 날 안 믿을 수도 있지만 오브루니가 나타나면 사실일 거라고 생각하죠." 기드온이 말했다.

적어도 부로라는 브랜드가 자리를 잡기 전까지는 마을마다 다니면서 이렇게 공공 모임을 가지는 것이 중요한 세일즈 전략임에는 분명했다.

성품이 온순한 가나 사람들의 단점은 속내를 알아차리기가 어렵다는 점이었다. 그들은 가끔 예의상 혹은 상대를 존중하기 위해, 때로는 좀 더 계산된 전략하에 상대가 듣고 싶을 거라고 생각하는 말을 한다. 그래서 휘트는 직원들이 솔직히 말하도록 훈련하느라 무지 노력했다.

"말해 봐요." 우리가 트럭에 짐을 싣고 있을 때 휘트가 기드온에게 물었다. "내가 아까 말한 것 중에 고칠 부분이 있었나요?"

"환경에 대해서 언급하는 것도 좋을 것 같습니다." 기드온이 사려 깊게 말했다. "왜 있잖습니까, 아까 다 쓴 건전지는 아이들에게 해롭다는 말. 그 말은 잘하셨어요. 우리 건전지는 마을을 어지럽히지 않는다는 말도 하면 더 나을 것 같아요."

일리 있는 지적이었지만 한편으론 모순된 말이기도 했다. 가나의 도시들은 지저분하고 사람들은 아무렇지 않게 쓰레기를 버린다. 가나에는 에덴동산 같은 열대다우림과 아찔하리만큼 높은 폭포, 수없이 많은 이국적인 새와 나비 들이 있지만, 현대적이고 도시화된 가나는 천국이 아니다. 반면에 이렇게 조상 대대로 내려오는 작은 마을은 눈에 띄게 깨끗하다. 주도로를 따라 서 있는 나무들은 아름답게 다듬어져 있고, 보라색 부겐빌레아 덩굴이 오두막집 문 위로 아름답게 뻗어 있다. 마을에 있는 오두막집 바닥에는 흙이 깔려 있어 하루에도 몇 번씩 빗자루로 쓴다. 심지어 집 밖도 매일 쓸어서 불교 정원같이 빗자루 자국이 남아 있다. 나는 이게 가나의 주인 정신을 나타내는 문화가 아닐까라는 짐작을 했다. 대도시는 사실 누구의 것도 아니지만, 이런 작은 마을은 그땅을 떠난 사람들에게도 여전히 집이자 고향이다. 부로가 이렇게 자부심이 강하고 가난한 문화에 어떻게 맞춰 갈 수 있을지 모르겠지만, 여기서 사업을 하는 유일한 방법은 마을 사람들의 삶의 방식을 존중하는 방법밖에 없음을 우리는 깨닫기 시작했다. 망고 나무 밑에 앉아 공공 리듬을 따라갔을 때 일은 자연스럽고 수월하게 풀려 나갔다.

"자, 가시기 전에 선물이 있습니다." 기드온이 말했다. 그는 트럭 짐칸 바닥에서 4리터 크기의 플라스틱 주전자를 꺼냈다. 끈적끈적하고 흰 거품이 주둥이 부분에서 새어 나오고 있었다. "신선한 야자수 와인입니다. 정말 달아요!"

기드온은 걸러 내지 않은 뿌얀 술을 플라스틱 컵에 따랐다. 술 표면에는 흙가루와 작은 벌레 한두 마리가 둥둥 떠 있었다.

"흙은 걱정하지 마세요. 우리는 조상님을 위해 항상 첫 번째 술은 땅에 쏟습니다. 그러니 괜찮아요." 그는 컵을 땅바닥에 기울여서 흙을 따라 내고, 한 모금 마신 다음에 그 컵을 휘트에게 건넸다. "오늘 우리는 건전지를 많이 대여했습니다. 부로를 위하여."

계획가들과 수색가들

빌 게이츠가 기탄없이 인정한 것처럼, 지속적인 성과를 내는 일을 해서 세상에 기여하자는 그 아이디어는 그의 머리에서 나온 것이 아니다. 과거로 거슬러 올라가 보면 파키스탄의 사회운동가이자 사회과학자인 악테르 하미드 칸은 자선만으로는 제3세계 개발 모델이 지속되지 못한다는 점을 깨달았다. 그는 학교, 우물, 하수구 같은 사회 기반 시설은 지속적으로 관리해 줘야 한다는 점을 지적했다. 짓는 것만으로는 부족하다는 것이다. 자원봉사자가 마을을 떠난 후에 그 시설 유지비는 누가 지불할 것인가? 농촌 개발을 위한 파키스탄아카데미(지금은 방글라데시)와 함께 칸이 프로젝트를 진행한 적이 있다. 공기업과 민간 기업이 힘을 합쳐서 지역 협력 시스템을 만들어 도로와 관개 시스템을 개선하고, 관리자와 경리를 교육하고, 그렇게 개선된 점을 유지할 수 있는 마을 경제 계획을 개발했다. 그에 이어 다른 프로그램도 실시했다.

칸의 프로그램은 다양한 수준에서 성공을 거뒀지만 결국 중앙 통제 시스템 부족으로 차질이 생겼다. 1970년대 후반, 칸의 업적을 토대로 방글라데시 경제학자인 무함마드 유누스가 지역 금융업자들이 제시하는 것보다 훨씬 낮은 금리로 소규모 지역 사업가에게 자금을 조달해 주는 중앙 집중화된 은행 모델을 개발하기 시작했다. 전통적인 은행은 융자금을 상환받는 것이 쉽지 않았기 때문에 이 시장을 무시했다. 하지만 유누스는 한 무리의 마을 사람들(주로 여자들)에게 대출을 해 주면, 채무자들끼리 자체적으로 압력을 넣어서 융자금을 상환한다는 사실을 깨달았다(이 점이 바로 그 문제의 돌파구였다). 그렇게 해서 마이크로파이낸싱(후진국 저소득층 소액 신용 대출−옮긴이)이라는 개념이 생겨났다.《가난한 사람들을 위한 은행가》에서 유누스는 '우리는 인간에 대한 신뢰를 바탕으로 은행을 설립해야 한다는 걸 확신하게 됐다'라고 말했다.

유누스의 그라민은행('마을 은행'이라는 뜻)은 현재 100억 달러가 넘는 돈을 가난한 가정에 대출해 주고 있는데 채무 불이행 비율은 매우 낮다. 그의 성공은 전 세계적으로 이와 유사한 은행이 생길 수 있도록 영감을 불어넣었다. 영리 목적의 소액 금융 지원 은행이 급속도로 성장하면서 논란이 야기됐고, 비평가들은 이로 인해 가난한 사람들이 착취당할 수 있는 상황을 예로 들었다. 2011년 유누스 자신도 그라민은행의 상무이사 자리에서 해임됐는데, 항간에는 정치적 이유로 해임됐다는 말이 돌았다.

1980년 미국의 경영 컨설턴트인 빌 드레이튼이 일종의 비영리 벤처 캐피털 기업으로 세계의 빈민을 위해 기여하는 사회 기업가를 지원하는 아쇼카라는 회사를 설립했다. 드레이튼이 바로 '사회적 기업가 정신'이라는 유명한 문구를 널리 퍼뜨린 장본인이다. 이 문맥에서 기업가란 재정적 이윤을 추구하는 사람을 뜻하는 것이 아니라 기아, 영아 사망률, 문맹, 환경 악화와 같이 언뜻 보기에 고질적인 사회문제에 대한 시의 적절한 해법을 찾는 사람을 말한다. 드레이튼과 그의 동료들은 전 세계를 돌아다니며 그런 분야에서 선구자를 찾은 후에 보조금, 전문적인 서비스, 합작 투자를 통해 그들을 지원하는 방법을 찾았다. 그는 자신의 단순하지만 대담한 목표를 《달라지는 세계: 사회적 기업가들과 새로운 사상의 힘》의 저자인 데이비드 본스타인에게 말해 줬다. '검증도 되지 않은 상태에서 전형적인 패턴을 바꾸는 혁신적인 아이디어와 일류 기업가를 발견하는, 믿을 수 있는 시스템을 창출하는 것이 가능했을까?'라는 질문의 대답은 예스였다. 현재 매년 예산이 3,000만 달러인 아쇼카는 60개국 이상에서 2,000명의 회원을 지원해 왔다.

만약 사회적 기업가 정신이 성전을 찾는 종교와 같다면, 그 성전은 인도 출신으로 미시간대학교의 경영학 교수인 C. K. 프라할라드가 2004년 출판한 《저소득층 시장을 공략하라》에서 찾을 수 있다. 2010년 사망한 프라할라드는 서구인들이 더는 빈민을 피해자로 보면서 동정하지 말고, 그들을 경제적인 가치를 잘 알고 있는 소비자이자 심지어 소규모 기업가로 존중해야 한다고 주장했다. 그는 경제적 피라미드의 밑바닥에 있는 사람들을 하루에 채 2달러도 못 버는 사람으로 정의했는데, 전 세계적으로 그런 사람이 약 40억 명에 이른다. 분명 이 극빈자들은 서구인 수준으로 소비하지 않는다. 이들의 구매는 원하는 것보다 필요한 것에 압도적으로 집중되어 있고, 충동구매라고 해 봐야 간식과 열쇠고리 같은 자질구레한 장신구를 구입하는 것이지만, 이들의 지출을 합치면 1조 달러에 달한다. 프라할라드는 '이건 무시할 만한 시장이 아니다'라고 말했다. 사실 독재자가 지배하는 극히 가난한 제3세계 국가에 별생각 없이 찾아가 본 사람이라면 그 나라의 활기 넘치는 식품과 의류 시장에 놀랄 것이다. 물샐틈없이 빽빽하게 막혀 있는 차 사이를 오가며 간식과 장신구를 파는 상인은 말할 것도 없고, 어떤 형태의 규제도 없이 자유롭다 못해 혼란스럽고 위험해 보이는 분주한 시장이 그곳에 있기 때문이다. 물론 코카콜라 같은 서구 기업은 세계의 빈민을 상대로 사업해서 큰 성공을 거둬 왔다.

이런 점들을 모두 눈여겨봤을 때 빈곤이라는 개념은 매우 상대적인 것이며, 전후 사정을 떼 놓고 따로 생각하기란 불가능하다. 작은 땅에서 카카오나 다른 환금작물을 재배하는 가나 농부는 사실 저축을 아주 열심히 한다. 이들은 일상적으로 필요한 물건은 대개 물물교환을 해서 쓰고, 꼭 가지고 싶은 물건이 있을 때만 모아 놓은 현금에 손을 댄다. 비즈니스 용어로 표현하면, 그들의 대차대조표는 매우 훌륭하다. 이런 사람들은 스스로를 가난하다고 생각하지 않는다. 이들이 생각하는 행복의 기준은 물질적 소유보다는 안정적으로 살면서 가족과 친구를 지원해 줄 수 있는지에 초점이 맞춰져 있다. 이런 수백만의 아프리카, 아시아, 남아메리카 사람은 우리가 보기에는 가난하지만 서구인들이 개발도상국 사람을 떠올릴 때 생각하는, 영양실조로 배가 불룩 튀어나오고 도와 달라고 손을 내미는 난민 이미지와는 전혀 다르다.

그렇지만 사실 마을마다 사정은 천지 차이다. 가나의 시골에 사는 많은 사람은 그곳 기준으로 봐도 정말 가난하다. 종종 참담할 정도로 가난하고 빚까지 지고 있다. 내가 말하고자 하는 요지는 누가 정말로 가난하고 누가 그렇지 않은지는 겉모습만 보고 판단할 수 없다는 것이다. 더더군다나 그들에게 이런저런 물건을 공짜로 준다면 더더욱 판단할 수 없다. 공짜로 만들어 주는 우물이나 병원을 누가 마다하겠는가? 돈이 있는 사람과 없는 사람을 구분하는 유일한 방법은 그들이 정말 원하고 필요로 하는 물건을 정직한 가격에 팔겠다고 제안하는 것이다.

빌 게이츠가 다보스에서 연설했을 당시에는 기존 방식의 외국 원조에 대한 반발이 거세게 일고 있었다. 2006년 소액 대출을 발명해 낸 유누스가 노벨평화상을 수상했을 때, 경제학자인 윌리엄 이스털리가《세계의 절반 구하기: 왜 서구의 원조와 군사 개입은 실패할 수밖에 없는가》를 출간했다. 제목에서 알 수 있듯이 이 책은 개발도상국의 문제를 해결하는 데 별 효과를 거두지 못한 정부와 비영리단체(이스털리의 전 직장이었던 세계은행을 포함해서)의 실패를 통렬하게 비판하는 내용이었다. 그는 '서구는 지난 50년 동안 대외 원조로 2조 3,000만 달러를 썼지만 말라리아 관련 사망자 수를 절반으로 줄일 수 있는, 하나에 12센트밖에 하지 않는 예방 약을 아이들에게 먹이지 못하고 있다'라고 쓰면서, 이 비극과 단 하루 만에 《해리 포터》 시리즈의 제6권을 900만 권이나 팔았던 2005년 여름의 마케팅 파워를 비교했다. 현 세계가 부유한 성인들과 아이들에게 오락물을 공급하는 데는 고도로 효율적인 방법을 발전시켜 온 반면, 죽어 가는 가난한 아이들에게는 12센트짜리 약 하나 대 주지 못하고 있다는 게 그의 의견이었다.

이스털리의 이론에 따르면, 의도는 좋지만 그곳 실정을 전혀 모르는 관료주의적 '기획가들'이 제3세계에 공짜 문화를 조장해 성장 가능성 있는 틈새시장 찾기가 힘들어진 것이 문제다. 자선단체에서 사람들에게 모기장을 공짜로 나눠 주면, 적당히 이윤이 남는 사업체를 운영해서 마을 사람들을 고용해 지속적으로 월급을 주려고 하는 지역의 모기장 제조업자들은 어떻게 될 것인가? 이스털리는 기획가들과 그가 '수색가'라고 칭하는 사람들을 비교했다. 수색가들은 모든 답을 갖고 있다고 주장하진 않지만 현장에 직접 가서 적극적으로 현지 사정을 알아보고 실험해 볼 용의가 있는 사람들이다. 그는 수색가들은 기획가들보다 동기 부여가 더 잘돼 있기 때문에 더 좋은 결과를 낸다고 말했다. 또한 어떤 물건에 대해 대가를 지불하고자 하는 열의가 있고 그 비용이 낮다면 수색가들은 그 물건을 소비자에게 팔 방법을 찾아낼 것이라고 밝혔다.

그것은 매우 설득력 있는 주장이었지만 뭔가를 찾는 데는 시간이 걸린다. 빌 게이츠 자신도 그 문제를 인식하고 있었다. 그는 가끔 시장이 개발도상국에서 영향력을 행사하지 못하는 경우가 있는데, 그 이유는 수요가 없거나 자금이 부족해서가 아니라 그 시장의 요구와 한계를 연구할 시간이 충분하지 않기 때문이라고 말했다.

그래서 주로 대기업이 개발도상국 시장의 혁신을 주도하게 된 것이다. 빌 게이츠는 소비자들이 구매할 수 있는 적당한 가격의 약을 개발한 글락소스미스클라인의 노력에 대해 언급했다. 프라할라드는 분자 캡슐화 기법을 사용해서 소금을 요오드로 처리하는 좀 더 효과적인 방법을 발명해 돈도 벌면서 인도 아이들의 정신지체를 예방한 유니레버의 성공에 대해 썼다. 이들은 모두 다국적기업으로 비교적 위험부담이 낮은 상태에서 연구 개발에 몇백만 달러를 쓸 수 있다. 이런 회사의 제3세계를 위한 미션은 사업 세계에서 세계은행이나 평화봉사단급이라고 할 수 있다. 즉, 존경받을 만한 사업이지만 모험이라고 부르기는 힘들다는 것이다. 나는 사업과 모험이 만나는 접점을 찾고 있었다. 나중에 알게 됐지만 그곳은 신호등이 없는 위험한 교차로였다.

제2장

아프리카는 아직도 불타고 있다

2009년 1월
창업

호수 위에 지은 수상 마을인 은줄라주에서
남자아이들이 수영하고 있다. 물이 상당히 더러워 보인다.

GHANA

막상막하의 열전

비행기에서 나와 코토카공항의 녹아내린 아스팔트 포장도로에 올라서면 곧바로 냄새가 난다. 아프리카는 맨해튼 교외나 로럴캐니언의 유칼립투스처럼 알싸하면서도 이국적이면서 동시에 희미하게 낯익은, 마치 미국산 잎담배나 천주교 제의에 쓰는 향처럼 독특한 냄새가 난다.

"가나에 온 걸 환영해." 우리가 출입국 관리소를 거쳐서 소아 성애자는 환영받지 못한다는 메시지를 담은 커다란 경고판을 지나 지상에서 가장 오래된 대륙에서 1월의 아침 햇살을 쬐고 있을 때 휘트가 말했다.

전날 오후에 우리는 JFK 공항에서 만났다. 휘트는 시애틀에서 왔고 나는 아들 하퍼와 함께 메인에서 출발해 아크라에서 이곳까지 연결되는 비행기를 탔다. 휘트는 그전에 가나에 와서 2008년 8월부터 11월까지 지내면서 부로의 기반을 닦아 놓았고, 그가 떠난 후에는 잰이 회사를 운영하고 있었다. 현재 이 회사는 휘트, 잰, 케빈, 타타 픽업트럭과 몇천 개의 건전지로 이뤄져 있다. 내 계획은 2009년의 첫 달을 아들 하퍼와 함께 보내면서(하퍼는 다니던 고등학교에서 가나 사람들의 군악 대용 행진곡을 녹음하는 독립 연구 프로젝트를 숙제로 받았다) 휘트를 괴롭히고, 이 나라를 탐험하고, 일이 잘 풀리면 그해 후반에 좀 더 오래 이곳에 머무를 준비를 하는 것이었다.

공항 터미널 밖으로 나가자 호객꾼들이 짐이 실린 카트를 둘러싸고 우리를 택시로 안내할 기회를 잡으려고 몸싸움을 벌였다. 고맙지만 우리는 괜찮다며 휘트가 사양했지만 그 말을 듣기는커녕 아무도 신경 쓰지 않았다. 누구든 카트에 있는 짐에 손을 댄 사람은 팁을 받을 자격이 있는 게 규칙인 것처럼 보였다. 수십 명의 남자들이 미친 듯이 우리 주위로 팔을 뻗어 짐을 잡으려고 하다가 서로 발이 걸려 넘어지면서 말다툼을 벌이는 동안 우리는 그들을 밀어제치면서 나왔는데, 그 모습이 마치 움직이는 거대한 거미 같았다.

"우린 기다리는 사람이 있어요. 타고 갈 차도 있고요. 택시는 안 타요. 그러니까 이만 가요." 휘트가 말했다.

그동안 시차로 인한 피로 때문에 머리가 멍해진 하퍼가 간이식당에 갔다가 레드불을 두 개 사서 돌아왔다. 하나는 이미 비어 있었고, 벌써 두 번째 병을 마시고 있었다.

"저러다 약발 떨어지면 엄청 힘들 텐데." 휘트가 말했다. "찰리(가명)!"

주차장 건너편에 있는 낡은 메르세데스 벤츠 문 앞에서 큰 키에 탄탄한 체격의 남자가 활짝 웃으며 손을 흔들고 있었다. 운동복을 입은 그는 짐을 둘러싼 무리를 바라보더니 고개를 절레절레 흔들며 말했다.

"어이, 휘트! 미안해요. 더는 못 가요."

휘트의 가나 사업 파트너는 공항 보안을 위해 쳐 놓은 차단선 밖에서 우리를 기다렸다. 우리는 짐을 실은 카트와 거기 달라붙은 짐꾼들을 그가 있는 쪽으로 몰고 갔다. 찰리가 그들에게 튀어로 소리를 지르고 아주 밝은 색깔의 지폐 몇 장을 던졌다. 그러고는 휘트를 껴안았다.

"돌아온 걸 환영해요!"

"아직도 이 고물을 끌고 다녀요?" 휘트가 말했다.

"새 차 살 돈이 어디 있어요? 사업 시작한 지 아직 얼마 안 됐는데. 게다가 이 차는 짐이 아주 많이 들어가요."

정말 그 차에는 놀랄 정도로 짐이 많이 들어갔다. 우리는 일요일 오후에 코포리두아로 출발했다.

나는 대번에 찰리가 마음에 들었다. 앞으로 알게 될 다른 많은 가나 사람처럼 찰리는 너그럽고 솔직하면서 쉽게 동요하지 않으며, 아프리카에서 살다 보면 일상적으로 일어나는 불쾌한 일에도 한결같은 유머로 우아하게 대처했다.

우리는 가나의 새 대통령 관저 앞에서 빨간불에 걸려 멈췄다. 원래 전통적인 가나 추장의 왕좌(스툴이라고 불렀다)처럼 보이게 하려는 의도로 지은 그 금속성 지구라트(고대 바빌로니아, 아시리아의 피라미드 형태의 신전—옮긴이)는 사실 1939년 만국박람회에 나온 로켓 발사대처럼 보였다. 신호등 앞에서 찰리는 창밖으로 팔을 뻗어 튀긴 플랜테인 칩 봉지를 담은 그릇을 머리에 이고 있는 키 큰 아가씨에게 손짓했다. 찰리가 그녀에게 튀어로 뭐라고 물었는데 언뜻 봐도 장난으로 화를 내는 것 같았다. 둘은 기분 좋게 정감 어린 농담을 주고받았고 이윽고 신호가 바뀌자 차가 앞으로 달렸다.

"대체 무슨 이야기를 한 거예요?" 휘트가 물었다.

"왜 오늘 교회도 안 가고 그러고 있느냐고 물었어요." 찰리가 웃으며 대답했다.

아버지가 유니레버 중역이자 파트타임 목사였던 찰리는 쉰여섯 살로, 아버지의 소명은 물려받지 않았지만 목사 특유의 정열적인 목소리는 그대로였다. 대부분의 가나 사람처럼 그 역시 신앙심이 깊었지만(그리고 과거에 영국 식민지였던 이 나라에서 소수 종교 집단인 독실한 천주교 신자인 여자와 결혼했다) 그의 종교는 사업이었다. 그는 미국 기준으로 봤을 때 중산층이지만 아프리카에서는 특권층에 속했다. 식민지 시대부터 아프리카에서 명망이 높고 기숙사를 갖춘 아크라의 학교인 아치모타를 나온 후, 콰메은크루마과학기술대학에서 생화학을 전공하면서 의료계로 진출할 생각이었다. 하지만 의사로서의 삶이 맞지 않아 삼림 관리를 공부했다. 그는 주로 건설업계에서 일했고(품질 좋은 건설 자재를 제작했다) 아크라와 조상들이 살았던 볼타 지역에 토지를 조금 소유하고 있었다. 찰리는 에웨족으로 영어 외에도 에웨어, 튀어와 아크라의 토착어인 가어를 구사할 줄 알았다.

"이것 좀 봐요." 또다시 빨간불에 걸려서 멈춰 있는 동안 찰리가 이번에는 영어로 말하면서 자동차 후드 위로 손짓을 해 보였다.

우리 앞에 있는 트럭의 열린 짐칸에 젊은 남자가 서른 명 정도 타고 있었다. 스피커에서는 힙라이프 음악이 쾅쾅 울려 나오고 있었고, 남자들은 춤을 추면서 붉은색, 흰색, 파란색에 코끼리 한 마리와 NPP(신애국당)라는 글자가 새겨진 깃발을 흔들고 있었다.

"저 친구들이 집에 가는 길이길 빌어 보자고요." 음악 소리가 서서히 잦아들었고, 트럭이 신기루처럼 열기 속으로 가물가물 사라지는 동안 찰리가 말했다. "이젠 정말 지겨워요."

한 달 전에 치른 가나 대통령 선거는 접전이었다. 현직 대통령인 NPP의 존 쿠푸오르는 연임해서 더는 선거에 나올 수 없었고, 그의 후계자인 나나 아쿠포-아도가 야당인 NDC(국민민주의회) 소속 존 아타 밀스와 대결했다. 선거는 불꽃 튀는 접전이었고, 결국 2차 투표를 실시해서 변호사이자 대학교수인 쉰여섯 살의 밀스가 승리했다. 하지만 아프리카에서는 선거가 끝났다고 해서 정말 끝난 게 아니다. 대부분의 가나 사람들이 이제 가나가 두 번 연속으로 민주적인 절차를 통해 야당에 정권을 이양하게 된 것에 자부심을 표현하는 동안(식민지로부터 독립한 이후의 아프리카로서는 기록이다) 수많은 NPP 충성파들은 여전히 분란을 일으키면서 선거가 부정한 방법으로 조작됐다고 주장했다. 어떤 당이든 야당들이 항상 하는 주장이다(카터센터에서 파견된 참관인에 따르면 이번 선거는 대체로 자유롭고 공정했다고 한다).

그런 표면적인 분위기 밑에서는 인종적 증오가 소용돌이치고 있었다. 가나는 정당들이 특정 인종 그룹과 긴밀한 관계를 맺지 않도록 여러 가지 조치를 취해 왔다. 정당은 모든 지역에 실질적으로 운영되는 사무실을 둬야 하고, 당의 휘장에 인종적 이름이나 상징을 넣어서는 안 된다. 그렇지만 NPP의 본거지는 중앙의 아샨티족이 사는 지역에 있는 반면 NDC는 에웨족의 일원이자 전직 군 지도부였던 공군 대위 제리 존 롤링스(1979년 6월 세 명의 전 독재자와 다섯 명의 장군을 총살시킨 인물)가 창당했다. 밀스는 에웨족은 아니지만 롤링스 정부의 부통령이었다. 그리고 롤링스는 아직도 장황한 설교를 하고, 미래를 예언하면서 정계에서 왕성하게 활동하고 있다. 정국을 더 불안하게 만드는 요인은 당파심이 있는 타블로이드 언론이 정기적으로 NDC 깡패들이 NPP에 쳐들어가 소란을 일으켰다든지 혹은 NPP가 NDC를 파멸시키려고 기도하고 있다든지 등의 굵직굵직한 헤드라인을 싣고 있다는 것이다.

많은 아프리카 국가와 비교하면 가나의 부족 간 긴장은 그렇게 치열한 편이 아니며 평상시에는 그냥 웃어넘길 수 있는 수준이다. 부족 간에 심각한 충돌이 일어날 가능성은 낮지만 선거 때문에 사람들의 가장 추한 면이 드러나는 것처럼 보였고, 특정 정당 지지자들이 무리를 이뤄 돌아다니면서 싸울 구실을 찾는 깡패처럼 행동했다. 이런 깡패와는 정치적 논쟁을 벌이지 않는 게 상책이다.

"이제 어떻게 될 것 같은가요?" 휘트가 물었다.

휘트는 6주 동안 시애틀에 있었다. 그동안 인터넷으로 가나 선거를 지켜보다 이제야 돌아왔기 때문에 현지 사정이 어떤지 알고 싶어 했다.

"괜찮을 것 같아요. 사람들이 진정하기 시작했어요. 하지만 지금 문제는 나나가 패배를 인정하지 않고 있다는 거예요. 공식적으로 그렇게 해야 하는데 말이죠."

우리는 주도로를 따라 시내를 벗어나 두 시간 반 거리에 있는 코포리두아를 향해 가고 있었다. 휘트는 코포리두아가 공항에서 하루 안에 갈 수 있는 거리에 있고 아크라의 쇼핑 중심지이면서도 상대적으로 수도에서 떨어진 곳이어서 건전지 사업을 테스트해 볼 수 있는 적절한 곳이라 판단했다. 우리 차가 아콰펌 산맥을 따라 이리저리 흔들리면서 올라가는 동안, 찰리는 전속력으로 달리다가 앞이 보이지 않는 커브 길에서 바나나 트럭을 추월했다. 난 아찔한 마음에 눈을 감아 버렸다. 그러다 다시 눈을 떴을 때 다른 차들이 우리 차처럼 차선 구분 없이 양쪽으로 마구 달리고 있는 걸 봤다. 모두 일요일 오후에 고작 몇 분 먼저 앞서가겠다고 정면충돌해서 사지가 달아나는 대폭발 사고 위험을 무릅쓰는 게 아무렇지 않은 것처럼 쌩쌩 달리고 있었다. 메인에서 운전면허를 막 따고 이 여행에 따라온 하퍼는 눈을 동그랗게 뜨고 날 바라봤다.

"집에 가서 이런 식으로 운전하면 안 돼." 내가 말했다.

우리는 더 높이 올라가면서 계속 트럭과 택시를 피해 달렸다. 곧 아크라와 기니 만이 넓게 펼쳐졌는데 먼지와 연기에 뒤덮인 풍경이었다. 고속도로를 따라 펼쳐진 널따란 들판에 씨앗을 심기 전 덤불을 치우려고 농부가 불을 지르고 있었다. 게다가 거리의 노점상들이 냄비에 쌀을 끓이거나 코코얌과 플랜테인 조각을 굽느라 숯불을 지글지글 피우고 부채질을 하고 있어서 연기가 더 자욱했다.

"아버지, 저 사람들이 길거리에서 마약을 팔고 있어요." 하퍼가 내게 작은 목소리로 속삭였다.

"뭐?"

"마약이요. 마리화나 말이에요. 마리화나 냄새가 나요. 이 사람들은 마약상인데 지금 샘플을 태우고 있다고요."

"이 사람들은 마약을 팔고 있는 게 아니야." 나는 아들의 말을 부정하면서 대체 마리화나 냄새를 어떻게 알고 있는지에 대한 의문은 잠시 접어 두고는 대답했다. "그리고 저 사람들이 마약을 판다고 해도 왜 샘플을 태우겠니? 여기가 자메이카도 아닌데."

"이 산맥에 밥 말리의 아내인 리타 말리가 살고 있어." 마침 휘트가 뒷좌석에서 우리가 무슨 이야기를 하고 있는지도 모른 채 가이드 역할을 시작했다.

"맞아요." 찰리가 말했다.

그렇다면 정말 이 사람들이 마약을 팔고 있을지도 모르겠다. 어쩌면 그 공짜 샘플은 창조적 자본주의를 가나식으로 순수하게 해석한 상품인지도 모른다. 하지만 다시 맡아 보니 마약 냄새와는 달랐다. 어릴 적 맡았던 낙엽 태우는 냄새였다. 나뭇잎을 퇴비로 만들거나 재활용하는 것은 생각도 못 했고, 심지어 공기 오염에 대해 아무도 신경 쓰지 않던 시절, 가을마다 길가 한 모퉁이에 낙엽을 쌓아 놓고 태웠을 때 나던 바로 그 냄새 말이다. 불타는 벌판과 숯불 냄새도 똑같았다. 내가 어렸을 때 미국의 도시와 교외에서는 정기적으로 불을 피웠고, 가을이면 머리가 어질어질할 정도로 오렌지색과 검은색이 섞인 연기가 사방에서 피어오르곤 했다. 그 때문에 내가 열 살 되던 1967년 여름에 디트로이트에서 인종 폭동이 일어나서 사방에 화염이 치솟았을 때에도 그게 지극히 정상적으로 보일 정도였다. 다만, 가을이 아닌 이른 여름에 불이 난 게 좀 이상하긴 했지만 말이다. 아무튼 아프리카는 아직도 불타고 있었다.

"둘은 어떻게 만났어?" 내가 물었다.

"인연이지. 아크라에서 작년 5월에 만났어. 그때 나는 시애틀에서 부로 사업 아이디어를 곰곰이 생각해 보고 있다가 아크라에서 '아프리카 밝히기'라는 이름의 세계은행 회의가 열린다는 사실을 알게 됐지. 난 이거면 거기에 갈 이유가 충분하다고 생각했어. 시장조사도 하고, 사업 파트너도 찾아볼 심산이었지." 휘트가 말했다.

"왜 파트너를 구하려고 했는데?"

"파트너가 있으면 확실히 일이 쉬워지니까. 가나에서 100퍼센트 외국 소유의 사업을 할 수도 있지만 그러려면 일이 까다로워. 난 그 지역 사정을 잘 아는 현지인을 파트너로 두고 싶었어. 어쨌든 그래서 개발 도상국에서 중소기업을 창업할 수 있게 도와주는 미국의 비정부기구가나 지사장을 만날 약속을 잡았지. 가서 그 사람들과도 만나 보고 터를 좀 닦아 놓으려고 했던 거야. 그 사람들이 내 스폰서도 돼 주고, 어쩌면 내가 찾는 파트너도 소개해 줄지 모른다는 꿍꿍이도 좀 있었고.

그랬는데 막상 약속한 날이 됐을 때 그 남자가 일이 생겨서 오지 못하게 된 거야. 그래서 그 사람이 같은 그룹에 있는 아피라는 아주 똑똑한 여자와 미팅을 주선해 줬어. 아피와 만나서 이야기를 했는데 내 아이디어를 아주 마음에 들어 하는 걸 알 수 있었지. 그 단체 사람들은 거기서 온갖 헛소리란 헛소리는 다 들었고, 서방에서 온 별의별 사기꾼에게 시달렸거든. 찰리도 그런 사기꾼에게 옛날에 많이 당했고. 그래서 아피는 날 꼼꼼하게 뜯어보고 저울질했지. 난 우리가 이야기가 잘 통한다는 걸 알았고, 아피는 내가 진실되고 믿을 만한 사람이라고 판단했어.

아피는 내 파트너가 될 만한 사람을 많이 알고 있다고 하더니 '한번 생각해 보고 다시 연락 드릴게요'라더군. 그리고 다음 날 전화해서 소개해 주고 싶은 사람이 있다는 거야. 그래서 다 같이 골든튤립호텔에서 만났지. 나랑 찰리랑 아피랑. 찰리랑 나는 금방 죽이 맞았어. 나는 찰리가 쭉 사업을 해 왔다는 게 마음에 들었고. 찰리는 사업 경험이 풍부했거든. 찰리가 돈도 벌면서 세상에 좋은 일을 하는 데 열정적일 거라는 감이 왔지. 삼림 관리와 건설업 쪽에서 일을 해서 현장을 관리하는 일도 좋아했고. 찰리는 수많은 가나 사업가와는 달리 사무실에만 앉아 있는 걸 질색하더라고."

"사무실은 너무 지루해요." 찰리가 웃으며 말했다.

"어쨌든, 만난 지 15분쯤 됐는데 아피가 폭탄선언을 했어. 찰리가 자기 남편이라는 거야."

찰리가 큰 소리로 웃었다.

"우리가 부부라는 사실을 알리지 않은 건 당신 판단에 영향을 주고 싶지 않아서였어요."

"아피가 남편 말고도 아는 사람이 많다고 했지만 난 시간도 없는 데다 찰리가 마음에 쏙 들었어. 우리 둘이서 하면 일이 잘될 거란 느낌을 받았거든. 대단히 까다로운 면접을 봐서 뽑은 건 아니지만 아주 잘된 일이라고 생각해."

"사실 더 형편없는 직원들도 많죠." 찰리가 말했다.

"그러게요. 자칫 잘못하면 옷만 번지르르하게 차려입고 메르세데스를 몰고 다니며 폼 잡는 사기꾼을 만날 수도 있는데 말이죠."

"지금 대체 무슨 소리를 하는 거예요? 나도 메르세데스를 몬다고요."

"난 최신 모델을 말하는 겁니다. 에어백도 있고 CD 플레이어도 있는 그런 거요."

"아, 정말 당신은 나쁜 사람이에요!"

가파른 산길에서 집채만 한 차들을 추월하는 행운이 끝났다고 생각했을 때쯤, 우리는 코포리두아 시내로 들어갔다. 그곳은 느긋한 아프리카 기준으로 봐도 지나가는 것이 불가능할 정도로 도로가 꽉꽉 막혀있었다.

생지옥

가나는 경치가 빼어나게 아름다운 나라로, 크기는 대략 영국 정도이지만 기후와 풍경은 훨씬 다양하다. 가나의 아래쪽 3분의 1은 형광색 새들이 넘쳐 나고 나무 꼭대기에서 쉴 새 없이 떠드는 꼬리가 흰 원숭이 소리가 들리는 푸릇푸릇한 열대다우림 지역이다. 역조가 흐르는 대서양의 해변, 어부들이 밝은색 페인트를 칠한 카누에 앉아 그물을 손보는 오두막 위로 30미터가 넘는 키가 큰 코코야자(이곳이 코코야자의 천연 서식지이다) 잎들이 외계 생물처럼 나부끼고 있다. 식민 통치 시대의 유산인 고무와 야자 농장이 해변 도로를 따라 죽 늘어서 있다.

가나의 북쪽에는 열대다우림은 사라지고 좀 더 건조한 사바나 지역이 있고, 진흙과 나뭇가지로 지은 중세풍의 모스크 주위에 마을이 몰려 있다. 모스크는 어린아이가 마음껏 창의력을 발휘해 쌓은 모래성과 바늘방석 궁전을 합쳐 놓은 것처럼 생겼다. 철 따라 돌아다니는 코끼리, 하마, 물영양 무리가 사람들은 가기도 힘들고 사실상 관광객도 없는(탄자니아나 보츠와나처럼 여행 잡지에 나오는 동물 보호구역과 다르게) 거대한 보호구역 안을 돌아다닌다. 그 위쪽으로 훨씬 올라가면 부르키나파소 국경과 접한 곳에 아주 매력적인 기하학적 무늬로 페인트를 칠한 공동주택과, 아프리카 사람들이 신성하게 여기는 망치머리박쥐 무리와 기이한 부족이 살고 있다. 그 부족 여자들은 아직도 입술에 구멍을 뚫어 지름 15센티미터 나무로 만든 원반을 끼운 채 살고 있다(그게 얼마나 아플지 상상만 해도 끔찍하다). 가나 동쪽은 새 발톱 모양의 볼타 호수가 명물인데, 이 호수는 세계 최대의 인공 호수(1960년에 아코솜보 댐을 이용해 만들어졌는데, 이 댐이 바로 내 동생의 충전기에 전력을 공급한다)로 폭포수들이 웅장한 소리를 내며 정글의 절벽 사이로 콸콸 쏟아져 내리고 있다.

코포리두아는 이런 곳과는 거리가 멀다. 10만 명의 인구가 사는 코포리두아는 여행 가이드 서적이 '여행을 시작할 수 있는 좋은 출발지'라거나 '더 넓은 지역을 탐험하기에 괜찮은 근거지' 정도로 완곡하게 표현하는 곳이다. 다시 말하면 '버스가 이 촌 동네를 지나쳐 가니까 어쩔 수 없이 설명해야 하는 곳' 정도이다.

사실 코포리두아는 '동부 지역'이라는 잘못된 이름(볼타 지역은 동쪽에서 훨씬 멀리 떨어진 곳에 있다)이 붙은 주의 중심 도시이다. 코포리두아가 유럽에 있었다면 프랑스 서부의 투르나 영국 잉글랜드 사우스요크셔에 있는 셰필드처럼 관광객들의 다양한 예산 규모에 맞는 호텔과 레스토랑이 있고, 대중교통 수단도 많고, 근처에 있는 주요 관광지를 쉽게 접할 수 있는 그런 북적거리는 소도시였을 것이다.

하지만 코포리두아는 아프리카에 있다. 여기는 두어 군데 괜찮은 폭포가 있고 매주 비즈를 파는 시장이 선다. 수제 비즈를 찾는 사람이라면 국제적으로 중요한 곳이라고 할 수 있겠지만 냉정하게 말해 관광객들이 찾아가 볼 만한 관광지는 아니다. 이곳에는 먹을 만한 음식을 파는 레스토랑이라곤 세 곳밖에 없고, 시내에서 몇 킬로미터 떨어진 곳에서 터무니없이 높은 숙박료를 받는 호텔이 몇 개 있다.

적어도 우린 호텔 걱정은 하지 않아도 됐다. 우리에겐 집이 있었으니까. 뭐, 그것도 일종의 집이라면 집이다. 살림집이자 부로 회사 사무실이자 부로 제1호 대리점 용도로 쓰려고 동생이 임대한 숙소는 '병원 도로'(사실 지역 병원은 동쪽으로 조금 더 걸어가야 나왔다)라는, 사람들로 붐비는 시내 길가에 있는, 식민지 시대에 지방의회로 사용됐던 건물 2층에 있었다. 이 건물 1층에는 버스 정류소만 한 크기의 식료품점과 상품이 너저분하게 어질러진 전자 제품 가게가 있었다. 이 가게는 자정이 지나서까지 영업을 하는데 벽에 칠한 페인트가 떨어질 정도로 쿵쿵 울려대는 거대한 중고 음향 기기를 주로 판매하고 있다.

거리에 면한 쪽은 모두 상점이 차지하고 있기 때문에 휘트의 아파트로 들어가려면 아파트 뒤쪽에 있는 건물들과 공동으로 쓰는 포장된 뒷마당으로 가야 했다. 이렇게 이웃과 공동으로 쓰는 옥외 생활공간은 수십 가구의 놀이터이자 세탁실이자 부엌이었으며, 욕실로도 쓰이고 있었다.

마당 한쪽을 따라 대략 깊이와 너비가 각각 45센티미터 정도 되는 크기의 개방된 콘크리트 하수관이 있는데, 이 하수구로 악취가 나는 회색 비눗물에 쓰레기가 둥둥 떠서 천천히 흐르고 있었다. 변기에서 나오는 대소변은 이 끔찍한 냄새가 나는 하수구로 들어가지 않는 것처럼 보였지만 동생의 부엌과 욕실 싱크대에서 흘러내린 물은 건물 옆에 설치된 하수관을 따라 흘러드는 게 분명했다. 어쨌든 이 하수관으로 싱크대 물만 흘러 내려오니까 별 해는 없다고 생각했다가 곧 마당을 같이 쓰는 주변 건물의 거주민들이 대부분 거리낌 없이 여기에다 소변을 보는 걸 보고는 마음을 고쳐먹었다. 아이들이 하수관에 대고 소변을 보는 건 정말 자주 목격했다. 거기다 약간 경사가 있어서 빗물이 하수관으로 흘러 들어가게 돼 있었다. 빗물만 들어가는 게 아니라 아이들이 가지고 노는 공이나 다른 장난감도 종종 들어갔는데, 가끔은 그런 장난감을 씻지 않고 그대로 가지고 노는 경우도 있었다. 간단히 말해 이 하수관은 병리학자의 악몽 속에나 나올 만한 곳이며, 왜 아프리카 아이들이 고질적으로 설사에 시달리는지를 알 수 있게 해 주었다.

공동 마당 뒤쪽에 붉은색 페인트를 칠한 두 단짜리 콘크리트 계단을 올라가면 동생의 아파트가 나왔다. 아파트 문을 열면 길고 곧게 뻗은 복도가 나오고, 복도 저편에 방 두 개가 있었다. 방에 딸린 프렌치 도어를 열면 거리 위쪽에 있는, 콜로네이드(지붕을 떠받치도록 돌기둥을 일렬로 세운) 양식의 베란다가 나왔다.

첫 번째 방에는 임시로 만든 목재 테이블 위에 건전지, 충전기, 멀티탭이 널려 있었고, 그 위에 대형 금속 선풍기가 요란한 소리를 내며 힘겹게 돌아가고 있었다. 첫 번째 방보다 더 큰 두 번째 방에는 식탁과 의자가 있고, 벽에는 지방 지도와 에이전트 이름, 임대 물량이 적힌 화이트보드가 붙어 있었다.

복도 양쪽 끝으로 크기가 훨씬 작은 방이 하나씩 있었고, 서쪽에 있는 뒷방은 휘트의 침실이었다. 그 옆에 있는, 거리로 난 방은 부로 사무실로 책상 두 개와 책장, 거대한 빌트인 금고가 있다. 그 금고에는 아무도 열 수 없는 번호 키 자물쇠가 달려 있어서 그 속에 있는(만약 뭔가 들어 있다면) 물건에 대한 호기심을 자아내고 있었다. 그 사무실은 휘트의 방을 통해 들어가거나 아니면 베란다를 통해 들어갈 수 있었다. 맞은편에 있는 방은 잰의 침실이고, 그 앞쪽에 있는 방(이 방 역시 잰의 방이나 베란다를 통해 들어갈 수 있다)은 하퍼와 내가 쓰게 됐다. 잰의 침실 뒤에는 'L' 자 모양의 작은 부엌(싱크대, 폭이 좁은 냉장고, 초소형 가스레인지가 있다)과 샤워실, 변기만 있는 화장실과 따로 분리된 세면대가 있었다.

북아메리카 기준으로 봐선 극히 간소한 이 취사와 목욕 시설은 사실 아프리카에서는 황제의 거처와도 같았다. 특히 샤워기 위에 달린 작은 맥주 통만 한 온수기가 그렇다. 처음에 봤을 때 이 온수기에서는 살이 데일 정도로 뜨거운 물만 나오는 것 같았다(휘트가 몇 달 뒤에 이 온수기에서 온도 조절 장치를 찾았다). 반대로 부엌 싱크대에는 찬물만 나와서 설거지를 하려면 샤워기에서 나오는 뜨거운 물을 양동이로 받아 부엌 싱크대까지 날라야 했다. 수돗물이 나온다는 것 자체도 공학적으로 보면 작은 기적이었다. 그 탁한 수돗물마저도 일주일에 딱 두 번 나왔기 때문에 휘트는 거금을 들여서 1,800리터가 들어가는 플라스틱 물탱크 두 개를 지붕에 설치해서 3,600리터 정도의 저수탱크를 만들었다.

이론상으로 보면 수도국의 신들이 자비롭게도 수도꼭지를 열어 줄 때 이 예비용 물탱크가 채워진다. 그리고 수도가 끊기면 영악하게 지붕에 저장해 둔 박테리아 천국의 물로 살아가야 한다. 하지만 현실적으로는 하루에 샤워를 두 번 하는 미국 10대 소년 한 명을 포함해서 집에 사람이 꽉 찬 상황이기 때문에 물이 떨어지는 일이 잦았다. 그래서 미국에서는 아주 일상적인 일이 여기서는 스릴 넘치는 모험이 되곤 했다. 수도꼭지를 튼다고 해서 늘 물이 나오는 것도 아니고, 물이 나올지 안 나올지는 신만이 알며(어떤 색 물이 나올지도 모르고), 수도를 틀면 순간적으로 거센 압력이 터져 나오거나, 아니면 시원찮게 트림하는 것처럼 한두 방울 꼴꼴거리며 나오다 이내 끊기는 일이 다반사였다.

그러니 이런 불편한 상황을 참아 내는 동생을 높이 평가하지 않을 수 없었다. 나는 수백만 달러를 가진 미국의 중년 사업가가 자발적으로 이런 고생을 감내하는 걸 도저히 상상할 수 없었다. 특히 사랑하는 가족과 1만 2,874킬로미터나 떨어진 곳에서 사는 건 더더욱 그렇다. 하지만 그것은 바로 동생이 이 기업에 철저하게 헌신하고 있다는 증거였다. 사실 동생은 잰만 아니었다면 더 열악한 환경도 기꺼이 견뎠을 것이다. 여기 오기 전까지 미국 북서부에서 안락한 삶을 살던 잰은 휘트에게 아무 요구도 하지 않았지만, 양동이를 끼얹어 찬물 샤워만 하다가 보면 처음에 가졌던 열정이 식어 버릴 수도 있었다.

어쨌든 사실 이 복고풍 집은 상당히 매력적이고 편안한 곳이다. 영국인들이 제대로 일하던 시절에 이 건물을 지었다는 것은 높은 천장, 여기저기 있는 통풍 장치와 수제 마호가니 문, 가로세로 칸막이를 한 창문을 보면 알 수 있다. 원래는 영미 담배 회사의 지사로 사용되다가 나중에는 국립노동부 사무실로 쓰여서, 아직도 이 지역 사람들은 이 건물을 예전 노동부로 알고 있다.

휘트가 숙소를 찾으러 이곳에 왔을 때, 부동산 중개인이 그를 차에 태워 돌아다니면서 시내 외곽에 있는 빌라를 보여 줬다. 하지만 많은 사람이 다니는 시내 중심가에 있어야 할 회사가 들어가기엔 적합하지 않았다.

"난 이렇게 말했지. '이봐요, 이해를 못 하시는군요. 우리 회사는 시내에 있어야 해요, 시내 한가운데.' 그랬더니 부동산 중개인이 그러는 거야. '아, 시내에는 백인이 있을 만한 곳이 없다니까요.' 그래서 내가 대꾸했지. '어디 한번 보여 주기나 해요.'" 휘트가 나중에 내게 이렇게 말해 줬다.

이곳은 임대료가 저렴했다. 월세가 한 달에 200세디인데 2년 치를 선납하면(가나에서는 보통 이런 식으로 임대한다) 미국 돈으로 약 3,000달러였다. 하지만 당장 이사 들어올 수 있는 그런 상황은 아니었다.

"아, 정말이지 처음 이 건물을 봤을 때 먼지가 7센티미터는 쌓여 있었을 거야. 부엌 설비도 하나 없고, 조리대도, 찬장도 없었어. 그냥 파이프가 달린 싱크대 하나만 덜렁 있었지. 변기는 있었는데 앉는 부분도 다시 갈아야 했고." 휘트가 말했다.

"원래 있던 건 어땠는데?"

"변기 속에 처박혀 있었어."

그보다 훨씬 심각한 문제도 있었다. 지붕에 절연 장치가 하나도 없어서 아파트는 그냥 열 흡수원이었고, 덕분에 방마다 천장에 선풍기와 거대한 창문을 달았다. 그렇게 했는데도 매일 해가 뜨고 대략 15분 정도 지나면 아파트가 생지옥으로 변해 창문을 닫을 엄두도 내지 못했다. 그렇게 절절 끓는 곳에서, 한 줄기 바람이라도 불어오면 우리는 열렬히 환영했다.

매일 창문을 열어 둔 결과 아파트는 무지무지 시끄러웠다. 차 경적 소리, 수탉 울음소리, 음악 소리, 아이들이 질러대는 고함 소리, 오토바이 소리 등등. 통화라도 하려면 귀를 손으로 막아야 할 지경이었다. 실내 소음이 그 정도였다. 베란다 밖으로 나가면 젊은 남자들이 마체테로 코코넛을 쪼개는 소리, 브래지어를 파는 좌판 앞에서 조각낸 파파야 스낵을 파는(코코넛과 브래지어의 궁합이 3류 희극을 연상케 했다) 여자들 소리 때문에 대화를 하려면 고함을 질러야 했다(그런 점을 제외하면 분주하고 활기찬 거리를 내려다볼 수 있는 명당자리다). 우리는 종종 시내의 거대한 야외 시장에서 장만한 식료품으로 저녁을 해 먹기도 했지만, 긴 하루가 저물 때쯤이면 주석 지붕 밑의 찜통더위에 지쳐 어디론 가 피신 가고 싶어졌다. 피신 장소는 대개 레스토랑 '린다도르'였다.

황금해안

휘트가 예언한 대로, 하퍼는 해가 지자 곯아떨어졌다. 하퍼가 두 병이나 마신 레드불의 약발을 잠으로 풀고 있는 동안 휘트와 나는 병원 도로에서 몇 블록 떨어진 곳에 있는 린다도르에서 저녁을 먹으려고 나와선 느긋하게 걸어갔다.

"걸을 때 발밑 잘 보고, 절대로 길에서 눈을 떼지 마." 어두운 도로를 천천히 걸어가면서 개방된 하수관을 뛰어넘고, 예전에는 도로 표지판이었던 삐죽삐죽한 금속 막대기를 피해 가는 동안 휘트가 말했다. "아프리카에는 법적 책임이라는 개념 자체가 없어. 그리고 형이 어딘가에 떨어진다고 해도 아무도 탓할 수 없고. 다리에 20센티미터 정도 되는 상처를 입는다고 해도 형이 든 의료보험으로는 헬기를 타고 독일까지 치료를 받으러 갈 수 없어. 형은 여기 병원에 꼼짝없이 갇혀서 치료를 받은 후에 서비스가 형편없는 비행기를 타고 아주 불쾌한 여행을 한 끝에 집에 가게 될 거야. 아니면 일등석에 타기 위해 4,000달러를 토해 내든가."

우리가 사는 집처럼, 린다도르 역시 빛바랜 식민지 시대의 매력을 풍겼다. 이 레스토랑도 한때 잘나가던 시절이 있었을 것이다. 거무죽죽한 실내 장식과 어두운 벽감으로 보건대 이 레스토랑에서 적어도 저녁을 먹기 전에는 알고 싶지 않은 일이 많이 일어났다는 사실을 짐작할 수 있었다.

우리는 출입문 근처에 앉았고 나는 조심스럽게 메뉴판을 펼쳤다. 기름기가 번들거리는 메뉴판에는 놀랍게도 양 대륙의 음식을 전부 제공하겠다는 듯 야심만만한 메뉴가 쓰여 있었다. 프렌치프라이를 곁들인 스테이크, 파스타, 중국식 볶음 요리, 거기다 땅콩 스튜와 어딜 가도 나오는 푸푸 같은 아프리카 진미도 전부 쓰여 있었다. 뉴욕에 살면서 이런 면에서 훈련이 된 나는 한 나라 이상의 요리를 전문적으로 한다고 주장하는 레스토랑의 음식 수준을 믿지 않았다. 한국 요리와 멕시코 요리 둘 다 전문으로 한다고 주장하는 식당은 양쪽 다 먹을 만한 수준의 요리는 아닐 가능성이 농후했다. 하지만 린다도르의 메뉴는 다문화적인 요리를 대담하고도 완전히 새로운 경지로 이끌어 간 수준이었다.

"뭘 추천하겠어?" 내가 휘트에게 물었다.

"아무것도. 하지만 고민할 필요는 없어. 메뉴에 나온 건 하나도 안 되니까. 어쩌면 중국요리 하나 정도는 나올 수 있겠지만 형이 지금까지 먹어 본 중국요리와는 전혀 다른 요리가 나올 거야. 나는 항상 먹던 졸로프 라이스(쌀, 토마토, 양파, 소금 외에 고기나 야채를 넣어 볶는 요리로 서아프리카에서 인기가 많다—옮긴이)로 하겠어."

풋내기였던 나는 가나의 레스토랑 메뉴는 그저 이랬으면 좋겠다는 소원을 적은 것에 불과하다는 걸 아직 배우지 못했던 것이다. 어떤 식당이든, 아무리 외진 곳에 있는 식당이라도, 메뉴판에는 스페인식 카스티야 타파스, 레바논의 메즈, 프랑스 오베르뉴식 비프스테이크, 베트남의 프리토 미스토를 판다고 자랑하고 있지만, 심지어 재료는 어찌어

찌 구한다 해도, 그 레스토랑에서 반경 3,200킬로미터 이내에서는 그런 요리를 해 본 적이 없는 것이다. 이렇게 기름기가 풍부하고 이국적인 요리 중 하나를 주문하면 나오는 대답은 한결같았다.

"그 요리는 끝났습니다."

그럭저럭 나올 만한 아프리카 음식 페이지를 훑어보다가 좀 더 흥미로운 요리가 내 눈길을 끌었다.

"그라스커터가 뭐야?" 내가 휘트에게 물었다.

"쥐야. 음, 다시 말하면 쥐 같은 설치류지. 여기 사람들은 그냥 쥐도 잡아먹지만, 그라스커터는 커. 몸집은 토끼보다 큰데 꼬리가 쥐꼬리 같지. 사향쥐 같은 그런 종류야. 키가 큰 풀 속에서 사는 동물인데, 여기선 진미야. 사람들이 엽총으로 놈들을 사냥해서 푼돈 챙기려고 길가에서 팔아."

알고 보니 그라스커터 사냥은 생태학적으로 논란이 되고 있었다. 사냥꾼들이 초지에 불을 질러 그라스커터를 모는 식으로 사냥을 하기 때문에 서아프리카의 삼림이 놀랄 정도로 빠른 속도로 파괴되고 있었다. 하지만 내가 그 고기 한 점 맛본다고 해서(어디까지나 저널리즘을 위해) 아프리카 사바나가 황폐화될 가능성은 적다고 생각한 나는 용감하게 밀어붙였다.

"난 그라스커터 스튜와 푸푸로 줘요."

"푸푸는 다 떨어졌는데요." 웨이트리스가 수줍게 대답했다. "대신 반쿠는 있어요."

휘트는 반쿠라는 것이 푸푸를 발효시킨 것이라고 설명했다. 나는 그럼 반쿠로 달라고 했다. 휘트는 졸로프 라이스를 시켰다.

"음식은 프랑스 식민지였던 나라들이 더 낫지 않아?" 내가 휘트에게 물었다.

"훨씬 낫지."

"그런데 우린 왜 여기 와 있는 거야?"

휘트가 지친 표정으로 날 쳐다봤다.

"나도 맛있는 음식을 좋아하긴 하지만, 달리 고려해 봐야 할 점이 있어. 어떤 것들은 뻔히 보이는 것이고, 어떤 것들은 안 그렇기도 해. 난 작년 여름 가나에 처음 왔어. 1981년 12월 31일에 올 뻔하긴 했지만. 그때 택시를 타고 부르키나파소 국경까진 왔어. 그때는 부르키나파소가 아니라 오트볼타라고 했지. 하지만 그날 밤이 바로 J. J. 롤링스 쿠데타가 일어난 지 이틀째 되던 날 밤이야. 당시 그들이 국경을 봉쇄했어."

"휘트, 너는 CIA 요원이잖아. 그깟 봉쇄된 국경 따위가 네 앞길을 막았단 말이야?"

"그때 딱 한 번뿐이었어. 그리고 내가 그때 국경을 넘을 수 없었던 건 암호 해독기 펜과 신발 전화기를 호텔에 놔두고 와서 그랬던 거고. 그 뒤부터 항상 찜찜한 기분이 들었지. 가나에 갈 수 있는 기회를 엉겁결에 뺏겼다는 느낌이랄까. 그리고 몇 년 동안 그때 못 쓴 가나 비자를 가 보지 못한 여행에 대한 치욕스러운 배지처럼 들고 다녔지. 하지만 그 후로 가나는 아주 경이롭게 발전해 왔어. 가나의 언론은 자유롭지. 사실, 일부 동유럽 국가보다 훨씬 자유로운 걸로 평가되기도 했고. 그리고 이제 막 끝난 선거에서 안 것처럼 가끔 불안하기도 하지만 그래도 아주 강력한 민주적 정당이 자리 잡고 있어. 가나는 현재까지 대통령 선거를 다섯 번 치렀는데, 적어도 마지막 세 번은 상당히 자유롭고, 공정하고, 투명하다고 칭송받았고. 1992년 롤링스가 당선된 첫 선거는 조작됐지만 1996년에 치른 두 번째 선거는 훨씬 공정했고, 그 후로 쭉 그래 왔어."

내 스튜가 나왔다. 진하고 걸쭉한 갈색 국물 속에 뼈는커녕 껍질도 벗기지 않은 그라스커터 고깃덩어리가 둥둥 떠 있었다. 스튜 옆에는 야구공만 한 회색 만두 두 개, 즉 반쿠가 놓여 있었다. 휘트는 전통적으로 반쿠(혹은 푸푸)는 손으로 먹는 거라고 설명해 줬다. 작게 한 조각을 떼서 마치 도넛을 커피에 적셔 먹는 것처럼 수프에 적셔 먹으라는 것이었다. 그리고 그 덩어리를 씹어서 삼키는 것도 무례한 행동으로 간주된다고 말해 줬는데, 젤리같이 끈적끈적한 반쿠 맛을 보자 씹지 않고 삼켜도 아쉬울 게 없을 것 같았다.

"얼른 먹어 봐." 휘트는 마치 야채를 먹기 싫어서 빤히 쳐다만 보고 있는 아이에게 억지로 먹으라고 하는 말투로 내게 말했다. "내가 주문한 음식이 언제 나올지는 아무도 몰라. 여기는 일반적인 레스토랑 문화라는 게 없어. 그냥 언제고 음식이 되면 갖다 주니까."

나는 고개를 끄덕이곤 내 쥐 고기(토끼 같은 맛이 나길 기도했다)를 입속에 밀어 넣었다.

"그래서 여기에는 강력한 민주적인 단체가 있고, 튼튼한 시민사회도 형성되어 있어." 휘트가 이야기를 계속했다. "그리고 가나에는 좀 더 나은 사회를 만들기 위해 노력하는 수많은 전문 조직과 협회, 기독교 단체가 있어. 모두 다양한 방식으로 이 나라를 발전시키기 위해 애쓰고 있지. 이곳 사람들은 상대적으로 교육도 잘 받은 편이야. 한때 아프리카 최고의 교육 시스템을 갖추고 있었어. 지난 20년 동안 악화되긴 했지만 말이야. 그리고 화폐를 쓰는 시골 경제가 역사적으로 오랫동안 운영돼 왔는데 그것이 정말 중요해. 에티오피아 같은 나라에 가면 시골 경제라는 게 최저 생활수준이고 약간의 물물교환을 하는 게 전부야. 이곳에서는 환금작물을 키우고 화폐를 주조해 왔기 때문에 사람들은 다양한 방식으로 돈을 벌고 현금 경제라는 환경에서 살아가는 데 익숙해."

이런 상업적 기질은 가나 문화에 깊숙이 뿌리박혀 있는 것처럼 보였다. 이는 가나의 풍부한 금광이 남긴 유산이다. 대서양을 횡단하는 노예무역이 일어나기 전 금은 이 지역에서 가장 소중한 천연자원이었고 아직도 카카오 다음으로 중요한 수출 품목이다. 영국 사람들은 가나를 황금해안이라고 불렀다. 영국의 통치하에 아샨티족 지도자들은 사업 파트너로 키워졌고, 그런 변모는 20세기 초반에 가속화됐다. 1930년에 그런 이들 중 하나인 코피 스라하가 대부분의 탐욕스러운 베이비부머에게 '우리는 전사에서 상인, 무역상, 기독교도, 땅을 가진 자로 변해서 영국이 보호하는 은행에 돈을 넣어 두고 거대한 집들을 짓기 시작했다'라고 그 상황을 묘사했다.

휘트의 가나 파트너인 찰리를 이러한 유산을 물려받은 현대의 후손으로 봐도 무방할 것이다.

순간 내 두개골 안에서 크게 딱 소리가 울려 퍼지면서 치과 밖에서는 한 번도 느껴 보지 못했던 엄청난 고통이 내 위턱뼈의 어금니를 뚫고 지나갔다. 나는 입안으로 손을 넣어서 너덜너덜해진 엽총 총알을 하나 꺼냈다.

"빌어먹을. 이것 좀 봐."

"맙소사. 내가 그라스커터를 안 먹는 이유가 있다니까. 조심해서 씹어." 휘트가 말했다.

정말 조심해서 씹어야 했다. 식사를 다 마치고 보니 총알이 다섯 개나 나왔다. (나중에 그라스커터를 먹을 때는 총알이 있는 걸 먹는 게 좋다는 말을 찰리에게서 들었다. "총알이 나왔다는 말은 쥐약으로 죽인 게 아니라 제대로 총을 쏴서 죽였단 뜻이니까요.") 내가 식사를 막 마쳤을 때 휘트가 주문한 요리가 나왔다.

"가나는 아름다운 나라이기도 해." 휘트가 이야기를 이어 나갔다. "그것 역시 중요한 이유야. 나는 사업을 확장하면서 미국 사람들과 다른 파트너를 끌어들여 계속 그 관계를 유지하려고 노력하고 있거든. 여기 사람들이 영어를 하는 것도 그런 면에서 도움이 돼. 그리고 외국인 투자자들을 위한 기업 풍토도 잘 조성돼 있고. 배당금에 대한 세금을 8퍼센트 떼어 가긴 하지만 사업에서 생긴 이윤은 자국으로 보낼 수 있게 보장돼 있기도 하고. 그러니 해외 투자자들이 보기에 아주 긍정적이면서도 날로 향상될 수 있는 기업 풍토가 조성돼 있는 셈이지. 이런 요인들을 다 합쳐 보면 내가 가나로 온 이유를 납득하겠지."

날은 저물었고 아직도 꽤 더웠다. 시차로 인한 피로 때문에 점점 정신이 혼미해지고 있었다. 나는 계산을 하고 스튜에서 나온 총알을 챙겨서 집으로 향했다.

"경치 좋은 길로 가자. 내가 시내 구경시켜 줄게." 휘트가 말했다.

우리는 어두운 골목길을 터벅터벅 걸어갔다. 골목에서는 아프리카 남자들이 오두막집에 기대어 반들반들한 숫돌에 마체테를 갈면서 호기심 어린 시선으로 우리를 쳐다봤다. 나는 무딘 마체테와 날카로운 마체테에 난도질당해 죽을 때 각각의 장점을 순간적으로 비교해 보다가 죽는 순간의 그 차이는 극소수만 알아차릴 수 있을 거라고 판단했다.

코포리두아에서는 백인을 보는 일이 드물었고, 나로서는 그렇게 눈에 띄는 소수자가 된다는 게 기이한 경험이었다. 거의 백인만 있는 곳에 처음 흑인이 들어왔을 때 백인들이 그 흑인을 괴물처럼 쳐다보면 어떤 기분일지 뼈저리게 느낄 수 있었다. 나는 골목길로 온 게 현명한 선택이었는지 의심이 갔다. 예를 들어, 디트로이트라면 밤에 걸어 다닐 만한 거리는 아닌 것 같았다. 하지만 여기는 디트로이트가 아니고, 우린 무사했다. 휘트는 지나치는 사람마다 "안녕하세요!"라고 인사했다. 그러자 부루퉁해 있던 표정들이 모두 환해졌다. 나의 바보 동생은 이곳에서 집처럼 편안하게 지냈고, 나는 동생과 같이 있게 돼서 기뻤다.

제3장

아프리카의 경적

2009년 초반
사업 계획

'종교 혼란'과 '나의 주인 주님.'
혼란스러운 조합이지만 가나에서는 전형적인 도로 풍경이다.

GHANA

마지막까지 불운한 곳

"그건 이탈리아어로 버터라는 말이야."

"뭐?" 타타 픽업트럭을 운전하고 있던 휘트가 순간 날 노려보다가 차를 홱 꺾어서 달걀을 피라미드처럼 쌓아 올린 쟁반을 이고 있는 한 여자를 피해 갔다.

"부로 말이야. 부로는 이탈리아어로 버터라는 뜻이라고. 그러니까 이탈리아에서는 부로라고 하면 헷갈릴 수 있잖아."

"우린 이탈리아에서 사업을 하는 게 아니잖아. 거긴 개발도상국이 아니라고."

"하지만 네가 프랑스어를 쓰는 서아프리카 지역으로 사업을 확장하면 어떻게 할 건데? 그럼 부로가 아니고 뵈르라고 부를까?"

"닥쳐."

"난 진지하게 하는 말이야. 에스파냐어를 하는 사람 하나 없는 대륙에서 에스파냐어로 된 상호를 쓴다는 게 좀 이상하지 않냐? 내 말은 에

스파냐 사람들은 영리했어. 그 사람들은 노예를 데려가는 경우를 제외하고는 이 끔찍한 지옥 같은 곳에서 멀찍이 물러나 있었단 말이지. 그 사람들은 이미 그런 걸 겪어 본 경험이 있었던 거야. 무자비하게 쏟아지는 열기가 사람의 영혼에 어떤 해를 끼치는지 알고 있었던 거지. 이 대륙에서 에스파냐어를 쓰는 곳은 딱 하나인 데다가 크기도 로드아일랜드정도밖에 안 되잖아."

"말 다 했어?"

"앞을 좀 보라고. 여기서는 보행자를 치면 사형을 받을 수도 있어. 특히, 저 여자가 머리에 이고 있는 달걀을 떨어뜨려서 깨지면 더 그렇지."

우리는 아크라에서 액심에 이르는 해안 지방을 달리고 있었다. 그곳은 코트디부아르까지 241킬로미터의 파도가 쭉 펼쳐진 곳이었다. 하퍼에게 지금 이 시간은 공부도 하면서 휴가를 즐기는 일종의 워킹홀리데이였다. 우리는 노예 요새를 하나씩 둘러보는 사이사이에 부로 사업을 확장할 수 있는 지역도 찾아보고, GPS에 나온 도로를 참고해 송전선을 따라가면서 송전선이 어디서 끝나고, 건전지로 전원을 공급하는 마을이 어디서 시작되는지 살펴볼 계획이었다. 그러다 얼마 못 가서 송전선이 있는 마을이라고 해서 전기가 들어오는 게 아니라는 사실을 알게 됐다.

"전기를 끌어올 만한 돈이 없는 거야." 휘트가 말했다.

"그러면서 매일 이 전선을 쳐다봐야 하는 거지. 마치 바다 한가운데서 목이 말라 죽는 그런 기분일 거야."

"그것도 실제로 전선으로 전기가 들어오고 있다는 가정하에 하는 말이고. 그건 아무도 모르는 거지."

우리는 바닷가에 있는 베인이라는 마을에 차를 세우고 1770년에 건설된 노후한 영국 전초기지인 아폴로니아요새 옆에 주차했다. 아프리카 역사상 가장 크고 성공적인 벤처 투자는 단연코 노예제도다. 어떤 천연자원도 노예제도만큼 현대 아프리카와 아프리카 사람들의 사고방식을 형성하는 데 막대한 영향력을 끼치지 못했다. 노예무역이 글자 그대로 수 세대의 아프리카 사람들을 전멸시켜 버렸다. 학계에서 정교한 컴퓨터 모델을 사용해서 행한 최신 평가에 따르면 사하라사막 이남에서 1,100만 명이 넘는 아프리카 사람들이 사라졌는데(나치 홀로코스트 피해자들의 두 배다) 주로 젊은 남자들이 피해자였다. 하지만 미국인의 시각에서 볼 때 한 세기에 걸쳐 자행됐던 노예제도 같은 큰 재해는 끝났다고 해서 완벽하게 사라지는 성질의 것이 아니다. 아프리카에서 노예제도의 여파는 아직도 가시지 않고 있으며, 거기에는 군국주의적 토착 정부(군대는 경쟁 상대가 노예를 차지하기 위해 공격해 오는 것을 방어하고, 노예무역을 하기 위한 노예를 모으는 두 가지 목적으로 필요했다)의 부상, 부족 간 불신, 인종적 불신, 일반 시민들을 희생해서 막대한 권력을 손에 쥐려는 지도자들의 집착(노예무역으로 아프리카 지도자들은 부유해졌지만 가난한 이들의 역경은 외면받았다), 원시주의(노예무역이 계몽주의 시대에 정점에 달했다는 점을 고려해 보라), 도처에 만연했던 가난 등이 포함되어 있다. 현대 아프리카에서 사업을 하는 사람이라면 누구든 이 대륙의 암울한 자본주의 역사가 남긴 유산과 씨름해야 한다. 하지만 이 역사는 유럽 사람들이 시작한 것이 아니다.

우리는 아프리카를 수많은 사람이 바글거리는 곳으로 생각하는 경향이 있다. 사실 현대 아프리카 도시는 땀 흘리고 기침하는, 혼란스러울 정도로 많은 사람이 몰려 북적거리며 살아가고 있다. 하지만 아프리카의 대부분 지역은 사실 인구가 부족하다. 척박한 토양, 극단적인 기후, 수많은 질병과 맹수 때문에 아프리카 사람들은 1,000년이란 세월 동안 억눌려 살아왔다. 간단히 말하면 일을 할 만한 사람이 충분치 않았던 것이다. 그 결과, 아프리카의 중세 왕국들은 노예를 모으겠다는 분명한 목적을 위해 끊임없이 전쟁을 해 왔다. 서아프리카에서 습한 대서양의 열대 지대를 따라 열대다우림을 개간하고, 농지를 중심으로 마을을 형성할 수 있었던 원동력이 바로 노예들이었다. 이 마을들이 커져서 도시들과 현대 국가들의 수도가 됐으며, 가나도 그런 국가 중 하나다. 사실 포르투갈 노예 상인들이 현재의 가나에 처음 도착했을 때 이 지역 부족들은 노예를 파는 입장이 아니라 사는 쪽이었다. 1500년에서 1535년 사이에 현대 대부분의 가나 사람의 조상인 아칸족이 이 지역에서 나는 황금으로 1만 명에서 1만 2,000명에 달하는 노예를 사들였다(이 노예들은 현재 베냉과 나이지리아 동쪽 출신이다).

지난 몇천 년의 세월을 돌이켜 볼 때, 식민지 시대 이전에 아프리카 대륙에서 일어난 노예제도의 규모는 전투에서 그때그때 잡아들인 경우로만 설명하기엔 석연치 않은 구석이 있다. 분명 아프리카의 토착 노예제도는 아프리카 내에서 자체적으로 실시해 왔고 그것도 규모가 아주 큰 사업이었다.

아프리카 사람들이 시작했던 노예제도를 포르투갈 사람들이 세련되게 다듬었고, 이어서 영국인들이 대단한 열정을 가지고 조직적으로 정비했다. 그들은 황금해안을 서아프리카 노예무역의 중심지로 삼았는데 케이프코스트 성이 그 사업의 본거지이자 본사였다. 노예무역이 절정에 달했던 18세기에는 약 600만 명의 서아프리카 사람들이 배를 타고 노예로 팔려 갔는데, 주로 브라질과 카리브 해의 대농장으로 갔다. 현재 학자들은 1720년에서 1780년 사이에 황금해안의 전체 인구 중 5~10퍼센트가 노예였을 것으로 추측하고 있다. 영국 역사학자인 윌리엄 세인트 클레어가 《대노예무역 상점The Grand Slave Emporium》에서 지적한 것처럼 꼭 노예무역이 산업혁명의 원동력이 된 건 아니지만 노예들이 신세계에서 생산한 농업상품(면 같은)이 19세기 영국 제조업이 성공하는 데 막대한 공헌을 했다. 이런 경향은 영국이 노예무역을 금지한 1807년 이후까지 오랫동안 지속됐다. 이는 자랑스러운 사실이 아니다. 즉, 영국과 다른 유럽 국가들은 공식적으로 노예무역이란 수치스러운 일에서 손을 씻고 나서도 오랫동안 노예제도로부터 간접적으로 이득을 취해 왔다는 뜻이다.

그리고 어이없게도 서구에서 노예제도가 폐지되면서 19세기 아프리카에서 제2차 토착 노예제 열풍을 장려하는 결과를 빚게 됐다. 노예무역의 거대한 사업 기반 시설이 하루아침에 사라지는 게 아니기 때문에 생긴 일이다. 유럽 사람들이 농업과 다른 자원에 대한 아프리카 무역을 합법적인 방향으로 전환하는 동안, 노예들은 농사를 짓고 광물을 채취하는 일을 해야 했다. 모리타니 같은 아프리카 일부 지역에서는 아직도 노예제도가 공공연히 행해지고 있다.

현재 가나의 해안 지방에 있는 열한 개의 노예 요새는 모두 유네스코 세계유산으로 지정된 국제적인 관광지다. 미국의 흑인은 자신의 뿌리를 찾으러 이곳에 와서 호텔에 묵고, 레스토랑에서 식사를 하고, '돌아올수없는문Door of No Return' 밑에서 사진을 찍고, 지역 주민들이 만든 공예품을 산다. 방문객들에게 이 여행은 달콤하면서도 한편으로는 씁쓸하다. 이곳을 찾은 미국 흑인 중에는 현대 아프리카의 실상을 눈으로 직접 보고 나서 자신의 조상이 노예였다는 사실에 역설적으로 고마움을 표현하는 사람도 드물지 않다(짐작건대 아이티 노예의 후손들은 자신의 운명에 대해 미국 흑인보다는 덜 기뻐할 것이다). 이것 하나만은 확실했다. 노예들이 어느 나라로 실려 갔건 분명 모든 인간 중에서 가장 불운한 사람들이라는 것이다. 하지만 아프리카는 마지막까지 불운한 곳으로 남아 있었다.

신들을 화나게 한 건 무엇이었을까

치명적으로 꽉꽉 막힌 아크라를 지나 간신히 은크루마서클, 남부 사하라에서 온 투아레그 유목민 매춘부들과 구걸하는 아이 부대를 피해 나온 우리는 손으로 페인트칠한 커다란 옥외광고 게시판을 하나 지나쳤다. 그 광고 게시판에 이런 질문이 있었다. '타박상과 켈로이드로 고생하십니까?' 그리고 그 밑에 벌레 물린 상처와 화농성 피부 질환에 관한 그림이 다양하고 자세하게 나와 있었다.

"여기 광고는 보는 사람의 상상에 맡기는 게 아니라 콕콕 집어 주는 걸 좋아하나 봐?" 내가 물었다.

"아, 이건 아무것도 아니야. 설사약 광고판이 정말 죽이지." 휘트가 말했다.

아프리카에서 겪는 고통스러운 일들의 목록에 추가해야 할 현대의 재앙이 하나 더 있다. 바로 운전이다. 아프리카에서 하는 운전은 위험한 접촉 스포츠만큼은 아니라고 해도 시청률을 높이고 싶어서 안달이 난 텔레비전 방송사에서 제작한 스포츠보다 훨씬 스릴 넘친다. 개발도상국에서는 심각한 사고도 종종 보도되지 않는 경우가 많아 그 수치가 확실하진 않지만 아프리카는 단연코 세상에서 가장 높은 교통사고 사망률을 자랑하고 있다. 세계보건기구가 2004년 실시한 연구에 따르면 10만 명당 유럽에서는 단 11명이 사망하는 데 비해 아프리카에서는 28.3명이 사망한다고 한다. 특히 아이들이 길을 가다가 사고를 당할 확률이 높다. 가나에서는 매년 거의 2,000명에 달하는 교통사고 사망자 중 약 20퍼센트가 등·하교 중 혹은 도로에서 놀던 아이들이라고 한다. 주로 열 살 미만의 남자아이들이 사고로 목숨을 잃는다.

케이프코스트와 아크라 사이에 있는 도로를 따라가다 보면 '과속은 살인이다!'라는 표지판이 몇 개 나온다. 그 요란한 경고 밑에는 바로 그 교차로에서 일어난 교통사고 사망률의 섬뜩한 수치가 나와 있다. 첫 번째 표지판은 이랬다. '오늘 여기서 12명이 넘는 사람이 사망했습니다.' 거기서 몇 킬로미터 더 가면 다음번 표지판이 나온다. '오늘 여기서 70명이 넘는 사람이 사망했습니다.' 가나 전역에 이런 표지판이 흩어져 있는데, 사망자 수가 정확하지 않아 관계 당국이 사망자 수를 합산하는 것도 지쳐서 대충 어림짐작으로 추정할 거라는 생각이 들었다.

이렇게 대규모 학살이 일어나게 된 데는 앞서 언급한 것처럼 사람들이 부주의하게 길을 건너가는 경향도 있고, 놀랄 만큼 많은 짐과 사람을 실어서 안전하지 못한 차량 탓도 있다. 그리고 의료 시설도 없고, 그나마 있는 곳도 외상 치료 훈련을 받은 의료 종사자가 적다. 도로는 속도 제한을 실시하는 경우도 거의 없으며, 차대가 휘어질 정도로 움푹 파인 곳들이 여기저기 있는 데다, 도로변의 골이 깊고, 뚜껑도 없이 개방된 콘크리트 하수관 때문에 조금이라도 도로를 벗어났다간 그대로 황천길로 직행한다(사고를 피하기 위해 갓길로 가는 것이 다른 차와 충돌하는 것보다 더 위험할 수 있다). 같은 이유로 도로 외에는 보행자가 갈 공간이 없다. 설상가상으로 과거에 일어난 차 사고 잔해를 치우지 않아 새로운 사고의 원인이 된다(아프리카 도로의 악몽은 '숨겨진 전염병'이라고 하지만 사실 10킬로미터 정도만 달려 보면 그 병을 아주 쉽게 목격할 수 있다). 그리고 밤에는 가로등도 부족하고 반사되는 도로 표시도 별로 없는 데다 헤드라이트를 아끼기 위해 잘 켜지도 않고 달린다.

하지만 이런 것들은 물리적인 원인일 뿐이다. 휘트가 짐작하는, 그 이면에 깔린 실질적인 문제는 아프리카 사람들의 타고난 숙명론이다. '내가 갈 때가 되면 가는 것이다'라는 것이 아프리카 사람들의 공통적인 정서다. 생사가 신의 뜻이니 폭풍우 치는 날 언덕을 올라가는 대형 화물차를 추월하지 못할 이유는 또 뭔가? 이건 단순히 개개인의 정신적인 문제 차원으로 볼 일이 아니다. 가나 전역에 있는 트럭, 버스, 택시 등 차들은 모두 기독교적인 격언으로 장식돼 있다. 여기서 말하는 건 그냥 소박한 범퍼 스티커가 아니라 뒤창 전체를 덮는 커다란 인쇄지를 뜻한다(생각해 보니 이것 역시 사고의 한 원인이 될 수 있다). 타이어 여섯 개는 모두 납작하게 닳았고, 약 5미터 높이로 바나나를 쌓아 올린 트럭 전면에 '이건 신의 뜻이다'라는 글이 붙어 있는 경우도 있고, 많은 총알택시가 '주님의 이름만으로'라는 문구를 달고 다닌다. 하루는 우리 차가 거대한 화물 트럭 뒤를 따라간 적이 있다. 트럭 뒤편에 이런 메시지가 전문가의 솜씨로 적혀 있었다. '종교 혼란.' 그 밑의 왼쪽 흙받기에는 '나의 주인'이라고 적혀 있었고, 오른쪽 흙받기 위에는 '주님'이라고 적혀 있었다. 종종 이런 메시지는 튀어로 적혀 있는데, 가장 흔한 문구는 '게 니아메'다. 이 말의 뜻은 '하나님을 제외하고'란 뜻으로 하나님의 전지전능하심을 표현한 문구다. 가나의 도로에서 운전하는 사람은 나지만, 실질적인 힘은 후드 위 어딘가에 존재하고 있으니 괜찮다는 것이다.

미 국무부가 해외 여행자를 위한 웹사이트에 세계 모든 나라의 운전 환경을 요약해 놨다. 가나를 여행하는 사람들을 위해 국무부가 제공하는 통찰력 넘치는 정보를 아래에 옮긴다.

아크라에서 관광객들이 주로 찾는 케이프코스트의 중심지로 가는 도로에서는 지속적으로 사고가 일어난다. 어두울 때 여행하는 것은, 특히 대도시 외곽에서 여행하는 것은 부족한 가로등과 보행자, 자전거 탄 사람과 농가에서 키우는 동물(특히 염소와 양)의 예측할 수 없는 행동 때문에 극히 위험하다. 운전 습관이 거친 운전자, 정비 불량인 차량과 과다한 화물을 적재한 차량도 도로 안전을 심각하게 위협하고 있다. 일반 도로와 고속도로를 소규모로 운행하는 개인 버스의 안전기준도 불확실하다.

아프리카에는 차를 가진 사람이 거의 없다. 가나는 약 200명당 한 명꼴로 차를 소유하고 있다. 그 결과, 여기엔 운전할 줄 아는 사람이 하나도 없다고 휘트가 말했다.

"특히 운전기사들이 운전하는 법을 모르지."

가나는 대중교통 수단이 거의 없다. 몇 대 안 되는 기차도 몇 년 전에 운행을 중단했고, 도시 간 버스는 가나 사람들이 아주 많이 사는 벽촌까지는 가지 않으며, 심지어 인구가 200만 명이나 되는 아크라에도 이렇다 할 만한 대중교통 시스템이 없다. 그래서 가나를 돌아다니는 것은 기업가적 정신으로 무장한 택시와, 그보다 한 단계 낮은 사촌뻘로, 국무부 지침서에서 트로트로(이 이름은 통행료를 내기 위해 한때 사용됐던 작은 동전을 뜻하는 튀어의 속어다)라고 언급한 개인용 소형 밴에 의지해야 한다. 이런 차량을 운전하는 거친 눈빛의 유목민 기질이 있는 운전기사들이 가나의 한쪽 끝에서 반대쪽 끝까지 어디든 데려다준다. 택시나 트로트로 둘 다 미터기가 없다. 이 사업도 경쟁이 치열하기 때문에 요금도 상황과 목적지에 따라 다르다. 이런 차를 운전해서 이윤을 내려면 세 가지 조건을 맞춰야 한다. 즉, 극한의 속도로 달리면서, 최대한 손님을 많이 태우고, 차량 정비에는 가능한 돈을 쓰지 않는 것이다. 그러니 미친 듯이 속도를 낼 수밖에.

결과는 대혼란이다. 차 사고는 가나를 찾아온 사람들에겐 이 나라의 수많은 열대성 질병, 살을 파먹는 기생충과 독을 내뿜는 파충류보다 훨씬 큰 위협이다. 여행서와 웹사이트는 관광객에게 훤한 대낮에도 운전할 생각은 꿈도 꾸지 말라고 경고한다. 그리고 밤에 운전하는 것은 정신병원에 입원시킬 만한 증거로 치부될 정도다. 가나의 렌터카 회사인 허츠도 따로 고용한 운전기사를 대동하지 않으면 차량을 대여해 주지 않고, 지역 렌터카 회사도 그런 면에서는 다르지 않다. 물론 이렇게 되면 여행하는 동안 기사에게 돈만 지불하는 것이 아니라 식사와 숙소도 제공해야 하므로 경비가 상당히 많이 든다. 적어도 트로트로를 타고 땀냄새 폴폴 풍기는 현지인과 온몸을 밀착해서 타고 싶지 않다면 그렇다

는 것이다. 이는 식민지 시대의 분위기를 떠올리게 하면서 현대 관광이
라는 맥락에서 볼 때 상당히 생소하기도 한 풍경이다. 즉, 아프리카 운
전기사가 회반죽을 바른 담으로 둘러싸인 안뜰에 서서 작열하는 햇살
속에서 열쇠들을 절렁거리며 휴대전화에 대고 튀어로 말하며 기다리는
동안, 돈 많은 독일 관광객 커플이 케이프코스트 성의 어두컴컴한 노예
지하 감옥을 호기심 어린 시선으로 둘러보고 있는 풍경은 정말 어딘가
생소한 분위기를 풍긴다는 뜻이다.

하지만 우리는 관광객이 아니다. 가나에서 사업을 하려면 운전을 해
야 한다. 그것도 아주 많이. 그래서 우리는 직접 운전한다. 그것도 사방
으로 차를 몰고 다닌다. 가끔은 밤에도 한다. 여기서 운전하는 것은 결
코 재미있지 않다. 심지어 나처럼 운전을 아주 사랑하는 사람도. 여기
서 운전하려면 한시도 긴장을 늦추지 않아야 하기 때문에 한 번 운전
하고 나면 기진맥진해진다. 1초만 도로에서 시선을 떼면 휙 뛰어드는
아이나, 고집 센 염소, 내 타이어에서 2.5센티미터 앞에 있는 열린 하
수구, 내 차선으로 질주하는 트로트로를 놓치게 된다. 모든 커브 길과
언덕마다 죽음이 도사리고 있으며, 너무 작은 공간에 너무 많은 목숨
이 달려 있다. 가나의 도로에서 실수란 용납되지 않으며, 물리학은 가
혹하고도 지저분한 교훈을 제공할 수 있다.

가나에서 너무나 자주 일어나는 일을 한번 예로 들어 보겠다. 2009년
2월, 북부에 있는 소도시인 타말레와 볼가탕가 사이에 있는 도로를 따
라 서른세 명의 승객을 실은 버스가 그보다 더 큰 버스 두 대를 추월하
다가 양파를 실은 트럭과 정면으로 충돌했다. 버스와 트럭에 탄 전원
이 사망했으며, 다른 차에 타고 있던 수십 명도 부상을 입었다. 〈가나

크로니클〉은 아프리카 저널리즘 특유의 불쾌할 정도로 솔직하면서도 대담한 문체로 '대부분의 피해자들은 머리뼈가 부서진 반면, 얼굴이 흉하게 망가지고 팔다리가 절단된 사람도 있었다. 그 사고는 너무나 참혹해서 팔다리가 부러진 환자는 경미한 부상이라고 할 수 있을 정도였다'라고 보도했다.

한 달 후에는 아크라에서 케이프코스트 간 고속도로를 따라가다 보면 중간쯤에 있는 위네바의 혼잡한 로터리에서 사고가 났다. 휘발유를 실은 대형 트럭이 로터리를 돌다가 그만 타이어에 펑크가 났다. 트럭 기사는 통제력을 잃고 달려가던 오펠 세단을 덮쳤다. 순간 트럭은 마치 영화에나 나오는 것처럼 어마어마한 불덩이로 변해 폭발하면서 그 현장에서 수십 명이 넘는 사람을 불태웠는데 그중에는 일가족 전체도 있었고, 그 외에도 서른여섯 명이 넘는 사람이 심각한 화상을 입고 병원으로 실려 갔다. 그중 대부분은 후에 사망했다.

"거의 모든 사람이 전신, 머리까지 포함해서 몸 앞뒤로 화상을 입은 채 병원에 왔습니다." 이내 붕대가 동나 버린 지역 병원의 의사가 기자에게 말했다. "병원에 실려 온 아이들은 대부분 신체의 은밀한 부위에도……. 환자들이 하나씩 사망하고 있습니다. 아주 힘든 상황입니다."

같은 날, 코포리두아에 있는 휘트의 집 근처 동부 지역에서 버스 한 대가 트럭과 충돌해서 적어도 네 명이 사망하는 사고가 발생했다. 이 모든 사고에 대해, 한 신문의 논설위원은 이런 글을 썼다.

도로 위의 우리는 파리 목숨이다. 마치 사악한 신들이 우리가 저지른 국가적 죄악에 대해 벌을 주기로 결심했는데 도로가 그 희생을 치르기에 최선의 곳이라고 판단한 듯하다. 만약 책임감 있는 지도자들이 마을을 다스리던 시절에 이런 일이 일어났다면 그들은 '아부사'(신에게 묻는 것)를 해서 신들이 뭣 때문에 화가 나셨는지 물어봤을 것이다.

가나에서는 매사가 그렇듯 그것도 신의 뜻에 달려 있다. 하지만 여기서도 운전을 어느 정도 하다 보면 혼란 가운데 하나의 합리적인 패턴과 겉으로 보기에는 종잡을 수 없는 사람들의 행동에 대한 실마리가 보인다. 그러면서 요령이 생긴다. 물론 그렇게 연습을 반복하다 보면 그 상태에 안주하게 되는 위험도 따라온다. 메인에서 내게 나무 베는 법을 가르쳤던 나무꾼은 톱질 사고는 대부분 다년간 톱을 사용해 온 사람들에게 일어난다고 경고한 적이 있다. 그 사람들은 초보자와는 다르게 몇 년 동안 톱질을 해 왔기 때문에 더는 톱을 두려워하지 않아 부주의해진다고 했다. 아프리카에서 운전하는 것도 같은 법칙이 적용된다고 할 수 있다.

"경적이 가장 중요해." 우리가 케이프코스트에서 오후의 차량 물결을 요리조리 빠져나가고 있을 때 휘트가 말했다. "경적을 잘 다뤄야 해."

휘트는 머리 위에 커다란 나무토막을 올리고 자전거를 타고 가는 남자를 피해 멀리 돌아가면서 경적을 짧게 누르는 시범을 보였다.

"바보야. 자전거 타고 가는 사람한테는 경적을 누르는 얼간이가 최악이야. 자전거 탄 사람이 차가 오는 걸 모를 것 같아?" 내가 대꾸했다.

"중요한 건 그게 아니야. 이건 일종의 대화야." 휘트는 엄지손가락을 써서 스타카토 리듬으로 경적을 탁탁 누르면서 말했다.

대화라. 아프리카에서 경적이 브레이크 역할을 하는 걸 자주 봤지만, 내 생각에 경적은 그 이상의 역할을 하는 것 같았다. 경적을 누르는 행위를 영국식으로 하면 '홍킹'이라고 하고, 가나에선 '후팅'이라고 하는데, 이 홍킹은 문법적 규칙을 가진 하나의 언어처럼 쓰이고 있다. 가나에서 운전자끼리 논쟁이 일어날 때 "하지만 내가 경적을 울렸잖아요!"는 완벽하게 합법적인 자기방어다. 마찬가지로 "왜 경적을 안 울렸는데요?"는 그냥 하는 말이 아니라 심각한 질문이다. 아프리카에서는 경적을 울리는 것을 무례한 행동으로 생각하지 않는다. 사실 이곳 사람들은 감사하는 마음을 표현하기 위해서도 종종 경적을 울린다. 누군가 친절하게 차선을 양보해 줬을 때 고맙다는 표시로 경적을 울린다. 다른 차를 추월하고 싶을 때도 경적을 울려 표현한다. 그러면 앞서 가던 차의 운전자가 알았다는 뜻으로 경적을 울리면서 교통 상황에 대한 정보까지 알려 준다. 빠르고 가볍게 경적을 울리면(이건 빵 소리에 가깝다) 이는 '마주 보이는 차선으로 갈 때가 아니라는 것'을 의미한다. 뒤쪽 차가 추월에 성공하면 양쪽 차 모두 해냈다는 의미에서 다시 경적을 울린다. 이 오케스트라는 팔을 휘젓고 양쪽 창문 밖으로 손짓하는 동시에 연주된다. 이런 광경을 지켜보는 서구인들이 한 가지 혼동하기 쉬운 점은 라틴아메리카에서도 흔한 관행으로 깜빡이를 켜서 상대편 운전자와 이제 방향을 바꾸겠다는 의사를 전달하는데, 아프리카에서는 조금 이따가 바꾸겠다는 것이 아니라 지금 바꾸겠다는 점이다.

이 모든 행위, 즉 경적을 울리고, 팔을 휘젓고, 하이파이브를 하고, 손을 털고, 손가락을 딱딱 소리를 내서 부딪치면서 차들을 움직이게 하는 이런 일을 에어컨을 틀어 놓고 외부 세계와 단절된 밀폐된 차 안에서 하기는 불가능하다. 여기서 운전한다는 것은 마치 시장에서 염소 고기를 놓고 흥정을 벌이는 것처럼 온몸으로 행동하는 아주 친밀한 의식이다.

후팅은 도처에 존재하며 항상 차들로 꽉꽉 막히는 로터리에서 절정을 이룬다. 아프리카의 로터리는 서구의 로터리보다 훨씬 자유분방하다. 가나의 로터리는 이론상으로는 국제적인 법칙에 따라 이미 원 안에 들어온 차량이 오른쪽 우선순위로 빠져나간다. 하지만 현실에서는 범퍼카 놀이와 같다. 당신이 어디 있든, 어느 방향으로 돌든, 다른 누군가가 얼토당토않게 당신을 향해 돌진하는 일이 벌어진다. 이런 상황에서는 경적으로 하는 대화는 사라지고 알아들을 수 없는 횡설수설만 난무한다. 물론 내 언어 해독력이 떨어져서 횡설수설로 들리는 것인지도 모르겠다.

아프리카 후팅과 전통적인 아프리카 북 연주가 비슷하다고 해도 그리 과장된 말은 아니다. 북 연주 역시 몸을 움직여서 하는 대화의 일종이다. 노예무역 시대에, 케이프코스트에 있던 영국 군인은 판테어를 사용하는 마을 사이에서 소식이 전광석화처럼 전달되는 속도에 경탄했다. 항구에 포르투갈 배가 도착했다는 소식을 전하려면 걸어서는 며칠 걸리는데 원주민 사이에서는 영국인들이 알기도 전, 도착 몇 시간 내로 알려지곤 했다.

그것은 바로 북 덕분이었다. 어떤 것은 높이가 2.4미터가 넘어서 한 번 치면 땅이 뒤흔들렸다. 음의 높이를 다양하게 조정할 수 있는 나무못을 박아 동물 가죽을 팽팽히 고정시킨 북의 힘이었다. 북채를 휘두르는 연주자들은 실제로 토착어*들을 흉내 낼 수 있었다. 이 아프리카

• 약 8,000년 된 가나의 부족 언어들은 니제르-콩고어족에 속한다. 이 니제르-콩고어족은 주로 세네갈에서 탄자니아까지 사용하는 언어로 사실상 아프리카 적도 지대의 모든 곳에서 쓰이고 있다.

언어들은 유럽의 문자 언어보다 음조가 더 복잡하고 다양해서 북 연주를 변주해 의사 전달을 할 수 있었다. 물론 이런 연주를 해내려면 아주 많은 기술을 습득해야 한다. 몇 킬로미터 간격으로 배치된 북 연주자들이 메시지를 차례로 전달하고, 받은 메시지를 해독한 후 그다음 연주자에게 충실하게 전달한다. 그렇게 하려면 사실상 완벽한 음높이를 맞춰야 하고 리듬 감각에 실수가 없어야 한다. 이 말하는 북은 모스부호에 비교되기도 하는데, 사실 그건 틀린 비유다. 북 연주자들은 수기 신호나 언어의 알고리즘을 사용하지 않는다. 그들은 실제적으로 북을 쳐서 그 언어를 구사하고 있는 것이다. 음량의 증폭이라는 말이 더 가까운 표현이다. 마치 경적을 울리는 것처럼.

아프리카 언어들은 정말 움직이면서 진화해 온 것 같은 소리가 난다. 그리고 글자 그대로 혀에서 굴러떨어지는 것 같은 소리가 난다. 이런 특징은 열악한 도로 사정 때문에 운전할 때 대화하기 힘든 현대 가나에서는 큰 장점이다. 적어도 정확한 발음을 요하는 서구어의 관점에서 보면 그렇다. 아프리카에 한 번도 가 본 적이 없는 사람들은 그곳의 도로가 육체에 얼마나 정교한 고문을 가하는지 모른다. 비포장도로는 빨래판처럼 주름져 있어서 그 도로를 달리다 보면 눈알이 머리 밖으로 튀어나올 것처럼 정신없이 흔들린다. 이런 도로가 몇백 킬로미터씩 이어지면서 주요 마을들을 연결한다. 그러니 이런 비포장도로를 피해 갈 방법이 없다. 물론 빨래판 같은 도로는 전형적으로 시속 64킬로미터 정도의 '아주 효율적인' 속도로 운전하면 무난하게 넘어갈 수 있다. 물정 모르는, 도시에서 온 촌놈만 바보처럼 슬렁슬렁 달리는 거지. 하지만 유감스럽게도 가나의 비포장도로에는 빗물, 깊이 파인 구덩이, 곳곳에 모래밭도 있어서 속도를 내는 것이 불가능하다. 그러니 이 도로에서는 마치 장님이 더듬더듬 보도의 연석을 찾아가는 것처럼 도로에 파인 바큇자국이란 자국을 모두 타이어를 통해 실감 나게 느끼면서 슬금슬금 기어가는 수밖에 없다. 포장된 도로는 좀 나을지도 모르겠다고 생각할 수 있지만 그게 또 그렇지 않다. 우선 가나의 포장된 모든 고속도로는 얼마 못 가 종종 아무런 경고도 없이 비포장도로로 변해 버린다. 그리고 이 포장된 도로에도 대개는 욕조 크기의 움푹 파인 부분이 곳곳에 지뢰처럼 숨어 있다. 군용 차량이면 그래도 어떻게든 그런 곳을 지나갈 수 있겠지만 다 닳은 타이어를 달고 민간인들을 태우고 다니게 제작된 차로는 어림도 없는 일이다. 그렇다고 해서 가나 택시와 트로트로 기사들이 속도를 줄이지는 않는다. 이들은 그 구덩이 주위를 마치 핀볼처럼 방향을 틀어서 지나간다. 그 결과 고속도로를 달릴 때면 마치 테스트 도로를 달리는 것 같은 느낌이 든다. 그냥 일반 도로를 달리는 게 아니라 장애물을 통과하는 것 같고, 차들은 끊임없이 좌우로 흔들리면서 무시무시하게 속력을 내는 와중에 몇 센티미터 차이로 서로를 피해서 달린다.

물론 시속 150킬로미터로 달리는 차량이 움푹 파인 곳의 깊이나 위치를 오판하는 경우도 있다. 과속으로 달리다가 앞 타이어가 이런 검은 구덩이를 치면, 그걸로 끝이다. 아프리카에서는 도로 건설과 정비에 대해 당신이 알고 있는 상식은 모두 버려야 한다.

이런 열악한 도로에서 대화를 나눈다는 것은 비브라토 신시사이저에 대고 이야기하는 거나 마찬가지다. 하루는 바큇자국이 구불구불하게 파인 길을 따라 액심 근처 어촌 마을에 가는 길에, 나는 계절적인 수입과 그것이 가나 어부들에게 어떻게 적용되는지에 대해 휘트와 대화를 해 보려고 노력했다. 하지만 정작 나온 소리는 놀이터에서 초등학교 5학년짜리 두 명이 하는 트림 같았다. 꽥꽥 소리를 지르다 보니 속만 쓰렸다.

우리와는 대조적으로 뒷자리에 앉은 가나의 촌 아낙네 둘(둘 다 밝은 색깔의 바나나 잎과 꽃무늬가 찍힌 원피스를 입고 있었는데 한 명은 임신 중이었다)은 마치 멧새처럼 재잘재잘 수다를 떨고 있었다. 적어도 내 귀에 그들의 토속어는 힘들이지 않고 아주 수월하게 흘러나왔고, 트럭이 여기저기 흔들리는데도 전혀 영향을 받지 않는 것 같았다.

우리는 무거운 짐을 지고 지나가는 보행자를 태우기 위해 계속 차를 세우기 때문에 트럭 뒤쪽은 거의 비운 채 출발한다. 이렇게 무거운 짐을 지고 매일 16킬로미터 정도 걷는 건 여기 여자들에게는 흔한 일이다. 저녁이면 많은 여자가 또 20리터들이 주전자를 가지고 물을 길러 나오는데 그걸 꽉 채우면 무게가 20킬로그램 정도 된다. 그녀들의 그 우아함과 체력에 찬사를 보내고 싶지만, 건강 전문가들은 개발도상국 여자들이 평생 그런 짐을 지고 다니느라 척추 기형이 된다고 말한다.

그래서 우리는 가는 곳마다 여자들과 남자들을 태워 주는데, 그럴 때면 그들은 트럭을 타는 백인이 지나가는 바로 그곳을 그 시간에 걸어간 자신의 행운에 기뻐 얼굴이 환해지곤 한다. 그들은 트럭 짐칸에 짐을 내려놓고는 운전석으로 들어와 우리에게 고맙다는 인사를 한다. 운전석이 사람들로 꽉 차면 짐칸에 타는데 아무리 많이 태워도 항상 먼지를 뒤집어쓴 여행자 한 명이 더 탈 자리는 있는 것처럼 보인다. 나는 가족을 극히 존중하는 이 가난한 사람들이 앞에 탄 백인 형제 둘이서 말다툼을 벌이는 걸 보면서 무슨 생각을 하는지 궁금했다.

전기는 어디서 나는가

"이것 좀 들어봐." 휘트가 트럭 스테레오에 꽂혀 있던 MP3 플레이어의 다이얼을 돌리며 말했다.

"휘트냐, 아버지다."

갑자기 아버지의 갈라지고 메마른 목소리가 흘러나왔다. 휘트의 음성 메시지 녹음 장치에 남긴 것이었다. 아버지는 오랫동안 치매를 앓아서 재정 관리를 못하게 된 상태까지 이르렀다가 작년에 돌아가셨다. 정크 메일로 온 사기 경마에 걸려 아버지가 몇천 달러를 잃은 후, 우리는 아버지의 수표장을 뺏고 매달 용돈을 드렸다. 아버지는 미시간에 계셨는데 우리 둘 다 다른 주에 살았다. 아버지는 현금도 충분했고, 자신을 돌보는 도우미도 있어 편안하게 지내셨지만 셈을 잘 못하셨다. 그래서 당신이 파산했다는 상상에 빠져 요양원, 거래 은행, 그러다 최후에는 우리에게까지 피해망상에 찬 음성 메시지 공격을 계속하셨다. 참슬픈 일이었다. 하지만 솔직히 말하면 좀 우습기도 했다. 한번은 아버지가 휘트에게 전화를 걸어 변변한 것 하나 제대로 살 수 없는 푼돈만 받고 사는 데 질렸다고 하셨다.

"내가 그래도 수십만에서 수백만은 굴려야지." 아버지는 이렇게 고집을 부리셨다.

아버지는 마음만 먹으면 아주 친절하고 관대한 분이셨다. 하지만 마찬가지로 감정적으로 잔인해질 수도 있는 분이셨고, 특히 취했을 때 더 그랬다. 아버지는 스탠드업 코미디언 레니 브루스가 말하는, 손톱을 다 듬고 맞춤 양복을 입는, 이른바 화이트칼라 주정뱅이였는데 그만 치매에 걸린 것이다. 노동자 계층의 주정뱅이(예를 들면 우리 외조부가 그랬다. 외조부는 슬로바키아 출신 이민자로 크라이슬러에서 40년 동안 도색 작업을 했다)와는 달리, 광고계에서 성공했던 우리 아버지 짐 알렉산더는 한 번도 자식에게 손을 대지 않으셨다. 손찌검을 하다 보면 상황이 지저분해질 수 있었지만 아버지는 아주 깔끔하셨다. 아버지가 요즘 사람이었다면 아마 강박신경증이라는 진단을 받았겠지만, 그때는 그냥 지나치게 깔끔한 괴짜 정도 취급만 받았다. 우리 집에는 절대 어겨선 안 되는 위생 규칙이 하나 있었다. 아버지가 마시는 진토닉에 짜서 넣는 라임이 그것인데, 반드시 뜨거운 비눗물에 담가 솔로 박박 씻어야 한다는 것이었다. 라임은 아버지가 유일하게 드시는 신선한 과일이었고, 아버지는 그런 라임을 몇 박스씩 해치우셨다. 돌이켜 보면 아버지가 그렇게 광적으로 라임을 문질러 닦았던 게 사실은 분별 있는 행동이었다는 생각이 든다. 요즘 음식과 관련해서 생기는 질환에 대해 사람들이 히스테리 부리는 걸 생각해 보라. 하지만 아버지가 순전히 건강상의 이유로 그렇게 걱정했던 것 같지는 않다. 아버지가 그렇게 위생에 신경 썼던 건 인종적인 요인에서 비롯된 것이 크다. 대략 한 주에 한 번 정도 아버지는 우리에게 "이 라임은 어떤 알지도 못하는 멕시코 놈이 코를 후비고 그 손으로 딴 것"이라고 말씀하셨다. 아버지는 이 말을 즐겨하셨는데, 특히 우리가 그 말이라면 질색하는 걸 안 후로는 더 자주 하셨다.

회초리를 싫어하신 아버지가 택한 징벌 방법은 바로 대화로 굴욕을 주는 것이었다. 진토닉을 한 차례 마시고 나면 아버지는 우리를 살살 꾀서 아버지가 특히 증오하는 것들에 대해 토론을 벌이도록 만들었다. 주로 이불에 오줌이나 지리는 자유주의자, 생태학, 소름 끼치는 사회주의가 거기에 해당됐다. 어느 날 밤 아버지는 에너지 보존에 대한 주제로 날 낚는 데 성공했다. 아버지가 보기에 에너지 보존이란 개념은 통합된 프롤레타리아 노예화 이론의 일부로 카를 마르크스가 만들어 낸 것이었다. 아버지는 자다가 이불에 오줌 지리는 인간, 히피, 카를 마르크스에게 엿 먹이기 위해 밤새 집 안에 불이란 불은 다 켜 두셨다.

"아버지, 우리가 쓰는 전기가 어디서 온 줄 아세요?" 내가 물었다.

"물론 알지. 전기회사에서 온 거잖아."

"그 회사가 전기를 어디서 확보하는지 아세요?"

"그 회사가 가지고 있다니까."

"그래요. 하지만 그 회사가 어떻게 전기를 만들죠? 연줄로?"

"나야 모르지. 관심도 없다."

"그렇다면 전기회사에서 석탄을 태워서 전기를 만드는 걸 알면 놀라시겠네요. 아버지가 불을 켜실 때마다 석탄을 태우고 있는 거라고요."

"그거야말로 듣던 중 가장 멍청한 소리다."

알츠하이머가 발병한 후, 아버지는 술 마시는 걸 잊어버렸고, 예전에 공격적으로 고래고래 소리 지르던 습관은 좀 더 유순한 방향으로 변했다.

음성 메시지가 계속 흘러나왔다.

"어제 너 나간 것 같더라. 내가 돈 가진 미친놈들에게 한 달에 6달러

받는다고 말했지? 지금 내게 필요한 건, 내게 필요한 건, 한 달에 100달러 정도야. 매달 말이다. 네게 그 정도 돈은 있잖니. 그 정도 돈이 바로 내가 돈을 어마어마하게 벌던 당시의 액수다. 그러니까 집에 오면 전화해라. 어쩌면 내가 일 보러 잠깐 나갔을 수도 있지만, 어쨌든 전화해라. 내가 지금 팔모어(아버지의 중개인)와 만나서 할 이야기가 있거든. 그러니 꼭 전화해라. 알았지? 이만 끊는다."

나는 백미러로 뒷좌석에 있던 가나 여자 둘을 들여다봤다. 그 두 사람은 수다를 멈췄다. 나는 그 여자들이 아버지가 했던 말을 이해할 만큼 영어를 잘하는지, 그리고 지금 무슨 생각을 하고 있는지 너무 궁금했다.

다음번 메시지에 또다시 아버지가 나왔다.

"아, 휘트냐. 대체 여기서 무슨 일이 일어나고 있는지 모르겠다만, 지금 아주 언짢구나. 이 빌어먹을 얼간이들이 이 여자들(아버지를 돌봐 주는 사람)을 보냈어. 이 사람들은 아주 좋다만 이 회사 것들이 이것저것 눈에 보이는 건 죄다 훔쳐 간다. 내가 보기엔 그래. 어쨌든 확실한 증거를 잡아내면, 내가 잡아내면, 헉헉, 염병할 회사에 전화해서, 어쨌든 뭐. 이게 대체 다 무슨 일이냐고? 어쩌고저쩌고. 휘트와 맥스는 들어라. 그리고 항상 돈을 내란다! 돈! 돈! 돈! 돈! 돈! 빌어먹을! 난 제기랄, 평생을 바쳐서, 빌어먹을 내 평생을 바쳐서 너랑 네 형을 먹여 살리느라 온몸이 부서져라 일했는데!"

나는 뒤에 앉아 있던 여자들을 다시 살펴봤다. 아무 반응이 없었다. 가나 사람들은 영어로 하는 욕에 매우 익숙하지만, 지금 아버지가 남긴 욕설은 가나 남자들이 들어도 충격적일 정도로 무례해서 입에 담지

106

않는 그런 말이었다.

"그런데 대체 이게 뭐냐? 대체 돈을 어떻게 한 거냐고? 넌 돈을 팔모어에게 보내고 있잖아! 차라리 고양이에게 생선을 맡기지, 빌어먹을 팔모어란 놈은 경찰이 담배라면 사족을 못 쓰는 것처럼 돈이라면 환장하는 놈이야. 빌어먹을! 난 한 시간 있다 나가 봐야 한다. 전화해라. 대체 여기 일이 어떻게 돌아가는지 알아야겠다. 너랑 네 형 놈이 내 유언장에 오르고 싶으면 인생 그렇게 살지 마. 알겠냐? 너랑 맥스랑 정신똑바로 차리란 말이다. 끊는다."

"고양이에게 생선을 맡긴다." 나는 아버지가 한 비유를 곱씹었다.

가나에서 살면서 다행인 점 중 하나는 담배 피우는 사람이 거의 없다는 사실이다. 아마도 요리를 하면서 연기란 연기는 충분히 마셔서 그런 것 같다.

"아버지가 지금 우리를 보시면 무슨 생각을 하실지 궁금하다."

"여길 좋아하셨겠지." 휘트가 별로 설득력이 없는 목소리로 말했다.

아버지는 평생 미시간에서 살면서 캐나다처럼 낯설고 기이한 외국은 전혀 안중에도 두지 않으셨고, 설치류는 절대 드시지 않았다. 아버지가 상상할 수 있는 가장 이국적인 음식이라고는 보스턴식 구운 대구 요리가 고작이었다. 아버지는 부유한 선진국의 사업가셨고, 우리가 어렸을 때 함께 시간을 보낸 적은 거의 없었다. 항상 술을 드시고 곯아떨어지거나 시카고행 새벽 5시 39분 기차를 타셨다. 아버지는 우리 인생에서 항상 부재중이었고, 이제 생각해 보니, 우리도 그랬다.

뒷자리에 탔던 가나 여자들이 목적지에 도착했다고 해서 차를 세웠다.

"고맙습니다. 복 받으실 겁니다." 도로에 내려선 임신부가 말했다. "안전한 여행 하시길!"

여자들은 상당히 영어를 잘하는 것 같았지만, 그거야 모르는 일이다. '안전한 여행 하시길'이란 말은 가나에서는 흔히 쓰는 작별 인사다. 하지만 '노예 관광'과 '안전한 여행' 같은 말은 어딘가 맥락이 맞지 않는 것처럼 들린다. 아프리카에서 안전한 여행이란 없다. 지금까지 쭉 그래 왔다.

"우린 왜 여기 있는 거냐, 휘트?"

다시 타코라디라는 산업 항구도시를 향해 로터리들이 핀볼처럼 들어서 있는 주도로로 들어오자 도로 사정이 대화가 가능해질 만큼 나아졌다.

"식민지 시대 이후에 아스팔트가 깔린 이 도로에 왜 있느냐는 말이야? 아니면 왜 지구에 있느냐는 말이야? 지금 길을 물어보는 거야, 아니면 왜 사느냐고 물어보는 거야?"

"왜 건전지냐는 거겠지? 어떻게 그 아이디어가 나온 거냐고?"

"그걸 말하자면 내 어릴 적 이야기부터 해야 하는데."

"네가 어렸을 때 나도 거기 있었거든. 네가 태어나서 집으로 처음 왔을 때 기억도 난다. 그건 정말 비극적인 실수였어. 원래는 내 뒤를 이어 완벽한 둘째가 태어났어야 하는데. 어머니가 너 가졌을 때 진통제를 몇 번 드시는 바람에 네가 나왔지."

"시끄럽고, 건전지 이야기나 해. 그게 다 어렸을 때 내가 가지고 놀던 우주정거장 장난감 때문이야. 난 아주 어렸을 때부터 그 기어 다니던 달나라 인공위성의 건전지가 약하다는 걸 알고 있었어. 그 인공위성을 정말 좋아했는데 그게 정거장 근처까지만 가면 건전지가 죽어 버렸거든. 그래서 그날 맹세했지. 내가 원할 때마다 항상 새것처럼 쓸 수 있는 건전지를 언젠가는 갖고야 말겠다고. 그게 부로 건전지의 시작이야. 그리고 난 버터도 좋아하고 이탈리아도 좋아해서 이탈리아어로 버터라는 뜻의 회사 이름을 지은 거고."

"그러니까 우주정거장 장난감이 네겐 일종의 로망이었구나."

"그렇지."

"와, 그 조잡한 장난감! 기억난다. 그게 네게 그렇게 의미 있는 물건일 줄은 몰랐네. 한번은 밥 자로프하고 내가 거기에 불을 붙인 적이 있었는데. 그 플라스틱 장난감이 어떻게 녹는지 보고 싶었거든."

"그 이야긴 하지도 마."

"건전지에 대한 뒷이야기를 좀 더 듣고 싶은데."

"알았어. 처음부터 건전지로 시작한 건 아니었어. 처음엔 좀 더 원대했지. 사실 원래는 브랜드를 만들어 보려고 생각했어. 저소득층도 구입할 수 있으면서 개인적으로 생산성을 향상시킬 수 있는 제품과 서비스에 초점을 맞춘 브랜드를 만들고 싶었지. 이건 모두 내가 코트디부아르에 처음 공부하러 왔던 초창기에 시작된 거야. 그때 나는 여기에 경제적으로 아주 많은 기회가 있다는 걸 느꼈어. 구호단체에서 일하고 있을 때 이런 생각이 들더라고. 왜 사람들이 여기 와서 창업을 하지 않을까? 그거야말로 이곳에서 지속적으로 변화를 이뤄 낼 수 있는 최선의 방식처럼 느껴졌어. 내가 보기엔 사람들을 고용하는 영리 사업체를 운영하는 게 최선이었다는 거지. 물론 그때 난 정말 순진했지. 그런 사업을 하려면 장애도 많고 문제도 많은데. 하지만 그 생각이 떠나질 않았어. 그래서 형도 알다시피 내가 마흔일곱에 크레니엄을 하스브로에 팔았을 때, 생각했어. 지금 이 일을 하지 않으면, 대체 언제 하겠느냐고.

처음에는 수도에 근거지를 두고 도시에 살면서, 가족이 사는 고향 마을에 자주 가는 엘리트층을 공략하려고 했지. 그런 거 있잖아, 도시에 사는 사람이 올 때에 고향 사람들은 그가 뭔가 가지고 오겠지 하는 기대. 그게 가축이거나 술일 수도 있고, 아니면 빵이나 돈일 수도 있고. 그래서 우리가 일종의 나이키처럼 아프리카의 홈디포(가정용 건축자재 및 인테리어 도구 판매 업체-옮긴이)가 되면 근사하지 않을까 하는 아이디어를 생각해 낸 거야. 일종의 쇼룸 같은 소매점을 운영하는 거지. 온갖 종류의 제품을 선보이고, 거길 찾아온 사람들이 물건을 사서 시골로 가져가면 거기서부터 수요가 발생하는 거지.

그래서 나는 벤 골든이라고, 워싱턴대학교를 졸업한 지 얼마 안 된 똑똑하고 젊은 친구를 고용해서 여기로 보냈어. 그 친구가 날 대신해서 6주에서 8주 정도 가나 전역을 돌아다니면서 여러 사람을 대상으로 여러 물건에 대해 인터뷰했지.”

“어떤 종류의 물건?”

“태양열 건전지 충전기, 특수 모기장, 오두막집에서 쓸 수 있게 건전지로 작동하는 선풍기, 정수기, 펌프와 관개 시스템, 요리용 레인지. 개발도상국 사람들의 삶을 향상시킬 수 있는 제품을 언급할 때 일반적으로 나오는 그런 물건은 죄다 했지. 그 친구가 돌아와서 이러더군. ‘그게 말이죠, 모두 그런 물건을 좋아하긴 하는데 문제는 돈이 있는 사람이 없어요. 사람들이 재량껏 쓸 수 있는 수입이라는 게 거의 없습니다.’ 그래서 내가 그랬지. ‘벤, 그게 바로 우리가 해결해야 할 문제야’라고.

결국 사람들이 쓸 수 있는 돈은 거의 없는데 우리가 이런 물건을 몽땅 들고 와서 하루아침에 수요를 창출해 낸다고 생각한다면 그거야말로 엄청난 착각이라는 사실을 깨달았어. 그러니까 일반인들이 살 수 있는 제품을 팔아야 하는데 사치품이 아닌 물건을 팔려면 무지하게 힘들겠다는 거지. 엘리트에게 팔 수 있는 것들은 무궁무진해. 솔직히 가나에 사는 엘리트만 상대한다면 사업 아이템은 얼마든지 있어. 하지만 내가 관심을 가졌던 건 그런 게 아니었어.

난 정말 진지하고 심각하게 어떻게 해야 할지 고민했어. 그러다 마침내 가장 먼저 떠오른 생각이 뭐였느냐면 우리 제품이 사람들의 수익 능력을 직접적으로 향상시켜 준다면 어떨까 하는 거였어. 만약 한 단계 내려와서 우리가 하는 사업이 실제로는 고용을 창출하는 거라고 한다면? 만약 우리가 실제로 작은 마이크로 프랜차이즈(난 내가 이 표현을 만들어 냈다고 착각할 정도로 뭘 몰랐다니까)를 만들어 내려고 노력한다면 어떨까? 그때 오, 이거 괜찮겠다 싶은 감이 왔지만 대체 그걸 어떻게 하느냐가 문제였지. 그래서 그런 사업 모델을 찾아봤어. 암웨이, 에이번 같은 거 말이야.

그게 첫 단계였어. 먼저 사람들이 일할 수 있게 해 주면 사업이 성공할 확률도 높아지고, 그렇게 사람들이 성공할 수 있게 도와줄 수 있다는 거지. 두 번째 단계는, 없는 살림에 새로 돈을 쓰게 할 방법을 찾을 수는 없으니까 기존의 지출을 바꿀 수 있는 제품을 찾아야 한다는 거였어. 더 나은 쥐덫을 놔야 한다고 할까. 그래서 가난한 사람들이 이미 돈을 들이고 있는 제품을 찾아서 그 사람들이 돈을 절약할 수 있게 해 주거나 아니면 같은 돈으로 더 효율적으로 쓸 수 있는 제품을 찾아야 했어.

이 두 가지가 관건이었어. 그래서 벤의 보고서를 샅샅이 훑어보고 문헌도 뒤져 보다가 자문해 봤지. 대체 가나 사람들은 돈을 어디에 쓸까? 그랬더니 계속 건전지라는 답이 나오는 거야. 거기에 대한 데이터가 많은 건 아니었지만, 몇 가지 알아보고 조사해 보니까 대략 일반적인 아프리카 가족이 한 달에 그냥 쓰고 버리는 건전지에 2달러에서 5달러 정도 쓰더라고.

그때 마침 내가 집에서 쓰는 건전지는 죄다 충전해서 쓰는 건전지로 바꿔서 절약을 많이 했거든. 내가 온라인으로 조사해 봤는데 충전할 수 있는 건전지는 일회용보다 1달러 쓸 때마다 에너지를 최소 열 배에서 서른 배 더 낸다는 거야. 그래서 생각했지. 이거야말로 물건이라고. 성능이 훨씬 뛰어난 건전지라…….

하지만 거기서 또다시 이런 의문이 생겼어. 충전용 건전지가 그렇게 좋은데 왜 아프리카 사람들은 안 쓰고 있는 거지? 거기서는 왜 그런 건전지가 안 보이는 걸까? 그래서 알아봤더니 여기 사람들이 가장 중요하게 생각하는 건 현재 주머니에서 빠져나가는 돈을 최대한 줄이는 거였어. 사람들이 쓸 현금이 정말 너무 없기 때문에 한 푼 한 푼을 매우 신중하게 지출하고 있다는 소리지. 그리고 충전용 건전지가 장기적으로 볼 때는 돈이 절약되지만 사실 처음에 구입할 때는 고가니까. 건전지 자체도 구입할 때 돈이 더 많이 들고, 충전기에도 투자를 해야 해. 그리고 전기가 들어오지 않는 시골에 사는 아프리카 사람들에게 가장 시급한 문제는 충전기를 꽂을 전원을 찾아야 한다는 거였어.

그래서 다시 생각했지. 이런 난관을 어떻게 극복할 수 있지? 초기 자본비용이 높아서 제품을 쓰는 기간 동안 비용을 나눠 낼 수 있는 제품으로는 어떤 게 있을까? 선진국에선 공구 대여부터 비디오 가게에 이르기까지 그런 사업 모델이 부지기수잖아. 그러다 보니까 초기 자본비용을 분할해서 소비자들이 내는 초기 비용을 줄여 주면서 장기적으로 충전용 건전지를 썼을 때의 장점도 취할 수 있는 방법이 바로 임대라는 답이 나왔지. 하지만 여기서 임대 모델이 효과를 보려면 에이번의 방문판매 아줌마처럼 직접 일대일로 고객을 상대하는 사람이 있어야 한다는 게 분명해졌어. 세일즈를 하는 직원이 대여해 가는 임차인을 실제로 알고 있어야 하고, 만약 임차인이 대여를 중단하기로 결심하면 그 건전지를 챙겨 올 수 있어야 하니까. 그리고 부로 건전지 같은 신제품을 잠재적인 고객들에게 적절하게 설명해 줄 수 있는, 직접적이고 개인적인 관계가 필요하다는 사실을 알았어.

그때 모든 것이 맞아떨어지기 시작했어. 임대 모델을 쓰면 비용 부담이 줄어드니까 더 많은 사람이 쓸 수 있고, 그로 인해 가난한 사람들의 생산성도 향상될 수 있는 거야. 그러자면 소규모 사업체(독립 에이전트들), 즉 부로 상품을 자기가 담당하는 마을 사람들에게 갖다 줄 사업체를 갖춘 모델이 있어야 했지. 그게 바로 우리가 찾던 브랜드였어. 시작이 좋았던 거지."

바리케이드 앞에서 차량 행렬이 느려졌다. 왼쪽에 가나국립경찰청 소속 경찰관이 뻣뻣한 파란색 위장복과 챙이 달린 모자를 쓰고 천천히 지나치는 차들의 유리창에 붙은 보험과 등록 스티커를 흘끗흘끗 보다가 가끔 한 차를 가리키며 갓길로 나오라고 손짓하고 있었다. 거기서 칼라시니코프 소총을 들고 있는 다른 경찰관 두 명이 그 불운한 운전기사를 철저히 수색했다. 우리 차가 그 줄의 맨 앞에 오게 됐을 때 경찰이 휘트에게 세우라고 손짓하는 것 같았다.

"차 안 세울 거야?"

"내가 아니라 내 뒤에 있는 택시기사를 찍은 거야." 휘트는 백미러를 주목하면서 말했다. "경찰이 형을 불렀다는 게 100퍼센트 확실해지기 전까진 절대 차를 세워선 안 돼. 경찰과 눈도 마주치지 말고, 인사도 하지 마. 그냥 고개를 한번 끄덕하고 계속 차를 몰아."

"일단 경찰이 세우면 얼마나 줘야 해?"

"성의껏. 여기서는 그렇게 말하지."

"그러니까 성의껏이 얼마냐고?"

"2세디 정도. 하지만 절대 먼저 주지는 마. 경찰이 요구할 때까지 기다려."

"알았어. 그다음은 어떻게 됐어?"

"돈을 주면 경찰이 즉석에서 지어낸 혐의로 체포되는 일은 피하는 거지."

"아니. 경찰 이야기가 아니라 그래서 그 건전지는 어떻게 됐느냐고?"

"그게, 내가 그 아이디어를 생각해 낸 게 아마 2007년 12월이었을 거야. 난 그때 시애틀에서 그 사업 아이디어를 더 연구해 보고, IP 보안에 신경 쓰면서 건전지와 충전기 연구를 시작했지. 하지만 당시 내가 크레니엄을 하스브로에 매각하느라 정신없었을 때라는 걸 잊지 말아 줘. 그리고 아버지가 돌아가셔서 2008년 1월 말까지는 부로에 신경 쓸 여유가 없었지. 그러다가 내 사업 계획을 시작하기에 가나가 최적이라고 마음을 굳히니까 일단 가나에 가 봐야겠다는 생각이 들었어. 그때

마침 아크라에서 세계은행 회의가 열린다는 소식을 들었어. 그 회의에 5일 정도 참가했다가 찰리를 만났고, 그다음에는 현지 시장조사를 하려고 1주일 반 정도 돌아다녔지."

"사람들은 어떻게 찾아냈어?"

"형이 기대했던 만큼 그렇게 철저하게 한 건 아니야. 닥치는 대로 읍이나 마을에 들어가서 좀 한가해 보이면서 우리 고객이 될 만한 사람을 붙잡고 이야기를 나눴지. 그때 아사르라는 이름의 운전기사와 마틴 아폰사라는 이름의 통역사를 데리고 다녔는데, 아폰사는 시애틀에 있는 우리 딸들 선생님의 형제이고, 실제로 전통적인 가나 마을의 추장이었어. 우리는 멀게는 타코라디와 코포리두아까지 올라갔고, 그다음에는 이 해안 도로를 따라서 다녔어. 아콰핌 산맥을 오르락내리락하면서 사람들을 인터뷰했지. 전기가 들어오는 곳, 안 들어오는 곳, 마을, 도시, 읍내 안 다닌 곳이 없어. 우리가 말하는 건전지가 어떤 건지 보여주려고 건전지를 한 무더기씩 가지고 다녔어. 그리고 미래의 고객뿐 아니라 에이전트로 일할 만한 사람도 보고 다녔지. 전국적으로 격의 없이 치른 인터뷰였지만 시간을 들여서 자세하게 이야기를 나눈 포커스 그룹이었지."

"그리고?"

"사람들은 내 사업 아이디어를 선뜻 잘 받아 줬어. 회의에서 내게 경고한 사람도 있었지. '아, 당신이 돈을 달라고 하기 전까지는 사람들이 흥미로운 아이디어라고 할 거요.' 시장조사를 다녀 본 결과 도시보다는 시골에서 수요가 훨씬 높을 것 같은 느낌을 받았지만 사실은 그것도 전기가 들어오지 않는 시골 지역에서 내 건전지에 대한 수요를 과

소평가했던 거야. 도시에서는 수요를 키워 낼 수 없었어. 적어도 코포리두아에서는 그랬지. 거기선 좋은 에이전트를 찾는 것도 쉽지 않았고. 그러니까 도시 지역의 잠재력에 대해선 확실한 판단이 서지 않았지. 우리가 분명히 배운 건, 우리가 공략해야 하는 지역은 시골, 특히 전기가 들어오지 않는 지역이라는 거였어.

그리고 5월에 한 여행에서 사람들이 실제 일회용 건전지에 한 달에 2달러에서 5달러 정도를 소비하고 있다는 사실을 확인했어. 게다가 많은 사람들이 어떤 장치를 쓰든 한 달에 서너 번은 건전지를 간다는 것도 알아냈고. 그게 바로 우리가 가장 절실히 원하던 거였지. 그 정도 비용에 그 정도 빈도로 건전지를 갈아 줘야만 우리 제품의 장점이 극대화되거든. 다시 말하면 어떤 장치를 쓰든 한 달에 서너 번 건전지를 갈아 끼우지 않는 사람은 우리의 우량 고객이 될 수 없어. 벽시계에 넣으려고 충전할 수 있는 건전지를 사는 건 아무 의미가 없잖아. 매달 건전지 하나당 일괄적으로 같은 요금을 내야 하는 상황에선 그렇단 거야.

또 달리 분명해진 점은 사람들이 가지고 있는 기계를 사용할 때 건전지를 아주 조심스럽게 안배해 가면서 쓰고 있다는 점이었어. 나로선 그런 사람들에게 우리가 선전하는, 전기를 맘껏 쓰라는 약속이 아주 효과가 좋을 거라는 걸 알려 주는 팁이었지. 내가 생각했던 사업 모델이 효과적으로 잘 돌아가기만 한다면 사람들에게 지금 건전지에 쓰는 비용과 같은 금액으로 비교적 무제한으로 에너지를 쓸 수 있게 해 줄 수 있거든.

그래서 그 첫 여행에서 모든 걸 상당히 분명하게 알게 됐지. 원래 내 목적은 가나 측 파트너를 찾아서 시장조사와 연구를 더 자세히 하고,

대략 1만 달러 정도 쓰고 오자는 계획이었는데 그 여행을 마치고 돌아올 때쯤에는 그런 시장조사가 시간과 돈 낭비처럼 느껴졌어. 사람들이 내 아이디어에 보인 열렬한 반응에 완전 붕 떠 있었거든. 그건 정말이지 아주 강렬한 느낌이었어. 그때 생각 같아선, 야, 이거 하기만 하면 완전 대박이겠구나, 뭐 이런 느낌이었지. 형이 운전할래?"

우리는 차를 세우고 자리를 바꾼 다음 내가 핸들을 잡고 속도를 냈다. 도로는 움푹 파인 곳도 몇 개밖에 없어 상당히 좋았다. 내일 아침은 다시 건전지 영업을 하러 나가야 하는데 그것도 우리가 직접 운전을 해야 했다. 케빈이 운전을 배우는 중이라 아직 임시 운전면허증이 나오지 않은 상태였다. 가나에 그런 공식적인 운전 연수 코스가 있다는 것에 놀랐지만, 어쨌든 이곳에서도 고속도로에서 일어나는 대량 학살 사태를 막아 보려고 노력 중인 듯했고, 교육도 그중 한 방법이었다.

그것은 서른일곱 살 먹은 케빈으로서는 큰 도전이었다. 그는 싱크대, 샤워기, 일주일에 두 번 찬물이 나오는 코포리두아 남쪽에 있는 원룸 아파트에서 혼자 살고 있었다. 내가 가나 전통 요리에 관심이 있고 뭐든 먹어 보려고 한다는 사실을 안 케빈은 나를 점심 파트너로 삼았다. 우리는 그가 점심때 즐겨 가는 노점에 자주 갔다. 거기서 케빈은 돼지 창자 스튜나 염소 신장 스튜같이 동물 내장을 주재료로 한 지역 별미를 소개해 줬다. 케빈이 휘트의 아파트에서 요리할 때는 마늘과 고춧가루를 아주 많이 썼다. 원래 쿠마시가 고향인 케빈은 대학을 나왔고 매일 신문을 읽었다. 그는 가나 사람 기준으로 봤을 때 세상 경험이 많은 편으로, 나이지리아에 한 번 다녀온 적도 있고, 런던도 가 보고 싶어 했다. 런던에는 그의 남동생이 살고 있다. 그는 쿠마시에 사는 아샨티족 여자와 결혼했었다. 케빈은 미혼남이 아니라 홀아비다. 2006년 그의 아내와 일곱 살 아들이 트로트로 사고로 사망했다. 그의 아내가 아들을 데리고 친정에 갔다가 케빈의 스물다섯 번째 생일을 축하하기 위해 집에 오던 길에 사고가 났다.

제**4**장

1901년 동생 오빌에게 인간이 앞으로
50년 동안은 날 수 없을 것이라고 말했다는 걸 고백한다.
—윌버 라이트

하락세

**2009년 초반
위기**

반쪽 격언. 아마도 덧문에 성경 구절을 써넣은 듯하다.

GHANA

위험한 곳

2007년 〈로스앤젤레스 타임스〉에 '보노가 아프리카에 대해 말하지 않은 것'이란 제목으로 논평을 한 윌리엄 이스털리는 록스타와 후원 기업이 고통받는 아프리카의 이미지를 영구화하고 있다고 질타했다.

아프리카 사람들은 지금도 그렇고 앞으로도 앞뒤 사정 모르는 외부인들이 벌이는 화려한 홍보 쇼가 아니라 지략 있는 기업가, 민주적인 개혁가, 자국 시민의 노력을 통해 빈곤에서 벗어나게 될 것이다.*

---

* 공정하게 말하면 보노도 이런 말을 했다. 2010년 4월 〈뉴욕 타임스〉의 논평에서, 그는 최근 아프리카를 방문해서 기업가 정신이 실천되고 있는 현황을 둘러본 경험을 전했다. '현명한 원조는 아프리카를 개혁하는 도구가 될 수 있다. 책임성과 투명성을 요구하고, 객관적으로 측정할 수 있는 성과에 대해선 보상을 하고, 법에 따른 통치를 강화하는 것도 필요하다. 하지만 단 한 순간이라도 그것이 무역이나 투자나 본인 스스로의 의지를 대신할 수 있다고 생각해선 안 된다.' 그는 가나에서 만난 수단 출신의 휴대전화 업계 거물인 모 이브라힘과의 만남을 회상했다. 이브라힘은 그에게 이런 말을 했다. "가나는 앞으로 많은 지원을 필요로 하겠지만, 머지않은 미래에 지원을 받는 쪽이 아니라 하는 쪽이 될 것입니다. 그리고 당신은 그곳에 그냥 휴가를 보내러 갈 수 있을 것입니다."

아프리카에 관해선 자선단체를 비난하는 것이 요즘 대세인 듯하다. 2009년 하버드를 졸업한 잠비아 출신 경제학자인 담비사 모요가 《죽은 원조》란 도발적인 제목으로 책을 내서 베스트셀러가 됐다. 〈뉴욕 타임스 매거진〉에서 '무엇 때문에 아프리카 발전이 정체되고 있는가'라는 질문을 받았을 때 그녀는 이렇게 대답했다.

"제 생각에 큰 이유는 원조 때문입니다. 원조를 받게 되면 필연적으로 부패가 발생합니다. 역사적으로 지도자들은 아무런 처벌도 받지 않고 원조로 들어온 돈을 훔쳐 왔습니다. 그리고 원조를 받게 된 아프리카 사람들이 외국에 의지하면서 기업가 정신이 죽었습니다."

기업 활동이 위험하다고 말하면 우스꽝스럽게 들리겠지만 신중히 생각해 보면 기업 활동이라는 것은 정말 위험하다. 어떤 사업이든 시간과 돈을 투자했는데 한 달 내에 소득이 나오지 않으면 그 사업은 위험해지게 마련이다. 시간이 흐르면서 나는 휘트가 가진 장기적인 위험이 어떤 것인지 깨닫기 시작했다. 이건 마치 말이 태어나는 그날 그 말에 돈을 걸어 경마에 나갈 때까지 3년 내내 기다리는 것과 같다. 휘트와 잰이 에이전트 교육 문제에 대해 좀 더 빨리 성과를 낼 수 있는 방법을 찾거나, 아니면 더 유능한 에이전트를 찾거나, 그것도 아니면 둘 다 해낼 수 있는 방법을 찾아내야 한다는 것이 분명해졌다.

"계절에 따라 수입이 다른 게 큰 문제야." 휘트가 1월의 어느 날 밤 해안 지대를 같이 다녀온 후 베란다에 있는 등나무 소파 위에 널브러져서 말했다. "우리가 가을에 사업을 시작했을 때는 사람들이 옥수수를 수확해서 돈이 많았어. 가처분소득이 높았지. 하지만 워낙 근근이 살아가기 때문에 돈이 생기면 나중에 무슨 일이 생길지 생각도 안 하고 그냥 막 써 버려. 지금은 건기야. 작물이 없으니 돈도 없지. 나는 사람들이 힘들어도 건전지는 살 줄 알았는데, 이제 보니 돈이 없으면 없는 대로 안 쓰고 사는 거야."

사업 시작한 지 몇 달밖에 되지 않았지만 휘트는 이미 사업 계획에 차질이 생긴 걸 알아차리고 있었다. 그는 일단 사업만 시작하면 고객들이 부로 제품의 분명한 장점을 금세 알아차리고 매달 건전지를 임대해 가면서 헌것을 새것으로 바꿔 갈 줄 알았다. 다시 말하면 벤처 기업 투자자들이 군침을 흘릴 만한 안정적인 사업 시스템이 갖춰질 거라고 생각했던 것이다. 하지만 고객의 반응이 좋았는데도 몇 가지 이유 때문에 임대 갱신율이 썩 높지 않았는데, 그중에서도 특히 고객의 수입이 불안정한 점이 컸다.

"사람들에게 돈이 있을 때 회비를 내게 하면 어떨까?"

"아무리 수입이 좋은 때라도 이곳 사람들이 내기엔 큰돈이야. 소액 금융 지원으로 어떻게 해 보면 모를까. 어쩌면 에이전트들이 소액금융 지원을 받아 우리에게 건전지를 받아서 비축해 놓는 모델을 시도해 볼수는 있겠지." 휘트는 이곳에서 생산된, 물기가 방울방울 맺힌 스타라거 맥주를 잔에 따라서 쭉 들이켰다. "처음에는 새 고객을 모집하는 데 집중했는데 그러다 보니까 계약을 갱신하는 데 차질이 생긴 것 같다는 생각이 들어. 재계약을 해낼 능력이 있는 일류 에이전트를 대비해 두지 않았던 거야. 어떤 에이전트는 대금을 제때 내지 않는 고객에게 건전지를 수거해 가면 인간관계가 나빠지고, 심지어 기존의 친구나 이웃 사람과 관계가 틀어질까 봐 겁을 먹거든. 그리고 '내일' 갖다 준다고 하면서 계속 미루는 고객에게 새 건전지를 계속 제공해 주는 에이전트까지 있었어. 우리가 그런 관행에 종지부를 찍어야 했는데, 문제는 여기 사람들은 체면을 잃으면 끝이라고 생각한다는 거야. 그래서 잰과 내가 전략을 수정했어. 계약을 무효화하는 대신에 재계약을 하지 않는 고객은 잠깐 중지 상태에 있는 걸로 하기로, 그리고 에이전트를 훈련시켜서 고객들에게서 건전지를 수거해 올 때 고객들이 느낄 수 있는 씁쓸한 기분을 없애 주도록 했어. 거 왜 있잖아, '잠깐 계약을 중지하셔도 괜찮습니다. 다른 사람들도 많이 그렇게 합니다. 다시 대금을 내실 수 있을 때 돌아오시면 부로는 언제든 환영입니다' 이렇게.

또 문제는 많은 고객이 우리의 의지를 시험하는 것 같아 보인다는 점이야. 수많은 자선단체와 비정부기구가 이런 마을 사람들에게 푼돈 혹은 공짜로 여러 서비스와 물품을 제공해 왔기 때문에 이곳 사람들은 백인에게서 뭔가 공짜를 바라는 것이 합리적인 행동이라고 생각하고 있어. 그래서 부로에서는 외상도 안 받을 뿐 아니라 대금을 제때 내지 않으면 건전지를 가져간다는 점을 확실하게 보여 준 후에야 재계약률이 향상되기 시작했어."

아래 거리에서는 의료용 비누 회사의 미니밴이 천천히 지나가면서 지붕에 장착된 스피커에서 튀어 광고가 요란하게 흘러나오고 있었다. 트럭 옆에는 한쪽 가슴이 다른 쪽보다 희화적으로 큰 한 여자의 벗은 상체를 조잡하게 그린 그림이 있었는데, 그 옆에 영어로 이렇게 적혀 있었다.

바람직한 요법: 유방암, 종기, 결막염, 골절, 허리 통증, 류머티즘, 생리통, 심한 두통, 복통, 구루병, 치핵, 뇌졸중 및 걷는 데 문제가 있는 아이 치료에 좋음

"맙소사. 우리가 비누 한 장으로 유방암을 고치는 나라에서 사업을 하고 있었네." 내가 말했다.

"가나 사람들은 청결에 광적으로 집착해. 수돗물도 안 나오고 흙바 닥에서 사는 걸 생각하면 정말 놀랄 일이지. 이곳 사람들은 하루에 두 번씩 양동이 물을 끼얹어서 샤워를 하고, 형도 물론 봤겠지만 모든 블 록마다 미용실이 있어. 솔직히 이곳 사람들은 백인들이 지저분하다고 여겨." 휘트가 설명했다.

"여기 사람들이 본 백인이라고 해 봐야 영국인이 다니까 그렇지. 그 말을 하니까 생각났는데, 다림질은 왜 또 그리 열심히 하는지. 전기도 안 들어오는 곳에 살면서 시도 때도 없이 다림질을 하더라고. 이글이 글 타오르는 숯이 들어간 그 다리미 봤어? 놀랄 노 자라니까. 이렇게 빳빳하게 옷을 다려 입고 다니는 사람들은 또 처음 봤어. 거기 비하면 난 진짜 더러운 놈처럼 느껴진다니까."

"형이 더러운 건 사실이지. 여기서 다림질을 열심히 하는 건 건강상 의 이유 때문이야." 휘트가 맥주를 들이켜면서 말했다. "여기엔 등에의 일종인 '망고플라이'라는 고약한 벌레가 있어. 그 벌레가 빨랫줄에 널 어놓은 빨래에 알을 낳아. 빨래가 말라서 그 옷을 입으면 그 알이 부화 해서 구더기들이 피부 속으로 파고 들어가 고약한 종기가 생기는 거 야. 그걸 치료하는 유일한 방법은 손으로 짜는 것밖에 없어. 종기 난 곳 에 바셀린을 바르면 그 빌어먹을 것이 숨을 쉬려고 코를 밖으로 내밀 어. 그때 여드름처럼 꾹 눌러 짜는 거야. 문제는 놈들 등뼈에 가시가 박 혀 있어서 따끔하기도 하고, 놈들이 무지 질기다는 거야. 그리고 그렇 게 짜다가 자칫 잘못하면 감염되기도 하고. 그럼 완전 걸어 다니는 고름 폭탄 신세가 되는 거지. 여기서는 염증이 생기면 큰일 나. 아주 덥고 습해서 벌레에 살짝 물리기만 해도 감염이 되지. 일주일 정도 지난 후에 피부밑에서 반쯤 남은 구더기가 썩어 가고 있으면 어떻게 될지 상상해 봐. 하지만 다림질을 하면 그 벌레가 죽어."

"세상에. 그렇지 않아도 여기서 사는 게 만만한 일이 아닐 텐데. 그러니까 의료용 비누를 사는 거구나."

"여긴 위험한 곳이야. 미국인들은 상상도 못 하는 일들이 벌어진다고. 그건 그렇고, 형 아들이 어제 스카치 한 병 산 거 알아?"

"뭐?"

"스카치."

"어디서 그걸 샀단 말이야?"

"주류 판매점이지, 형 바보야?"

"너도 옆에 있었어?"

"응."

"근데 조카가 술을 사게 그냥 놔뒀단 말이야?"

"난 걔 아버지가 아니잖아. 하지만 형이 그 사실을 알고 싶어 할 것 같아서 말해 주는 거야."

"걔 어머니는 그 사실을 알고 싶어 하지 않을 것 같다. 하퍼!"

하지만 아무 대답도 들리지 않았다.

"하퍼, 시장 갔는데."

"환장하겠군. 여기서는 술을 마실 수 있는 나이가 몇 살인데?"

"열여덟."

"걔는 열일곱이야."

휘트가 웃었다.

"여긴 아프리카야. 누가 신분증 검사를 하겠어."

나는 하퍼가 산 스카치를 뺏었다.

그건 내 동생 잘못이다

계절에 따라 수입의 변화가 큰 것도 휘트가 당면한 문제 중 하나였다. 좀 더 복잡한 또 다른 문제는 에이전트 조율 문제였다. 일주일에 두 번, 휘트, 잰, 케빈, 하퍼와 나는 꼬박 하루를 들여 코포리두아 근처에 있는 마을을 돌면서 헌 건전지를 새것으로 교환해 주고 임대료를 수금하기 위해 현장에서 활약하는 에이전트를 수십 명 정도 만났다. 그것은 고객 중 누가 돈을 냈고 누가 내지 않았으며, 누가 잠시 건전지 사용을 중단하기로 했고 누가 갱신했는지, 고객 한 명 한 명이 건전지를 얼마나 많이 썼고 새 건전지로 얼마나 자주 교환해 가는지를 지속적으로 파악하는, 산더미 같은 서류가 딸린 어이없을 정도로 복잡한 과정이었다. 우리 모두 지금보다 더 나은 작업 방식이 있어야 한다는 사실을 알고 있었다. 잰과 휘트는 좀 더 효율적인 회계 시스템을 개발하고 있었지만 부로 경영 체제는 아직 그 단계에까진 이르지 못했다. 개선 방법에 대한 아이디어 중 에이전트에게 좀 더 많은 재량권을 주자는 것이 있었다. 부로가 에이전트에게 건전지를 대여해 주고 최종 소비자에 대해선 걱정하지 않는 방식으로, 이른바 에이번 방문판매 에이전트와 같다고 할 수 있다. 하지만 일단 시험 삼아 시도해 보는 프로그램이기 때문에 휘트는 마을 사람들이 건전지를 어떻게 사용하고 있는지, 얼마나 자주 재충전을 하는지 파악하는 게 중요하다고 생각했다. 그래서 에이전트를 방문해서 직접 결과를 체크하는 지루한 업무의 나날이 계속됐다. 우리가 몇 시간씩 접이식 의자에 앉아서 정오의 햇살 아래 땅콩과 구운 플랜테인을 먹는 동안 케빈과 에이전트는 숫자를 검토하고 서류 위로 기어 다니는 붉은 개미를 털어 냈다.

하루는 붐비는 장이 서는 쾌적한 마을인 아도소라는 마을의 나무 밑에 앉아 있을 때 한 무리의 10대 남자아이들이 격렬하게 탁구를 치고 있는 모습이 보였다. 그걸 보고 있으려니 휘트와 내가 교외에서 살 때 지하 오락실에서 살벌하게 탁구를 치던 모습이 떠올랐다. 한 남자아이가 '그건 내 동생 잘못이야'라는 문구가 찍힌 티셔츠를 입고 있었다. 휘트와 나는 그 아이에게 가서 같이 포즈를 잡고 바보 같은 사진을 한 장 찍었다.

근처에 있는 마을인 그볼로코피의 에이전트인 아그네스가 가져온 서류를 펼쳤다. 그녀는 넓적하고 부드러운 얼굴과 세심하게 매만진 곧게 뻗은 머리 주위로 수제 머리띠를 둘렀다. 아그네스는 고객 명단을 간단하게 보고했다. 크와쿠 아포, 크웨이 놀리 존, 오그비 새뮤얼, 콰메 오파레, 레지나 아우쿠…… 모두 합쳐 스물여덟 명이었다. 이번 주에 새 고객을 한 명 더 가입시켰지만 기존에 있던 고객 몇 명이 아직도 외상값을 갚지 않고 있었다.

"닐 암스트롱은 어때요?" 케빈이 물었다.

"그 사람은 떠났어요." 그때 우리 모두 "달나라로?"라고 동시에 물어서 아그네스가 웃음을 터트렸다(부로 건전지에 처음 가입했을 때, 닐이 아그네스에게 자신의 이름은 '그 우주 비행사'와 같다고 말해서 아그네스가 그렇게 받아 적었다). 또 다른 남자는 라디오 프로그램이 있어서 여행 중이라고 아그네스가 보고했다. "그 사람을 찾지 못하겠더라고요. 하지만 아직 끝난 건 아니에요."

그 남자가 공식적으로 계약을 철회한 건 아니라는 뜻이다.

"이번 주에 계약을 중지한 사람은 없었어요?" 케빈이 물었다.

"다비 다비!"

없었다는 뜻이다.

탁구를 치던 소년들이 시비가 생겼는지 이제 큰소리로 다투면서, 탁구대를 주먹으로 치다가 탁구 라켓을 사납게 휘둘러 대고 있었다. 식민지 시대 정부 관청 마당에 있는 옅은 색의 파파야 나무 꼭대기에서 까마귀가 탁구 난투극을 조롱하는 것처럼 사납게 까악까악 울어대고 있었다. 아그네스가 서류 작업을 끝냈다. 그리고 스커트 허리춤에 묶은 전대를 풀어서 조심스럽게 돈을 꺼내 케빈에게 1세디 50페세와를 지불했다. 미 달러로 약 1달러 20센트다.

현장에서 뛰는 에이전트들이 건전지를 더 많이 팔아야 타산이 맞겠지만, 사업을 시작한 지 4개월이 지난 지금 한 달에 100개 이상의 건전지를 임대할 능력이 있는 에이전트는 거의 없어 보였다. 에이전트들은 고객들이 건전지를 하나씩 대여해 갈 때마다 커미션으로 15페세와를 받는데, 이론상으로는 세일즈를 공격적으로 하는 에이전트라면 이 일만 해도 상당한 수익을 올릴 수 있었다. 하지만 사실상 우리가 고용한 에이전트들은 모두 다른 일을 동시에 하고 있었다. 어떤 사람들은 교사고, 개중에는 농부, 술집 주인, 재단사, 심지어 지역 정치가도 있었다. 게다가 가나의 시골에 사는 사람들은 부자가 되려는 마음이 별로 없어 보였다. 그들은 서구식 개인주의, 즉 '성공하려고' 노력하지 않았다. 그런 개념 자체를 가나 사람들은 생소하게 느끼는 것 같았다. 적어도 수도를 벗어난 지역에서는 그랬다. 아프리카 사람들은 서구인들은 아무 생각 없이 사서 쓰는 아주 사소한 것을 만들어 쓰는 데 익숙했다. 이를테면 쥐덫부터 시작해서 대나무 손전등, 블록마다 있는 재단사들이 빛의 속도로 꿰매 만든 폐타이어 샌들, 거기다 그들이 살고 있는 오두막집도 직접 짓고, 요리를 해 먹는 숯불도 손수 피운다. 그들은 물건을 발명하고 만드는 감각이 뛰어난 반면 정작 스스로를 새롭게 계발하거나 바꿔야 한다는 개념 자체는 생각하지 못한다. 대조적으로 우리는 집을 짓고, 차를 고치고, 우리가 먹을 식량을 재배하는 데는 전문가들의 도움을 받고, 대신 그 시간에 마치 새 옷을 사는 것처럼 새 경력과 종교와 정체성이 자신에게 맞는지 지속적으로 시도해 가면서 살아간다. 가나 사람들의 자족감은 존경할 만한 품성이지만 사업을 하는 입장에서는 환장할 일이다.

정치 공작

하퍼와 나는 1월 말에 미국에 있는 집으로 돌아갔고, 전화, 이메일, 트위터로 계속 휘트와 연락을 주고받았다. 잰의 블로그 역시 그곳 상황을 파악하는 데 도움이 됐다.

부로 사업은 빠르게 진척됐다. 휘트가 전화해서 2월 23일 단 하루

만에 새 에이전트를 일곱 명이나 뽑았다고 전했다. 무엇보다 잘된 것은 두 명의 새로운 '팀장'이 에이전트들을 지휘하게 됐다는 점이었다. 그렇게 되면 판매량은 더 늘어날 것이고, 부로 측에서 관리해야 하는 일이 줄어든다는 뜻이었다. 에이번 모델이 효과가 있는 것 같았다.

"이 사람들 참 대단해." 휘트가 새로 뽑은 팀장을 가리켜 말했다. "한 명은 조나스라는 남자인데 자기가 사는 지역에서 '올해의농부상'을 수상했고, 또 한 명은 조지라고 하는데 상당히 큰 마을에서 가게를 하고 있어."

"그 사람들은 어떻게 찾았어?"

"둘 다 지역 의회 의원이 추천해 줬어. 코르코롬이란 마을에서 개최한 모임에서 만났어. 마침 청중으로 앉아 있더라고. 그 남자가 가입을 하더니 다른 마을 에이전트를 찾는 걸 도와줄 수 있다는 거야. 사람 참 좋더라고. 자기 일도 하루 쉬고 마을 추장과 원로를 소개해 줬어."

"그 사람은 그걸로 얻는 게 뭔데?"

"자기 지역구 사람들에게 봉사한다는 이미지를 심어 줄 수 있는 거지. 자신의 지명도를 높이는 거야. 간단하게 말해서 정치 운동인 거지. 문제는 이걸 다른 마을에도 적용할 수 있는 사업 모델로 만들 수 있느냐는 거야. 기드온도 의원이긴 하지만 그 사람은 접근 방식이 다르더라고. 그 사람은 본인이 직접 에이전트가 되길 원해. 어느 쪽이든, 정치 감각이 있는 지역 의회 의원과 활발한 관계를 맺을 수 있게 된 거지."

"지역 의회란 게 뭐야?"

"아직 정확히는 몰라. 독재 냄새도 좀 풍기고. 지역 의정 활동의 한 분파 같은데 입법부는 아니야. 지역마다 열다섯에서 스무 개 정도의 지역구가 있고, 지역구마다 의회가 하나씩 있어. 각 의회에는 그보다 더 작은 분과가 열다섯에서 스물다섯 개 정도 있고. 의원은 맡은 지역을 대표하는데, 그 지역이란 게 여덟에서 열다섯 개 정도 되는 마을이야. 이 의원들은 소액의 봉급을 받는데, 의회 회의에 참석하는 수고비 정도라고 생각하면 돼. 아직 선거구 지도는 없어, 적어도 최신 건. 지금 구하려고 노력 중이야."

"의원 임기는 얼마 동안인데?"

"4년마다 선거를 치르는데, 보니까 당파에 상관없이 나오더라고. 각 지역은 회장이 임명한 지역 최고 책임자가 관리해. 그러니까 의원들은 초당파적으로 선거를 통해 뽑지만, 그 의원들의 수장인 의장은 임명직인 거지. 물론 선거로 선출된 의원 대다수가 투표를 통해 승인 절차를 거쳐야 하지만. 그런데 또 의장은 그 지역 장관 밑에 소속돼 있어. 다시 말하지만 아주 독재 냄새가 풀풀 풍기는 체제지."

"의회가 입법기관이 아니라면 대체 뭘 할 수 있는 거야? 세금은 걷을 수 있어?"

"그렇진 않아. 소소한 요금은 부과할 수 있을지 몰라도. 회장이 선택한 의장을 투표로 찬성하거나 반대할 수 있는 기회 그 한 번을 제외하면 사실상 실질적인 권력은 없는 것 같아. 그러니까 말하자면 그 지역 내에서 일어나는 분쟁을 해결하고 주민들이 제기한 민원을 해결해 주는 중간 관리자라고나 할까. 예를 들어, 각 마을에는 마을 모임이 있는데 거기에 의원이 나가서 주민과 이야기를 나누지. 나도 통역사 헤이퍼드 테테와 함께 그런 모임에 간 적이 있어."

"정부 공식 언어는 영어인 줄 알았는데."

"그건 좀 급이 높은 경우고. 이 정도 단계는 튀어가 공식어야. 어쨌든 그 지역 의원이 언뜻 보기에도 상부에서 내려온 것 같은 아주 공적으로 보이는 서류를 읽고 있더라고. 상부에서 그 모임에 나가서 전달하라고 지시한 주요 사항이었던 거지. 내가 갔던 모임의 주요 의제는 바로 두 개의 청소년 스포츠 리그 사이에 일어난 분쟁이었어. 그 마을과 또 다른 마을 스포츠 리그 사이에 말썽이 일어난 거야. 이 두 마을 아이들이 스포츠 시합을 할 때마다 끝에 가서 꼭 싸운다고 하더라고. 그래서 의장이 분쟁이 다 해결될 때까지 스포츠 행사를 잠정적으로 중단하기로 결심했지. 그 의원이 바로 그 내용을 읽고 있었던 거야. 그때 마을의 여론을 이끌어 가는 지도자 중 하나가 일어나서 말했지. 두 마을 원로들이 만나서 그 문제는 이미 해결했다고. 이제 더는 아무 문제도 없을 거라고. 그러니까 그 의원이 이렇게 말했어. '좋습니다. 하지만 회장님이 스포츠 행사 중지령을 철회할 수 있도록 마을 원로분들이 편지를 한 통 쓰셔야 합니다'라고."

"이런, 그런 동네 정치에 말려들지 않도록 조심해야 할 것 같은데."

"나도 그러려고 조심하고 있어. 하지만 동네마다 들어가서 영업을 뛰려면 정치가들에게 선을 대는 것도 나쁘지 않아 보여. 그리고 에이전트 하나가 사고를 일으킬 경우를 대비한 일종의 보험 같은 것도 될 수 있고. 그럴 경우에 그 마을 의원에게 연락하면 되잖아. 어쨌든 이제 우리 사업은 하루에 건전지를 쉰 개 정도 대여하는 수준으로 확장되고 있어. 물론 아직 내가 말하지 않은 무시무시한 일들이 남아 있긴 하지만 말이야. 예를 들어 남아프리카공화국의 더반에 있는 세관에 새 건전지 6,000개가 묶여 있다는 거 같은. 정말 웃긴 건 그 건전지는 더반에 있으면 안 되는데 거기에 있다는 거야. 염병할, 원래는 중국에서 거 길 거쳐 여기로 왔어야 하는데 아직도 거기 퍼질러 있단 말이지."

2월 23일에 나는 휘트에게 이메일을 보냈다. 이 사업이 파산할 확률 이 얼마나 되느냐고.

다음 날 동생이 전화했다.

"최상의 시나리오를 원해? 그건 고객들이 우리 새 모델에 열광해 주 는 거지. 우리는 지역 의원들에게 협조와 도움을 청했어. 그 의원들이 하루 날 잡아서 우리랑 같이 전기가 안 들어오는 큰 마을을 다니면서 믿 을 만하고 성실한 에이전트 후보도 소개해 주고, 마을 원로와 여론을 주 도하는 지도자와 추장의 축복과 지지도 받아 주기로 했지. 이렇게 '그룹 지도자' 모델을 시도해 가면서 단점을 고쳐 나가면 이 사람들 중 한 명 이나 두 명 정도를 초특급 에이전트로 키워서 기존 에이전트의 업무를 조정하고 조율했던 우리의 업무 부담을 줄이려고 해. 이렇게 되면 기존 에 에이전트 한 명이 처리하던 업무량 정도만 일해도 일주일에 에이전 트 네 명에서 여섯 명이 일했던 것과 같은 효과를 낼 수 있지. 이 초특 급 에이전트들은 모두 한 달 내에 건전지 임대를 500개에서 1,000개 정도로 키울 수 있는 잠재력을 가지고 있어.

이 모든 것이 착착 맞아떨어지면서 대략 9개월 정도 지나면 완전한 지점 영업 체제로 나갈 수 있어. 그럼 우리는 각 지점에서 일할 직원을 뽑아서 훈련시켜 그 직원이 자체적으로 지점을 관리할 수 있도록 만드 는, 실질적인 기업 운영 역량을 갖추게 되는 거야. 코포리두아는 8월에 서 10월 사이에 이익이 날 거야. 우린 7월에서 9월 사이에 제2호 지점 을 낼 거고. 가입자를 그대로 유지하면서 요금을 올릴 수 있을 거야. 그리고 품질이 향상된 조명 기구, 더 저렴하고 작동이 잘되는 휴대전화 충전기, 저출력 건전지로 작동되는 텔레비전 같은 제품을 포함해서 여기 사람들이 일반적으로 좋아하는 상품도 우리 제품군에 포함시키고. 그리고 자체적으로 자금을 조달하는 방식과 외부에서 자금을 조달하는 방식을 평가해 봐야 해. 좀 더 빠르게 성장할 수 있는 방식을 찾아서 흥미롭고 설득력 있는 자금 조달 스토리를 소개해서 벤처 자금으로 500만 달러를 받는 거지.

지역 지점에서 신제품 공개 시기에 가속을 내서 쭉쭉 뻗어 나가면 2010년 3월쯤 가나에서 이미 지점 다섯 개가 자리를 잡은 상황에서 매달 두 개씩 새로운 지점을 열 거야. 그다음에는 부르키나파소나 토고 같이 가나 옆에 있는, 프랑스어를 주 언어로 쓰는 국가에서 사업을 시작하겠지. 그리고 나는 다보스포럼에서 연설을 해 달라는 초청을 받을 거고. 하지만 이 시나리오에는 단점도 있어. 효율적인 지점 운영과 관련된 업무상 문제를 해결하지 못할 수도 있고."

"좀 쉽게 말해 봐."

"경영 문제 말이야. 지점 운영을 자체적으로 할 수 있는, 의욕적인 에이전트를 고용하는 게 힘들 수도 있단 말이야. 기술적인 문제도 있어. 우리 건전지가 원래는 수명이 36개월인데 어느 날 갑자기 9개월 만에 못 쓰게 될 수도 있어. 정치 상황도 걱정이지. 장기간 지속되는 정치적 갈등이 터질 수도 있어. 최상의 시나리오를 실현하기 위해 30만 혹은 40만 달러를 쏟아붓기 전에 내가 겁을 먹고 발을 뺄 수도 있고. 이렇게 알 수 없는 문제가 곳곳에 산적해 있어. 만만치 않다는 소리야. 그리고 여긴 아프리카야. 그러니 현실적으로는 최상의 시나리오와 최악의 시나리오 중간 어딘가에서 일어나겠지. 내가 꼼꼼하게 상황 판단을 하고 있으니까 최상의 시나리오에 더 가까운 쪽으로 일어날 거야."

3월 11일에 잰이 시애틀로 떠났다. 잰은 6개월 동안 집에 가지 못했고, 그 어느 때보다 절실하게 휴식이 필요했다. 휘트가 잰을 공항에 데려다준 후에 내게 전화했다.

"5월에는 내가 집에 가야 하는데 이 사업을 그냥 이렇게 놔두고 가야 하는 게 너무 겁이 나."

"잰은 언제 돌아오는데?"

"6월 중순. 그래서 내가 가기 전에 지점을 맡길 수 있는 든든한 직원을 찾으려고 전력투구 중이야. 아크라에서 열린 취업 박람회에서 끝내주는 후보를 하나 만났어. 전에 마이크로소프트 매니저로 근무했던 가나 사람인 패트릭 아우아가 운영하는 사립대학인 아셰시대학을 갓 졸업한 젊은 여자야. 이 친구는 말귀도 잘 알아듣고 이제 막 창업한 회사에서 일할 용의도 있어 보이는데, 사람 속을 어찌 다 알겠어. 어쩌면 다른 사람들처럼 아크라에서 에어컨이 빵빵하게 나오는 사무실이 있는 회사를 찾고 있는지도 모르지. 우리 회사는 취업 대상 후보 중에 세 번째나 네 번째 정도로 생각하고 있을지도 모르고. 두고 봐야지.

그리고 저렴한 넷북으로 쓸 수 있는, 컴퓨터화한 현장 관리 시스템을 내가 지금 설계 중이야. 그 프로그램이 있으면 고객 관리 데이터베이스를 만들 수 있고, 그걸로 에이전트들이 작업할 수 있잖아. 예를 들면 이런 거지. '어이, 콰메가 대금을 연체했잖아. 그러니까 이번에는 콰메부터 신경 써서 대금을 받도록 노력해 봐. 그 사람 휴대전화가 없다고? 최근에 물어봤어? 이번에 다시 물어보는 게 좋겠어.' 이런 식으로 말이지. 이런 식으로 하다가 보면 결국에는 50만 개 정도의 휴대전화 번호를 보유한 직거래 데이터베이스를 구축할 수 있게 돼. 하지만 지금으로선 에이전트들이 일을 더 쉽게 할 수 있도록 도와주는 게 급선무야. 서류만 가지고 그 모든 걸 다 파악하기엔 역부족이니까."

4월 16일에 휘트가 전화로 희소식을 전했다.

"로즈 도드를 채용했어. 왜 아셰시대학 졸업생이 있다고 했잖아."

로즈는 월급으로 600세디(미화로 약 400달러)를 달라고 조건을 붙였는데 가나의 신입사원 월급치고는 매우 높았다.

"새로 뽑은 회계사도 지난주부터 일을 시작했어. 그리고 케빈이 면허 필기시험에 합격했고 내일 주행 시험을 봐. 아직도 운전하는 걸 좀 겁내긴 해. 운전에 별로 소질이 없어 보이고, 클러치를 좀 거칠게 다루고. 그래도 내가 잘 해낸 것 같아. 내가 떠날 때쯤이면 나 없이도 그럭저럭 굴러가겠어."

개인적으로 좀 더 비관적인 문제도 있었다.

"기드온이 알고 보니 신통찮더라고. 우리 잘못도 좀 있어. 사업 영역을 지나치게 확장하는 걸 그냥 내버려뒀거든. 에이전트 한 명이 15제곱킬로미터나 되는 구역을 맡는다는 게 현실적이진 않았어. 기드온에게 개인적으로 안 좋은 일도 많았어. 자전거를 타고 가다가 사고가 나서 다쳤지. 그다음엔 말라리안지 뭔지 하는 병으로 한동안 앓아누웠고. 좀 낫는가 싶었는데 이번엔 의회 일이 정말 바빠졌다는 거야. 마치 의회에 할 일이 어마어마하게 많았던 것처럼 굴더군. 그래서 의회 일 때문에 회사 일은 완전 뒷전이었지. 그러다가 잠수를 타 버렸어. 처음에는 휴대전화를 잃어버렸다더니, 그다음엔 가족을 보러 테마에 가야 했

137

고, 그런 식으로 변명이 끝도 없더군. 그래서 원래 맡았던 고객들이 확연하게 줄었어. 내가 휴대전화를 하나 빌려줬는데 켜 놓지를 않으니 전화도 안 되고. 결국 내가 그랬지. '이봐요, 내 휴대전화를 다시 가져다줘요.' 기드온은 우리가 처음에 생각했던 그런 환상적인 직원이 아니었어. 하지만 일대일로 고객을 상대할 때는 정말 잘 파는데 아쉬워."

"아깝네. 그 사람 맘에 들었는데." 내가 대꾸했다.

"좀 더 두고 봐야지. 시간이 흐르면 상태가 좀 나아질지도 모르니까. 이번에 새롭게 등장한 스타는 바로 조나스야. 올해의농부상을 받았다는 신입 에이전트 있잖아. 있지, 그 사람 부인이 임신했는데 해산달이 다 됐거든. 그랬다가 어젯밤에 난산을 했어. 그래서 아이를 잃었지. 조나스는 밤새 부인이 죽을 뻔한 걸 지켜보면서 한숨도 못 자고 있다가 열 달을 다 채우고 나온 아이가 죽은 걸 봤어. 그런데도 오늘 아침 10시에 출근해서 헌 건전지와 새것을 교체하러 왔더라고. 미국에서는 상상도 못 할 일 아니야? 미국이라면 한 달 정도 휴가를 냈을 텐데."

"그래야 당연한 일이고. 정말 끔찍한 이야기다."

"그게 다가 아니야. 아도소의 아그네스 기억나?"

"물론이지. 사람 무는 붉은 개미와 탁구대가 있던 곳이잖아."

"그래, 맞아. 아그네스가 자기 구역을 헤이퍼드에게 넘겼어. 아그네스 실적이 영 신통치 않아서 모두 그녀가 다른 일을 찾는 게 좋겠다는 데 합의한 거지. 아그네스는 우리의 첫 에이전트라 슬펐지. 어쨌든 아그네스 남편이 간밤에 죽었어."

"정말이야?"

"응. 어젯밤 부로 회사의 가족 중 둘이나 기괴한 죽음을 맞이한 거야.

아, 그리고 또 흥미로운 일이 하나 더 있어. 얼마 전에 우리 발코니에서 보이는 곳에 새로운 광고판이 하나 생겼어. '가정 폭력의 악순환을 깨자. 폭력의 주범을 경찰에 신고하자'라고. 이틀 전에 우리 동네에 사는 여자 하나가 남편에게 상당히 심하게 맞았거든. 내가 새로 생긴 광고판 이야기를 그 여자에게 했더니 코웃음을 치더라고. '경찰은 손 하나 까딱하지 않을 거예요.' 그래서 내가 찰리에게 물어봤더니 찰리도 같은 말을 하는 거야. '백인들이 몇 명 와서 이 지역 사람들에게 그런 프로그램을 하라고 돈을 좀 쥐여 줬죠. 저런 광고판을 하나 걸어 두면 뭔가 쓸모 있는 일을 한 것 같은 뿌듯한 기분을 느끼는 거죠.'"

"내가 세금 낸 게 어디로 갔나 했더니 거기로 갔군." 나는 그 광고판이 서구의 원조 단체에서 나왔을 거라 짐작하고 그렇게 대꾸했다.

"사실 형 세금만 들어갔겠지. 세금을 내려면 돈을 벌어야 하는데 나는 아직 돈을 못 벌고 있거든. 그러고 보니까 오늘 더반에서 우리 건전지가 드디어 배에 실렸어. 건전지는 금요일이나 토요일쯤 도착할 거야. 얼마나 걸릴진 모르겠지만 곧 건전지 6,000개가 늘어나는 거지. 여긴 지금 인플레이션이 22퍼센트라고 내가 말했나? 어제 건전지 임대료를 올렸는데 아직 고객들이 크게 불평하는 거 같진 않아."

"불평 이야기가 나왔으니 말인데, 정부는 어때? 롤링스가 또 쿠데타라도 일으킬 것 같아?"

"찰리 생각에는 여기저기서 엄포를 놓고 분위기가 험악한 건 사실이라더군. 어떤 사람들은 지금 시점에서는 군부 내에서 롤링스를 밀어줄 실질적인 지원 세력이나 권력이 없다고 말하고. 그리고 롤링스 본인도 자신이 남긴 유산을 잘 인식하고 있으니까 그걸 훼손시킬 만한 짓은 하지 않을 거야. 내 말은 롤링스는 선거에 나왔고 자발적으로 권력을 이양했잖아. 역사가 그를 가나의 조지 워싱턴으로 치부하면서 호의적으로 대할 가능성이 높아. 물론 조지 워싱턴도 대법관 네 명을 살해해서 스스로 자신의 명예에 먹칠을 하긴 했지만 말이야. 그건 그렇고 형은 언제 올 거야?"

"6월 13일. 잰과 같은 비행기로 갈 거야. 넌 언제 집에 갈 건데?"

"5월 15일. 빨리 머리 자르고 싶어 환장하겠어."

"1월 이후로 이발을 한 번도 안 했단 말이야?"

"여기 코포리두아에는 백인 머리를 잘라 본 사람이 한 명도 없어. 그런 판국에 내가 선발 주자로 나서고 싶겠어?"

"야, 거기서 그렇게 머리를 기르면 안 돼. 그러다 이 생겨. 그냥 확 밀어 버리지 그랬어."

"그럼 셸리가 이혼한다고 할걸."

"머리는 다시 자라."

"셸리는 그걸 기다려 줄 정도로 그렇게 참을성이 많지 않아."

"야, 아버지를 추모하는 뜻에서 네 머리에 빛을 밝히는 것도 좋잖아."

"형 비행기 탈 때 짐 좀 가지고 와. 가나로 휴대전화 충전기 500개를 가지고 와야 해."

나는 어느새 부로의 노새가 돼 있었다.

소음 의식

오늘은 전국적으로 소음에 관심을 가지는 날이다. 누군가 그걸 수탉들에게 알려 주는 걸 깜빡했다. 그리고 새벽 5시 30분에 귀청이 떨어져라 라디오 볼륨을 키우는 얼간이에게도 안 알려 줬고.

−4월 16일 새벽 5시 54분, 휘트의 트위터

5월 12일에 내가 휘트에게 전화했다.

"어제 잠을 잘 못 잤어. 형은 데이브란 사람 아직 못 만나 봤지. 그 사람은 우리 집에서 3킬로미터 정도 떨어진 곳에 사는데 평화봉사단에도 두 번이나 다녀왔대. 여기 산 지 4년째라는데, 우리 집 근처에서 자전거 가게를 해. 엊그제 밤에 그 사람 집에 무장 강도가 들었어. 놈들이 각목으로 그 사람을 스무 대나 때려서 눈이 바스러지다시피 했어. 데이브는 강도들이 집 앞문을 부수고 들어오는 소리에 잠이 깼는데 그다음 순간 자기가 각목으로 머리를 두들겨 맞고 있더라는 거야. 놈들이 영어와 토착어를 섞어 쓰는 피진 영어로 '노트북 어디 있어? 돈 어디 있어? 전화기 어디 있어?'라고 소리를 지르면서 두들겨 패더래. 억양을 들어보니까 나이지리아 사람 같더라나. 지금 그 사람 온몸이 멍투성이인 데다 붕대로 전신을 친친 감고 있어. 지난 4년간 여기 살면서 한 번도 문제가 생긴 적이 없었다고 하더라고. 그중에서도 최악은 그 난리가 났는데도 이웃 사람들이 손 하나 까딱 안 했다는 거야."

"맙소사. 그런데 나는 그 발코니에서 스크린 도어 하나로 가린 방에서 잠을 잤단 말이지."

"그래, 무슨 뜻인지 알겠어. 그래도 우리는 2층에서 자니까 그나마 나아. 그렇다고 강도들이 1층 발코니로 들어올 것 같지도 않고. 거리 노점상들이 거의 밤새 길거리에 있는 데다 우리 집 건너편에 있는 은행에도 야간 경비원들이 있거든. 만약 강도들이 들어온다면 뒷문 계단을 통해서일 거야. 그러니 앞으로 좀 더 조심해야겠어. 문에 쇠창살도 달아야겠고. 이번 여름은 아주 흥미진진할 것 같아."

제5장

호랑이의
꼬리를 잡아라

2009년 여름
재시도

부로 트럭은 어딜 가나 사람들을 끌어모았다.

GHANA

초심자의 행운

6월에 잰과 나는 우기에 내린 비에 깨끗이 씻긴 가나로 돌아왔다. 공항 밖으로 나오자 보도에 있는 모든 구멍이 깊이를 알 수 없는 작은 호수로 변해 있었다. 하늘은 바닷물처럼 파랬고, 풍경은 마치 왁스를 바른 초록색 라임처럼 반짝거렸으며, 1월의 먼지와 안개는 마치 렌즈에 묻은 얼룩처럼 깨끗이 닦여 사라져 있었다. 이번에 아콰핌 산맥으로 드라이브 가는 길에 아크라와 우리가 막 건너온 바다가 내려다보여 숨이 막히게 아름다운 경치를 볼 수 있었다. 부로의 미래도 이 경치만큼이나 맑으면 좋으련만.

5월 중순에 가나를 떠나기 전부터 휘트는 부로가 '매력적인 비즈니스 사례'라고 자신이 불렀던 그런 사업 모델이 될 만큼 빠르게 성장하지 못하고 있음을 깨달았다. 여기서 말하는 매력적인 비즈니스 사례란 전국적으로 확산되거나, 그보다 더 낙관적일 경우 대륙 전체로 확산되는 사례를 의미했다. 휘트가 걱정하자 덩달아 부로에 대한 내 신뢰도 점점 엷어져 갔다.

"휘트, 내가 침몰하는 배에 올라탄 건 아니길 바란다."

"뭐?" 수화기 너머로 들려오는 동생의 목소리는 항상 그렇듯 어딘가에 정신이 팔려 있었다.

"너 말이야. 네 사업."

"형, 형 걱정은 나도 이해하는데, 나 지금 중국에 가려고 짐을 싸던 중이야."

어떤 면에서는 부로가 사업적으로 성공했다고 볼 수 있는 것이, 단 9개월 만에 아무것도 없는 상태에서 서른 명이 넘는 에이전트가 코포리두아에서부터 24킬로미터 반경으로 사업을 확장해 효과적인 네트워크를 구축해 냈다. 항상 그렇듯 컴퓨터 천재인 휘트가 마이크로소프트 액세스를 써서 부로를 위한 현장 관리 프로그램을 만들어 냈다. 그리고 장난삼아 그 프로그램에 사료라는 뜻의 '포더'라는 이름을 붙였다. 이 프로그램 덕분에 에이전트를 관리해야 하는 업무 부담이 확연하게 줄었다. 새로운 체제하에서 에이전트들은 자체적으로 서류 작업을 끝냈고, 그렇게 작성한 서류를 다 쓴 건전지와 그달 발생한 수익금과 같이 지퍼록에 넣어서 루트를 따라 마을 곳곳에 있는, 미리 정해 둔 전달 장소에 놔두었다. 그럼 찰리가 정해진 날짜에 그 전달 장소를 한 바퀴 돌면서 다 쓴 건전지는 새것으로 바꿔 놓고, 현금과 서류를 챙겨서 본사로 가져왔다. 사무실에서 포더 시스템을 관리하기 위해 채용한 젊은 회계사(애덤이라고 부르겠다)가 찰리가 가져온 현금과 서류를 그날그날 장부에 입력했다.

무엇보다 포더는 멀리 떨어진 마을에서 자전거를 타고 오거나 걸어오는 에이전트들을 나무 밑에서 몇 시간씩 기다려야 하는 지루한 관행을 없애 줬다(시간 엄수는 심지어 사업을 해 보겠다는 열의에 찬 많은 가나 사람들도 갖추지 못한 특징이다). 이 전달 장소 덕분에 운전기사를 더 고용하지 않고도 에이전트들이 활동하는 구역을 확대할 수 있었다. 에이전트 한 명이 루트 하나를 다 맡을 수 있게 된 것이다.

지금까지는 매사가 순조로웠다. 그러나 여러 가지 문제 때문에 성장 전망이 암울해지고 있었다. 첫째, 지역 주민의 가처분소득이 소규모 농장 경제의 계절적 요인과 밀접하게 연관돼 있다는 점이 점점 더 분명해졌다. 옥수수와 카사바를 수확할 때는 농부들이 돈이 있어서 매달 건전지 임대료를 낼 수 있었다. 현재는 건전지 한 쌍에 1세디 70페세와다. 하지만 건기에는 그 정도 현금도 없었다. 불운하게도 부로의 재갱신 일정은 일률적으로 달력상의 날짜에 맞춰져 있었다. 고객들은 오직 매달 1일과 15일에만 계약을 갱신할 수 있었다. 그런 계획은 사업적인 측면에서 보면 필수다. 날짜에 상관없이 아무 날에나 수천 건의 건전지 임대 계약을 새로 갱신해서 관리하려고 하면 회사 측에서 볼 때 그야말로 악몽이다. 하지만 입장을 바꿔서 고객의 재정적 현실에 비춰 보면 그야말로 비합리적인 관행이었다.

그리고 고객들이 돈이 있다고 해도 매달 그렇게 임대료를 낸다는 건 쉽지 않은 일이었다. 특히, 단 50페세와로 건전지를 쓸 수 있는 현실에 비춰 보면 더더욱 그렇다. 이 돈이면 새 타이거헤드 건전지 한 쌍을 쓸 수 있고, 다 쓰면 버리면 되는 돈이다. 한 달이란 시간을 놓고 보면 쓰고 버릴 건전지 한 쌍에 50페세와를 쓰는 것보다는 한 쌍당 1세디 70페세와를 내고 무제한으로 건전지를 쓸 수 있는 부로 쪽이 훨씬 낫다고 생각하기 쉽다. 건전지를 많이 쓰는 사람들은 한 달에 건전지를 열두 번 교체하니 매번 건전지를 바꿀 때마다 한 쌍당 14페세와가 든다는 계산이 나온다. 이렇게 되면 타이거헤드와 부로 건전지 성능이 같다고 가정했을 때 타이거헤드보다 비용 면에서 350퍼센트나 더 이득이다. 그걸 1년으로 계산하면 건전지 네 개가 들어가는 라디오를 사용하는 고객은 타이거헤드를 썼을 때와 비교해서 100세디를 절약할 수 있다. 대부분 시골에 거주하는 부로 고객들이 하루에 1, 2세디로 살아간다는 점을 고려하면 이 고객은 연 소득의 3분의 1을 절약할 수 있는 셈이다.

하지만 그건 미국인에게 집을 현금으로 사면 향후 30년간 수만 달러를 절약할 수 있다고 말하는 것과 같다. 집을 현금으로 살 수 있는 미국인은 거의 없지만, 많은 미국인이 마트에 가서 건전지는 몇 묶음씩 산다. 이 비용은 상대적으로 가난한 사람들의 가처분소득에서도 극히 작은 부분이기 때문이다. 건기를 버티는 많은 가나 사람이 한 번에 거금을 주고 건전지를 구입하는 것은 미국인들이 마트에서 건전지 묶음을 사는 것과는 다르다. 가나 사람들에게는 이것이 집을 현금으로 사는 것과 같은 느낌으로 다가오는 것이다.

게다가 부로가 제시한, 비용을 절약할 수 있다는 장점이 가나 고객들에게는 절실하게 와 닿지 않는 이유는, 이들은 한 번도 건전지를 무제한으로 사용해 본 적이 없기 때문이다. 심지어 타이거헤드를 많이 쓰는 사람도 매달 기껏해야 대여섯 번 정도 교환해서 썼다. 그보다 더 많이 산다는 것은 그들로서도 너무 부담스러운 일이다. 이들은 신중하게 건전지 사용량을 제한해서 쓰는 데 익숙해져 있어서 밤새 손전등이나 라디오를 켜 놓고 잠이 든다는 건 상상도 못 한다. 휘트가 세운 사업 계획에는 이처럼 고객이 익혀야 할 거대한 학습 곡선이 잠재돼 있다.

한편, 건전지를 간간이 사용하는 소비자들은(한 달에 서너 번 정도 건전지를 교체하는 것으로도 잘 지냈던 사람들) 부로 제품을 썼을 때 누릴 수 있는 장점이 없다. 전기가 들어오는 도시 시장(건전지로 작동되는 장치가 생필품이라기보다는 편의를 위한 물건이 되는 곳)과 벽시계같이 건전지를 자주 교체할 필요가 없는 물건은 굳이 부로 건전지를 쓸 이유가 없는 것이다.

물론 우리가 이런 문제를 갑자기 깨닫고 경악한 것은 아니다. 지난 1월에 건기(수확이 없으니 돈도 없다)에 임대 재계약률이 떨어지는 걸 보고 휘트는 부로에서 제공하는 상품의 장점을 극대화하기 위한 다른 방법에 대해 여러 모로 다양하게 토론했다. 하지만 실제 현장에서 고객의 구매 패턴과 평균치를 파악하는 데 몇 달이 걸렸고, 5월이 되자 실적이 신통치 않아 보였다. 우선 부로의 시장 점유율이 휘트가 기대했던 것만큼 높지 않았다. 물론 데이터라고 하는 것이 개략적인 데다 기본적으로 동네 가게를 찾아가서 타이거헤드를 얼마나 팔았는지 물어보는 게 주였지만, 그래도 부로가 영업을 하는 마을에서 타이거헤드 건전지의 시장 점유율은 낮게는 5퍼센트에서 높게는 60퍼센트까지 나왔다. 타이거헤드 D 건전지와 비교해서(그리고 선와트라고 하는 저출력 중국제 AA 건전지) 장기적으로 봤을 때 부로가 비용 면에서도 월등하고 성능(선와트와 비교했을 때)도 훨씬 뛰어난데도 불구하고 시장을 지배하는 것은 타이거헤드 건전지였던 것이다.

확실히 건전지 소비자들은 장기적으로 절약하는 것보다는, 지금 당장 주머니에서 나가는 돈을 최소화하는 데 집중하고 있었다.

결국 기존의 고객들이 매달 내는 임대료를 감당할 수 없어 잠시 계약이 중지되고 에이전트들이 새 고객을 모집하는 데 전력을 다하면서 고객층은 지속적으로 바뀌게 됐다. 포더 프로그램에 따르면 정해진 계약 갱신 날짜를 따르는 고객은 45퍼센트밖에 되지 않았고 대부분 그냥 계약 중지 상태에 들어갔다.

대부분 파트타임으로 일하면서 여러 개의 직업을 가지고 있는 부로 에이전트들은 이론상으로는 상당히 업무가 단순했다. 즉, 다 쓴 건전지를 새 건전지로 교체해서 '언제든 원할 때 새것으로'라는 회사의 약속을 실천해 고객을 행복하게 해 주면 된다. 하지만 현실적으로 에이전트들은 어쩔 수 없이 기존의 고객들에게 재계약을 해 달라고 쫓아다니거나 계약이 중지된 고객들에게서 건전지를 회수하는 데 대부분의 시간을 보내고 있었다. 이는 대대적인 성공을 거둘 수 있는 모델이 아닐 뿐더러 부로 브랜드를 키울 수 있는 좋은 방식도 아니었다.

어떤 신생 기업이든 바로 이 시점에서 진정한 기업가인지 단순히 허세를 부리는 사업가인지 구분되게 마련이다. 이런 장애에 직면하게 되면 평범한 사람들은 항복을 선언하고 다시 친숙하면서도 편안한 세계로 도피하거나, 겁을 집어먹고 과민 반응을 보인다. 즉, 직원들에게 소리를 버럭버럭 지르며 지시를 내리고, 허겁지겁 미봉책이라도 잡아채거나, 제3세계에서 사업할 때 종종 그런 것처럼 재력이 탄탄한 자선단체에 도움을 요청한다(자사의 제품을 비정부기구에 파는 것은 제3세계에서 전통적으로 실패한 기업들이 하는 소행이다. 자선단체가 그 제품을 사람들에게 공짜로 나눠 주기 때문에, 그 제품이 실제로 사람들의 욕구를 충족해 주는지에 대해선 아무도 걱정할 필요가 없다). 한편 이런 나쁜 징조를 그냥 무시하면서 상황이 나아지기만을 바라는 반응을 보일 수도 있다.

하지만 휘트는 평정을 잃지 않고 논리적으로 대응했다. 그는 사업을 하면서 닥친 실질적인 도전을 경시하지 않으면서, 계속 이 사업에 확신을 가지고 더 나은 세일즈 모델을 찾는 데 주력했다. 그래서 5월 말경 시애틀에 있는 자신의 집에서 사람들을 모아 놓고 브레인스토밍을 하는 시간을 가졌다. 휘트의 집 거실에는 잰과, 부로의 고문단 세 명(크레니엄의 전 크리에이티브 디렉터이자 현재 부로의 브랜드 정체성 창출을 책임지고 있는 아트 디렉터 마이클 코넬, 노련한 사업가로 제3세계와 벤처 캐피털 분야에서 다양한 경험을 쌓은 짐 무어, 크레니엄의 전 재무이사 크리스 레글러), 크레니엄 전 멤버이자 니제르에서 여름 한 철 공부한 적이 있는 게릴라 마케팅 전문가 애덤 트래트, 지속적으로 수많은 단체와 일을 하는 기업가로 당시에는 시애틀에 본사를 둔 비정부기구인 UNIUTS에서 소액 금융 기업의 성장을 촉진시키는 일을 하고 있는 데릭 스트리트, 그리고 전직 마이크로소프트 직원으로 현재는 그라민재단에서 일하고 있는 찰리 우드가 모여 있었다.

이 토론에는 부로 사업 모델에 기본적으로 두 가지 변화가 일어나야 한다는 전제가 깔려 있었다. 먼저 고객들이 회사에서 정한 일정이 아니라 자신이 원할 때 건전지를 빌릴 수 있도록 할 것, 두 번째로 부로는 현재뿐 아니라 항상 가장 저가에 건전지 전원을 공급해야 한다는 것. 최선의 방법은 매달 기준으로 요금을 부과하던 것을 사용량에 따라 부과하는 방식으로 바꿔야 한다는 것이었다. 타이거헤드 가격보다 더 낮은 가격에 사용료를 부과할 수 있다면 호랑이의 꼬리를 잡을 수 있기 때문이다.

거기에는 한 가지 문제가 있었다. 다 쓴 건전지를 회수해야 충전을 할 수 있다는 것이었다. 이에 대한 확실한 해결책은 보증금 제도를 두는 것이었다. 가나 사람들은 보증금이란 개념을 음료수와 맥주병을 통해 이해하고 있다. 하지만 이런 빈 병은 저렴해서 보증금이란 것도 얼마 안 하는 반면, 재충전할 수 있는 건전지는 근본적으로 고가의 제품이다. 부로 건전지 비용을 부담할 수 있는 보증금은 일반적인 가나 사람들이 치르기에는 턱없이 높았다.

다른 해결책은 보증금이라고 해서 꼭 제품을 대체하는 비용을 다 받지 않아도 된다는 것이다. 보통 차를 렌트할 때 렌터카 회사에 신용카드 번호를 불러 주긴 하지만, 당신이 신용 불량이 아닌 이상 차를 렌트해서 몰고 간다고 해서 렌터카 회사에서 새 차를 사서 그 요금을 당신 카드로 지불하지는 않는다. 당신이 렌터카 회사에 차를 가지고 돌아오는 이유는 렌터카 회사가 당신을 추적할 만한 정보(신용카드 번호와 운전면허증 번호)를 가지고 있음을 알기 때문에 돌아오는 것이다. 보증금을 부과했을 때도 마찬가지이다. 그 제품이 다시 반환된다는 것이 확인되는 한, 보증금이 꼭 그 제품 가격과 동일하지 않아도 된다.

만약 건전지 보증금이 1세디라면 어떨까? 그러면 건전지 가격보다는 적지만, 어떤 고객의 하루 일당과 맞먹는 금액이고, 사실상 모든 가나 사람이 실질적으로 쓸 수 있는 액수의 돈이다. 게다가 다 쓴 건전지는 그것을 충전할 능력이 있는 사람에게만 의미가 있는 물건이다. 대부분의 부로 고객이 충전기는 고사하고, 전기가 들어오지 않는 곳에 살고 있는데, 왜 1세디를 포기하면서까지 건전지를 반환하지 않겠는가?

하지만 고객이 정말로 건전지를 반환하지 않으면 어떻게 될까? 그리고 도시에서 자유롭게 전기를 사용할 수 있는 고객, 충전기를 구할 수 있는 고객은 어떻게 될까? 조직력이 뛰어난 사기꾼이라면 도매가의 반도 안 되는 가격에 고가의 재충전용 건전지를 대량으로 훔쳐서 이 사업을 대번에 망하게 할 수도 있다.

이런 문제 때문에 휘트는 고민이 많았다. 그는 정해진 충전기에서만 충전될 수 있도록 건전지에 칩을 넣을까 하는 생각도 했다. 하지만 그런 방법은 비용이 많이 드는 데다 불가능했다. 충전 역시 건전지를 사용하는 것과 같은 전기 회로망을 쓰지만 전류가 반대로 돌아간다. 이극진공관이 동시에 충전을 막으면서 부하 장치를 통해 전류를 통과시킬 수는 있지만 그런 과정에서 에너지가 일부 손실될 것이고, 그보다 더 어려운 문제는 상대적으로 전압이 낮은 건전지 한 개가 어떻게 이극진공관을 통제하면서 부로가 인가한 충전기에서만 충전을 할 수 있느냐는 점이었다. 기술적인 문제를 해결한다고 해도 어쩔 수 없이 고질적인 도난과 분실 문제가 남아 있기 때문에 그런 문제를 방지하는 방법이 계속 시애틀 토론에서 제기됐다. 마침내 데릭이 말했다.

"휘트, 일어나지 않을지도 모르는 문제에 대해 미리 너무 고심하지 않는 게 좋겠어요."

우리가 원래 그래요

"찰리, 내 말 이해하겠어요? 헷갈리는 표정인데."

코포리두아로 돌아온 지 3일째 되던 날 잰은 보증금을 내고 건전지 사용량에 맞춰 돈을 내는 새로운 방식에 대해 팀원들과 토론을 하고 있었다. 찰리는 아크라에서 운전해서 왔고, 식탁 주위에는 케빈, 애덤과 내가 앉아 있었다(휘트는 중국에서 제조업자를 만나고 있었다).

"내 생각에는 고객들이 미심쩍어할 것 같아요." 찰리가 고개를 절레절레 흔들며 말했다. "왜 이런 거 있잖아요. '어라, 이제 건전지가 싸졌네. 그렇다면 왜 전에는(월정액 제도였을 때) 그렇게 비쌌지?' 이런 식으로 나올 거라는 거죠. 고객들이 의심을 품을 겁니다. 우리가 원래 그래요."

여기서 찰리가 말하는 우리란 가나 사람 모두를 뜻한다. 찰리는 그런 자국인을 대표해서 항상 변명을 했다. 경찰의 부패부터, 주유소 미터기의 부정확함, 아내 폭행에 이르기까지 단점이 되는 가나의 관습이 언급되면 찰리는 대개 "우리가 원래 그래요"라고 대꾸했다. 그렇다고 찰리가 이렇게 끝도 없이 이어지는 아프리카의 비행을 무조건적으로 변호하는 건 아니다. 오히려 그와 반대로 찰리는 길가 검문소에서 뇌물을 요구하는 경찰에게 대놓고 훈계하고, 모든 일을 바르고 공정하게 처리한다. 그는 다만 현실적인 문제를 말하는 것뿐이다. 하지만 그런 점을 다 감안해도 찰리가 하는 말을 들어 보면 기분이 묘하다. 예를 들어 미국인이 희대의 연쇄 살인마 찰스 맨슨을 설명하면서 "우리가 원래 그래요"라고 말할 때 드는 그런 기분이랄까.

"하지만 기존의 고객들을 새 요금제로 바꿀 필요는 없어요. 새 지역을 대상으로 시험해 볼 수는 있잖아요." 잰이 반박했다. 잰은 화이트보드 앞에 서서 그 계획을 설명하고 있었다. "세 가지 가격 포인트에 대해 생각해 봐요. 개별적으로 건전지 충전을 할 때는 20페세와에 할 수 있어

154

요. 열 번 충전하는 상품을 사면 1세디 50페세와 또는 한 번 할 때마다 15페세와가 드는 거고. 스무 번 충전하는 상품을 사면 2세디 또는 한 번 충전할 때 10페세와가 들어요. 에이전트들은 매번 대여할 때마다 20퍼센트를 커미션으로 받아요. 그러니까 가장 고가의 요금제를 택해도(한 번 충전할 때마다 돈을 내는 요금제) 타이거헤드보다 가격이 낮아요. 사실 첫 번째 충전은 공짜죠. 보증금으로 1세디를 내면 건전지를 충전해서 즉시 쓸 수 있는 겁니다. 그리고 여유가 돼서 충전을 더 많이 하면 그만큼 가격이 더 저렴해지는 거죠. 여러 번 충전하는 상품을 선택하면 티켓이나 쿠폰을 인쇄해서 주기로 하고요. 애덤, 어떤 용어가 더 좋겠어요?"

"쿠폰이 낫죠."

"그럼 쿠폰이라고 하죠. 이렇게 되면 '언제든 원할 때 새것으로'라는 우리 회사가 한 약속도 지킬 수 있는 거죠. 이런 식으로 하면 도시 시장에도 충분히 진입할 수 있어요. 그리고 에이전트들의 업무도 많이 간단해지죠. 일단 고객이 1세디 보증금을 내면 그 사람이 누군지 꼭 알아야 할 필요가 없잖아요. 찰리, 지금 팔짱 끼고 있는 걸 보니까 '난 공감할 수 없어' 이런 의미인 것 같은데요."

찰리가 다시 고개를 저었다.

"보증금. 그게 이 프로그램의 블랙홀인 것 같아요." 그는 잠시 입을 다물었다. "하지만 시도도 하지 말란 뜻은 아니에요."

"이건 휴대전화 같은 거예요. 여기서는 길모퉁이마다 있는 휴대전화 가게에서 저렴한 가격에 통화 시간을 살 수 있잖아요. 하지만 휴대전화도 처음에는 전화기에 투자를 해야 하잖아요." 잰이 말했다.

"맞아요. 그래서 사람들이 휴대전화를 훔치죠." 찰리는 또다시 가나 사람들의 새로운 성격상의 단점을 밝힐 수 있는 기회를 잡아서 득의만만한 목소리로 말했다. "우리가 원래 그래요."

"그럼 우리가 지금 신종 건전지 도둑이란 새로운 하부 문화를 만들어 내고 있다는 말인가요?" 잰이 물었다.

"그것도 간과해선 안 된단 말이에요. 여기 사람들은 절망적으로 살아가고 있어요. 잃을 게 없는 사람들이란 말이지요." 찰리가 심각하게 말했다.

케빈이 찰리에게 얼굴을 돌렸다.

"찰리, 처음에는 나도 당신처럼 생각했어요. 하지만 사람들은 점차 우리 사업에 마음을 열고 있어요. 에이전트들은 사업 방식에 익숙해져 가고 있고, 이제 수확철도 시작됐고. 내 생각엔 일단 이 시기를 지내 보면서 일이 어떻게 되는지 지켜봐야 할 것 같아요. 어쨌든 일단 시도는 해 봐야 한다고 봐요. 뭐든 도전해야 얻는 것도 있을 거 아니겠어요?"

"좋아요. 하지만 어느 마을에서 하죠? 우리가 안 가 본 마을이 있나요? 말해 봐요." 찰리가 말했다.

비즈 공예가들

코포리두아 북동쪽에서 볼타 호수로 가는 도로는 줄줄이 심은 옥수수와 카사바가 물결치는 언덕이 있는 푸릇푸릇한 산들로 이뤄진 아름다운 풍경을 양분하면서 지나간다. 이 길은 처음이었는데 이렇게 와 보니 애팔래치아산맥이나 프랑스 중부가 떠올랐다. 부로가 이 위쪽까지

에이전트 네트워크를 개발하지 않았기 때문에 이곳은 새 프로그램을 시험해 볼 수 있는 완벽한 곳이었다. 부로에게는 불운하게도 이 주도로를 따라 있는 마을에는 대부분 전기가 들어오는 것 같았다. 아마 모든 오두막집에 전기가 들어오는 건 아니겠지만(배선 공사에 돈이 많이 들어서), 가나 사람들이 전기를 부르는 명칭인 '빛'이 마을 대부분의 집에 들어왔다. 우리는 과거 포장도로였지만 지금은 여기저기 움푹 파여 핵폭탄을 맞은 것 같은 도로를 따라 난 마을에서 새 프로그램을 시험해 보기로 했다.

"저 여자를 태워 보죠. 저쪽 마을 형편이 어떤지 들을 수 있을 것 같아요." 조수석에 앉아 있던 찰리가 말했다.

잰이 차를 세우고, 그 젊은 여자가 앉을 수 있도록 케빈과 내가 뒤쪽에 자리를 만들었다. 그녀는 세케수아에서 수요일에 서는 장에 생선을 사러 가는 길이라고 튀어로 말했다. 세케수아는 그 도로로 8킬로미터 정도 가면 나오는 마을이다. 그녀와 찰리는 몇 분 동안 이야기를 나눴다.

"이 사람이 그러는데, 여기 있는 마을은 대부분 전기가 들어온대요. 심지어 이 도로 밑으로 가도 전부 전기가 들어온답니다. 하지만 보마스에는 안 들어왔다고 해요."

그래서 우리는 20분 정도 더 달려서 보마스로 갔다. 그곳은 마을이라기보다는 촌락에 가까웠다. 넓은 비포장도로가 쭉 이어져 시내 위에 걸린 다리까지 연결된 'T' 자 모양의 교차로에 있었다. 거기에 젊은 남자 몇 명과 꽤 큰 아이가 꽃이 활짝 핀 아카시아 나무 밑에서 카드를 치고 있었다. 찰리가 튀어로 그들에게 인사했다가 답을 듣고는 멈칫 섰다.

"지금 하는 말이 무슨 말이지?" 그는 영어로 물었다.

보마스 주민들은 크로보족이었는데 크로보어를 썼다. 찰리는 크로보어를 이해하지 못했지만 서툰 튀어와 영어를 섞어서 의사소통을 할 수는 있었다.

"왜 학교에 안 갔어?" 찰리가 한 남자아이에게 물었다.

"쉬는 날이에요." 소년이 방어적으로 대답했다.

"그럼 왜 아버지 농장에 가서 일을 도와 드리지 않니? 너 농땡이 피우고 있지?"

찰리는 늘 이런 식으로 근엄한 표정을 지으며 잘난 척했다. 새 시장을 개척하는 곳에서 미래에 고객이 될 수도 있는 사람에게 그런 식으로 말을 건다는 게 이상했지만 가나 사람들의 사업 방식에 대해 내가 뭘 안다고 감히 의문을 품겠는가? 야밤에 베란다에 앉아 있으면 종종 아래 길거리에서 남자들이 격렬하게 말다툼을 벌이는 소리가 들리곤 한다. 튀어라서 구체적인 내용은 알 수 없지만 목소리를 들어 보면 금방이라도 주먹이 날아갈 듯 아슬아슬했다. 하지만 매번 마체테의 칼날이 부딪치는 둔한 소리가 나고, 경찰 사이렌이 울리고, 사람이 다칠까 봐 내가 마음을 졸이는 바로 그 순간, 그 말다툼은 웃음소리로 뒤바뀌곤 했다.

"우리 마을에서는 농사를 안 지어요." 그 소년이 자랑스러워하면서도 동시에 어른에게 이렇게 대놓고 말대꾸한다고 야단맞을까 봐 조심하며 말했다. "우리는 가리와 구슬을 만들어요."

소년은 길 건너편에 있는 옆이 트인 대나무 오두막을 가리켰다. 그곳은 디젤엔진으로 작동하는 카사바 방앗간이었다. 가리(일본의 스시

158

에 쓰는 초절임 생강인 가리와 혼동하지 말길)는 가나에서 인기 있는 즉석 식품 같은 것으로, 불 위에 올린 금속 그릇에 간 카사바 뿌리를 볶아서 만든다. 말린 진흙으로 만든 둥근 틀 위에 그릇을 놓고 그 밑에 장작불을 지펴 카사바 가루가 데워지면 단단하게 말린 박 껍질을 국자 삼아 가루를 휘저어 타지 않게 한다. 여기에 뜨거운 물만 부으면 바로 먹을 수 있다.

"학생들이 먹는 거죠. 집에서 흔히 먹는 음식은 아니지만 아침에 설탕을 타서 먹으면 꽤 괜찮아요." 케빈이 설명했다.

크로보 마을의 또 다른 산업은 바로 코포리두아 축구장에서 매주 화요일에 열리는 구슬 시장에서 파는 총천연색 유리구슬을 제조하는 것이었다. 가나 구슬은 품질이 뛰어나서 전 세계 수집가들에게 인기가 많고 가나를 대표하는 공예품이다. 크로보족은 솜씨 좋은 구슬 공예가였다. 제조 공정은 유리 가루에서 시작된다. 낡은 병과 유리 항아리를 나무망치로 빻아서 도자기 틀에 옮긴 다음 진흙으로 만든 가마에 넣고 굽는다. 구슬 한가운데 가느다란 카사바 줄기를 끼워 두면 가마에서 구워지는 동안 줄기가 타면서 구멍이 생긴다. 어떤 구슬은 여러 가지 색이 나올 수 있도록 엷은 색을 넣은 유리를 몇 겹으로 겹쳐 넣기도 하고, 구운 다음 페인트칠로 직접 색을 넣기도 한다.

그래서 우리는 부지불식간에 범상치 않은 곳에 오게 됐다. 전기가 들어오는 농촌 지역만 상대하다가 전기가 안 들어오면서, 경제활동이 활발한 공예 마을, 심지어 여러 개 언어를 구사하는 우리 가나 직원들도 구사할 수 없는 언어를 쓰는 마을에 온 것이다. (우리는 곧 이 마을에 휴대전화 신호가 잡히지 않아 휴대전화를 쓸 수 없다는 사실을 알게 됐는데, 그

것 역시 가나에서는 특이한 일이었다.) 마음 한편으로는 첫 번째 시장조사를 할 곳으로 좀 더 '일반적인' 곳을 찾아야 하지 않나 하는 생각도 들었지만 찰리는 이미 이 동네 아이들을 구워삶아 버렸고(찰리는 아이들과 카드를 치면서 떠들고 있었다), 케빈은 이미 건전지를 차에서 꺼내고 있었다. 보마스야, 우리가 왔다.

호기심이 생긴 마을 사람들이 슬금슬금 다가오는 동안, 잰이 프로그램을 설명하고 그 말을 찰리가 튀어로 통역했다. 그 말은 다시 튀어를 못하는 마을 사람들을 위해 크로보족 중 한 명이 크로보어로 통역했다 그러느라 시간이 꽤 걸렸다. 잰은 조심스럽게 고객이 어떤 요금제를 고르든 부로 건전지는 타이거헤드 건전지보다 더 싸다는 걸 설명하면서 정확히 얼마나 더 저렴한지 마을 사람들이 제대로 이해했길 바랐다. 그녀가 보증금에 대한 부분을 설명할 때 나는 사람들이 불평을 늘어놓을 것이라고 생각했다. 하지만 아무 소리도 들리지 않았다. 아무도 보증금을 내야 한다는 점에 불만을 품은 것 같지 않았다.

바로 그때 마을 추장이 다가왔다. 40대 미남으로 빅터라고 했다. 그는 구슬 공예가였고, 알고 보니 이 마을에 있는 네 명의 추장 중 한 명이었다. 보마스에는 한때 통치 체제를 둘러싸고 분쟁이 있었는데, 그 후 구역을 나누어 네 명의 추장이 다스리게 된 듯했다. 그 불화는 오래전에 풀렸지만 마을은 네 구역으로 분할된 그 구조를 계속 유지해 왔다고 한다. 마을이라고 해 봤자 오두막집 세 채와 카사바 방앗간 하나밖에 안 보여서, 나는 찰리에게 이 추장이 다스릴 만한 용사들이 있느냐고 물었다.

"빅터가 그러는데 이 마을 사람들은 모여 사는 게 아니라 여기저기 흩어져 있다고 하네요." 찰리가 정글을 가리키며 대답했다. "이 마을은 보이는 것보다 훨씬 커요. 인구조사에 따르면 유권자가 500명이라고 합니다."

부로 건전지가 정말 자기들이 가진 기기에 작동되는지 확인해 보고 싶어서 마을 주민 몇 명이 라디오와 손전등을 가지러 자리를 떴다. 새 마을에 처음 영업을 나가면 이런 광경을 흔히 보게 되는데 언뜻 기괴한 충동처럼 보이기도 한다. 하지만 이들은 평생 타이거헤드 건전지 외에 다른 건전지라고는 본 적이 없고, 소비자로서 다른 선택을 해 본 적이 없는 사람들이다. 돈은 훨씬 적게 쓰면서 같은 기능을 내는 또 다른 제품이 있을 수 있다는 생각을 해 본 적이 없다. 신중해지는 것은 자연스러운 일이다.

더 많은 사람이 도착했고, 곧 우리는 잠재적인 고객에게 둘러싸였다. 모두 시끄럽게 우리 프로그램을 서로에게 설명해 주면서 그와 동시에 텔레비전 광고에 나오는 배우들처럼 부로와 타이거헤드 건전지를 비교해 설명하고 있었다. 한 남자가 갓난아기 딸을 안고 걸어왔는데, 그 아기가 날 보자마자 울음을 터트렸다.

"아이가 백인을 본 적이 없어서요." 아버지가 미안해하며 설명했다.

찰리는 몰래 아이 뒤로 가서 무서운 표정을 지어 보이면 아이가 재미있어 할 거라고 생각했지만 이는 오히려 아이를 더 놀라게 만들었다.

"거봐, 흑인이 백인보다 훨씬 무섭지!" 찰리는 며칠 동안 악몽을 꿀 정도로 아이를 놀라게 한 주제에 자랑스럽게 말했다.

마침내 사람들이 모두 빠져나갔고, 추장이 일어서서 찰리에게 말을 걸었다.

"추장이 뭐래요?" 잰이 물었다.

"이 건전지를 얼마나 빨리 가져올 수 있느냐고 묻는데요."

다시 태어날 수 있다면 나는 농부가 될 것이다.
-모부투 세세 세코, 자이르 대통령

제6장

거물들이
사는 곳

2009년 여름
에이전트

조나스가 자신이 키우는 플랜테인에
새들이 둥지를 틀지 못하게 애를 쓰고 있다.
행운을 빌어요.

GHANA

신이 하시는 일은 모두 선하다

내가 아프리카 친구들에게 전기도 안 들어오는 외딴 마을에서 농사를 지어 보고 싶다는 말을 하자 모두 공손하게 웃어 보이는 걸로 대답을 대신했다.

"거긴 정말 살기 힘든 곳이에요. 화장실도 없고 물도 안 나오고 음식도 지금 시내에서 보는 그런 것들과는 판이하게 달라요. 분명 병에 걸릴 겁니다. 그리고 일도 정말 고돼요." 케빈이 경고했다.

"이건 사실 좋아하고 안 좋아하고 그런 문제가 아니에요." 나는 그가 우려하는 바를 어느 정도 이해하면서 대답했다.

일반적으로 가나 남자들은 체격이 건장하고 섹시한데 케빈은 그에 비하면 비교적 소수에 속하는 체형으로, 비만은 아니지만 그렇다고 식스팩 복근이 잡힌 몸매도 아니었다. 한마디로 케빈이 마체테를 가지고 코코넛 나무를 자르는 모습을 상상하기란 좀 어려웠다.

"그보다는 배우는 과정이죠." 내가 덧붙였다.

그때가 2009년 여름이었다. 휘트는 아직도 중국에서 제조업자들과 사업 이야기를 진행하고 있었다. 새로 개발한, 쓰는 만큼 돈을 지불하면서 보증금을 내는 시스템은 새로 개척한 크로보 마을에서 대박이 났다. 잰, 케빈, 로즈, 애덤은 그 마을의 수요를 따라잡기 힘들 정도였다. 더 많은 주문이 들어왔다. 만약 내가 시골 생활을 체험할 수 있다면, 공공맨을 따라 시골을 다니며 배우는 것보다 훨씬 많은 것을 배울 수 있는 시간이 될 것 같았다.

"우기에 가려고요? 우기에는 가 봤자 진정한 악몽이 어떤 건지만 확인할 거예요!" 찰리는 이어서 물론 시기가 맞으면 그도 자신의 뿌리를 찾아 고향 마을에 머무르고 싶다고 했다.

레스토랑과 국제적인 상점 들이 즐비하고, 매일 집까지 갓 구운 빵이 배달되는 아크라를 떠나 찰리가 잘살 수 있을지 상상하는 건 쉽지 않았다. 하지만 진흙으로 지은 오두막집과 불을 피워 요리하는 작은 시골 마을에 가면 찰리는 마치 열변을 토하는 목사처럼 흥분하곤 했다.

"아, 여기선 정말 숨을 쉴 수 있다니까요!" 부로가 사업을 하는 마을에 찾아갈 때면 찰리는 항상 이렇게 말했다. "그리고 여기 사람들은 정말 친절하고 인간적이에요. 정말 이렇게 살아야 하는데."

세상 물정에 밝은 데다 유머 감각도 풍부하고, 여자들에게 재치 있는 농담도 잘하는 찰리는 이런 소박한 시골 사람들에게는 이국적인 도시 멋쟁이다. 하지만 어쨌든 그는 가나 사람이다. 반면 나는 우주에서 온 외계인 같은 존재다.

"당신을 받아 줄 수는 있죠." 아데냐 마을 에이전트인 에버니저가 한 무뚝뚝한 대답이었다. 그는 전직 공무원이었다가 농부가 된 사람이다. "하지만 우리는 인간이에요."

내 생각에 그가 인간이라고 한 말의 의미는 구석기적 환경에서 사는 인간이라는 의미를 가장 간결하게 표현한 것 같았다.

"우리에겐 빛이 없어요." 그가 엄숙한 어조로 계속 이야기를 이어 나갔다. "그리고 밤에는 작은 개미들에게 물려 전신에 검은 점이 생길 거고 그다음엔 모기들에게 물려서 말라리아에 걸릴 겁니다."

그는 마치 성경에서 파라오에게 내려진 역병의 저주처럼 이 일이 확실히 일어날 거라는 듯이 단정적으로 말했다.

이렇게 모두가 걱정해 주자 나는 "걱정 말아요, 나도 캠핑깨나 해본 몸이니까" 하고 대답하고 싶은 충동이 불쑥 일었다. 하지만 태어날 때부터 살아남기 위해 혹독하게 고생한 사람들과 국립공원에서 한 번 재미 삼아 놀아 본 사람을 동등하게 취급하는 건 그들의 생존 자체를 몰상식하게 격하시키는 것 같아 차마 말하지 못했다. 대체 이런 상황에서는 어떻게 말해야 할까?

"일주일 내내 컴퓨터 화면만 빤히 쳐다보고 있는 것도 물렸고, 레드삭스는 내셔널리그에서 죽을 쓰고 있고, 볼만한 영화도 없고, 레스토랑에는 관광객만 설치니까, 다 벗어나서 산에서 주말을 보내며 재충전하고 싶을 때가 있잖아요. 이번에 한번 그렇게 해 보면 아주 재미있을 텐데! 잔디밭에서 다트 게임 한번 어때요?"

이렇게? 그래서 나는 그나마 쓸 만한 경험에 의지해 보기로 했다.

"미국에 있을 때 농장을 가진 적도 있어요."

에버니저는 마치 샴쌍둥이를 보는 것 같은 눈길로 나를 봤다.

"그래 봤자 기계로 농사를 지었겠죠, 안 그래요?" 기계를 쓴다는 표현을 마치 욕이라도 하는 것처럼 음산한 어조로 말했다.

"아니요, 내 손으로 직접 농사를 지었다니까요." 나는 순간 1년에 한 번씩 동네 농부를 고용해서 그 사람 트랙터로 내 땅을 갈게 했던 기억은 싹 잊어버리고 대답했다.

"그럼 부츠랑 단검은 있어요?"

여기서 단검이란 마체테를 가리킨다.

"그럼요."

그는 이제 내가 숲 속에서 잠시 머물러도 살아남을 것 같다고 생각하는 것 같았지만, 그렇다고 얼른 주선하고 싶어 죽겠다는 표정은 아니었다.

하지만 조나스 아바데메는 내가 자신의 마을에 찾아올 수 있도록 도와주려고 애를 썼다. 그리하여 나는 어느 오후, 타타 픽업트럭을 몰고 여기저기 파인 웅덩이를 피해 비포장도로를 달려 오타레소라는 멀리 떨어진 시골 마을에 가게 됐다.

조나스가 노트에 직접 쓴, 오타레소의 유일한 역사 기록은 그의 오두막집 진흙 벽에 붙어 있었다.

오타레소는 아콰핌 북쪽 지방에 있는 마을이다. 이 마을은 1930년대에 세워졌다고 한다. 마을 이름은 오타르라는 개울 이름을 따서 붙여졌다. 이 마을 사람들은 콰베나 보츠웨가 이끄는 아비리우-아쿠아펨에서 왔다고 한다. 후에 볼타 지역의 아고르비 출신의 기독교인 멘사 터그벤요가 에웨족 한 무리를 이끌고 와서 역시 이곳에 정착했다. 이들이 이 마을에 머물게 된 주목적은 농사뿐 아니라 야자수의 수액을 받아 야자수 와인을 만들기 위해서였다.

이 기록이 쓰인 후로 바뀐 건 별로 없었다.

"난 내 마을을 아주 자랑스러워요." 내가 이 역사를 내 노트에 옮겨 적자 조나스가 피진 영어로 말했다.

자기 마을이 자랑스럽다는 뜻인지 아니면 마을에서 그를 자랑스러워한다는 말인지 알 수 없었지만, 사실 둘 다 맞는 말이다. 조나스는 마흔한 살이고, 넓적한 얼굴에 피부는 흰 편이며, 적당한 체구에 성긴 콧수염과 염소수염을 길렀다. 조나스는 마을의 어른이라고 할 수는 없지만(마을에는 그의 부모님을 포함해서 연장자가 많았다) 존경받는 지도자이자 지역사회 발전을 위해 열심히 힘쓰는 인물이며, 동네 교회의 평신도회 회장이었다. 이 교회는 볼타의 에웨족이 사는 지역에서 70년 전 설립된 가나의 종교 단체다. 이 교회는 찰리의 아버지가 목사로 있는 교회와 같다.

이 근방에서 조나스의 위상은 그가 2008년 지역대표로 나가 수십 개의 다른 마을에서 온 사람들과 경쟁해서 올해의농부상을 수상했을 때 한층 더 올라갔다. 이 상은 유명한 상일 뿐 아니라 보상도 두둑했다.

- 마체테 다섯 자루
- 비누 두 장
- 고무장화 한 켤레
- 물 저장용 탱크
- 배낭
- 배낭에 넣을 수 있는 압축 분무기
- 옷감 약간

- 건전지 여섯 개가 들어가는 카세트테이프 플레이어
- 자전거 한 대
- 상장

　조나스와 며칠 함께 지내 보니 그가 왜 훌륭한 농부인지 알 수 있었다. 조나스는 장인 정신을 가지고 일견 까칠해 보일 정도로 세세한 면까지 신경을 썼다. 밥을 먹기 전에 앉아 있을 때도, 그의 눈은 끊임없이 주위를 둘러보고 있었다. 내게 영어로 말을 하다가도 중간에 멈추곤 에웨어로 준엄하게 뭔가 지시를 내려 식구들이 허둥지둥 나무 탁자를 다시 정리하든지, 손전등을 옮기든지, 물을 한 냄비 가져오든지, 흙바닥을 빗자루로 쓸게 만들었다. 요컨대 정글에 살면서도 조나스식 풍수 법칙에 따라 집 안 살림을 정리하는 것이다. 이는 일할 때는 열심히 하지만 그 외에 다른 면에선 대체적으로 느긋하게 살아가는 가나 사람들과는 분명 달랐다.

　농사를 잘 짓기 위해 조나스는 강우량에 대한 자세한 기록을 보관했다("내겐 강우량에 대한 모든 패턴이 있어요"라고 말했다). 그는 정부 농업국에서 나온 고문관과 협력해서 일했는데 그 고문관은 토양이 소모되는 작물인 옥수수 같은 작물과 질소를 고정시키는 작물인 동부 콩 같은 작물을 교대로 심는 풋거름작물 기법을 그가 배울 수 있게 도왔다(풋거름작물 기법이 유기농법의 초석이긴 하지만, 조나스는 사실상 다른 농부들처럼 화학비료, 농약, 제초제도 쓴다). 그는 수확량을 최대한 늘리기 위해 씨를 대충 뿌리는 게 아니라 90센티미터씩 완벽하게 간격을 맞춰 줄을 묶어 놓고 거기다 옥수수를 심었다. 그리고 다른 농부들을 가르칠 계획으로 작은 정원을 만들어 동네 사람과 자신의 지식을 공유했다.

내가 도착하자마자 조나스는 날 데리고 자기 땅을 보여 주러 나섰다. 작은 길을 따라 짙은 초록색의 과실을 덮고 있는 넓적한 잎이 산들바람에 날리는 플랜테인 과수원을 지나서 죽 걸어가자 시야가 탁 트이면서 옥수수 밭 너머로 16킬로미터 정도 떨어진 곳에 멀찍이 솟은 아콰펌 산맥의 장관이 눈에 들어왔다. 거기에 마을 사람들이 경작한 논밭 위로 거물들(아크라의 정부와 재계 엘리트)이 보유한 주말 별장들이 여기저기 흩어져 있었다. 건기인 겨울에는 먼지와 안개가 그 산맥을 완전히 가려 버리지만, 여름에는 비가 대기를 씻어 가난한 농부들과 부유한 도시 사람들이 매일 서로 마주 보게 된다.

조나스는 초등교육밖에 받지 못했지만 산맥에 사는 부자들을 부러워하지 않았다.

"난 아주 행복해요. 내가 2차 교육(초등학교 이후의 교육)을 받았다면 이 마을에 살고 있지 않았을 테죠. 아마 어딘가에 있는 사무실에서 일하고 있었을 테니까." 그는 잠시 말을 멈췄다가 다시 이었다. "신이 하시는 일은 모두 선해요."

이마에 주름이 자글자글하고, 작지만 탄탄한 체격에 은빛 콧수염을 기르고, 손가락 몇 개가 없는 조나스의 아버지는 베냉에서 왔지만 조나스의 어머니는 가나의 볼타 지역에 자리 잡은 에웨족이다. 조나스의 모국어는 에웨어지만 튀어, 가어, 프랑스어, 영어도 할 줄 안다. 아프리카 언어는 몇 개 더 들을 수 있다고 덧붙였는데, 이 말은 듣고 이해할 수는 있지만 대답할 수 있을 정도는 아니라는 뜻이다. 알고 보니 오타레소 주민 중에 많은 사람이 베냉과 토고 출신이었다. 그래서 왜 주민 몇 명이 담배를 피우는지(조나스는 아니다) 이해할 수 있었다. 담배를 피우는 것은 가나에서는 이질적인 관습이다.

조나스는 한때 그의 조부모가 살았던 마을 외곽에 있는 4만 4,000제곱미터 정도의 땅에 농사를 지었다. 그의 가족이 사는 건물(방 한 칸짜리 집 두 채, 요리하는 오두막집, 창고로 쓰는 오두막집, 대나무로 지은 옥수수 창고)은 이제 그의 소유다. 그는 여기서 걸어서 5분 거리에 있는, 마을 한가운데 있는 집과 구분해 이곳을 별채라고 불렀다. 그의 조부모는 소작농으로, 땅 주인에게 소작료로 1년에 40세디를 냈다. 조부모가 돌아가신 후 땅 주인이 땅을 팔려고 내놓은 것을 조나스가 2000년에 샀다. 그것은 잘한 일이었다. 현재 도로변에 있는 이런 농지(교통편이 별로 없는 멀리 숲 속에 떨어져 있는 농지와 반대로)는 찾기가 힘들 뿐만 아니라, 있다 해도 그때 산 가격보다 여덟 배는 더 줘야 했다.

"내가 20년 전 농사를 시작했을 때와 비교해 보면 요즘은 정말 많은 사람이 농사를 짓고 있어요." 조나스가 말하길, 가나는 상대적으로 경제가 더 부강하고 더 자유롭기 때문에 토고와 베냉 같은 인접 국가에서 사람이 이주해 온다고 했다. 조나스는 길에 서 있는 나무와 식물의 이름을 하나하나 가르쳐 줬다. "마체테를 쓰다 다치면 이 나뭇잎에 물을 조금 섞고 문질러서 고약같이 만든 다음 베인 데 바르고 묶어 줘요. 그럼 더 빨리 나아요."

우리는 동전만 한 이파리에 완전단백질이 들어 있어서 흉년이 들 때 아프리카 사람들과 가축들이 굶어 죽지 않게 해 주는, 가뭄에 강하고 넓적한 나무인 모린가 밑을 지나쳤다.

"이것도 역시 좋은 약이에요. 아흔아홉 가지 질병을 고쳐 주죠."

우린 걸음을 멈추고 아소아 나무에서 커다랗고 붉은 베리를 따 먹었다.

"설탕보다 더 달아요."

그의 말이 맞았다.

가끔 조나스의 서툰 발음 때문에 의미가 잘못 전달되는 경우도 있었다.

"이 나무는 오프램이라고 해요. 이 나무로 스튜를 만들어요."

"나무로 스튜를 만든다고요?"

"그래요. 아주 좋아요."

"나무가 아주 부드러운가 보네요."

"부드럽다고요? 아니요! 꽤 단단해요!"

"그럼 아주 오랫동안 익혀야겠군요."

"뭐라고요?"

"스튜로 만든다면서요."

"스튜가 아니라 스툴(대변이라는 뜻)이요."

"스툴! 나무를 먹으니 대변도 아주 딱딱하겠군요. 그럼 망고를 더 많이 먹어야겠네."

"아니라니까! 똥을 만드는 게 아니고 스툴을 만든다니까. 그걸 뭐라고 하죠? 추장이 앉는 의자를 이 나무로 만든다고요."

우리는 이런 식으로 이야기를 나누면서 별채로 돌아왔다. 그는 자신보다 상당히 어리고 낯을 가리는 아내 기프티를 내게 소개했다. 그녀는 영어나 프랑스어를 할 줄 몰랐다. 불과 한 달 전에 아이를 유산했는데도 허리를 굽히고 흙이 깔린 마당을 쓸고 있었다. 잰이 조나스 부인이 마을에서 가게를 한다고 해서 조나스를 통해 가게 장사가 잘되는지 물었다.

"아, 아니에요. 가게를 하는 건 또 다른 아내예요."

내 얼굴에 놀란 표정이 떠오른 게 분명했다. 가나에서도 기독교를 믿는 지역에서는 일부다처가 흔한 일은 아니었다. 하지만 첩을 두는 건 정상적인 일로 간주됐는데 가나 사람들은 이걸 농장과 정원을 가꾼다고 표현한다.

"나중에 다 설명할게요. 지금은 이웃집을 짓는 걸 도와줘야 해요." 조나스가 말했다.

오늘은 월요일인데 오타레소에서는 쉬는 날이다. 이 말은 농사일을 해서는 안 된다는 뜻이다. 금요일 역시 쉬는 날이고, 일요일은 교회를 가야 하니 실제 농사를 짓는 날은 일주일에 나흘밖에 안 된다. 쉬는 날에 농사일을 못 하게 하는 금기는 엄격하게 지켜지고 있었다.

"그러지 않으면 원로들에게(이곳에는 추장이 없다) 거세하지 않은 숫양 일곱 마리를 바쳐야 해요."

좀 더 자세히 캐묻자 조나스는 이 숫양 세금이 현실적으로 부과되는 의무라기보다는 전통에 더 의존하고 있음을 시인했지만, 그래도 월요일이나 금요일에 농사일을 하는 사람은 아무도 없다고 했다.

그렇다고 쉬는 날에 아무 일도 안 한다는 말은 아니다. 어쨌든 쉬는 날에도 밥은 먹어야 하니 여자들은 요리를 해야 한다. 그리고 남자들은 쉬는 날에 마을 일을 한다. 오늘은 최근 도착한 베니누아 가족을 위해 새 집을 지을 것이다. 말린 긴 대나무를 마체테로 쪼개 구석마다 얹은 두꺼운 목재와 문기둥 위에 격자무늬로 뼈대를 짜고 비스듬하게

174

못질을 한다. 벽은 집 뒤에 있는 구덩이에서 파낸 붉은 진흙에 양동이에 받아 둔 물과 빗물을 이겨서 올렸다. 나는 이탈리아제 원예용 고무장화(코포리두아 시장에서 12세디를 주고 샀다)•를 신고 집 안에 있는 여러 방 중 한 곳에 들어갔다. 거기서 사람들이 진흙으로 작은 산을 쌓아 놓고 대나무 사이로 교차된 공간에 진흙을 한 움큼씩 퍼서 붙이고 있었다.

"이걸 퍼서 이런 식으로 나무 사이에 밀어 넣어요." 내 옆에 서 있던 베니누아가 프랑스어로 말하면서 진흙 한 덩어리를 벽에 치댔다. "만약 공기가 들어간 공간이 보이면 이걸 퍼서 거기 던져 넣어요, 이렇게."

그는 가까운 곳에 있는 구멍 하나에 진흙 파이 한 조각을 날리는 시범을 보였다. 이 일은 유치원생이라면 누구든 좋아서 정신없이 달려들 만했고, 이 남자들(남자들만 있었다) 역시 온몸에 진흙을 묻히고 하키 선수처럼 미끄러지면서 소리를 지르고 웃어대며 신나게 일하고 있었다. 남자들은 대부분 웃통을 벗고 있었는데, 모두 팔뚝이 증기기관 피스톤처럼 불룩하게 튀어나왔고, 가슴은 칠흑을 조각한 것처럼 검고 탄탄했다. 이곳에 평생 운동이라곤 해 본 적이 없는 동네 몸짱이 다 몰려와 있었다.

오늘 마지막으로 할 일은 축축한 진흙을 바른 벽을 손가락 끝으로 쓸어 질감을 주는 것이었다. 진흙이 마른 후에 이 홈이 회반죽이 흘어지지 않게 힘을 주는 역할을 하게 된다. 그것이 페인트칠을 하기 전 마

• 나중에 휘트가 내 순진함을 비웃었다. 아프리카는 짝퉁 제품의 천국이다. "신발 바닥에 무슨 상표가 붙어 있든 난 상관 안 해. 내 장담하는데 그 부츠는 분명 중국에서 만들었을 거야. 하지만 이탈리아제 부츠보다 품질은 훨씬 낫겠지."

지막 공정이다.

우리는 양동이에 담긴 물에 손과 팔을 헹구고 조나스의 집으로 걸어서 돌아갔다. 그 집에서 조나스의 다른 부인인 레베카가 저녁을 준비하고 있었다. 그녀는 동그란 체구의 나이가 지긋한 여성으로, 내가 사흘 동안 찾아갈 때마다 계속 불을 보며 허리를 굽힌 자세로 서 있었다. 일요일 교회 예배를 보러 마을에 돌아오기 전까지 그녀가 똑바로 선 자세를 본 적이 없다(그 예배에서 그녀는 멋들어지게 춤을 췄다). 평생 뼈가 부서지게 일을 하며 살아왔겠지만 레베카는 믿을 수 없을 정도로 밝고 유쾌했다.

"환영합니다!" 그녀는 이 몇 개가 없는 게 다 보일 정도로 활짝 미소를 지으며 말했다.

그리고 조나스의 여동생인 채러티가 있었다. 그녀는 30대로 짐작됐는데 키가 크고 아름다우며 1930년대 블루스 가수처럼 뾰로통한 매력이 있었다. 채러티에게 남편이 있는지 없는지, 그 집에 있는 아이 중 몇 명이 그녀의 아이인지 분간할 수 없었지만, 그녀는 주로 조나스의 식사를 차리고, 그가 씻을 수 있게 물을 가져다주고, 레베카가 요리한 음식을 접대하는 것처럼 보였다.

마을 남자 몇 명이 부로 트럭 주위에 모여서 계기판에 있는 GPS 수신기를 호기심 어린 시선으로 보고 있었다.

"이건 컴퍼스인가요?"

"뭐, 컴퍼스 같은 기능도 있죠. 하지만 그것 말고도 기능이 많아요. 우주에 인공위성이 스물네 개 있는데 그 위성과 이 기계가 대화를 나누죠. 세계 어디에 있든 그 위성들이 내가 있는 곳을 정확히 알려 줄 수 있어요."

"인공위성!" 한 남자가 아는 척하며 말하자, 모두 고개를 끄덕였다.

내가 화면을 축소시켜 아프리카 전체를 보여 준 뒤 다시 원래대로 화면을 돌려서 그들이 사는 마을을 보여 주자, 모두 숨을 헉 들이켜면서 손가락질을 해댔다.

"아프리카다! 오타레소다!"

나이가 지긋하고 성격이 활발한 또 다른 남자가 뭐라고 에웨어로 말했다. 조나스가 통역했다.

"저 사람이 그래서 백인들을 사기꾼 개자식이라고 부른다는데요."

하지가 지난 지금은 오후 5시 30분이다. 내가 사는 메인에서는 밤 9시가 지나도 불을 훤히 밝히겠지만 여기는 이미 어두워지고 있었다. 그것도 아주 빨리. 나는 조나스에게 아직 밖이 보일 때 텐트를 쳐야겠다고 말했다.

"알았어요. 당신이 선택하세요. 여기다 쳐도 되고, 아니면 별채에 쳐도 됩니다. 여기에 치면 밤에 좀 시끄러울 겁니다. 우리 가게에서 술을 팔아서 남자들이 사러 오거든요."

"그럼 별채로 가죠."

우리는 아까 그 길을 다시 걸어서 조나스의 별채로 갔다. 마당 주위에 있는 망고 나무 밑에 명당자리를 발견했다. 하지만 조나스가 우겼다.

"안 돼요. 우리 집 옆 지붕 밑에 쳐야 해요."

정말 지붕 밑에 작은 처마가 붙어 있었다. 나는 20달러를 투자해 월마트에서 산 텐트가 우기에 쏟아지는 폭우를 견뎌 낼 수 있을지 걱정이었다. 그래서 조나스와 나 사이에 좀 거리를 둬야 한다는 본능적인 직감에도 불구하고 한 발 양보해 그의 집 처마 밑에 텐트를 쳤다.

내가 좋아하는 음식

나는 대가족과 함께 식사할 거라고 기대했지만 조나스는 다른 식구는 빼고 우리 둘만 먹어야 한다고 결정했다. 이는 분명 우리 둘은 중요한 어른이라 세계 정사를 논해야 하니 시시한 여자들과 아이들에게 방해받아선 안 된다는 메시지를 전달하고자 하는 뜻에서였다. 조나스가 에웨어로 뭐라고 지시하자 채러티가 작은 목제 테이블 하나를 가지고 맵시 있게 걸어왔다. 아이들이 우리가 앉을 플라스틱 의자를 하나씩 테이블 양편에 갖다 났다. 우리는 앉아서 음식을 기다렸다.

그때 조나스가 두 아내에 대한 이야기를 들려줬다.

"레베카가 첫 번째 아내예요. 결혼하고 시간이 지나 레베카가 아이를 낳을 수 없게 됐을 때 그녀의 허락을 받고 기프티랑 결혼했어요. 그래서 내게는 늙은 아내와 젊은 아내가 있는데 젊은 아내가 아이를 넷 낳았죠."

나는 나중에 찰리에게서 조나스의 교회가 명목상으로는 기독교이지만 사실상《구약성서》의 말씀을 굳게 믿고 있다는 사실을 알았다.

"그 교회는 일부다처제에 대해 너그러워요. 성경에도 아담과 그의 아내들에 대한 이야기가 나오니까요." 찰리가 말했다.

조나스의 아이들은 세 살부터 열세 살까지 있다.

"내 아이들은 여기서 늙은 아내와 함께 삽니다." 조나스가 말했다(그가 어떤 부인과 잠자리를 하는지 물어볼 필요는 없었다).

아이들의 친모가 걸어서 5분 거리에 있는, 이 집과 똑같은 집에서 산다는 게 기이해 보이긴 했다. 하지만 이 아이들이 여기 사는 주목적이, 적어도 지금으로선, 조나스의 심부름을 하고 가족의 식사 준비를 돕는 것이라는 건 금방 알 수 있었다. 집안일이 어떻게 돌아가는지 보여 주려고 그랬는지 조나스가 작업 부츠를 벗고 에웨어로 뭐라고 소리를 질렀다. 마당을 쓸고 있던 여섯 살 정도로 보이는 남자아이 하나가 레베카의 지시에 따라 곧장 빗자루를 내려놓고 아버지 옆으로 달려왔다. 아이는 아버지의 부츠를 받고는 집 안으로 들어갔다가 샌들을 가지고 나와선 조심스럽게 아버지의 맨발 옆에 한 짝씩 놨다.

그다음에 채러티가 테이블에 뚜껑을 씌운 작은 캐서롤 냄비 두 개를 놓고 저녁을 차렸다. 식사를 하기 전에 그녀는 빗물을 받은 얕은 냄비 하나와 액체 비누가 든 용기 하나를 테이블에 올려놨다(이 마을에는 400미터 정도 걸어가면 식수가 나오는 우물이 있지만, 물을 길어 오기 힘들기 때문에 우기에는 모두 지붕 주위에 있는, 정교하게 갈라진 대나무로 흘러 들어오는 빗물을 동그란 진흙 탱크에 받아 저장한다). 내가 냄비 위로 오른손을 내밀자 그녀는 비누 한 방울을 내 손바닥에 짜 줬다. 가나 사람들은 대개 손으로 음식을 먹는데 그것도 항상 오른손으로 먹는다. 왼손은 지역 가이드북에서 일컫는 이른바 '더러운 일'을 하기 위해 남겨 둔다. 한 손을 비누로 문지른 후에 내가 냄비 물로 손을 헹구는 동안 채러티가 컵에 물을 따라 내 손 위에 부었다. 나는 마치 로마 황제가 된 것 같은 기분이 들면서 조금 당혹스러웠다. 내가 손님으로서 예의 바르게 행동하고 있는지, 내가 사는 세상에서는 절대로 식사 전에 여자에게 손을 씻겨 달라고 하지 않는다는 사실을 채러티가 알고 있는지 궁금했다.

조나스가 캐서롤 냄비 뚜껑을 열었다. 평소 먹는 갈색 땅콩 수프(이 수프는 둘이 같이 먹을 것이다)에 앙상한 닭고기 몇 점이 들어 있고 그 위에 매운 후춧가루가 뿌려져 있었다. 그리고 또 다른 냄비에는 낯익은, 녹말기가 많은 베이지색 덩어리 두 개가 들어 있었다.

"아크펠이다!" 조나스는 군침이라도 흘릴 것 같은 목소리로 말했다.

"아크펠?"

"에웨족의 진미예요. 내가 좋아하는 음식이죠."

아크펠은 내가 질색하는 아프리카 음식인 푸푸와 흡사해 보였지만 조나스가 설명하기를 푸푸와 달리 아크펠은 옥수수를 넣어서 만든다고 했다. 푸푸보다는 아크펠이 훨씬 먹을 만해 보이긴 했다.

"그걸 먹으면 배가 든든해져요." 나중에 내 이야기를 들은 잰이 한 말이다.

그건 사실이었다. 아크펠은 힘든 육체노동을 하지만 고기를 먹을 기회는 거의 없고 탄수화물을 섭취하기 위해 바삭바삭하게 빵을 구울 오븐이 없는 사람들이 저렴하게 먹을 수 있는 글루텐 덩어리다. 푸푸든 아크펠이든 모두 조리를 해서 먹는 음식이다. 카사바, 플랜테인, 옥수수 같은 재료를 빻아서 걸쭉하게 만들어 끓여서 먹는다. 하지만 내 입맛에는 익지 않은 빵 반죽 같았다.

현대 아프리카에서 푸푸와 비슷한 음식은 모두 필요에 의해 생긴 것으로, 입맛도 후천적으로 길들었다고 할 수 있다. 푸푸는 이렇게 근근이 먹고사는 마을에서는 그야말로 생존에 필요한 음식이지만, 피자를 사 먹을 수 있는 엘리트들도 푸푸를 좋아한다는 뜻이다. 물론 엘리트들은 찰리 가족처럼 물만 부으면 먹을 수 있는 가루를 식료품 가게에서 사다 먹는 게 다르다면 다른 점이다.

"우리는 가루를 빻지 않습니다." 찰리는 가루를 빻는 행위를 무시하는 투로 말했다. "그럼 이웃 사람들이 다 듣잖아요."

즉, 힘들게 가루를 빻아서 먹는 과정 자체가 가난하다는 걸 나타내며 남부끄럽다는 의미였다.

이런 말을 한다고 해서 내가 아프리카 음식을 싫어하는 건 아니다. 찰리의 아내인 아피는 내가 접한 모든 문화권을 통틀어 아주 훌륭한 가정식 요리사 중 한 명이다. 그녀가 만든 땅콩 수프, 틸라피아 생선으로 만든 스튜, 튀긴 플랜테인, 매콤한 쌀과 콩 요리는 최상의 지중해 요리처럼 소박하면서도 놀라운 맛을 선보였다. 아피의 작은 부엌에서 나온 향연을 맛보고 나면 절로 감탄사가 나온다.

아프리카의 솜씨 좋은 요리사들이 그렇듯, 아피 역시 서구식 스튜나 조림 요리와는 다르게 냄비 요리에서 깊은 맛을 우려내는 법을 잘 알고 있다. 인도 요리처럼 아프리카 요리는 양념과 향신료(말린 고춧가루, 양파, 마늘)를 써서 오랫동안 서서히 재료를 익힌다. 이런 조리법은 필요에 의해서 어쩔 수 없이 생겨났다. 야외의 장작불에서 요리할 때는 기름에 재빨리 튀기거나 굽는 게 한정돼 있다. 그 단점을 보완해 주는 것이 땅콩의 소박한 맛과 가나에서 가장 많이 쓰는 식용유인 밝고 붉은 색 야자유에서 나는 야생의 맛이다. 야자유 생산은 시골 마을의 주산업이다. 가나 남부의 시골길을 따라가다 보면 여자들이 숯불 위에서 펄펄 끓고 있는 거대한 통 속을 젓고 있는 풍경을 볼 수 있다. 그들은 비치볼만 한 크기의 열매가 다발로 자라는, 올리브와 비슷한 과일인 신선한 진홍색의 야자나무 열매에서 기름을 짠다(미국인이 야자유라고 생각하는 걸 가나 사람들은 야자핵유라고 한다. 야자 알맹이에서 기계로 압착해 추출한 좀 더 맑고 정제된 기름이다).

조나스가 에웨어로 간단하게 기도를 드리고(영어로 '아멘'이라고 끝을 맺고) 우리는 끈적거리는 작은 아크펠 덩어리를 찢어서 수프에 찍어 먹었다. 그리고 교대로 수프 속에 있는 닭고기를 건져서 고기와 껍질을 뜯어 먹었다. 식사를 하는 동안 조나스가 가나의 농경 경제에 대해 설명해 줬다. 그는 자신이 경작하는 약 4만 제곱미터 면적의 땅에 매년 들어가는 비용을 읊었다.

- 비료 77세디
- 농약 분무기 88세디
- 농약 분무기에 들어갈 물 배달료 10.5세디
- 제초제 90세디

그 외에 들어가는 비용으로 시장까지 농작물을 운반하는 물류비가 있다. 조나스의 여동생을 시장까지 태워다 줄 오지 택시비가 20페세와이고, 거기다 택시 트렁크에 싣는 카사바 한 자루당 20페세와씩 더 내야 한다(가나에서는 사실상 차를 가진 농부가 없다. 조나스에게는 동네 뒷길에서만 타고 다니는 중국제 오토바이가 한 대 있다. 등록세로 낼 20세디도 감당할 수 없거니와 대로에 있는 경찰에게 잡혔다가 50세디의 벌금을 낼 위험을 무릅쓸 수 없어서이다).

조나스는 아쾨핌수상자협회라는 지역 농업 단체(이 단체에서 그는 '올해의농부'로 임명됐다)에 회비로 매달 2세디씩 낸다.

그 외에 큰돈이 들어가는 곳이 바로 교육비이다. 조나스에게는 학령기의 아이가 셋 있는데 사립학교 학비로 매년 1인당 120세디를 내야 한다. 한 아이는 아크라에 있는 학교에 다니고(조나스의 또 다른 여동생 집에서 살고 있다), 나머지 둘은 여기서 16킬로미터 떨어진 마을인 아도소에 있다. 공립학교는 사립학교보다 돈이 조금 덜 들지만, 대부분의 사립학교가 교회에서 보조금을 받기 때문에 그 차이가 별로 크지 않고, 공립학교를 다니려면 교복, 책값, 거기다 부모가 반드시 내야 하는 이런저런 비용이 따로 들어간다. 아도소에 있는 미라클차일드아카데미에 다니는 조나스의 두 아들은 자전거를 타고 교차로까지 나가서 거기서 오지 택시를 타고 학교에 가는데 그것도 또 돈이 들어간다.

"유일한 장점은 먹을 것엔 돈이 안 들어간다는 거죠."

조나스는 손가락을 빨면서 말했지만 그 말은 사실이 아니었다. 옥수수와 카사바는 키워서 먹지만, 일주일에 한 번 시장에서 말린 생선을 조금 사서 단백질 보충제로 수프에 넣어 먹는다. 그리고 시간이 없어서 키우지 못하는 토마토도 사 먹는다(조나스가 키우는 닭, 염소, 양으로 고기를 가끔씩 먹긴 하지만 따로 먹이를 주는 게 아니라 풀어 놓고 알아서 먹이를 찾아 먹게 하기 때문에 가축이 모두 말랐다. 그리고 그는 야생 그라스커터 두 마리를 토끼장에 넣고 풀을 먹여 살을 찌우고 있다). 물론 조나스는 빨랫비누, 성냥, 다른 생필품도 재배하지 않는다.

다 합치면 가족과 농장에 들어가는 돈이 대략 1년에 700세디, 미화로 500달러가량이다. 풍년이 들면 시장에서 그가 키운 농작물을 팔아서 800세디 정도 번다. 그렇게 되면 이론적으로는 남은 100세디를 저축할 수 있고 그 돈으로 농장을 확장하거나 개선할 수 있다는 뜻이다. 하지만 현실적으로는 비 때문에 언제든 농사를 망칠 수 있다고 말했다. 작년에는 가뭄이 들어서 손해를 봤다.

조나스는 그렇지 않아도 비옥한 농장의 생산성을 훨씬 높이길 바랐다. 동력 경운기(350세디)만 있으면 좀 더 넓은 땅을 경작할 수 있다. 그리고 야자 알맹이 압착기(180세디)가 있으면 더 많은 기름을 추출해 수익을 더 확보할 수 있다. 하지만 그에게는 도저히 그런 투자를 할 여력이 없었다. 수익이 날 때마다 조금씩 돈을 저금해 둔 아콰핌은행에 대출 신청을 했지만 거절당했다. 2007년에 그가 소속된 농업 단체에서 정부에 농장 개선 프로젝트를 위한 저리 대출을 제공해 달라고 청원했다. 그 단체 소속 531명의 회원이 다 합쳐 5,000세디를 받았다. 1인당 10세디도 안 되는 금액이었다.

"청원 서류를 준비하느라 들어간 품이 아까웠죠." 조나스가 말했다.

정부는 농부들에게 해 주는 대출, 도로 복구, 시골 마을에 전기가 들어오게 할 돈이 없다고 하면서 2009년 1월에 퇴임하는 대통령 존 쿠푸오르에게 줄 현금은 내놓았다. 거기다 일체의 가구를 완비한 저택 두 채, 보험 가입이 된 새 차 여섯 대(연료비 및 정비비, 죽을 때까지 4년에 한 번씩 전용 차량 교체 비용 포함), 매년 한 번씩 그와 그의 아내·직원 세 명이 해외여행을 갈 때 45일간 드는 경비 전액과 대통령 연봉 12년 치에 해당되는 금액을 제공했다. 쿠푸오르는 법으로 제한한 임기인 8년을 다 채웠기 때문에 그가 받게 될 연금은 재직 시 받던 보수(적어도 공식적으로는)보다 훨씬 많았다. 쿠푸오르는 자발적으로 물러났는데, 식민지 시대 이후 아프리카에서는 흔치 않은 일이었다. 하지만 그가 퇴임한 후 그 대가로 지불한 액수가 공개됐을 때 비평가들은 바보나 완벽한 독재자가 아닌 다음에야(쿠푸오르는 둘 다 아니었다) 그렇게 두둑한 보상을 받는데 어떻게 물러나지 않을 수 있겠느냐고 분노했다. 사실상 쿠푸오르 같은 아프리카 지도자들은 평화로운 정권 교체를 위해 매수됐다고 할 수도 있다.

조나스와 레베카 부부는 가게에서 벌어들이는 소득도 있었다. 부부가 아도소나 코포리두아 시장에서 산 잡다한 물건과 건어물을 흔들거리는 목재 좌판에 놓고 되팔아 버는 수익이 조금 됐다. 그보다 훨씬 수지가 맞는 장사는 밤에 마을 술집으로 변신한 가게에서 조나스가 집에서 담근 술인 아피오를 한 잔당 10~20페세와를 받고 파는 것이다. 이 술은 야자 와인에서 증류한 독한 밀주인데 싸구려 데킬라 맛이 난다.

그리고 부로가 있다. 부로에서 조나스는 커미션으로 매달 10세디 정도 번다. 그는 고객을 만나서 일하는 데 하루에 서너 시간이 든다고 했지만 그 시간을 전부 그 일에만 쓰는 건 아니다. 자신의 농장을 오가는 길에 있는 고객의 집에 들르기도 하고, 다른 일을 보러 가는 사이에 들르기도 한다. 그리고 부로 에이전트로 일한 후 마을에서 그가 차지한 위상은 이전보다 훨씬 높아졌다. '올해의농부'로 뽑힌 데다, 동네에 가게도 하나 있고, 거기다 재충전할 수 있는 건전지 회사의 에이전트까지 된 것이다.

우리는 식사를 마쳤다. 적어도 나는 그렇게 생각했다. 내가 물을 담은 그릇에 손을 헹구면서 가나식으로 '만족했다'는 의미의 손짓을 했을 때 조나스가 손을 뻗어 내가 뜯었던 닭 뼈를 하나 가져갔다. 조나스는 그 뼈를 입에 넣고 으드득 깨물더니 요란스러운 소리를 내며 씹어 먹었다.

"골수는 몸에 좋아요. 칼슘이 많이 들었잖아요." 그는 이렇게 설명했다.

뼈에서 소화시킬 수 있는 모든 걸 먹은 다음에 그는 다 씹은 부스러기들을 땅바닥에 뱉었다. 그러자 조나스가 키우는 개가 파리를 쫓는 걸 멈추곤 그 뼛조각을 먹기 위해 허겁지겁 달려왔다.

식사가 끝났다.

비가 올 것 같아요

조나스는 채러티가 내 저녁 목욕을 챙겨 줄 거라고 했다. 그때 난 어리둥절했다.

"뜨거운 물이 좋으세요, 아니면 찬물이 좋으세요?" 채러티가 두 번이나 물었다. 어쩌면 더 물어봤을지도 모른다.

뜨거운 물을 쓰려면 소중한 땔감을 써야 한다는 데 생각이 미친 나는 찬물이 좋다고 했다. 후덥지근한 데다 습한 저녁이었고, 김이 모락모락 피어오르는 뜨거운 아크펠과 수프로 거하게 저녁을 먹었으니 찬물로 목욕을 하는 게 상쾌할 것 같았다.

대부분의 가나 시골 마을이 그렇듯, 사람들은 바닥에 몇 개의 평평한 돌을 깔아 놓고 거기다 대나무와 풀을 엮어 벽을 세운 간이 욕실에서 목욕을 한다. 그 돌바닥 위에 서서 커다란 물통에 있는 작은 바가지로 물을 퍼서 몸에 끼얹는다. 그리고 몸에 비누칠을 하고 헹군다. 이미

날이 어두워졌기 때문에 나는 욕실 벽 위에 아슬아슬하게 올려둔 손전등 불빛에 의지해 간신히 목욕을 했다.

목욕을 끝내고 새 옷으로 갈아입곤 한결 상쾌해진 기분으로 조나스의 집으로 돌아와 많은 아프리카 마을에서 공용 공간으로 표시되는, 풀로 엮은 지붕 밑의 정자에 플라스틱 의자를 끌어다 놓고 앉았다.

조나스가 목욕을 하는 동안 마을 사람들도 식사를 마치고 손전등을 이리저리 휘두르며 모여들었다. 정자 밑에 테이블을 하나 끌어다 놓고, 석유램프 세 개를 켜고 아이들 다섯이 모여 앉아 산수 문제를 풀었다. 석유램프는 불빛이 희미했고, 부로 건전지를 넣은 조나스의 라디오에서는 음악 소리가 크게 흘러나오고 있었다. 아프리카의 삶이라는 게 원래 산만하고 시끄러워서인지 아이들이 그 소리에 신경 쓰는 것 같아 보이지는 않았다. 평범한 밤이었다.

남자 몇 명(그중 몇 명은 담배를 피우고 있었다)이 어슬렁어슬렁 가게 앞으로 와서 주머니를 뒤적였다. 레베카는 카운터 뒤에 서서 남자들에게 양을 정확하게 잰 아피오를 따라 주고 그들이 내민 동전을 받았다. 남자들은 한 번에 죽 들이켜고는 흙이 깔린 마당으로 걸어가서 라디오에서 흘러나오는 콩고 리듬에 맞춰 춤을 추기 시작했다. 동성애가 범죄인 나라에서, 기이하게도 가나 남자들은 거리낌 없이 신체 접촉을 한다. 다 큰 남자들이 사람들 보는 앞에서 손을 잡고 다니는데, 사실 조나스도 마을로 걸어갈 때 내 손을 잡았다. 그리고 이곳 남자들은 서구의 여자들이 그런 것처럼 춤도 같이 췄다. 이곳 남자들은 친구 간에 욕을 하는 것으로 애정을 표현하는 서구와는 전혀 다른 방식으로 유대감을 표현했다. 그래서 동생과 같이 이곳을 여행할 때는 종종 혼란스러웠다.

조나스가 물통 샤워를 마치고 가게 좌판 앞에 앉아 춤추는 남자들에게 술을 팔았다.

"난 술을 안 마셔요. 그냥 음료수만 마시죠." 조나스는 프리카와 카리브 해 지역에서 인기 있는 당밀 맛 탄산음료인 몰타 병을 가리켰다.

우리는 정자 밑에 나란히 앉아서 사람들이 춤추는 걸 지켜봤다. 음악이 레게로 바뀌자 조나스가 따라 불렀다. 10시 30분이 돼서 내가 잠자리에 들어야겠다고 했고, 우리는 손전등을 켜고 그의 오두막집으로 갔다. 라디오 소리가 서서히 희미해지고, 손전등 불빛 너머 어두운 정글에서 귀뚜라미들이 떼로 울어 댔다.

나는 잘 자라는 인사를 하고 텐트 속으로 기어 들어갔다. 귀뚜라미들이 요란하게 울어 댔지만 코포리두아 거리에서 들리던 소음이 아니었기 때문에 상관없었다. 유감스럽게도 가나에서는 자연의 소리를 음미하지 않는다는 걸 그때 난 몰랐다. 돌이켜 생각해 보니, 조나스의 오두막집에는 부로 건전지를 넣은 라디오가 또 하나 있었고, 가나 사람들의 생에서 항상 따라다니는 음악 소리가 잠잘 시간이라고 해서 그치지 않는다는 걸 짐작했어야 했다. 밤에 인공위성으로 본 아프리카의 이미지는 어둡고 고립된 대륙이었다. 하지만 그 이미지에 음파가 기록된다면 (내가 고등학교 때 가지고 있었던 사이키델릭한 전등처럼) 아프리카는 반짝거릴 것이다.

자정이 지나서야 때 조나스가 음악을 껐다. 두 시간 후에 수탉이 내텐트 바로 밖에서 우렁차게 울어 대기 시작했다. 그때야 나는 닭들이 돌아다니는 마당 한가운데에 텐트를 쳤다는 사실을 깨달았다. 그래도 뭐 트럭이 저속 기어로 바꾸는 소리도 없고, 경적 소리도 안 들리고, 고함을 질러대는 트로트로 기사나 윙 소리를 내며 질주하는 스쿠터 소리도 들리지 않았다. 나는 마침내 잠이 들었다.

그러다 새벽 5시 30분에 멀리서 우르르 울려대는 천둥소리에 잠이 깼다. 바람이 윙윙거리면서 내 텐트를 세게 후려쳤고, 마당을 바쁘게 뛰어다니는 발소리가 들렸다. 텐트 밖으로 고개를 내밀자 시커먼 하늘과 야자수들이 강풍에 허리가 꺾이는 게 보였다. 닭들이 숨을 곳을 찾아 후다닥 달려갔고 기프티는 바람에 이리저리 날리는 빨래를 허둥지둥 걷고 있었다. 조나스가 오두막집에서 맨발로 달려 나왔다.

"곧 비가 쏟아질 것 같아요."

"그럴 것 같군요." 나는 텐트에서 뛰쳐나왔다.

"어서요. 어서 집 안으로 들어오세요."

나는 비가 후드득 쏟아지는 사이에 그의 오두막집으로 달려갔다. 그비는 내 평생 본 것 중 가장 거셌다. 무서운 기세로 쏟아지는 빗소리에 소리를 질러야 겨우 말을 알아들을 수 있었다.

방이 하나인 조나스의 오두막집은 가로세로 약 4미터 크기로, 콘크리트 바닥에 벽은 회반죽을 발랐고, 골이 진 금속 지붕을 나무 기둥으로 받치고 있었다. 마당을 마주 보고 있는 쪽 벽에는 맹꽁이자물쇠를 단 나무판자 문이 달려 있었는데, 바람에 문이 안쪽으로 흔들려 닫혔다. 밖에는 반은 목재 패널을 대고 반은 방충망을 댄, 직접 제작한 스크린 도어가 달려 있었다. 이 문으로 모기를 막고, 환기를 시키고, 마당도 볼 수 있었다. 빛이 들어올 수 있는 또 다른 곳은 약 45센티미터 크기의 작은 사각 유리창으로 오두막집 반대편 벽에 있었다. 이 창에도 역시 방충망이 있었다. 밖에는 목재 덧문을 달아 사생활을 보호했다. 문 옆에 있는, 약 1미터 길이의 소박한 작업대에는 기프티의 수동 재봉틀과 천 더미가 놓여 있었다. 창문 밑에는 그보다 작고 낮은 테이블이 있었는데 그 위에 알루미늄 조리 기구와 플라스틱 통이 크기별로 가지런히 놓여 있었다. 문에서 가장 먼 한쪽 끝 바닥에는 더블 사이즈의 발포 고무 매트리스가 있었다. 그리고 성인용 플라스틱 접이식 의자 두 개와 아동용 미니 의자가 하나 있었다. 벽에 걸린 장식품으로는 교회 달력이 유일했다.

우리는 30분 정도 의자에 앉아서 스크린 도어를 통해 내리는 비를 바라보면서 붉은 진흙물이 마치 용암처럼 이리저리 갈라져 흘러 다니는 걸 지켜봤다. 기프티는 그전에 사라졌는데 아마 부엌으로 쓰는 오두막집에 간 것 같았다. 조나스는 비는 일반적으로 좋은 거지만 이렇게 강풍을 동반한 폭우가 쏟아지면 옥수수 대가 부러질 수 있다고 걱정했다.

"하지만 내가 가장 걱정하는 건 우박이에요. 우박은 아주 안 좋아요."

그때 비가 그치고 해가 나왔다.

"이제 원로들을 찾아가서 경의를 표해야 합니다." 조나스가 말했다.

"비가 오게 해 주셔서 고맙다고요?"

"아니, 아니요. 당신이 우리 마을을 찾아온 귀빈이니까 그렇죠."

우리는 비가 내려 미끄러워진 길을 따라 프랜시스 아홀리가 사는 오두막집으로 갔다. 그는 키가 크고 머리가 하얗게 센 기품 있는 경제학 교수다. 그의 마당에 서 있는 그늘진 조롱박 나무에 야구공만 한 동그란 박들이 주렁주렁 달려 있었다. 그 박으로 이곳 사람들은 그릇과 국자를 만든다.

"이곳의 삶은 조용하지만 고립돼 있죠. 요즘은 농사를 지을 만해요. 비가 오니까." 그는 하늘을 올려다봤다. "난 먹을 게 없던 시절도 기억할 만큼 오래 살았어요. 정치가들은 도시 사람만 신경 쓰죠. 거기 사람들은 단체를 조직해서 쟁의를 일으킬 수 있으니까요. 이곳에 사는 사람들의 목소리는 들리지 않는 거죠. 이 나라에는 국민들이 굶주리지 않을 수 있게 해 줄 훌륭한 지도자가 필요해요."

마을에서 가장 중요한 원로인 코피 아드리의 집으로 가는 길에 프랜시스도 동행했다. 우리는 코피 아드리의 집 현관에 있는 나무 벤치에 앉았는데, 추장의 대변인 조슈아 아시뇨도 합석했다(공식 모임에서는 마을의 추장이나 원로에게 직접 말을 하는 것은 무례한 행위이다. 그래서 대변자에게 말하면 그가 추장에게 말을 전달하는 식으로 의사소통이 이뤄진다. 추장이 바로 앞에 앉아서 내가 하는 말을 다 듣고 있는데도 그렇게 한다는 게 좀 억지스럽지만 그게 전통이다). 조슈아는 요스라는 질병 말기의 중년 남자였다. 이 병은 사람의 외모를 추하게 손상시키는 아프리카 질병으로 매독과 관련이 있지만 성적으로 전염되는 질병은 아니다(이 병은 주로 아이들이 걸린다). 개발도상국에 만연한 여러 질병 중에서도 이 병이 특히 비극적인 이유는 전염성이 매우 높은 초기에 페니실린 한 방만 맞으면 치료될 수 있기 때문이다. 그 간단한 치료를 받지 못하면 재앙이 되고 만다. 그 결과가 바로 조슈아의 몸에 극명하게 나타나 있었다. 얼굴까지 포함해 그의 몸은 알아볼 수 없을 정도로 거대한 사마귀 같은 것으로 뒤덮여 있었다. 솔직히 말해 끔찍한 모습이었다. 하지만 그보다 더 놀라운 점은 그 추한 역병을 앓고 있는데도 조슈아의 성격이 아주 쾌

191

활한 데다 그런 자신의 처지에 완벽하게 만족하고 있다는 것이다. 대부분의 가나 사람처럼 그 역시 독실한 기독교 신자였고, 남의 부러움을 살 만큼 깊은 내면의 평화를 지니고 있었다.

조나스가 에웨어로 조슈아에게 말하자, 조슈아가 그 말을 원로에게 전했다. 나는 전통에 따라 원로에게 줄 선물로 슈납스(네덜란드 진) 한 병을 가져왔고, 의식에 따라 그 선물을 바쳤다. 그는 조슈아를 통해 이 마을에 관심을 가져 준 것에 고맙다는 인사를 하고, 부로 건전지 사용에 대해 토론할 수 있도록 다음 날 아침에 공공 모임을 열 것을 지시했다. 이제 그만 가도 좋다는 허락을 받은 후에 우리는 악수를 하고 조나스의 본채로 아침을 먹으러 돌아왔다. 조나스의 아이들이 우리에게 김이 모락모락 피어오르는 초콜릿 음료를 대령했고, 이어서 달콤한 빵으로 만든 맛있는 오믈렛 샌드위치가 나왔다. 조나스의 가게 유리창 앞에 남자 몇 명이 서서 농사일을 하러 가기 전에 아피오를 한 잔씩 마시고 있었다. 그걸 보자 프랑스 시골이 떠올랐다. 거기서는 포도원에 일하러 가기 전에 남자들이 으레 해장술을 한 잔씩 걸친다.

조슈아가 내일 공공 모임이 있다는 걸 알리기 위해 돌아왔다. 그는 또한 마을의 공공맨이기도 한데 다른 공공맨과는 달리 현대 기술을 이용해 그 직업을 진일보시켰다. 조슈아의 공공은 소 방울을 쓰는 전통적인 공공 대신 건전지를 넣어서 작동되는 확성기, 말하자면 시골 마을에서 7월 4일 독립 기념일 퍼레이드에 소방부장이 들 만한 그런 확성기였다. 조나스가 가게 옆에 있는 평평한 바위에 대고 내 마체테를 갈고 있는 동안, 조슈아는 확성기를 켜고 흙길을 오르락내리락하면서 지지직거리는 소리가 나는 확성기로 내일 마을 모임이 있다는 방송을 했다.

조나스의 아이들이 우리가 먹을 아침을 준비한 뒤에 목욕을 했는지 깔끔하게 다린 교복을 입고 오두막집에서 나왔다. 그들은 배낭을 들고 걷거나 자전거를 타고 마을 밖에 있는 학교를 향해 출발했다. 오타레소에도 비공식 초등학교가 있지만(건물은 없다) 현재는 잠정적으로 닫은 상태였다. 조슈아가 그 학교 교사인 젊은 여성 조지나를 내게 소개해 줬다.

"학교는 언제 시작해요?" 내가 물었다.

"시작 안 해요. 학부모들이 돈을 안 내서 지난주에 아이들을 퇴학시켰어요." 그녀는 화를 내거나 적의를 품은 게 아닌 그냥 담담한 말투로 있는 사실을 그대로 전했다. "학부모회를 열면 사람들이 오질 않아요. 안타까운 일이지만 나도 먹고살아야 하니까요. 부모들이 합리적으로 나오기 전까지는……."

그녀는 어깨를 으쓱했다.

백인이 칼을 휘두르다

일할 때가 됐다. 조나스와 나는 장화를 신고, 마체테를 들고, 밭으로 일하러 갔다. 아침에 해야 할 일은 2.5센티미터 두께의 카사바 줄기가 우기에 뿌리를 내릴 수 있도록 심는 것이다. 땅을 좀 더 효율적으로 이용하기 위해, 조나스는 카사바 사이에 옥수수를 심었다. 옥수수는 한 달쯤 후에 수확할 것이다. 천천히 자라는 작물인 카사바가 내년 초쯤 수확할 때가 되면 옥수수는 이미 사라졌을 것이다. 그래서 사이짓기의 시기를 잘 맞춰서 조나스는 땅 하나에 동시에 두 개의 작물을 키웠다.

길을 가다가 조나스가 두 여자를 불러 에웨어로 같이 가자고 했다. 우리는 작년에 카사바를 재배했고 지금은 경작하지 않는 땅에 도착했다. 며칠 전에 조나스는 1.5미터 길이의 카사바 줄기를 커다랗게 두 덩이로 모아서 야자수 잎으로 묶어 놨다.

"여자들이 저걸 우리 밭까지 나를 겁니다."

"그럼 우린 뭘 날라요?"

"마체테요."

나는 고개를 흔들었다.

"두 개로 하지 말고 네 개로 묶어서 같이 들고 가면 되잖아요? 그럼 여자들이 그렇게 많이 들고 가지 않아도 돼요."

"아프리카에서 짐은 여자들이 나릅니다." 조나스는 이 이상 논쟁은 용납하지 않겠다는 어조로 대답했다.

하지만 조나스처럼 여자에게 정중한 아프리카 남자들은 그 짐을 여자들의 머리에 제대로 올려 주는 것을 잊지 않는다. 우리는 거대한 카사바 더미를 여자들의 머리에 올려 주고 허리를 세운 채 균형을 잡고 똑바로 걸어가는 여자들을 따라 10분 거리에 있는 옥수수 밭으로 갔다.

조나스는 이야기할 때 마체테를 사방으로 휘두르는 무시무시한 버릇이 있어서 나는 조금 떨어져서 걸어갔다. 마침내 무릎까지 자란 옥수수 밭에 도착하자 조나스가 여자들에게 짐을 내려놓으라고 말했다. 여자들이 가고 우리는 일을 시작했다. 조나스가 마체테 끝으로 흙에 얕은 구멍을 파더니 거기다 카사바 줄기를 살짝 비딱하게 밀어 넣고 이를 땅에서 약 30센티미터 높이에서 능숙하게 베어 내는 법을 가르쳐

쳤다. 그리고 그는 옥수수 사이에 있는 공간에 구멍을 또 하나 파고, 카사바 줄기를 여기에 밀어 넣은 후에 위를 베어 냈다. 칼을 한 번에 휘둘러 줄기를 말끔하게 잘라 내는 건 연습이 필요했다. 조나스 덕분에 내 마체테는 면도날처럼 날카로웠지만(장난삼아 그걸로 면도를 해 보려고 했는데 정말 됐다) 나는 과감하게 칼을 휘두르지 못했다. 그 결과 줄기가 너덜너덜해졌다. 그리고 구멍을 너무 깊게 파지 않는 연습도 해야 했다. 구멍을 너무 깊게 파면 카사바 뿌리(먹을 수 있는 부분)가 흙 밑으로 깊숙이 자라기 때문에 안 된다고 조나스가 설명했다. 나는 칼을 내려칠 때 내 발을 후려치지 않게 조심해야 한다는 사실을 스스로 깨우쳤다. 내 장화는 철이 아니라 고무였으므로. 한 시간 정도 지나자 나는 규칙적으로 땅을 파고, 줄기를 찔러 넣고, 칼로 후려치는 조나스의 리듬을 따라갈 수 있게 됐다.

나는 짐수레를 끄는 말처럼 사정없이 땀을 흘렸다. 등산용품 전문 쇼핑몰에서 공수한 하이테크 농업용 소재인 내 작업복은 오늘 아침 퍼붓는 폭우 속에 서 있었던 것처럼 홀딱 젖었다. 그나저나 비가 왔던가? 햇살이 이글이글 가차 없이 내리쬐었다. 칼을 잡고 선 채 허리를 숙이자 이마에서 땀이 뚝뚝 떨어져 눈을 찌르고 안경에 김이 허옇게 서렸다. 셔츠 주머니에 작은 디지털카메라가 한 대 들어 있었는데, 그것도 다 젖어 버렸다. 마른 주머니를 찾아보려고 했지만 내 몸에서 마른 부분이라곤 한 곳도 없었다. 주위에 그늘이라곤 눈을 씻고 찾아봐도 없었다. 아직 이른 아침인데…….

"더워요?" 조나스가 물었다.

"조금요. 당신은 어때요?" 나는 숨을 헐떡이며 시인했다.

"난 안 더운데." 조나스는 코듀로이 바지와 보풀이 일어난 폴리에스 테르 골프 셔츠 위에 두꺼운 모직 윗도리까지 입고 있었다. 그의 눈썹 엔 땀 한 방울 흐르지 않았다. "비가 와서 날씨가 아주 선선한데요."

이걸 과학적으로 증명할 순 없지만 세 시간 동안 카사바를 심고 난 후, 내 마체테 무게는 대략 45킬로그램 더 무거워졌고, 그 절반가량이 내가 흘린 땀이라는 확신이 들었다. 조나스가 이제 점심 먹을 시간이 라고 했을 때 내심 기뻤다. 우리는 카사바를 약 2,000제곱미터 정도 심 었다. 이제 약 4만 제곱미터만 더 심으면 된다.

본채로 돌아와 먹은 점심은 반쿠와 매콤하고 맛있는 생선 수프였다.

오후에는 조나스가 날 딱하게 생각했는지 근처에 있는 플랜테인 숲 그늘에서 일하자고 말했다. 숲을 향해 걸어가던 조나스가 뒷주머니에 서 고무줄로 만든 새총을 꺼내더니 망고 나무에 돌멩이들을 쏘았다. 그 러자 수백 마리의 되새들이 구름 속으로 흩어졌다. 새떼가 한꺼번에 날 아오르자 얼마나 많은지 순간적으로 해를 가릴 정도였다.

"저 새들이 플랜테인을 망친다니까요." 그는 앙심을 품은 목소리로 말했다.

새총을 쏜다고 새들이 그의 플랜테인에 둥지를 틀지 않을 리 만무했 지만 그래도 조나스의 기분은 나아진 듯했다. 조금 더 걸어가자 조나 스가 지난주에 심어 놓은 카사바 줄기를 염소 한 마리가 열심히 뜯고 있었다. 조나스는 염소의 엉덩이를 겨냥해 새총을 쏘았다. 그러자 염 소는 "매애애애" 울며 달아났다.

플랜테인 숲은 큰 도로를 따라 마을까지 가는 길에 퍼져 있었다. 이 곳 역시 조나스는 최대한 효율적으로 이용하려고 하고 있었다.

"이게 내가 플랜테인 사이에 심어 놓은 오렌지 나무예요." 조나스는 반짝거리는 잎이 달린 60센티미터 높이의 묘목을 가리키며 말했다. "이 주위의 덤불을 모두 베어 줘야 해요."

우리는 일을 시작했다. 그늘에서 일하는데도 또다시 땀이 줄줄 흘렀다. 이번에는 남들 다 쳐다보는 곳이었다. 마을 사람들이 머리에 물통을 이고 길을 따라 끊임없이 지나갔다. 내가 보기에, 이곳 사람들에게는 백인이 노동을 하는 팬터마임보다 더 무릎을 칠 만큼 재미있는 구경거리는 없는 듯했다. 나는 그렇게 몇 시간에 걸쳐 사람들이 웃거나 휘파람을 불면서 야유하는 걸 견뎌 냈다. 가끔 그냥 멈춰 서서 마치 스포츠 경기를 관람하듯 내가 일하는 모습을 지켜보는 사람도 있었다. 아프리카와 백인의 관계가 오랫동안 주종 관계였다는 점을 고려할 때 이들의 이런 반응도 이해할 수 있었다. 하물며 노예제도까지 떠올려 보면 내 모습이 구경거리가 되는 건 정말 당연한 일이다. 식민지 시대에는 아프리카 사람들이 왕좌 같은 해먹에 영국인들을 태우고 다니는 것도 완벽하게 정상이었다. 1883년 출판한《황금을 찾기 위해 황금해안으로To the Gold Coast for Gold》라는 책에서 영국 탐험가인 리처드 프랜시스 버튼 경은 가나 짐꾼들이 능력에 비해 보수를 많이 받는다고 헐뜯었다.

짐꾼으로서 이들은 최악이다. 황금해안의 해먹은 해변을 여행할 때 쓰도록 만들어진 것이다. 이 짐꾼들은 체격도 볼품없고, 발도 제대로 못 맞추며, 해먹의 양 끝에 있는 막대기에 걸친 가로대를 자꾸 떨어뜨리기 일쑤다. 짐꾼들이 비틀거리면서 걸을 때마다 해먹이 흔들리며 짐꾼의 근육 움직임 하나하나까지 다 느껴지니 그 길을 가는 게 길고도 곤욕스럽다. 하지만 멋도 모르는 풋내기가 해먹에서 내려 걸었다가는 열병에 걸리기 십상이다.

버튼이 노련한 탐험가이자 토착 문화를 열정적으로 연구하는 학자였음을 고려하면(그는 여러 개의 아프리카어와 아시아어를 구사했고 한번은 아랍 사람으로 변장하고 메카를 방문하기도 했다) 그보다 참을성이 없는 서구 여행자들이 아프리카 사람들에게 어떤 대접을 받길 기대했는지 상상할 수 있다. 그러니 백인이 칼을 휘두르는 걸 보고 동네 사람들이 경이로워하는 것도 놀랄 일은 아니다.

그날 일이 끝나갈 무렵 나는 농부로 인정받았다. 조나스가 오후에 이런 말을 했다.

"내가 보니까 미국인이 유럽인보다 훨씬 강한 것 같아요."

"아, 그 유럽 사람들." 나는 일하다 고개를 들고 대꾸했다. "그 사람들이야 물러 터졌죠."

"물러 터졌다고! 하하하!" 조나스가 웃었다.

"솔직히 말해서 우리 조부모님은 유럽 분이세요."

"정말요?" 그는 마치 내가 우리 조부모님이 위구르족의 목동이라고 말한 것처럼 반응했다.

"그래요. 미국으로 온 많은 이민자처럼 동유럽 출신이에요. 그러니까 단 2세대 만에 유전자가 급격하게 진화해 내가 다른 유럽인보다 훨씬 강해졌을 것 같진 않아요. 게다가 유럽인들도 강한 사람들이 많아요. 프로레슬링 선수인 앙드레 더 자이언트를 봐요. 그 사람은 프랑스 사람이에요."

"난 거인이 아니라 보통 사람을 말한 거였어요." 조나스가 말했다.

우리의 대화는 이어서 다양한 인종이 섞인 용광로인 미국이란 주제로 넘어갔다. 조나스는 오타레소 역시 인종의 용광로로 베냉과 토고에서 온 이민자들의 피난처라는 사실을 알려 줬다.

"그래서 우리가 그렇게 싹싹한 겁니다. 우리도 외국인이기 때문에 외국인들에게 친절한 거죠."

본채로 돌아온 우리는 작업복을 벗고 저녁을 먹기 전에 목욕을 했다.

"저런 식으로 트럭 바닥에 부츠를 놔두면 안 돼요." 내가 사이드 미러를 보면서 빗질을 하고 있을 때 조나스가 말했다. "누가 와서 훔쳐 갈 수도 있어요."

서로 가족같이 다 알고 지내는데 그런 걱정을 한다는 게 이상했다.

"이 마을에 나쁜 사람이 있나요?" 내가 물었다.

"아뇨, 나쁜 사람은 없어요. 하지만 사람 일이란 모르는 거니까."

(몇 달 뒤에 누군가 한밤중에 조나스와 레베카의 가게에 들어와 물건을 몽땅 훔쳐 갔다.)

저녁으로 아주 많은 전분과 브라운 수프가 나왔다. 또다시 여자들이 저녁 시중을 들었다. 라디오에서 튀어로 축구 경기 중계가 흘러나왔다. 나는 호기심 어린 눈길로 나를 계속 보고 있던 동네 꼬마와 대화를 시도했다.

"걔는 영어를 못해요. 학교 안 다녀요." 몇 살 위의 남자아이가 말했다.

그 꼬맹이는 계속 날 쳐다봤다. 나는 소년에게 축구를 좋아하느냐고 묻자 포비아 게임 중계를 듣는다고 대답했다. 포비아는 아크라 프리미어리그 축구팀 별명이다. 나는 축구를 직접 하는 것도 좋아하느냐고 물었다.

"하고 싶지만 마을에 축구공이 없어요." 소년이 대답했다.

적도에서 5도 위인 이곳은 해가 빨리 지면서 곧바로 어두워진다. 해가 지면서 나도 기운이 쑥 빠졌다. 사실 기진맥진했다. 조나스와 내가 손전등을 빙빙 돌리면서 걸어가는 사이에 마을 전체가 갑자기 밤의 어둠 속으로 사라진 것 같다고 내가 말했다.

"곧 빛이 들어올 겁니다. 우리 마을에 전기가 들어온다고 했어요." 조나스가 말했다.

사실 정치가들이 뭐라고 약속해도 현실에서는 이뤄지지 않는다. 이런 시골 마을에 전기가 곧 들어오는 일은 없을 것이다. 하지만 가나의 어딜 가든, 사람들은 항상 이렇게 말했다. "곧 전기가 들어온대요. 우리가 다음 차례래요. 금방 들어온대요."라고.

전기 대신 이곳엔 별들이 있다. 달도 없이 밤하늘은 맑았고, 은하수가 하늘을 둘로 갈라놨다. 별들이 남쪽 지평선을 따라 흐려졌고, 전깃불이 들어오는 환한 아크라가 검은 하늘을 지워 버렸다. 그리고 서쪽 지평선을 따라 아콰핌 절벽 위에서 거물들이 사는 저택의 불빛이 켜지기 시작했다.

제 7 장

모기 물린 자국 백만 개

2009년 여름
환금 작물

카카오 감정가.
헤이퍼드가 벌어진 꼬투리 속에 있는
카카오 콩들을 검사하고 있다.

GHANA

카카오 맨

일주일 후에 나는 부로가 초창기에 고용한 에이전트 중 한 명이면서 최고령자인 예순네 살 헤이퍼드 아테 테테와 소퀜야라는 마을에서 지내기로 했다. 농부인 헤이퍼드는 가-아당베 민족의 일원인 샤이족이다. 아크라에 정착한 고대 누비아 어부들의 후손을 뭉뚱그려 한 민족으로 칭하긴 하지만, 가와 아당베 부족은 가어와 당베어라는 각기 다른 언어를 쓰고 있다. 이 두 언어는 서로 통하지 않는다. 조나스가 사는 마을처럼 소퀜야 역시 극히 다문화적인 곳이다. 샤이족이 많이 살고 있지만 추장은 아콰핌족이다.

소퀜야는 장이 서는 마을인 아도소 서쪽으로 몇 킬로미터 떨어진, 한때는 포장도로였지만 지금은 통행 불가인 흙길에서 좀 떨어진 곳에 있다. 그날 아침 아도소에서 헤이퍼드를 만났다. 거기서 그는 '플로리다'라는 단어가 새겨진 붉은 싸구려 숄더백에 건전지를 넣어 자전거로 배달하고 있었다. 우리는 자전거를 트럭 뒤에 싣고, 사륜구동으로 바꾼 후

203

에 시내를 빠져나왔다.

뻣뻣한 은발에 항상 미소를 잃지 않는 헤이퍼드는 내가 지금까지 만난 사람 중에서 가장 유쾌하다. 가나 사람이 성격 좋은 건 타고난 것 같은데 그중에서도 헤이퍼드는 유독 더 그랬다. 그는 언제고 대화하다 공감이 가거나 뜻이 맞을 때 웃으면서 악수를 하자고 손을 내민다. 마치 "내 생각도 그래요. 그러니 악수합시다!" 이렇게 말하는 것 같다. 예를 들어 내가 한때 뉴욕에서 살았다고 하자 헤이퍼드는 뉴욕에 사촌이 산다면서 껄껄 웃으며 공모자처럼 내 손을 쥐고 흔들었다. 헤이퍼드와 한 시간 정도 같이 있다 보면 이런 식으로 악수를 수십 번도 더 하게 된다.

사촌과 달리 헤이퍼드는 뉴욕에 한 번도 가 본 적이 없다. 가나 옆에 있는 토고에도 가 본 적이 없고, 그렇게 따지면 가나조차 제대로 여행해 본 적이 없다. 하지만 그는 10년간 받은 정규교육에 대한 자부심이 대단했다. 그는 대부분의 젊은 가나 사람들보다 영어를 훨씬 잘한다. 대화를 자유롭게 나눌 수 있을 정도다. 차를 타고 가는 동안 그는 미국의 인종 관계에 대해 강한 호기심을 보였다. 선거로 선출된 마을의 부추장인 그(그의 직위는 '여론을 조성하는 사람'이다)는 마을의 중요한 원로다. 그리고 장로교회 지도자이기도 하다.

"백인과 흑인이 잘 어울리나요?" 그가 물었다.

"좀 어려운 질문을 하시네요. 미국은 큰 나라예요. 어떤 곳에선 어울리기도 하지만, 잘 안 어울리는 곳도 있어요." 내가 대답했다.

"백인과 흑인이 결혼도 합니까?"

"가끔 하기도 하죠. 제 동생은 흑인 여성과 결혼했어요."

"휘트의 부인이 흑인이에요?"

"남동생이 한 명 더 있어요. 그리고 다는 아니지만 백인을 조상으로 둔 흑인도 많죠. 그 사람들은 당신처럼 그렇게 검지는 않아요."

헤이퍼드는 그 말을 듣자 껄껄 웃었고 우리는 다시 악수를 나눴다. 우리는 천천히 차를 몰고 갔다. 최근에 비가 많이 내려서 그렇지 않아도 열악한 도로가 진흙더미와 물구덩이로 변해 놀이 공원 수준이 돼 있었다. 진흙 속에 흙받기가 쑥 들어가서 승객들이 차를 빼내려고 안간힘을 쓰는 동안, 붉은 진흙을 사방에 튀기는 오지 택시와 트로트로가 몇 대 지나갔다.

때때로 우리는 행인이나 우리를 불러 세운 택시 승객을 태워 주기도 했다. 헤이퍼드는 사실상 길에서 만나는 사람을 전부 알고 있었다. 그렇게 만난 사람들을 태우고, 그들이 가지고 있는 플랜테인과 카사바 자루를 트럭에 실었다. 운전석이 다 찼을 때, 더 많은 사람이 농작물을 가지고 짐칸에 올라탔다. 우리 트럭은 곧 자전거 몇 대에다 산처럼 많은 사람들과 야채를 싣고 덜컹거리며 달리게 됐다.

뒷자리에 앉은 승객들은 영어를 잘하지 못하는 것 같아서 헤이퍼드와 나만 계속 대화를 나눴다.

"당신네 깜둥이들은 어디서 왔어요?" 미국 흑인들은 아프리카 어디서 왔느냐는 뜻으로 헤이퍼드가 물었다.

"온갖 곳에서 왔죠. 자기 출신을 아는 사람도 있지만, 대부분은 몰라요." 내가 대답했다.

"정말요?" 헤이퍼드는 그런 건 상상도 할 수 없는 듯했다.

"아주 오래전 일이니까요. 그리고 노예들은 과거를 잊고 살아야 하는 처지였으니까요. 지금 미국의 흑인들은 자신을 아프리카계 미국인이라고 생각합니다. 제가 아는 미국 흑인 중에 자신이 특정 아프리카 국가나 인종 그룹에 속해 있다고 생각하는 사람은 한 명도 없었어요."

"오바마가 있잖아요. 오바마는 케냐 출신인데."

"아, 오바마는 다르죠. 오바마나 그의 부인은 노예 출신이 아니잖아요. 제 생각에 오바마 부인도 자기 조상이 어디서 왔는지 모를 것 같은데. 와우!"

나는 급브레이크를 밟았다. 커브를 돌자 바로 눈앞에 진흙 길이 끝나면서 작은 호수 같은 게 나왔다. 도로가 그야말로 눈 깜짝할 사이에 사라지고 진흙투성이의 붉은 벽돌색 호수가 나타났다. 저쪽 호숫가 멀리 다시 도로가 이어지는 게 희미하게 보였다. 나는 헤이퍼드를 쳐다봤다.

"이제 어떻게 하죠?"

"괜찮아요. 그냥 갑시다."

"저 붉은 물을 헤치고요?"

나는 사람들과 농작물로 넘치는 트럭 뒤편을 백미러로 흘끗 봤다. 타타 픽업트럭이 물에 뜰 수 있을지 궁금했고, 그러지 않을 경우 휘트에게 트럭이 어떻게 호수에 가라앉았는지를 설명해야 했다.

"정말 그렇게 해요?"

호수 표면으로 물결이 일렁이고 있었다.

"가자니까요."

나는 사륜구동 고속 기어에서 저속 기어로 바꾸고 조금씩 앞으로 나아갔다. 그렇게 우리가 탄 트럭은 점점 더 물속 깊이 들어갔다. 차 문 주위로 물이 빙빙 소용돌이쳤다. 물살이 우리를 옆으로 미는 것이 느껴졌고, 이어서 내가 호수라고 생각했던 것이 사실은 물살이 빠른 강이라는 사실을 깨달았다. 이쯤 되자 트럭 뒤에 사람이 많이 탄 것이 차라리 다행이라 여겨졌다. 사람들의 무게가 해묘(물속에 투하하여 배의 표류를 막는 저항물–옮긴이) 역할을 해 트럭이 강물을 헤치고 나올 수 있도록 도와주기를 빌었다.

마침내 강을 빠져나왔고 그 후에도 몇 번 더 시내를 지나쳤다. 마침내 헤이퍼드가 오른쪽에 있는 정글 공터에 차를 세우라고 했다.

"여기서부터는 걸어야 해요." 그가 말했다.

트럭을 주차하자 승객들은 짐을 내리기 시작했다. 공터 건너편에서 남자 몇 명이 김이 펄펄 나는 가마솥을 들여다보며 일을 하고 있었다.

"여기서 알코올을 만들죠." 헤이퍼드가 말했다.

이 양조업의 핵심은 바로 장작불 위에 얹어 놓은, 봉인된 200리터의 양철 드럼통이다. 드럼통 속에서 야자주가 펄펄 끓다가 증발해 뚜껑에 설치된 긴 구리 튜브 안으로 들어가고 있었다. 이 튜브는 돌돌 말린 채 차가운 빗물로 가득 찬 또 다른 드럼통 두 개로 들어간다. 그러면 이 드럼통에서 기체가 알코올로 응결된다. 마지막에 놓은 드럼통 바닥에서 튜브가 나와 땅바닥에 파 놓은 구멍 위에 둔 커다란 플라스틱 물통에 있는 필터 깔때기로 들어간다. 정제되고 응축된 알코올이 튜브에서 똑똑 흘러서 깔때기를 통해 플라스틱 물통으로 들어갔다. 깔때기에 남은 액체 표면이 수은 같아 보이는 은빛 막으로 덮여 있어 필터를 쓴 건 현명한 처사였다. 나는 더러운 금속성 거품이 증류 과정에서 나오는 부산물인지 아니면 알코올 제조 과정에서 낡은 기름통을 써서 그런 건지 궁금했다.

"아주 독한 알코올이에요." 헤이퍼드가 말했다.

"필터에 있는 저건 뭐죠?" 내가 물었다.

"저건 그냥 버리는 거예요." 그는 정글을 향해 손을 흔들면서 아무것도 아니란 듯이 말했다. 그 표정이 마치 화학약품 공장의 홍보 담당자 같았다.

다행히 알코올 시음회는 오늘 아침 일정에 포함돼 있지 않았다. 조나스처럼 헤이퍼드 역시 즐겁게 밀주를 만들고 팔지만 본인은 손도 대지 않았다.

"갑시다."

그의 말에 우리는 짐을 챙겨서 정글로 나섰는데 길이 너무 좁아서 똑바로 서서 갈 수 없을 지경이었다. 곧 갈색 물살이 빠른 오소포누 강둑에 이르렀다. 거기엔 다리도 없었고, 여울의 깊은 부분을 가로질러 바위와 통나무 위로 거칠게 자른 목재가 불안하게 놓여 있었다.

"따라와요. 내가 발을 딛는 곳만 디뎌요."

그렇게 우리는 흔들거리는 널빤지 위를 천천히 걸어갔다. 헤이퍼드는 자신의 자전거를, 나는 침낭을 머리 위로 조심스럽게 들고 있었다. 절반쯤 가자 널빤지도 사라졌고 우리는 물속으로 들어갔다. 무릎 밑까지 올라온 농업용 고무장화 주위로 강물이 소용돌이치기 시작했다. 난 정말이지 장화에 물이 가득 차는 일만은 피하고 싶었지만 헤이퍼드는 신고 있는 장화에 구멍이 나 있어서 그런 건 별로 개의치 않는 것 같았다. 우린 무사히 건넜고, 강둑 멀리 떨어진 곳에서 잡초가 무성하게 자란 길이 800미터쯤 이어지다가 마을이 나왔다.

얼마 전 오타레소의 조나스 집에서 지내면서 가나의 혹독한 오지 생활에 대해 만반의 준비가 됐다고 생각했는데, 조나스의 마을은 헤이퍼드의 암울한 전초기지와 비교해 보면 지상낙원이었다는 사실을 곧 깨달았다. 오타레소가 높은 초원 지대에 자리 잡아 탁 트인 하늘에, 시원한 산들바람이 부는 경치가 멋진 곳이었다면, 소퀜야는 밀실 공포증이 생길 정도로 좁고 축축하고 어두웠다. 강바닥에 나무들이 빽빽하게 들어찬 협곡을 따라 마을들이 무질서하게 여기저기 흩어져 있었다. 마을엔 우물도 없었다. 물은 진흙투성이인 강에서 떠 오거나 빗물을 받아서 썼다. 공기(그것도 공기라고 할 수 있다면)는 숨이 막힐 정도로 습도가 높았는데, 마치 젖은 스펀지로 코와 입을 막고 숨을 쉬는 것 같았다. 생태학적으로 말라리아가 창궐할 수 있는 완벽한 환경이었고, 아주 작은 모기떼가 구름처럼 몰려다니면서 우리의 머리 위를 빙빙 돌며 진동하고 있었다.

하지만 인간이 살기에는 이렇게 끔찍해 보이는 환경이 카카오를 키우기에는 완벽한 곳이었다. 카카오는 따뜻하고 습한 지대, 대개 적도에서 15도 반경 이내에서 잘 자란다. 카카오는 헤이퍼드의 주요 환금 작물이자 사실 많은 부로 고객의 주 수입원이다. 고객의 수입원이 뭔지 알아 두는 게 중요하지 않겠는가. 헤이퍼드는 또 2,000제곱미터 정도 되는 땅에 옥수수와 카사바를 심었고, 플랜테인과 오크라, 토마토, 후추도 재배하고 있었다. 하지만 이렇게 넓은 땅에서 매년 마체테를 휘둘러서 수확을 하기엔 자신이 너무 나이가 들었다는 걸 헤이퍼드도 인정했다. 이제 그는 주로 소중한 카카오나무만 보살피고 있다.

"오늘 밤 여기서 지내요."

헤이퍼드가 말하는 사이에 구불구불한 길을 돌아가자 긴 주석 지붕을 얹은 오두막집이 나왔다. 무너져 가는 베이지색 벽 뒤의 갈라진 콘크리트 테라스에 말리려고 내놓은 카카오 콩이 보였다. 오두막집에 들어갔는데 방이 두 개 있었다. 헤이퍼드는 내가 잘 곳으로 바닥의 한 공간을 가리켰다. 나는 모기장을 치고 침낭을 폈다.

"난 이 방에서 태어났어요." 헤이퍼드는 자신이 쌍둥이라고 말했다.

그제야 그의 이름을 납득할 수 있었다. 가나에서는 쌍둥이 형제의 경우 형은 가운데 이름으로 아테, 동생은 라웨라고 쓴다.

지금 이 집은 헤이퍼드의 누나인 아그네스 소유로 돼 있는데, 아그네스는 마을에서 '여왕엄마'라는 지위에 있다. 명칭과 달리 여왕엄마란 추장의 어머니란 뜻이 아니다. 그보다는 마을 일에 대해 조언하고 족보에 관련된 모든 지식을 수호하는 사람이란 뜻이다. 그렇기 때문에 그녀는 추장을 고를 때 중요한 역할을 한다. 그리고 마을 사람들에게 존경받는다. 아그네스 역시 이런 관습에 익숙한 여성으로 체구가 크고 헤이퍼드처럼 사근사근해 보이진 않았다. 내가 악수를 하려고 손을 내밀자 아그네스는 내 발을 손으로 가리켰다.

"그 부츠 내놓게! 내 건 다 낡았어. 새것이 필요해."

"어, 그건 안 되겠는데요." 여왕엄마가 내게 지금 신고 있는, 단 하나밖에 없는 신발을 내놓으라고 했을 때 뭐라고 해야 할지 몰라 이렇게 대꾸했다.

잠시 어색한 침묵이 흘렀고 헤이퍼드가 가자고 말했을 때 기뻤다. 우리는 90미터 정도 걸어서 헤이퍼드의 집으로 갔다. 헤이퍼드의 아내인 로즈가 요리를 하기 위해 불을 보고 있었고, 장성한 딸인 도라가 양동이에다 빨래를 하고 있었다. 두 여인은 우리를 보고 미소를 짓더니 손을 흔들었다. 헤이퍼드는 집으로 들어가서 농사를 지을 때 입는 낡은 폴리에스테르 바지와 골프 셔츠로 갈아입고 나왔다. 내 휴대전화가 울려서 사라와 짧게 국제전화를 했다.

"당신 전화기가 참 마음에 들어요." 전화를 끊었을 때 도라가 말했다.

"고마워요."

아프리카 기준으로 봐서도 내 휴대전화는 특별한 부가 기능이 없는 싸구려여서 도라가 한 칭찬에 조금 의아했다. 예전에 한 번 본, 짝퉁인 게 분명한 아이폰('IPHONE'도 아니고 'IPHOUE'라고 적혀 있었고, 애플 상표 외에는 정품과 같은 점이 하나도 없었다) 말고는, 내 휴대전화는 개발도 상국에서 아무나 쉽게 구할 수 있는 아주 조잡한 것이었다.

"저도 하나 사 주실래요?" 도라가 말했다.

그때야 난 그녀의 의중을 알아차렸다. 가나에서 사람들이 뭔가를 칭찬하는 것은 종종 그것을 선물해 달라는 뜻이다. 휘트는 아프리카에서 공통적으로 쓰는 말 가운데 하나인 '좋아한다'는 말과 '원한다'라는 말이 같다는 사실을 몇 년 전 깨달았을 때 그런 점을 눈치챘다고 후에 말해 줬다. 분명 소퀜야에서는 뭘 공짜로 달라고 조르는 문화가 아직까지 굳건하게 남아 있었다.

휘트와 나는 가나에서 사람들이 구걸할 때 노숙자와 장애인이 아닌한 절대로 순순히 내주지 않겠다고 결심했다. 아프리카 동료들에 따르면 유감스럽게도 이런 사람이 점점 늘어나고 있다고 한다. 현대적인 생활 방식이 확산되면서 전통적인 가족의 가치가 파괴되고, 사회의 가장 취약층이 도움을 받을 수 있는 곳을 잃어 가면서 그렇게 된 것이다. 하지만 종종 신체 건강하고 생활이 비교적 안정된 사람도 돈이나 선물을 요구하는 경우가 있다. 서양 사람들이 그들을 불쌍히 여겨 쉽게 몇 달러를 던져 줄 것을 알기 때문에 그렇게 구걸하는 것이다. 거기에 재미를 붙인 사람들은 더 적극적으로 구걸하고, 결국엔 휘트가 애써 개발하려는 기업가 정신의 반대인 냉소주의만 커질 것이다.

"40세디 주면 내 것과 똑같은 휴대전화를 사서 가져다줄게요."

내 말에 도라는 인상을 쓰더니 빨래를 하러 갔다.

헤이퍼드는 마체테 세 자루를 들고 나타났는데 모두 용도가 달랐다. 그는 내 칼을 세심하게 살펴봤다. 조나스가 최근에 면도칼처럼 날카롭게 갈아 놨지만 헤이퍼드는 내 칼이 심란할 정도로 무디다고 했다. 그는 숫돌에 대고 내 칼을 족히 20분은 갈았다.

"이제 좀 났군. 갑시다."

헤이퍼드는 나무에 매어 놨던 염소 한 마리를 풀어서 큰 소리로 울어대는 그놈을 질질 끌면서 가파른 길을 걸어갔고, 나는 그 뒤를 바짝 따라갔다.

몇 분 후에 우리는 부들이 무성하게 자란 들판에 도착했다. 들판엔 송전선이 있었는데 그 전선이 헤이퍼드의 집을 지나갔지만 헤이퍼드가 사는 마을에는 전기가 들어오지 않았고 앞으로도 그럴 일은 없을 것 같았다. 우리는 염소를 덤불에 매어 놓고는 계속 갈 길을 갔다. 곧 좁은 강둑을 따라 길게 펼쳐진 카카오 농장에 도착했다.

카카오나무들은 웃자란 덤불처럼 작고 옹이가 진 데다 긴 타원형의 잎이 달려 있었다. 카카오 콩은 줄기에 피어난 꽃에서 나온 미식축구공 모양의 꼬투리 안에서 자란다. 품종에 따라 다르지만 이 꼬투리들이 25센티미터 정도 길이의 초록색으로 자라다 익으면 레몬처럼 노랗

거나 붉어진다. 환경만 맞으면 카카오나무는 75년 동안 콩을 생산할 수 있다. 하지만 사실 키우기 매우 까다로운 작물이다. 따뜻한 온도 외에도 매년 2,000밀리미터 정도의 강우량과 그늘이 있어야 한다. 그래서 그늘이 진 강둑이나, 플랜테인이나 바나나처럼 그늘을 만들 수 있는 넓은 잎이 달린 나무 밑에서 잘 자란다.

헤이퍼드는 마체테로 나무에 달린 꼬투리를 하나 세게 후려치더니 능숙하게 칼을 휘둘러 반으로 쪼갰다. 그리고 주름이 자글자글한 긴 손가락으로 쪼갠 꼬투리를 쥐었다. 그 속에 엄지손가락만 한 보라색 카카오 콩이 흰 섬유질의 과육 속에 묻혀 있었다. 카카오를 수확하려면 쓴맛이 나는 콩을 6일 동안 젖은 바나나 잎에 싸서 발효시켜야 섬유질이 제거되면서 맛이 나온다고 헤이퍼드가 설명했다. 그 뒤 햇볕에 콩을 5일 동안 말렸다가 가공업자에게 팔면 그들이 콩을 볶은 다음 껍질은 벗겨서 버린다고 했다. 남아 있는 부분은 떡잎이라고 하는데, 이 부분이 좀 더 섬세한 가공 공정(유고형분과 설탕을 첨가하는 과정까지 포함해서)을 거쳐 초콜릿이 된다. 끼니마다 초콜릿을 먹고 싶은 나 같은 사람에게는 헤이퍼드의 카카오 농장이 에덴동산 같았다.

"어서 가죠." 내가 말했다.

"먼저 기도부터 합시다." 헤이퍼드가 고개를 숙이며 말했다. "주님, 저희는 여기에 일하러 왔습니다. 그러니 아무 문제도 생기지 않도록 주님께서 보살펴 주소서."

공교롭게도, 헤이퍼드의 카카오나무에는 문제가 있었다. 비가 온 후에 가루 같은 흰곰팡이가 생긴 것이다.

"스프레이를 사야겠어요." 헤이퍼드가 말했다.

"살진균제 말이죠? 우리도 메인에서 과일나무에 같은 약을 써요. 하지만, 헤이퍼드. 이것 좀 보세요." 나는 덤불과 잡초가 두껍게 엉겨 있는 나무 밑동을 가리켰다. 최근에 비가 와 강물이 범람하면서 강에 떠다니던 잔해들이 카카오나무 몸통 주위를 친친 감고 있었다. "이것 봐요. 난 카카오에 대해선 일자무식이지만 이러면 나무한테 안 좋을 텐데요. 이것 때문에 숨통이 막힐 거고 그래서 흰곰팡이가 피는 거예요."

"맞네, 맞아. 이것부터 없애야겠어."

우리는 가지고 있던 마체테의 둥근 칼날 끝으로 덤불을 끌어당겨 주변의 잡초와 풀을 잘라 냈다. 그러고 난 후 헤이퍼드는 수풀을 헤치고 가서 큰 카카오나무 밑에 싹을 틔운 아주 작은 카카오 순을 캤다. 헤이퍼드가 새싹들은 햇볕이 좀 더 잘 드는 곳에 심어야 한다고 설명했다. 우리는 조심스럽게 잡초와 덤불을 정리하고 새싹 뿌리를 다듬은 후 잎을 쳐내서 새 줄기가 자랄 수 있도록 했다. 그러고는 날카로운 막대기로 땅을 파서 심었다.

"그럼 여기서 다음 주쯤 새 카카오나무가 자라나요?" 내가 물었다.

"하이고!"

"농담 아니에요. 이 나무에서 콩을 수확하려면 얼마나 걸릴까요?"

"한 2, 3년 걸려요."

"그렇게나 오래 걸려요?"

"그것도 아주 빨리 자라는 거예요. 어떤 잡종은 그것보다 더 빨리 자랄 수도 있고요."

우리는 시내 아래쪽으로 걸어가면서 마체테로 덤불과 잡초를 더 많이 쳐냈다. 모기들이 귀찮게 굴긴 했지만 나무 그늘 밑에서 일하는 건 즐거웠다.

"피곤해요?" 헤이퍼드가 물었다.

"아뇨. 괜찮아요." 설사 일사병으로 쓰러지기 직전이라도 이렇게 대답했겠지만, 진심이었다.

몇 분 후에 헤이퍼드가 다시 물었다.

"좀 쉬겠어요?"

"괜찮습니다."

헤이퍼드가 세 번째로 물었을 때에야 비로소 본인이 피곤해서 체면상 물어봤을 거란 생각이 들었다. 그래서 돌아가기로 했다.

헤이퍼드의 집에서 같이 차를 마시면서 라디오로 축구 게임 중계를 들었다. 헤이퍼드는 부로의 에이전트이면서 동시에 고객이었다. 전에는 건전지를 아끼느라 라디오를 잠깐씩 틀었지만 부로의 에이전트가 된 후로는 라디오를 하루 종일 틀어 놓는데 주로 가스펠 음악을 듣는다고 했다.

한 시간 정도 지난 후에 도라의 네 아들이 학교에서 돌아왔다. 헤이퍼드는 자식이 일곱이고 손자는 정확히 몇 명인지 모른다고 했다. 자식들 몇 명이 숲 속에 살고 있는데, 그 자식들이 아이를 몇이나 낳았는지 몰라서 그렇다고 헤이퍼드가 말했다. 헤이퍼드가 내 칼을 가는 동안 나는 수학 숙제를 하는 맥스웰, 애드제이, 아모스, 새뮤얼과 같이 벤치에 앉아 있었다. 막내인 애드제이는 머리에 5센트 동전만 한 분홍색 점이 특징인 백선이 사방에 나 있었고, 아이들 모두 온몸에 벌레에 물려 생긴 딱지가 덕지덕지 있었다.

"침대에 모기장 없어?" 내가 물었다.

"없어요. 모기장 치면 병 걸려요." 장남인 맥스웰이 대답했다.

도라가 손가락을 딱 쳐서 지시를 내리자 아이들은 코코넛을 주우러 잽싸게 달려갔다. 그리고 마체테로 코코넛 껍질을 벗겨 내일 장에 내다 팔 준비를 했는데 그 모습이 너무 아슬아슬해 보였다. 아무리 연습을 많이 해도 도저히 열 살짜리가 마체테를 안전하게 쓸 수 없을 거라는 생각이 들었다. 그래서 좀 보다가 차마 더는 볼 수 없어서 고개를 돌려 버렸다. 남자아이 하나가 교복을 입고 바람이 빠진 자전거를 끌고 집에 왔다. 아이는 집으로 들어가서 옷을 갈아입고는 자전거의 타이어를 고쳤다. 그러는 와중에 아이의 휴대전화가 울렸다. 아이는 타이어를 내려놓고는 뒤어로 몇 분 동안 통화했다.

저녁 시간이 돼서 헤이퍼드와 내가 먼저 푸푸와 닭고기 간과 모래주머니가 몇 조각 들어 있는 붉은색 야자열매 수프를 먹었다. 헤이퍼드는 내게 간을 먼저 먹으라고 권했다. 저녁을 먹고 난 후, 헤이퍼드가 나뭇가지로 이쑤시개를 두 개 만들어서 내게 하나를 건넸다. 그는 8시에 잠자리에 들었고, 나도 그렇게 했다.

내 방에 염소가 한 마리 들어오는 바람에 새벽에 일찍 깼다. 나는 염소를 쫓아 버리고 밖에 나가서 양치질을 했다. 새미라고 열 살 정도로 보이는 남자아이가 내게 인사를 하고 빗물이 담긴 플라스틱 컵을 건넸다. 아이는 왼쪽 집게손가락 절반이 없고, 나머지 손가락은 붕대에 친친 감겨 있었다.

"손가락이 왜 이러니?"

아이는 영어를 하지 못했다. 내가 다친 곳을 가리키자 아이는 또 다른 손으로 뭔가 자르는 시늉을 했다.

아침으로 달콤한 포리지와 빵을 헤이퍼드와 함께 먹으면서 내가 물었다.

"저 아이는 언제 손가락을 다쳤나요?"

"지난주 화요일. 단검을 가지고 카카오나무에 올라가서 왼손으로 나뭇가지를 잡고 내리쳤어요. 왼손잡이인데 오른손으로 칼을 쓰려고 하다가 다쳤지요."

나는 열 살짜리가 칼을 가지고 가지치기를 해선 안 될 것 같다는 말을 하려다 참았다. 가나 전역의 도로변에는 '아동 노동 없이도 농사를 지을 수 있다!'라는 표어가 있었다. 그럴 수도 있겠지만, 현실적이지 않은 말이었다. 툴레인대학교의 페이슨국제개발센터에서 2010년 9월 발표한 보고서에 따르면 가나와 그 옆의 코트디부아르에 있는 카카오 농장에서 수십만 명의 아이들이 일을 하고 있다고 한다. 그중 많은 아이가 인신매매의 희생자다.

"치료는 받았나요?"

"아도소에 병원이 하나 있어요."

우리가 왔던 길을 기억한 나는 길고 고통스러웠던 여정이 떠올랐다.

나는 코포리두아로 다시 돌아가야 했지만 헤이퍼드는 그 전에 목사인 동생을 만나 보길 원했다. 쌍둥이 동생이 아니라 '일요일에 태어난 아이'란 뜻의 크웨시라는 동생이었다. 우리는 크웨시의 집에 가서 야자 섬유로 만든 차양 밑에 있는 의자에 앉았다. 비가 올 것 같았다. 헤이퍼드는 긴 트렌치코트를 입고 온도가 섭씨 26도나 되는데도 춥다고 불평을 했다.

"기독교인이십니까?" 크웨시 목사가 물었다.

"천주교인으로 자랐죠."

"성령을 믿으십니까?"

"그것도 천주교 교리의 중요한 일부죠." 나는 그렇게 대답하면서 초등학교 2학년 때 배운 교리를 기억해 내려고 안간힘을 썼다.

크웨시는 그 말에 만족했는지 갑자기 화제를 바꾸었다.

"미국에서 카카오를 키우십니까?"

"아뇨, 아닙니다." 나는 성령에서 내게 좀 더 편한 주제인 농사로 화제가 넘어간 것에 안도하며 대답했다. "너무 추워서 남쪽에서도 카카오는 키울 수 없어요. 하와이에서도 안 됩니다."

"당신이 사는 곳에선 눈이 내립니까?"

"아주 많이 오죠. 겨울에는 호수가 얼어서 그 위로 걸어 다닐 수도 있어요."

"말도 안 되는 소리!"

"정말이에요. 물 위를 걷는 예수님처럼 걸을 수 있어요."

"하! 예수님처럼!"

"날씨가 아주 추워지면 얼음 위로 차도 다닐 수 있어요."

가나 사람들은 이 말을 도저히 이해할 수 없었다. 이들이 내 말을 농담으로 받아들이고 있다는 생각이 들었다.

"물론 그러다 얼음이 깨져서 차가 물속에 빠지는 일도 있죠."

내가 그렇게 덧붙이자 크웨시는 재미있는 이야기라고 생각했다. 물론 그런 일을 당하는 운전자에겐 재미없는 이야기겠지만.

헤이퍼드의 남동생에게는 수리해야 할 자전거가 한 대 있었다. 월마트에서 파는 중국제 자전거로, 반짝거리는 페인트칠에 짝퉁 영문 브랜드가 찍힌 게 아니라 중국인들이 타고 다니는, 단순한 검은색에 중국 상표가 찍힌 자전거였다. 크웨시는 그 자전거를 시내에 있는 자전거 점포에 가지고 가서 수리해 줄 수 있는지 물었다. 나는 그러기로 하고 수리비로 10세디를 받았다. 자전거는 상태가 엉망이었다. 타이어에 바람이 빠지고, 테두리가 구부러지고, 브레이크 케이블도 없어졌고, 다른 곳도 처참한 상태였다. 미국은 물론이고 심지어 중국에서도 이런 자전거라면 버렸겠지만 가나에서는 사정이 달랐다. 나는 우리 집 근처에서 자전거 점포를 운영하는 미국인인 데이브 브래니건을 만날 기대에 부풀었다.

죄책감

코포리두아 시내로 돌아온 나는 그 형편없는 자전거를 간신히 끌고 길을 건너 데이브가 운영하는 비영리 사업체인 '능력자전거' 상점을 찾아갔다. 자전거의 테두리가 너무 심하게 휘어져서 가는 내내 아프리카 북을 치는 것 같은 소리가 났다. 가게에는 아프리카 사람이 세 명 있었는데 여자 하나, 남자 둘로 모두 소아마비 때문에 알루미늄 재질의 목발을 짚고 다양한 형태로 망가진 자전거를 수리하는 데 열중하고 있었다. 가게 앞에서 30대 중반에 한쪽 눈 밑에 생긴 지 얼마 안 되는 고약한 흉터가 있는 금발의 백인 남자가 자전거를 수리하고 있었다.

"안녕하세요. 이 자전거로 사이클 대회에 나갈까 하는데 좀 봐주시겠어요?"

백인 남자가 나를 올려다보더니 한 손을 내밀었다.

"휘트 형님이시군요."

"맥스라고 합니다. 데이브죠?"

"반갑습니다. 휘트는 어디 있나요?"

"중국에서 미션 임파서블을 수행 중이에요. 20달러짜리 손전등을 50센트에 만들어 줄 공장을 찾아다니느라 바빠요. 중국 하니 생각났는데 여기 끝내주는 중국제가 있습니다."

데이브는 자전거를 살펴보더니 땅이 꺼져라 한숨을 쉬었다.

"타이밍이 안 좋은데요. 자전거 컨테이너가 들어와서 제가 테마에 가야 하거든요. 수리해야 할 자전거가 산더미로 들어온 거죠. 어쨌든 한번 보죠."

데이브는 미국의 자선단체에서 보낸 자전거(쓰레기통에 가는 신세를 면한 자전거 잔해)를 받아서 저렴하게 수리해 이곳 아프리카 소비자들에게 판다. 그렇게 수리하는 중에 장애가 있는 아프리카 사람들에게 자전거를 수리하는 법을 가르친다. 구걸을 하는 것 외에는 다른 생계 수단이 없는 사람들에게 기술 훈련을 시키는 사업체인 셈이다. 그 사업은 미국의 도시뿐 아니라 전 세계의 빈국에서 자전거를 통해 사람들에게 힘을 실어 주자는, '폭탄이아닌자전거'라는 이름의 보스턴의 한 단체와 제휴하고 있다.

"고마워요, 데이브. 그건 그렇고 우리 에이전트가 자전거 수리비로 10세디를 줬는데." 내가 말했다.

"그거로는 힘들겠는데요." 데이비드는 허리를 숙이고 엉망으로 뒤틀린 자전거를 뜯어보면서 말했다. "어디 보자…… 튜브와 타이어도 다시 갈아야겠네요. 공짜로 쓸 수 있는 중고 타이어가 몇 개 있고, 저렴한 중국산 튜브를 쓰면 몇 세디 깎아 줄 수 있어요. 테두리도 새로 바꾸는 것보다는 펴는 게 나을 것 같고. 이 정도면 탈 수 있겠어요. 브레이크 케이블은 쓰던 게 있고, 앞쪽 브레이크는 새로 바꿔야 해요. 기름칠도 해야 하고, 한 시간 정도 작업하면…… 19세디 정도 나올 것 같은데요."

"그렇게 합시다."

데이브가 직원을 둘러보며 물었다.

"이번 주말에 이 자전거를 손봐 줄 사람 있어요?"

"제가 할게요." 젓가락 같은 다리에 목발을 짚고, 붉은 아스널 축구 저지 셔츠 밑으로 보디빌더 같은 근육질의 가슴이 튀어나온 남자가 대답했다.

나는 데이브에게 고맙다고 인사하고는 집으로 돌아와 뜨거운 물로 샤워를 했다. 집에 가는 길에 일을 마치고 돌아오던 케빈과 우연히 마주쳤다.

"헤이퍼드가 그러는데 아주 열심히 일했다면서요." 케빈이 말했다.

"사실은 더 하고 싶었는데 헤이퍼드가 지친 것 같아서."

"아, 헤이퍼드가 그 말도 했어요. 헤이퍼드는 당신이 마체테로 자기 다리를 자를까 봐 겁이 나서 쉬자고 했다던데요."

집으로 돌아온 나는 샤워기 밑에 서서 소퀜야의 진흙이 소용돌이치면서 배수구로 빠져나가는 걸 보며 어질어질할 정도로 편안해지는 동시에 죄책감을 느꼈다. 아프리카에 있는 백인은 거의 모든 일에 죄책감을 느낄 수 있다. 조나스와 헤이퍼드 같은 사람이 양동이 물을 끼얹어 목욕할 때 뜨거운 물로 샤워하는 것에 죄책감을 느낄 수도 있고, 머리를 감을 때 컨디셔너를 쓰는 것도 죄스럽고, 해가 진 후에 전깃불을 켜고 부실하지만 그럭저럭 작동되는 가스레인지에서 요리를 하는 것도 마음이 편하지 않고, 호텔 레스토랑으로 차를 몰고 가서 맛은 형편 없지만 먹을 수는 있는 스테이크를 사 먹는 것도 죄스럽다. 내 몫으로 나온 닭 뼈를 씹어 먹지 않은 것도 미안하고, 수리비를 내가 다 낼 수 있는데도 헤이퍼드에게 10세디를 받은 것도, 여왕엄마에게 신고 있던 작업 부츠를 주고 다른 많은 아프리카 사람들이 매일 그러고 다니는 것처럼 맨발로 다니지 않은 것도 죄스럽다. 그리고 자식들의 손에 칼을 쥐여 일을 시킬 정도로 가난한 사람을 상대로 돈을 벌려고 하는 것도 미안하고, 내가 미국의 집으로 돌아갈 수 있다는 것도 죄스러웠다.

그렇다. 아프리카에서는 죄책감을 느끼기가 아주 쉬웠다. 하지만 동시에 휘트가 사람들에게 일자리를 주고 기술을 가르치고 있다는 사실을 잊기도 쉬웠다. 내가 헤이퍼드와 조나스에게 멋진 선물(가나에서는 구할 수 없는 콜맨 손전등)을 줬고, 내 신체 일부를 절단하지 않은 채 그들의 농장에서 일한 것도 잊기 쉬웠다. 그리고 내가 집에서 아주 멀리 떨어진 위험한 곳에 있다는 것도. 이런 복잡하고 모순된 감정이 일시에 일어났다가 샤워기 배수구를 따라 흘러가는 붉은 진흙처럼 삽시간에 사라졌고, 남은 건 모기 물린 자국 백만 개뿐이었다.

제8장

파워 파워

2009년 9월
품질 관리

부두교 사제가 흑마법으로
부로 사업을 변화시키는 그림이라고
내가 주장하자 동생이 반박했다.

개성의 위기

충전할 수 있는 건전지는 많은 면에서 사람과 비슷하다. 영양분을 잘 공급해야 하고, 적당한 실내 온도를 유지해야 하며, 니켈 전지일 경우에는 '메모리 현상'이 일어나지 않도록 규칙적으로 운동을 해 줘야 한다. 각기 다른 건전지는 그만의 독특한 성격을 발달시키는 것처럼 보인다.

건전지도 사람처럼 영양분을 잘 공급하고 규칙적으로 운동을 해 줘야 한다는 이론은 나도 받아들일 수 있다. 내가 혼란스러워한 건 마지막 문장이었다.

나는 베란다에 나와서 건전지계의 바이블인 이지도어 부흐만의 책 《이동 세계의 건전지Batteries in a Portable World》를 읽으면서 부로 사업의 핵심 제품에 대해 더 알아보고자 했다. 부흐만은 스위스 출신의 캐나다 발명가로 휘트에 따르면 휴대전화 제조업자들이 고삐 풀린 듯이 늘어나는 건전지 반품을 통제할 수 있도록 도와줘서 휴대전화 사업 초창기에 돈을 꽤 벌었다고 한다. 부흐만은 겉으로 보기에 품질이 우수한 건전지가 작동하지 않는 이유를 밝혀내고 건전지를 분석하고 수리하는 방법을 고안해 냈다. 기술적인 문제라면 환장하고 달려드는 휘트는 이런 책을 아주 좋아한다. 그래서 부흐만에게 전화도 하고 이메일을 주고받더니, 시애틀로 돌아가는 길에 캐나다 국경 근처에서 그와 점심까지 함께했다. 반면 나는 부흐만의 책이 하품이 나올 정도로 따분하고 기술적인 내용 일색일 거라고 생각했다. 그런데 이 책은 놀랍게도 제법 읽을 만했다.

부흐만의 말을 글자 그대로 믿을 수 있다면(그는 적어도 정확한 사실을 쓰는 작가이다) 건전지는 단순히 좋거나, 나쁘거나, 강하거나, 약한 존재가 아니다. 그는 각각의 건전지가 그만의 성격을 발달시킨다고 말했다. 생각해 보면 성격이란 무수하다. 즉, 부흐만의 비유를 받아들이면 건전지가 변덕스럽거나, 고집이 세거나, 우울해하거나, 호기심이 많은 등의 유형이 있다는 악몽과도 같은 결론이 나온다. 내가 예를 든 것은 그래 봐야 네 가지밖에 안 된다. 더 심각한 것은 사람들에게 제대로 인정받지 못한 비행 청소년이 소년원에서 좀 더 거친 아이들을 만나 범죄자의 길을 걸어가는 것처럼, 완벽하게 성능이 우수한 건전지도 제대로 작동되지 않는 불량 건전지 근처에 있으면 그 영향을 받아 망가질 수 있다. 나쁜 성격이 주위에 나쁜 영향을 미치는 것이다. 만약 세상에 있는 모든 건전지가 지구를 정복하기 위해 A형 개성을 가진 건전지 밑에 연대한다면 세상이 어떻게 될지 한번 상상해 보라. 식민지 시대에 지배자들이 아프리카 사람들에게 행한 그 방법을 그대로 따라 해서 전제적인 독재자들이 배출됐던 아프리카에서 그런 일이 벌어질 가능성은 농후하다. 그러면 어떻게 될까? 조심하는 수밖에 달리 대안이 없다. 나로선 건전지들이 연대해서 그런 모략을 꾸몄을 때 세상이 어떻게 될지 상상이 되지 않는다. 대부분의 사람처럼 건전지가 작동이 안 되면 욕 한 번 하고 버리면 된다고 생각하면서 살아왔으니까.

2009년 가을이 되자 이 건전지의 개성이 부로의 큰 문제로 부상했다. 여름에 잰과 휘트는 건전지에 문제가 생긴 걸 감지했다. 고객들이 건전지 수명이 눈에 띄게 짧다고 불평하고 있다고 에이전트들이 전했다. 어느 날 현장을 돌아보고 온 케빈이 말했다.

"걱정이에요. 고객들의 불평이 듣기 싫어서 에이전트들이 현장에 나가서 제품을 팔고 싶지 않다는데요."

사무실에서 테스트할 때는 완벽하게 작동됐기 때문에 우리로선 도무지 그 상황을 이해할 수 없었다. 이 테스트가 아주 과학적이지 않다는 건 인정한다. 우리는 정교한 전자 분석 장비 없이 기본적으로 방전 사이클(충전기에 있는 기능 중 하나로 충전 방식과 반대로 전류 흐름을 바꿔주는 것)에 따라 건전지를 작동시키면서 방전될 때까지 시간을 재는 식으로 테스트를 실시했다. 우리 건전지 용량은 '2,300mAh(밀리암페어아워)'라고 표기된다. 하지만 실제적으로는 건전지 하나당 1,800밀리암페어아워 정도로 예상하는 것이 적당하다고 휘트가 말했다(예로 차의 공식적인 연비와 어느 정도 차를 쓴 후에 실제 도로로 나갔을 때의 연비가 다른 것과 유사하다고 보면 된다). 테스트 결과 우리 건전지의 방전율이 시간당 300밀리암페어니까, 제대로 된 건전지라면 완전히 방전될 때까지 여섯 시간이 걸린다.

테스트 결과 완전히 방전되는 데 여섯 시간이 걸렸다.

그러니까 우리 건전지는 제대로 작동되고 있다는 말이었지만, 잰은 확실히 해 두기 위해 새 건전지를 다양한 손전등과 라디오에 넣고 작동시킨 후에 방전될 때까지 시간을 쟀다. 우리가 6월에 도착한 직후 이 모든 테스트가 시작됐는데 테스트 결과 타이거헤드만큼 우리 건전지 성능도 우수했다. 그런데도 고객들의 불만은 끊이지 않았다. 도대체 무슨 일이 일어난 걸까? 도대체 우리의 상대는 어떤 괴이한 개성의 소유자란 말인가?

동물 전기

건전지는 1800년 이탈리아 코모의 물리학 교수인 알레산드로 볼타가 발명했다. 볼타는 두 개의 다른 금속에 개구리 다리를 연결했을 때 개구리 다리가 씰룩거린 것을 관찰한 볼로냐의 물리학자 루이지 갈바니의 실험을 연구했다. 갈바니는 그 현상이 자신이 명명한 '동물 전기' 때문에 일어났다고 생각했지만 볼타는 개구리의 다리에 있는 수분이 실제로 전자이동(두 금속 사이의 화학반응), 즉 전하를 야기했다는 걸 깨달았다. 다시 말하면 화학에너지가 전기에너지로 전환된 것이다. 볼타는 갈바니의 실험을 더 세련되게 다듬어서 개구리 다리 대신에 식염수에 흠뻑 적신 압지를 이용해 유리 튜브 안에 넣은 구리판과 아연판 사이에 안정적인 전류의 흐름을 만들어 냈다. 볼타 전지라고 알려진 이 전지는 사실 그 자체로는 실용적이지 않다. 크고, 손상되기 쉬우며, 내부에서 식염수(전해액이라고 한다)가 새기 쉬운데 그로 인해 누전이 된다. 이 전지는 또한 수소 가스 거품이 발생하는 경향이 있는데 이렇게 되면 폭발하기도 쉬울 뿐 아니라 전지의 내부저항이 증가하고 수명도 한 시간 정도로 제한된다.

하지만 그 원리는 혁명적이었다. 영국의 물리학자인 마이클 패러데이가 1831년에 발전기를 발명했던 걸 생각해 보면, 볼타 전지는 인류 최초로 지속적으로 전기를 공급하는 물체를 대표한다고 할 수 있다. 현재(적어도 현대 서구에서는) 우리는 건전지를 전기의 편리한 대체품으로 생각하지만 사실은 건전지가 먼저 발명됐다. 패러데이가 자신이 개발한 최초의 전자 발전기를 선보이고 있을 때, 볼타가 설계한 건전지는 지속적으로 개선돼서 아주 오랫동안은 아니지만 방을 밝힐 수 있게 일정 시간 전기를 공급하는 수준이었다.

그러다 특별한 일이 일어났다. 1859년 프랑스 물리학자인 가스통 플랑테가 볼타 전지의 구리판과 아연판 전극을 납판과 이산화납판으로 교체했다. 그리고 전해액으로 묽은 황산을 사용했다. 황산이 두 가지 형태의 납과 상호작용을 일으켜서 이전에 나온 전지와는 달리 안정적이고 지속적인 전류를 만들어 냈다. 플랑테의 납축전지는 실질적인 용도가 많은 발명품이었다. 150년 된 그의 발명품은 지금 당신의 차에 있는 배터리와 실질적으로는 같은 물건이다. 하지만 그는 단순히 최초의 실용적인 건전지를 발명한 것 이상의 쾌거를 이뤄 냈다. 플랑테는 납축전지를 다 쓰면 전류의 흐름을 거꾸로 돌려서 이 전지를 다시 쓸 수 있다는 걸 깨달았다. 이렇게 한 번에 충전할 수 있는 건전지 또한 발명해 낸 것이다.

1880년대에는 건전지(탄소와 아연으로 만든)가 개발되면서 휴대할 수 있는 작은 건전지가 만들어졌다. 건전지라는 말은 완벽하게 건조됐다는 뜻이 아니라 납축전지 속에 있는 액체에 비해 상대적으로 건조하다는 의미다. 하지만 건전지 역시 수명이 다 되면 끈적끈적한 부식성 전해액이 새어 나온다. 1898년 내셔널카본컴퍼니에서 최초의 망가니즈 건전지를 출시했는데, 그다음 모델이 바로 현재 가나에서 판매되는 타이거헤드다.

1899년 스웨덴의 발명가 융그너가 세계 최초로 재충전이 가능한 니켈-카드뮴 전지를 개발했지만 가격이 비싼 데다 내부 가스를 배출해야 하는 특성상 비실용적이었다. 1940년대 후반에 이르러서야 이런 단점을 개선한 새로운 형태의 전지(니켈-카드뮴 전지)가 개발되면서 충전할 수 있는 건전지 시장이 열렸다.

이 새 전지는 수십 년 동안 충전용 전지 시장을 지배하며 강자로 떠올랐다. 이 전지는 상대적으로 저렴하고, 수명이 길며, 전기가 많이 들어가는 고용량 제품에도 쓸 수 있다. 또한 충전 속도도 빠르고, 보관도 용이하며, 1,000번 이상을 재충전할 수 있다. 하지만 단점도 있다. 에너지 밀도가 낮아서 전지의 크기와 무게에 따라 쓸 수 있는 전력량이 달라진다는 것이다. 니켈-카드뮴 전지는 또한 전지판에 결정체가 생겨서 시간이 흐르면 충전 능력이 떨어진다. 이와 비슷한 현상으로 '메모리 현상'이 있는데 완전히 방전되지 않은 상태에서 반복적으로 충전을 하면 문제가 발생할 수 있다. 마지막으로 카드뮴은 환경에 악영향을 미치는 독성 물질로 이 전지를 운송, 폐기하는 것이 심각한 문제로 떠오르고 있다.

그다음으로 건전지 발전사에서 중요한 사건은 1980년대 니켈-수소 합금 전지의 개발이다. 이 전지는 니켈-카드뮴 전지에 비해 몇 가지 장점이 있는데, 주로 메모리 효과가 적으며, 에너지 밀도가 40퍼센트 정도 더 높고(즉, 전지 크기가 작아도 동급의 전력을 공급하고), 독성이 비교적 약하며, 폐기 처리와 운송이 용이하다는 점이 있다. 하지만 이 전지도 약점이 있다. 니켈-수소 합금 전지는 니켈-카드뮴 전지만큼 수명이 길지 않다(충전은 대략 300번 정도 가능하다). 그리고 고용량 제품에는 쓸 수 없으며(즉, 전기기구에 사용하기는 부적합하다) 에너지 잔량이 거의 남지 않을 때까지 과도하게 사용하면 그만큼 수명이 줄어든다. 게다가 충전 시간도 오래 걸리고 충전할 때 열도 많이 난다. 사용하지 않고 보관하고 있을 때 자체적으로 방전되는 경향도 다른 전지보다 더 크다. 마지막으로 니켈-카드뮴 전지보다 20퍼센트 정도 가격이 더 비싼데 기술이 발전하고 시장 장악력이 높아지면서 이 차이는 점점 좁혀지고 있다.

니켈-수소 합금 전지의 단점을 모두 고려해 봤을 때 언제든지 쓸 수 있는 구관인 니켈-카드뮴 전지가 가나에서는 더 적합한 제품이라고 생각할 수도 있을 것이다. 하지만 휘트는 니켈-카드뮴 전지의 에너지 밀도가 낮다는 이유로 퇴짜를 놨다. 이 전지로는 AA 크기로 D 사이즈 건전지의 전력량을 내기가 불가능했던 것이다. 부로 사업 모델의 핵심적 특징 중 하나가 바로 전지 하나로 두 개의 전력량을 낸다는 것이었다. 즉, D 건전지로 돌아가는 전기 장치에 AA 크기 건전지 하나만 들어가도 작동되는 어댑터를 끼워서 쓸 수 있다는 것이었다. 그리고 환경 문제도 있었다. 휘트가 말했다.

"난 아프리카로 몇십 톤씩 되는 카드뮴을 끌어들이고 싶지 않거든. 그건 절대 사양이야."

반면 니켈-수소 합금 전지는 친환경적이고 에너지 밀도가 높아 크기는 작아도 높은 전력을 낼 수 있기 때문에 처음부터 유일한 선택이었던 셈이다. 노트북과 휴대전화에 사용되는 리튬-이온 전지는 가볍고, 용량도 크고, 메모리 현상도 발생하지 않는다. 하지만 비싸고, 손상되기 쉬우며, 전기 회로망이 복잡하다. 거기다 부로 고객들이 가지고 있는 거대한 전기기구에는 적합하지 않다.

배터리실에서 보낸 밤들

휘트는 중국에서 일련의 최첨단 시험 장비를 가지고 7월에 돌아왔다. 직렬 포트 접속기가 달린 건전지 분석기와, 암페어나 볼트*를 꾸준히 공급할 수 있도록 조절 가능한 직류전원 공급기를 가지고 들어온 것이다. 이 장치를 이용해서 휘트는 손전등이나 라디오 같은 모든 장치의 전기 부하를 모방해서 건전지에 눈금을 매겨 계산된 부하만큼 작동시킬 수 있다. 그 후, 그 건전지의 용량이 다 떨어질 때까지, 다시 말하면 전압이 낮아서 쓸 수 없을 때까지 얼마나 걸리는지를 모니터 할 수 있게 된 것이다. 그 과정이 휘트의 노트북에 그래프로 기록됐다.

휘트는 중국제 싸구려 LED 손전등(부로 고객이 많이 쓰는 종류로 코포리두아 시장에서 산 것)을 직류전원 공급기에 연결했다. 손전등을 켜려면 원래 1.5볼트 D 사이즈 건전지 두 개가 들어가야 하기 때문에 휘트

• 암페어는 전류 측정 단위로 종종 호스를 통과하는 물의 양에 비유된다. 호스가 클수록 물이 더 많이 흐르는 것이다. 볼트는 전압의 측정 단위로, 호스 속을 흐르는 물의 압력과 같다.

는 전압을 3볼트로 맞춰 놨다. 불빛이 밝고 환했다. 그런 다음에 휘트는 전압 다이얼을 조금씩 낮추면서 불빛이 점차 희미해지는 걸 지켜봤다. 1볼트까지(그러니까 건전지 하나당 0.5볼트라는 소리다) 내려가자 손전등에서 나오는 불빛이 아주 희미했다. 방의 불을 끄자(그때가 밤이었다) 오렌지색 손전등 불빛 아래에 있는 우리 모습이 거의 보이지 않았다. 불빛이 촛불보다 더 약했다.

"여기가 쓸 수 있는 조명의 한계라고 할 수 있겠군. 이걸로는 제대로 일을 할 수도 없어. 책도 읽을 수 없잖아. 그래도 밤에 이걸 켜고 돌아다닐 수 있다는 사람도 있겠지. 어쨌든 이걸로 건전지는 죽었다고 봐야지." 휘트가 말했다.

"나도 동의한다." 내가 대꾸했다.

1볼트로 내려가면 손전등 불빛은 더는 쓸모가 없어진다는 사실을 안 휘트는 이제 다양한 전지가 쓸 수 있을 정도로 불을 밝힐 때 전력 소모량이 어느 정도인지 측정할 수 있게 됐다. 즉, 전구가 지속적으로 빨아들이는 전력이 적어도 0.5볼트(건전지가 두 개가 들어간다고 했을 때) 이상은 나와야 한다는 사실을 알게 된 것이다. 휘트는 새 타이거헤드 건전지 하나를 분석기에 연결하고 노트북 인터페이스에 변수를 다음과 같이 적용시켰다. 처음에는 1.5볼트로 했다가 전압을 서서히 낮춰서 0.5볼트까지 적용했다.

"이 과정에 걸리는 시간을 재면서 어떤 결과가 나오는지 봐야지. 그리고 부로 건전지는 최고 전압인 1.2볼트부터 시작해서 똑같이 해 보고."

다음 날 오후에 결과가 나왔다. 타이거헤드와 부로 건전지는 결과가 비슷하게 나왔다. 부로는 타이거헤드보다 약 20분 정도 더 오래갔다.

233

무엇보다 두 제품 사이의 큰 차이는 그래프 차트에 나온 것처럼 성능이었다. 타이거헤드는 처음에는 부로의 1.2볼트보다 더 높은 전압인 1.5볼트에서 시작했기 때문에 확실히 더 밝았다. 하지만 48분이 지나자 1.2볼트 밑으로 전압이 떨어졌다. 그와 대조적으로 부로는 여섯 시간 넘게 1.2볼트의 전압을 유지했다. 사실상 건전지가 완전히 다 방전되기 전까지 내내 같은 전압을 유지했다고 할 수 있다. 다시 말해 타이거헤드는 처음 48분 동안 더 밝았지만, 부로는 그 후 다섯 시간 넘게 더 밝았던 것이다. 그래프를 보면 이런 차이가 뚜렷하다. 타이거헤드의 전력은 처음부터 꾸준하게 줄어들었지만 부로의 그래프는 여섯 시간 동안 사실상 그대로 유지되다가 끝에 가서 급격히 떨어졌다. 부로는 고객들에게 한 약속 그대로 더 많은 전원을 공급한 것이다. (나중에 휘트는 LED 손전등이 전류를 지속적으로 흡수하는 것이 아니라 전압이 낮아질수록 소모하는 전류량이 작아진다는 사실을 알아냈다. 그 정보를 가지고 다시 테스트의 수치를 조정해서 실시하자 타이거헤드가 들어간 장치는 여섯 시간 동안 더 밝았고, 그 후로 부로가 약 20분 정도 더 밝았는데, 그 시점에서 타이거헤드는 원래 광도의 10분의 1정도로 약 이틀 동안 깜빡거리며 지속됐다.)

이건 희소식이었지만, 건전지에 대한 고객의 불만은 여전히 미스터리였다. 분명 모든 건전지가 기대에 부응하는 건 아니다. 휘트는 건전지를 분석기에 돌려 보기 시작했고, 평균 전원 용량의 20퍼센트가 손실됐다는 사실을 알아냈다. 사실 그건 놀랄 일은 아니었다. 충전용 건전지는 시간이 지나면 그렇게 되게 마련이고, 분석기에 돌린 건전지 중 일부는 거의 1년이 다 된 것이었다. 그래도 그 에너지 감소율은 휘트가 예상했던 것보다 훨씬 나빴다.

"우리 사업 모델은 건전지가 적어도 2년, 최대 3년까지 지속되는 걸 기본으로 하고 있단 말이야." 휘트가 씁쓸하게 말했다.

"대체 뭐가 문제일까?" 내가 물었다.

"원인이야 여러 가지라고 할 수 있지. 처음에 썼던 충전기 중 일부가 불량이라 건전지가 망가진 걸 수도 있고, 두 번째로 들어온 건전지가 5개월 동안 통 속에 들어가 있었던 것도 좋지 않았고."

중국에서 들어온 물건이 무능한 선적 에이전트 때문에 남아프리카의 더반에 있는 항구에 잡혀 있었다는 뜻이다. 그 건전지들은 공기도 안 통하는 금속 용기 속에서 몇 달 동안 묶여 있었다. 열은 니켈-수소 합금 전지를 손상시킬 수 있다.

"어쩌면 처음부터 품질 불량이었을지도 모르고." 휘트는 중국의 건전지 제조업자 중에 더 나은 사람을 찾기 위해 매일 새벽 5시에 일어나 메일을 쓰고 있었다. "그리고 솔직히 고객들의 사용 패턴도 건전지에 악영향을 미치고 있어. 이렇게 정교한 건전지를 온갖 조잡한 장치에 넣어서 쓰는 데다가 건전지가 작동하지 않을 때까지 막 쓰잖아. 그래서 사람들이 일회용 건전지를 쓰는 거야. 어떤 건전지는 완벽하게 방전된 상태로 우리에게 돌아오는데, 니켈-수소 합금 전지는 그렇게 방전되면 성능이 급격히 떨어져. 그러니까 어느 정도 에너지가 남았을 때 다시 충전하는 게 가장 좋아. 어떨 때는 사람들이 전류가 거꾸로 돌 때까지 쓰기도 하는데 그러면 정말 안 좋거든."

휘트는 불량으로 반품된 건전지를 수리하는 프로그램을 시작했다. 그는 저녁을 먹은 후에 몇 시간씩 배터리실에 있는 작은 책상 앞에 앉아서 불량 건전지를 방전시킨 후, 다시 충전하기 전에 작은 양의 전류를 흘려보내 건전지를 먼저 활성화시켰다. 대부분은 그렇게 하면 효과가 있었다. 수리된 건전지는 일반 건전지만큼의 성능을 회복해서 다시 고객들에게 임대했다. 하지만 일부는 수리도 할 수 없을 정도로, 심지어 이해할 수 없을 정도로 망가져 있었다.

"형, 이것 좀 봐."

나는 휘트의 어깨너머로 노트북을 들여다봤다.

"내가 방금 이걸 수리했더니 성능이 괜찮은 걸로 나왔거든. 그런데 이걸 전기기구에 넣기만 하면 곧바로 그래프가 곤두박질치면서 작동이 안 돼." 휘트는 차트 상에서 정말 절벽처럼 보이는 그래프를 가리켰다. "내가 이걸 다시 충전하면 그래프가 로켓처럼 휙 올라갔다가 충전기를 떼기만 하면 곧바로 바닥으로 떨어져. 정확한 전력량도 잴 수 없고, 이 그래프 자체도 미치광이처럼 날뛰고 있어. 정말 무서운 건, 이걸 테스트 장치에 넣었을 때는 상태가 괜찮은 걸로 나오는데 고객이 카세트에 넣으면 먹통이라는 거야. 분명 안에 전기가 있긴 있는데 전류가 흐르질 않아. 이게 대체 무슨 의미일까?"

"지금 나한테 묻는 거야?"

"내가 형 같은 바보에게 진심으로 물어봤겠어? 그냥 하는 말이지. 솔직히 나도 모르겠어. 건전지에 문제가 있다는 정도만 알지, 대체 이게 무슨 의미인지는 모르겠어."

"건전지가 몇 개나 이런 사단을 벌이고 있는데?"

"아직 잘 몰라."

"너 완전 망했다."

"원인을 밝혀내면 괜찮아. 지금으로서는 브랜드 이미지가 손상되지 않도록 통제하면서 불량품이 유통되지 않도록 하는 게 최선이야. 지금은 제작 단계에서 불량품을 신속하게 가려낼 수 있는지 연구 중이야."

"쉬운 말로 좀 해 봐."

"잰이 생각해 낸 아이디어인데 충전기에 있는 방전 기능을 써 보는 걸로 먼저 시작했어. 충전기의 타이머를 맞춰 놓고 다섯 시간이 안 된 상태에서 완전히 방전되는 건전지는 모두 가려내서 나중에 수리할 용기에 넣어 두는 거지. 다섯 시간이 넘게 작동되는 건전지는 분석기에 넣어서 중간에 고부하 테스트를 거쳐. 그 건전지가 적어도 1.1볼트의 전압에서 충분히 많은 전류를 내보낼 수 있는지를 보는 거야. 만약 이 테스트를 통과하면 그 건전지에 초록 마커로 색칠을 해서 고객들에게 임대하고. 테스트를 통과하지 못하면 버리는 거지. 고객들이 다 쓰고 반환한 건전지 중에서 초록색 표시가 없는 것은 다시 테스트를 해 보는 거야. 결국엔 이런 식으로 현장에 있는 모든 건전지를 인증할 수 있는 거지. 그나저나 죽은 짐승 냄새 같은 게 나지 않아?"

"죽은 짐승? 있지. 오늘 시장에서 영양 가죽을 한 장 샀는데 건조가 덜 된 것 같아."

"끔찍한 소리 한다. 그게 어디 있는데?"

"잘 마르라고 네 침대 위에 펼쳐 놨지."

"진짜 못됐다!"

"침대 이야기가 나와서 말인데, 난 이만 자러 간다. 건전지랑 잘 싸워 봐."

사실 부로가 내 회사였다면 난 사무실을 잠그고는 열쇠를 아무 데나 휙 던져 버린 다음에 오늘 산 영양 가죽을 둘둘 말아서 안고 집으로 가는 비행기 티켓을 샀을 것이다. 하지만 휘트는 달랐다. 배터리실에서 보내는 밤은 점점 길어졌다. 초록색 부로 건전지가 가득 찬 양동이와 반짝거리는 충전기가 놓인 선반에 둘러싸인 채 연구에 연구를 거듭했다. 가끔 동생이 혼잣말을 하다가 툴툴거리면서 아무리 애써도 해결되지 않는 고된 연구에 한숨 쉬는 소리를 들을 수 있었다.

"잘 돼?"

어느 날 밤 샤워를 마치고 밤 10시경에 동생에게 물었다. 하루 중 유일하게 깨끗하게 씻고 찜통 같은 더위에서 10분 이상 땀을 흘리지 않을 수 있는 시간이었다.

"괜찮은 편이야. 점점 요령이 생기고 있어. 건전지 중에 10에서 11퍼센트가 결함이 있는 것 같아."

"이런. 그건 나쁜 신호잖아."

"계속 이런 식이면 곤란하지. 전반적으로는 고객들이 아주 만족스러워한다는 평을 듣고 있지만 장기적으로 볼 때 전체 제품의 10퍼센트가 불량이면 어마어마하게 높은 수치니까. 10퍼센트가 불량이라고 해서 고객 만족도가 90퍼센트인 건 아니거든. 그리고 문제는 불량품에 가장 큰 영향을 받는 사람이 바로 최우수 고객이라는 점이야. 건전지가 많이 들어가는 라디오와 카세트를 많이 쓰는 사람들이 충성 고객이란 말이지. 이런 불량품도 손전등 정도는 문제없이 작동시킬 수 있어. 50이나 150밀리암페어 정도면 손전등은 켜지니까. 하지만 대형 휴대용 카세트 라디오는 고부하가 필요해. 건전지가 여섯 개에서 여덟 개정도는 들어가는데 그중 하나만 불량이어도 작동이 되질 않아. 그러니고객의 손에 불량품이 들어갈 확률이 10퍼센트라 치고, 그 사람이 건

238

전지 여덟 개가 들어가는 장치의 건전지를 두 번 갈면, 적어도 한 번은 불량품이 있을 수 있단 말이야. 라디오가 먹통이 되면 그 사람은 건전지가 전부 불량이라고 생각할 거야."

"맙소사. 그래서 지금은 불량품을 추려 낸다 치고, 장기적으로는 어떻게 할 건데?"

"음, 건전지에 칩을 넣으면 문제가 해결될 거야."

"칩을 넣는다고?"

"건전지에 일종의 전기 회로망을 넣어서 900밀리볼트가 되면 자동으로 작동되지 않도록 하는 거지. 그러면 사람들이 건전지가 완전히 방전될 때까지 쓰는 걸 방지할 수 있거든. 그리고 일단 그게 성공하면, 인증되지 않은 충전기에서 건전지를 충전하는 걸 방지하는 전기 회로망을 넣을 수도 있고. 그러면 우리가 대도시로 사업을 확장했을 때 도난 문제도 자동적으로 해결되는 거지. 그 칩이 충전 횟수, 용량, 들어오고 나가는 전략 총량을 추적할 수 있는 거야. 그야말로 건전지 건강검진을 하는 거지. 그런 칩을 수십만 개를 주문해야 할 거야. 그것만 해도 어마어마한 거금이지. 그리고 그런 칩이 AA 건전지에 들어갈 수 있는지 아직은 몰라. 그런 칩이 들어갈 공간이 없을지도 모르고. 거기다 데이터를 수집하려면 또 다른 접점이 필요하겠지. 내가 알기론 충전용 AA 건전지를 임대하는 사업 모델은 아무도 쓰고 있지 않으니까, 지금보다 더 스마트한 AA 건전지를 만들려고 시도해 본 사람도 없을 거야. 나도 잘 모르겠어."

"잠깐만, 아인슈타인 박사. 일단은 네가 건전지에 그런 칩을 심을 수 있다고 치자. 그리고 한밤중에 달팽이를 사냥하러 덤불 속에 들어간 여자도 있다 치고. 그런데 갑자기 손전등 건전지가 네가 정한 그 전압 차단기에 걸려 꺼져 버렸어. 그럼 그 여자는 비단뱀이 우글거리는 깜깜한 덤불 속에서 오도 가도 못하게 돼 버린단 말이야. 맙소사! 그거야말로 끔찍한 아이디어다."

"형이 무슨 말 하는지 잘 알아. 하지만 문제는 건전지가 900밀리볼트 전압밖에 안 남으면 사실상 죽은 거나 마찬가지란 거야. 어차피 그 정도 되면 빛이 너무 희미해서 밤중에 덤불 속을 걸어 다닐 수 있는 수준이 아니야. 애초에 그렇게 약한 건전지가 들어 있는 손전등을 가지고 밤에 나갈 것 같지도 않은데. 그리고 LED 손전등의 전압이 900밀리볼트에서 400밀리볼트로 떨어지는 데 10분도 안 걸려. 그러니까 그때부터 사실상 건전지를 못 쓴다고 보면 돼."

건전지만 휘트를 걱정시키는 건 아니었다.

그다음 날 회의에서 잰과 휘트는 또 다른 골칫거리를 내놓았다. 건전지 교환 쿠폰이 위조될 가능성이 있다는 것이었다. 처음에 부로에서 발행한 쿠폰은 부로의 HP 오피스젯 프린터로 A4 용지에 흑백 인쇄해서 하나하나 잘라 스테이플러로 찍었다. 그렇게 하면 분명 말썽이 생길 거라는 걸 알고 있었지만, 보마스에서 시험적으로 시작한 시장에서 그 정도면 감수할 만한 위험이라고 생각했다. 그때는 모두 어서 빨리 사업을 시작해 보고 싶어 안달이 났었다. 7월 중순에 이르러서야 시험 지역에서 선불 시스템이 확대되면서 쿠폰에 부로 로고가 들어간 다채로운 배색의 스탬프를 같이 찍었다.

"다행히 쿠폰 가치는 상당히 낮아요. 그러니까 위조범이 쿠폰을 복사해서 자르는 비용이 오히려 더 들 수도 있어요. 하지만 더 확실하게 위조를 방지할 방법을 찾아야 해요." 잰이 제안했다.

"장기적인 해결책은 여러 가지가 있어요. 부로만의 색을 넣어서 중국에서 인쇄하면서 거기다 비침무늬도 넣고, 보안 인쇄를 전문으로 하는 지역 인쇄업자도 찾아보죠. 하지만 3일 내에 해낼 수 있는 조치가 필요해요." 휘트가 대답했다.

우선은 흑백이 아닌 컬러로 지역 인쇄업자에게 맡기기로 했다. 그렇게 하면 그 인쇄소에 있는 직원 중 하나가 사심을 품고 쿠폰을 몰래 빼돌릴 위험이 있긴 했다.

"쿠폰에 일련번호를 매기면 보안이 더 철저해지겠지. 애덤, 일련번호를 넣었을 때 추가 비용이 얼마나 들어가는지 알아봐 줘요. 그리고 배경에 물결무늬를 넣으면 스탬프 이미지를 다시 스캔하는 게 힘들 거예요. 복사되지 않는 파란색 잉크로 스탬프도 찍자고요. 그렇게 했을 때 총비용도 알아봐요." 휘트가 말했다.

정령의 경제학

은쿠라칸과 아몬프로 사이, 우리 사무실에서 차로 한 20분 정도 가면 나오는 곳에 물신을 숭배하는 토그베 아흐루아메라는 이름의 에웨족 사제가 하나 살고 있었다. 에웨어로 고대 신앙을 뜻하는 '보둔'이라는 단어에서 '부두'란 말이 유래됐다. 이 종교는 유일신을 믿지만 그 외에도 여러 도움을 주는 신이나 산 자와 공존하는 조상들의 영혼인 정령도 같이 믿는다. 이 정령들은 동물의 신체 부위와 조각 같은 부적을 통해 나타나는데, 이런 물신을 숭배하는 의식이 이 종교의 핵심이다. 부두교와 다른 물신숭배 종교는 기독교, 이슬람교와 더불어 아프리카에서 아직도 크나큰 영향력을 떨치고 있다.

페인트칠을 한 콘크리트 간판에 이름과 휴대전화 번호 두 개, 그리고 '파워 파워'라는 글자가 양쪽에 적혀 있는 토그베의 집은 안 보고는 도저히 지나칠 수 없다.

간판 한쪽에 벌거벗은 젖가슴 주위로 곧게 뻗은 검은 머리가 물결치는 아프리카 인어 한 쌍이 있다. 인어 하나는 왼손에 흰 비둘기를, 오른손에는 길게 쭉 뻗은 칼을 쥐고 있다. 또 다른 인어는 손거울에 비친 자신의 외모에 감탄하고 있다.

간판 반대편에는 두 남자가 그려져 있는데, 한 명은 전통 의상인 풀로 짠 스커트를 입고 춤을 추는 게 아니면 황홀경에 빠져 몸부림치고 있는 것 같고, 또 다른 남자는 허리에 켄테 가운을 두르고 우뚝 서 있다. 둘 다 칼을 들고 있다.

이 두 남자 사이에는 짐작조차 할 수 없는 기이한 형상이 하나 있다. 몸은 아프리카 북인데 얼굴은 인간이고 눈은 조가비 눈이며 머리에는 두 개의 커다란 금속 대야 같은 것을 이고 있다. 아프리카 여자들이 시장에 갈 때 이고 가는 그런 종류의 그릇 같다. 그 두 그릇은 마치 안에 있는 뭔가를 감추려는 듯 위에 있는 그릇을 뒤집어서 아래쪽 그릇을 덮고 있다. 그리고 가장 희한한 건 그릇 가장자리 양쪽에 큼지막한 맹꽁이자물쇠를 달아 단단히 잠가 놓은 것이었다.

나는 그 간판의 사진을 찍어서 아프리카 지인 몇 명에게 보여 줬다. 하지만 그 그림이 무슨 의미인지 아는 사람이 없었다. 전통적인 상징은 아닌 것 같았고 사람들이 대체로 추측한 바로는 그 그릇 안에 있는 힘이 워낙 거대해서 그렇게 꽁꽁 잠가 놔야 한다는 것이었다.

나는 이 사제가 그 그릇의 정령들에게서 어떤 종류의 힘을 불러올 수 있는지 궁금했다. 어느 날 오후 동생에게 지나가는 말로 은근슬쩍 던져 봤다.

"불량 건전지 몇 개 챙겨서 그 부두교 사제에게 가 보면 어떨까?"

"물신숭배 하는 그 사제?"

"거 왜 있잖아. '파워 파워'라고 아몬프로 도로변에 사는 남자."

"농담이지?"

"아닌데. 그 남자가 우리 불량 건전지에 힘을 불어넣어 줄 수도 있잖아. 야, 너도 왜 불량이 나는지 모르겠다며. 이놈들이 제멋대로 전력이 올랐다 떨어졌다 도무지 종잡을 수가 없다며. 그러니까 부두교의 힘이 필요할 수도 있는 거 아니겠어. 건전지 교과서를 쓴 남자도 그랬잖아. 모든 건전지는 나름 그만의 성격이 있다고. 어쩌면 이 사제란 작자가 그 성격을 파악해서 문제를 해결해 줄지도 모르잖아."

"형 지금 취했어?"

"아니라니까. 한번 가 보자."

"절대 안 돼."

"야, 딱 한 번인데 어때! 손해 볼 거 없잖아?"

"인간을 제물로 바친다는데 손해 볼 게 없어? 그거 무지 아프다고 하더만."

"인간을 제물로 바치진 않아. 그건 그렇게 자주 안 한다고 들었어."

물질적인 부를 쫓는 고객들에게는 부두교 사제들이 피의 제물을 요구한다는 무시무시한 이야기를 들은 적이 있다. 대부분의 경우 비교적 해가 안 가는 방식으로 피를 확보하지만, 아프리카 일부 지역에서는 부두교 사제들의 요구로 알비노들이 살해되기도 했다. 사실 그런 범죄는 흔치 않다. 물신숭배는 가나에서 널리 수용됐고, 어떤 식으로든 인간이 제물로 바쳐졌다는 기사는 나오지 않는다. 하지만 2008년 가나 경찰이 열여섯 살 소년을 부두교 사제들에게 판 혐의로 두 남자를 체포했다. 그 사제들은 소년의 특정 신체 부위를 의식에 사용하려고 했다. 마지막에 나온 기사에 따르면 경찰이 소년의 부모를 찾느라 애를 먹는 중이라 했고, 이에 소년의 가족도 인신매매에 일조했을 거란 의혹이 일었다.

"난 부두교 사제들이 뭘 하는지도 모르겠고 알고 싶지도 않아. 그자들은 무서워." 휘트가 말했다.

다음 날 케빈에게 내 생각이 어떤지 물어봤다.

"아, 그 사람들과는 엮이지 말아요." 케빈은 심각한 표정으로 고개를 절레절레 저으며 말했다.

"왜 하지 마요? 그럼 무슨 일이 일어나는데?"

케빈은 잠시 생각했다.

"예상도 못 했던 일에 휘말릴 수 있어요. 대가를 치르게 될 겁니다."

"돈이 든다는 건가?"

"그렇기도 하고, 돈보다 더한 대가를 치를 수도 있어요. 일단 그 사제를 찾아가면 떼어 내기가 쉽지 않아요. 내가 해 줄 수 있는 말은 그게 다예요."

가만히 듣고 보니 부두교란 게 마약과 닮은 구석이 많은 것 같았다.

나는 휘트에게 같이 안 가면 나 혼자라도 가겠다고 했다. 물론 허세를 부린 것이다. 절대로 혼자 갈 마음은 없었다.

햇살이 이글거리는 어느 일요일 오후 휘트가 마침내 항복했다.

"좋아. 갈게. 하지만 형이 우리 사업을 말아먹을 정도로 엄청나게 멍청한 짓을 못 하게 막으러 가는 거야. 난 아무 말도 안 할 거고, 문 바로 옆에서 대기하고 있겠어."

한 시간 후에 우리는 '파워 파워' 간판 앞에 도착했다. 집은 전형적인 시골 농가 같았다. 금속 지붕을 두른 사각형의 진흙 오두막집이 있고 그 양옆으로 빨래 건조대가 있었다. 아이들은 넓은 처마 그늘에서 놀고 있었다. 하지만 그 앞쪽에 범상치 않은 건물이 보였다. 오두막집 두 채가 연결돼 있었는데, 커튼과 처마 그늘로 가려진 출입구에는 칼을 휘두르는 인어와 사제가 간판보다 훨씬 다채로운 색조로 그려져 있었다. 여기가 신전인 듯했다. 아이들이 "예부!"라고 소리쳤는데 에웨어로 백인이란 뜻이다.

젊은 여자 하나가 우리에게 다가왔다. 내가 사제를 찾자 그 여자가 우리를 본채로 안내했다. 살풍경한 방에서 우리는 사제를 기다렸다. 작은 테이블 위에 강력한 항생제인 암피실린 정맥주사제 유리병 세 개가 있었다.

"저게 형의 '마법'이군." 휘트가 빈정거렸다.

"쉿, 사제가 오고 있어."

"안녕하세요. 토그베 아흐루아메라고 합니다."

나는 여윈 몸에 옷을 차려입고 나이가 지긋한 현인을 기대했지만, 방으로 들어온 남자는 30대 초반의 건장한 남자로 운동할 때 입는 반바지와 나이키 티셔츠를 입고 있었다. 그의 뒤로 조금 더 어려 보이는 남자가 따라왔는데 마법사의 제자 같았다. 둘 다 우리와 악수를 하고 앉아서 미소를 지었다.

"어떻게 오셨습니까?" 토그베가 물었다.

나는 그에게 부로와 일부 불량 건전지 때문에 골치가 아프다고 하면서 셔츠 주머니에서 불량품 두 개를 꺼냈다.

"이 건전지에 더 많은 힘이 필요해요." 나는 건전지를 건네면서 그렇게 설명을 끝냈다.

"그것만 그런 게 아니라 불량품은 다 그렇지." 휘트가 내가 있는 쪽으로 속삭였다.

"너 입도 벙긋 안 하겠다며."

그 말에 휘트가 날 보고 눈을 부라렸다.

"이것도 그렇고 불량품이 더 많이 있어요. 이 두 개는 그냥 샘플이고." 내가 덧붙였다.

토그베는 건전지를 쥐고 약 2.5초 동안 그 문제를 고민했다.

"할 수 있겠습니다. 정령이 당신을 도울 수 있습니다." 토그베가 이렇게 선언했다.

"아, 감사합니다, 사제님." 나는 공손하게 고개를 숙이며 말했다. "그럼 우리가 어떻게 하면 되나요?"

"술이 필요합니다."

"아, 그러면 술을 사러 갔다가 다시 올까요?" 나는 그 점을 미리 생각하지 못했던 것을 마음속으로 자책하며 물었다. 물론 의식을 치르려면 술이 필요하겠지.

"아닙니다. 그건 우리가 알아서 하겠습니다. 2세디를 주시면 정령에게 바칠 술을 가져오겠습니다." 제자가 냉큼 대답했다.

나는 주머니에서 꾸깃꾸깃 접힌 2세디 지폐를 꺼내 건네며 의식을 시작하는 비용치고는 부담이 없어서 안도의 한숨을 쉬었다.

"따라오세요."

제자가 말하는 동안 토그베는 다른 방으로 사라졌다.

우리는 다시 따가운 햇볕이 내리쬐는 밖으로 나와서 흙이 깔린 마당을 가로질러 신전에 있는 두 방 중 첫 번째 방으로 들어갔다.

"셔츠와 신발을 벗으세요." 문간에서 제자가 말했다.

휘트와 나는 서로 마주 봤다. 제자는 그림에 나오는 남자들이 휘두르는 칼과 아주 비슷한 것을 쥐고 있었다. 우리는 어쩔 수 없이 시키는 대로 옷과 신발을 벗고 안으로 들어갔다.

창문 하나 없는 방은 어둡고 답답했다. 타일 바닥 위에 놓인 커다란 금속 그릇 안에서 타고 있는 촛불이 유일하게 방을 밝히고 있었다. 타일 바닥은 동물 가죽으로 덮여 있었다. 촛불 덕에 벽에 그린 그림을 볼수 있었다. 하나는 《구약성서》에 나오는 수염을 기른 사제가 납작 엎드린 채 병색이 완연한 한 남자의 이마에 손을 짚고 있었다. 그 옆에는 가슴이 풍만한 인어가 또 보였고, 그 옆의 벽에는 나무 밑에서 수염을 기른 남자가 뱀 한 마리가 올라간 나뭇가지를 들고 앉아 있었다. 방의한쪽 구석에는 작은 골방이 있었는데 얇고 가벼운 커튼에 가려서 잘보이지 않았고, 골방 옆에 있는 여자의 반신상은 온통 굳어진 촛농으로 뒤덮여 있었다. 그 조각도 물신숭배의 대상인 것이다.

우리는 제자 옆에 있는 플라스틱 의자에 앉았는데 땀이 비 오듯 흘렀다. 곧 토그베가 들어왔다. 그도 이제 셔츠를 벗고 허리에 옥양목 천을 감고 있었다. 그는 얇은 커튼 앞에 앉았다. 손에는 슈납스를 한 병 들고 있었다.

"정령이 30만 세디를 원하십니다."

"30만 세디?" 나는 순간 경악해서 물었다.

"구화폐로 30만 세디를 말하는 것 같은데." 휘트가 말했다.

인플레이션을 감안해서 통화는 재평가됐지만(새로 나온 1세디는 이전의 1만 세디와 같다), 많은 가나 사람들은 아직도 이전의 화폐 시스템으로 금액을 표현한다. 구화폐 체제에서는 1세디가 가장 작은 액면 금액이기 때문에 소수점을 따로 계산할 필요가 없다. 신화폐 체제에서는 1세디는 100페세와이다. 구화폐 체제와 신화폐 체제에 대한 혼란과 더불어 영어로 숫자를 말하는 교육을 제대로 받지 않은 가나인 때문에 종종 금전적인 흥정이 복잡해지곤 한다.

"그 말이 맞나요?"

"그렇습니다." 토그베가 말했다.

"그럼 새 가나 화폐로 30세디란 말이죠?"

그는 잠시 머릿속으로 계산하더니 그렇다고 대답했다.

"와우." 나는 미화로 20달러 정도 되는 10세디 지폐 세 장을 꺼내면서 말했다.

내가 그 돈을 조수에게 건네자, 그가 토그베에게 건넸다. 토그베는 그 돈을 작은 바구니에 넣었다. 그리고 머리 위로 커튼을 뒤집어쓰고, 셰케레(호리병박 위에 조가비를 덮어 만든 타악기)를 흔들면서 기이한 언어로 뭐라고 횡설수설했다. 그는 작은 플라스틱 컵에 슈납스를 한 잔 따르더니 주문을 외우고 촛농으로 뒤덮인 물신 위에 술을 부었다. 아마 정령에게 바치는 술인 것 같았다. 그리고 또 한 잔 따르더니 자기가 마셨다. 제자가 병을 받아서 자기 잔에 넉넉하게 따르더니 그다음에 휘트에게 한 잔 따라 주고, 마지막으로 내게 줬다. 술은 독한 데다 쓰디써서 힘겹게 삼켜야 했다.

정령에게 술을 바치는 의식이 끝나고, 토그베는 정령과 소통할 준비가 됐다. 그의 얼굴은 아직도 커튼 뒤에 가려져 있었다. 그는 셰케레를 더 흔들고 기이한 말로 소리를 수없이 질렀다. 갑자기 구름 같은 연기가 커튼 주위에서 피어올랐는데 그 냄새가 땀띠용 파우더와 놀랄 정도로 비슷했다. 갑자기 《오즈의 마법사》의 도로시가 된 것 같은 기분이 들었다.

정령이 말을 했다. 사실, 말을 했다기보다 끽끽거렸다고 해야 하나. 신통력이 엄청나다는 정령은 움켜쥐면 삑 소리가 나는, 애완견용 플라스틱 장난감 같은 소리를 냈다. 정령이 할 말이 많았는지 끽끽거리는 소리가 꽤 오래 났다. 나는 휘트를 힐끗 봤다. 동생은 시선을 천장에 둔 채 어금니에 힘을 꽉 주고 턱을 굳게 다물고 있었다. 데굴데굴 구르면서 웃음을 터트리지 않으려고 무진 애를 쓰는 모양이었다.

"정령이 여러분을 환영한다고 합니다." 토그베가 잠깐 커튼 뒤에서 나와 말했다.

"우리를 대신해 감사하다고 전해 주세요." 내가 대답했다.

토그베가 커튼을 다시 닫고 뭐라고 좀 더 소리를 지르자, 그에 이어 정령이 끽끽거리는 소리가 났다.

"정령이 건전지에 큰 힘을 줄 수 있다고 합니다." 토그베가 다시 커튼을 닫으면서 힘을 줘서 말했다. "하지만 제물을 바쳐야 합니다."

"물론이죠." 내가 대답했다.

"소를 한 마리 잡아야 합니다."

그 말에 제자가 자신의 목에 칼을 대고 긋는 시늉을 했다.

"소의 피에서 힘이 나옵니다. 거기다 술 세 병과 5,000만 세디를 바쳐야 합니다."

"5,000만 세디요? 그러니까, 그게…… 신화폐로 5,000세디란 말이에요?" 내가 물었다.

"그래요."

"500세디겠죠, 안 그래요?" 휘트가 기대에 찬 목소리로 물었다. "신화폐로 500세디라는 거죠?"

기초적인 영어밖에 구사하지 못하는 토그베는 순간 헷갈린 것 같았다. 그는 제단 뒤로 손을 뻗어서 학생들이 쓰는 줄이 쳐진 메모장과 볼펜을 한 자루 꺼냈다. 그리고 메모장에 숫자 5를 쓰고 그 뒤에 0을 세 개 붙였다.

"이 액수요." 토그베가 말했다.

이 사람이 정말로 5,000만을 의미한 건가? 신화폐로 아니면 구화폐로? 이젠 우리가 헷갈리기 시작했다.

"그 메모장 좀 봐도 되나요?" 휘트가 물었다. 그는 펜을 받아서 쓰기 시작했다. "그러니까 구화폐로 1만 세디는 신화폐로 1세디 맞죠?"

휘트는 등식을 썼다.

"그리고 10만 세디는 신화폐로 10세디고?" 그는 첫 번째 등식 밑에 두 번째 등식을 썼다.

"맞아요." 토그베가 그 등식을 자세히 들여다보다가 대답했다.

"좋습니다. 그러면 구화폐로 100만 세디는 신화폐 100세디 맞죠?"

"그래요."

"자. 그렇다면 구화폐 500만 세디는 신화폐 500세디와 같아요." 휘트는 그 숫자도 적었다.

나는 이렇게 화폐 환산이 이뤄지고 있는 동안 커튼 뒤에서 참을성 있게 기다리는 정령에게 조금 미안해지기도 하고 쑥스럽기도 했다.

"그러니까 정령이 요구하는 액수는 새 가나 화폐로 500세디라는 거잖아요?"

"아니요. 구화폐로 5,000만, 신화폐로 5,000세디예요." 토그베가 단호하게 말했다.

"진짜로요?" 휘트가 물었다.

"그리고 소 한 마리."

"아, 소는 여기 포함되지 않은 겁니까? 소는 얼마인데요?"

"한 300세디 정도."

"구화폐로?"

"신화폐로."

"와우. 난 그 정도 돈은 없어요. 구할 수도 없고." 내가 대답했다.

"언제 다시 올 수 있죠?"

"오는 거야 언제든 올 수 있지만 그런 거액은 구할 수 없어요."

"그러면 알아보고 내일 다시 와요." 토그베가 명령했다.

케빈이 이런 자들은 떼어 내기가 힘들다고 했던 말이 무슨 뜻인지 조금 감이 잡혔다.

"자, 이제 여러분을 위해 기도를 드리겠습니다. 갑시다."

토그베와 제자가 우리를 데리고 사원을 나와 햇살이 이글거리는 밖을 가로질러 창문이 없는 신전의 또 다른 방으로 들어갔다. 우리는 어둠침침한 방으로 들어갔다가 살이 썩어 가는 끔찍한 악취에 쓰러질 뻔했다. 어둠에 눈이 익자 제단 위에 소의 뿔과 턱뼈가 서서히 굳어 가는 피에 젖은 채 높게 쌓여 있는 게 보였다. 한쪽 구석에는 각기 다른 크기의 아프리카 북 아홉 개가 쌓여 있었다. 그 반대편에는 높은 제단이 차려져 있었고 그 위에 아프리카 여사제들과 다른 전통적인 인물을 나무로 깎은 조각상이 몇 개 있었다.

"무릎을 꿇어야 합니다." 토그베가 제단 앞에 있는 염소 가죽을 가리키며 말했다.

나는 피가 묻어 꾸덕꾸덕해진 가죽 위에 무릎을 꿇고 방에서 풍기는 역겹기 짝이 없는 악취에 토하지 않도록 입으로 숨을 쉬려고 안간힘을 썼다.

"정령이 20세디를 원하십니다."

"10세디밖에 없는데요." 내가 대꾸했다.

"좋습니다." 토그베를 통해 말하는 정령은 뭐든 쉽게 깎아 주는 모양이었다.

주머니에서 지폐를 꺼내자 토그베가 쌓아 놓은 쇠뼈 위에 구겨진 지폐를 올려놨다. 그리고 몇 분 동안 주문을 외웠다.

"이제 가도 됩니다." 토그베가 말했다.

"우리 건전지 가지고 가도 되죠?"

우리는 건전지를 챙겨서 나갔지만, 그 전에 토그베의 제자가 내 휴대전화 번호를 받아 적었다. 우리는 코포리두아 집에 도착할 때까지 한 번도 멈추지 않고 달렸다.

"잘한다!" 휘트가 미친 듯이 달려서 시내로 돌아가면서 말했다.

"뭐라고?"

"뭐라니?" 동생은 가성을 내면서 날 비웃었다. "저 자 집이 우리가 지나다니는 길에 있잖아. 우리가 다시 오겠다는 약속을 어기면 열받아서 내 사업을 망치려 들 거야. 그 허접한 도널드 덕 정령의 힘으로 망친다는 게 아니라 현실적으로 말이야. 사람들에게 우리 건전지를 사지 말라고 할 거라고. 이게 다 바보 같은 형 때문이야! 다 형 잘못이라고. 그자에게 가서 이 사태를 깔끔하게 해결해. 그 정령이 5,000세디가 필요한지 어쩐지 모르겠지만 어쨌든 방법을 강구하란 말이야."

"내가 내일 이야기해 볼게."

그날 밤 전기가 나갔다. 토그베는 다음 며칠 동안 내게 여러 번 전화했다. 나는 그때마다 돈이 없다고 대답했다. 그리고 그 집에는 두 번 다시 찾아가지 않았다.

제9장

아프리카의
세일즈맨

2009년 가을
최종 결산

피라미드 쌓기? 비록 타이거헤드 박스 뒤쪽이긴 하지만
휘트가 마침내 부로 건전지를 진열해 줄 상점을 찾아냈다.

GHANA

신생 기업의 지출 속도

9월에 부로는 첫 번째 생일을 맞았지만 본전치기는커녕 여전히 손해만 보고 있었다. 사실 한 달에 약 200세디 수익이 발생했는데 사업 비용으로 나가는 2,000세디의 10분의 1밖에 되지 않았다. 적자 현금 흐름의 또 다른 표현이라고 할 수 있다. 이 사업 비용에는 회사에 고용된 가나 직원 세 명의 월급과 운영비는 포함됐지만 휘트와 잰의 여행 경비나 잰의 월급은 넣지도 않았다. 이 경비는 모두 미국 지주회사가 지불하고 있다.

긍정적으로 보면 회사 자체는 폭발적으로 성장하고 있고 수익은 2주마다 두 배로 늘어나고 있었다. 새로 개발한 프로그램이 인기를 얻어가고 있기 때문에 에이전트를 충분히 모집해서 훈련을 시키고 소문을 많이 내면 성공할 수 있을 것 같았다. 휘트와 잰이 계산한 결과 한 지점에서 대략 에이전트 100명이 1인당 건전지를 100개씩 대여하면 손익분기점에 달할 것이라고 했다. 그래서 '100 대 100'이 우리 회사의 구호가 됐다. 늦여름에 부로의 모든 '기업 에너지'는 새 에이전트를 가입시키는 데 집중됐다. 매일 아침에 전 직원이 팀별로 나뉘어 흩어졌다. 잰과 로즈가 트럭에 타고 보마스를 향해 북쪽으로 가는 동안, 애덤과 휘트는 기아 프라이드(휘트가 산 중고차)를 타고 아콰핌 산맥의 활기찬 마을인 맘페에 이르는 길에 있는 동네를 찾아다녔다. 그동안 케빈은 아직 기존의 월별 임대 시스템으로 일하고 있는 스물여섯 명의 에이전트를 관리하면서 그 에이전트들이 9월 초부터 바뀌는 선불 프로그램에 적응할 수 있도록 준비시키고 있었다. 그러다 또 어떤 날은 애덤이 사무실에 남아서 장부를 정리하는 동안 케빈과 휘트, 아니면 휘트와 로즈, 혹은 잰과 케빈이 현장을 돌아본다. 직원 모두 교대로 팀을 짜서 현장에 나가야 하는데 회사에 차가 두 대밖에 없어서 경쟁이 치열했다. 그 경쟁에서 밀려나면 트로트로를 타야 한다. 가끔 트로트로나 택시도 없어 외딴 마을에서 발이 묶이는 경우도 있는데 그럴 때는 먼지 낀 도로를 지나, 카카오 농장을 횡단해서 두꺼운 대나무 숲과 높은 고원을 걸어서 지나쳐야 한다.

가끔 뱀도 보였는데 주로 작은 형광 초록색을 띤 종류로 독은 없겠지만 확실히 몰라 항상 조심스럽게 거리를 뒀다. 한번은 비단뱀(작지만 그래도 틀림없는 비단뱀이었다) 한 마리가 우리 앞을 천천히 스르륵 지나갔다. 미 국방부의 군 유해동물관리위원회에서 가나에 있는 스물네 가지 종류의 독사에 대한 명단을 발표했는데 그중에는 비단뱀을 포함해서 여러 종류의 코브라, 북살무사, 유럽산 살무사, 맘바(아프리카산 독사-옮긴이)가 포함돼 있었다. 어떤 독사는 혈액독을 품고 있어서 물리면 내출혈을 일으켜 사망에 이르지만 대부분은 신경독이 있어서 호흡과 심장박동 같은 뇌 기능을 정지시킨다. 두 경우 모두 서서히 그리고 아주 고통스럽게 죽어 간다. 어떤 독사에게는 물려도 죽지 않는다. 다만 조직괴사(국방부의 말로는 그렇다)를 일으켜 물린 부위를 절단해야 한다. 이런 일이 드물지 않게 일어난다. 정확한 수치는 모르지만 매년 아프리카 전역에서 1,000명 정도가 뱀에 물려 죽고, 수천 명이 다치거나 불구가 되는 것으로 추산한다. 가나에서는 뱀과 마주쳤다가 죽는 일이 꽤 흔히 일어난다. 여기에는 119도 없고 구급차도 없다. 만약 당신이 가나의 덤불숲에 있다가 코브라에게 물리면 다섯 시간 내에 숨이 막혀 죽을 것이다.

 뱀이 나오는지 조심 또 조심하면서 나는 다른 일행을 따라다녔다. 새마을이 나오면 멈춰 서서 시장과 상점을 조사하고, 건전지와 손전등으로 가득 찬 플라스틱 통을 차에서 내린 다음, 사람들을 모아(이런 외딴마을에 온 백인에게는 어렵지 않은 일이다) 걸어 다니면서 이야기를 했다. 그 와중에 마을의 유력 인사, 여론 주도자, 추장, 평판이 좋은 상점 주인 같은 사람을 찾았다. 케빈이나 애덤, 로즈가 튀어나 에웨어, 가어로 말하면, 휘트나 나, 잰이 영어(마을 사람들이 토고나 베냉 사람이면 가끔 프랑스어로 하기도 한다)로 그 이야기를 그럴싸하게 포장했다. 휘트와 나는 우리를 보러 살금살금 다가온 아이들에게 우스운 표정을 지어 보이기도 했다. 우리가 이를 드러내고 두 손을 흔들면서 괴물인 척하면 아이들은 꺅 소리를 내면서 웃음을 터트리며 달아나곤 했다. 그다음에 플라스틱 통을 열어서 장비를 꺼내 건전지 시범을 보였다. 그러면 마을 사람들이 흩어졌다가 자기 라디오와 손전등을 가지고 돌아왔고, 우리가 그 안에 있는 끈적끈적한 타이거헤드 건전지를 꺼내고 기계를 사포

질한 다음에(현장에 나갈 때는 항상 사포를 가지고 다녔다) 새 부로 건전지를 넣었다.

"와아!"

우리가 라디오를 켜서 사람들이 좋아하는 힙라이프나 레게, 뉴스, 토크쇼, 축구 중계 같은 방송을 큰 소리로 틀어 주면 감탄해서 모두 이렇게 소리를 지르곤 했다. 그러면 우리는 씩 미소를 지어 보이면서 몰려든 사람들에게 이렇게 말했다.

"오늘 누가 제일 먼저 건전지로 돈을 좀 절약해 보시겠습니까?"

두어 달 다니다 보면 끝없이 늘어선 똑같은 갈색 진흙 오두막집, 화덕, 비실거리는 개, 파리로 뒤덮인 염소, 땅콩 스튜, 낡은 나일론 줄에 걸려 있는 축 늘어진 빨래, "오브루니! 오브루니!"라고 끝도 없이 소리 지르는 반쯤 벗은 아이들, 모두 똑같이 반복된다. 아이들이 그렇게 소리치면 난 이렇게 대꾸했다.

"그게 내 이름이야. 너무 많이 부르면 닳는다."

"오브루니!"

"우 테 브로포, 아나(너희 영어 할 줄 아니)?"

"네." 아이들이 입을 모아 대답한다.

"내 이름은 맥스야. 너희는 이름이 뭐니?"

"오브루니!"

매일 아이들과 하는 말장난은 이렇게 끝이 났지만 아이들을 웃게 만드는 건 즐거운 일이다. 지루했던 건 제품 선전이었다. 가끔 건전지 선전을 한 번만 더 들으면 유체 이탈해서 인간이길 포기하고 싶을 때도 있었다. 하지만 훌륭한 세일즈맨이 되려면 매일 만나는 모든 고객에게 제품을 열광적으로 설명할 수 있어야 한다. 내게는 아무리 익숙한 제품이어도 소비자에게는 새로운 것이니까. 아프리카에 오기 전에 나는 거기서 〈세일즈맨의 죽음〉의 주인공 윌리 로먼을 찾게 될지도 모른다는 농담을 했다. 그런데 내가 그 윌리 로먼이 돼 가고 있었다.

거의 매주 부로를 전혀 모르는 마을에 가서 우리 브랜드를 알리는 데 중요한 역할을 하는 공공 모임을 가졌다. 1월에 최초의 공공 모임을 가진 후로 그 과정은 하나도 변하지 않았다. 추장과 마을 원로에게 정식으로 소개하고 가끔 그 지역 언어로 기독교식 기도를 드린 후에 제품 선전이 시작됐다.

그렇지만 공공 모임 자체는 모두 다르다. 3,000명의 유권자가 살고, 카카오 재배지의 한가운데 있는 망고아스에서는 공공맨이 자신이 새로 장만한 확성기로 말해야 한다고 주장했다. 하지만 동네 우물가에서 가진 공공 모임에 마을 주민이 열아홉 명밖에 나오지 않아 확성기 없이도 잘 들렸다. 어쩌면 그 공공맨은 신기술을 선보이면 오래전에 한물간 자신의 마을이 활력을 되찾는 데 도움이 될 거라고 생각했는지도 모른다. 망고아스는 한때 아크라와 쿠마시 사이의 철도 노선에서 중요한 정거장이었고, 마을의 경사진 거리마다 식민지 시대의 웅장한 건물이 즐비해 있었다. 하지만 몇 년 전 기차 운행이 중단되어(선로는 덤불로 원상 복귀됐고) 마을로 들어오는 유일한 길은 흙길뿐이었다. 식민지 시대 건물은 이제 빛이 바래서 무너져 내리고 있었다. 한때는 위풍당당하고 대표적인 시장이자 중심지였던 망고아스는 이제 사라져 가는 뉴잉글랜드풍 마을의 폐쇄적이고 아련한 매력만 남아 있었다.

이렇게 쇠락해 가는 마을의 상처 입은 자존심에도 굴하지 않고 공공맨은 마치 텔레비전 게임 쇼에서 청중을 앞에 놓고 말하는 진행자처럼 열성적으로 확성기를 이리저리 넘겨주면서 돌아다녔다. 우리는 대부분 확성기 조작법에 대해 잘 몰랐는데, 기기 조작에 익숙지 않은 사람의 손을 타게 되면 사고가 날 가능성도 높았다. 만약 옆 사람이 확성기에 대고 말을 하면 그 사람이 고개를 돌릴 때 확성기에 맞는 일이 없게 잽싸게 피해야 했고, 그보다 더 힘든 점은 부로 건전지로 작동되는 고막이 터질 것 같은 확성기 소리를 바로 옆에서 듣고 있는 것이었다.

건전지 선전은 새로 실시되는 제도에 맞춰 새롭게 발전했다. 이제는 무료로 무제한 충전되는 예전의 월정액 대여 시스템을 대표하는 '언제든, 원할 때 새것으로'라는 표현은 쓰지 않는다. 우리의 새 모토는 '반값에 더 나은 건전지'다. 2세디를 내면 받는 부로 쿠폰으로 충전을 열여섯 번 할 수 있는 데 반해 같은 가격에 타이거헤드 건전지는 여덟 개를 살 수 있기 때문이다. 휘트와 잰은 몇 주 동안 새 프로그램을 다듬고 선전 문구를 지속적으로 수정해 쉽게 이해할 수 있도록 단순한 문구로 만들었다. 이들은 부로가 왜 더 나은 건전지인지 밝히는 여섯 가지 이유를 정리했다.

1. 가격이 반값이다

2. 성능이 더 강력하다

3. 건전지가 새지 않는다

4. 어댑터를 이용해서 AA 사이즈와 D 사이즈를 같이 충전할 수 있다

5. 친환경적이고 안전하다

6. 첫 번째 충전은 무료다(처음에는 보증금만 내면 된다)

이 정도면 소비자들이 무리 없이 이해할 수 있을 것 같았지만, 케빈이나 로즈나 애덤이 가나의 모국어 중 하나로 프로그램을 설명할 때면 도대체 뭐라고 하는지 알아들을 수가 없었다. 그리고 아프리카 언어에 자음이 많이 들어간다는 걸 고려해도 그들이 이야기할 때는 시간이 오래 걸리는 것 같았다. 시간이 흐르면서 그들이 자주 쓰는 단어를 알아들을 수 있었는데 많은 현대식 단어가 아프리카어로 번역되지 않고 영어를 그대로 쓰는 경우가 많았다. 예를 들면 '배터리'가 튀어로는 '배터리니', 즉 '배터리들'이라고 들렸다. 그리고 튀어로는 '친환경적이다'라고 표현할 수 있는 말이 없기 때문에 케빈은 항상 영어로 그 말을 했다.

프로그램과 제품 설명이 끝나면 사람들의 질문을 받고 제품 시범을 보였다. 그다음에는 휘트가 앞에 나와서 "자, 그럼 누가 제일 먼저 반값에 이 건전지를 쓰시겠습니까?"라고 말했다. 누군가 지폐 몇 장을 쥐고 앞으로 나오면 우리는 사람들이 박수를 치도록 분위기를 이끌었다.

가끔 휘트가 그렇게 말했는데 아무도 나오지 않는 경우가 있다. 공공 모임에 아무도 나오지 않는 경우도 있다. 8월 말의 어느 금요일에는 멀리 떨어진 마을 두 곳을 찾아갔는데 어떻게 된 일인지 두 모임 모두 성사되지 않았다. 이런 일이 비일비재했다. 줍디좁은 길을 차로 한 시간 정도 달려간 적도 있고, 도로 사정 때문에 공공 모임을 망친 적도 있다. 하루는 잰과 로즈가 기아 차를 타고 포장이 안 된 시골길을 달리다가 땅 위로 올라온 나무뿌리에 찔려 타이어 하나가 펑크 난 적이 있다. 둘이서 스페어타이어로 갈아 끼웠는데 그것 역시 펑크가 나 있었다. 두 사람은 사정없이 내리쬐는 햇볕을 받으며 무려 1.6킬로미터나 걸어서 마을에 도착했고, 자전거펌프를 가진 사람을 데리고 다시 차까지 걸어갔다. 두 사람은 깜깜해진 후에야 지치고 굶주린 채 집에 돌아왔다. 이런 일이 매주 일어났다.

가끔 이유가 있어서 공공 모임에 아무도 오지 않는 경우도 있다. 사람이 죽어서 고인에 대한 예의를 차려야 하거나, 시체를 보존할 만한 냉동고나 위생 설비가 없어서 갑자기 장례를 치러야 하는 경우다. 하지만 가끔 도저히 이해가 되지 않을 때도 있었다.

"구름이 끼고 날이 흐려서 사람들이 시간 감각을 잃어서 그래요."

그 동네 사는 어른은 사실상 모두 휴대전화가 있는데 어떻게 시간 감각을 잃을 수 있느냐고 묻지 말자. 태양과 파종기를 중심으로 살아가는 사람들은 일일이 시간을 따져 가며 살지 않는다. 시골에 사는 가나 사람들이 구체적인 시간에 대해 생각할 때는 대개 과거 시제, 즉 조상들이 살던 시대에 대해 생각할 때이다. 미래의 시간은 거의 생각하지 않는다. 모임이란 때가 되면 자연스럽게 모이는 것이지 그렇게 안달복달 걱정할 일이 아니다. 같은 맥락에서 가나 사람들에게 마을 간의 거리를 물어보면 실질적인 거리를 알아내기란 거의 불가능하다. 그다음 마을은 항상 그랬던 것처럼 같은 자리에 있어서 매번 걸리는 시간만큼 걸릴 테니 가다가 보면 나올 것이라는 답만 듣는다.

시간과 공간에 대한 이런 도사 같은 대답은 매력적이고 도통한 것처럼 보일 수도 있지만 사업을 하는 입장에서 보면 미치고 환장할 노릇이다. 우리가 알아낼 수 있는 공공 모임 시간에 가장 근접한 대답은 고작해야 '금요일'이나 '화요일'이다. 오전이 될지 오후가 될지 알 수 있다면 정말 운이 좋은 것이다.

시간관념이 느슨하다 보니 우리가 마을에 도착해도 바로 모임이 시작되지 않는다. 우리는 종종 한 시간 정도 멍하니 앉아서 염소들이 짝 짓기하는 걸 보면서 기다리곤 한다. 그럴 때면 아이들과 게임을 하면서 시간을 때운다. 아이들이 우리를 "오브루니!"라고 부르면 아이들을 가리키면서 "오, 베베니(아, 흑인이다)!"라고 한다. 그러면 아이들이 자지러지게 웃는다. 휘트와 나는 아이들에게 미국식 랩을 가르치기로 했다. 그래서 그에 맞는 힙합식 손동작을 곁들여 인사말을 만들어 냈다.

"요, 오브루니!"

"왓썹, 베베니?"

이런 식이다.

종종 공공 모임에서 문화적으로 배울 만한 걸 보게 되는 경우도 많다. 이를테면 보마스의 크로보족 비즈 공예가들을 만났을 때도 그랬다. 툼이란 마을에서 포스터 아피아란 남자가 부로 건전지가 들어간 라디오를 들으며 튼튼한 등나무 바구니를 짜는 걸 보고 감탄한 적도 있다. 또 한번은 도로변에서 남자 둘이서 살아 있는 양을 뒤집어서 다리를 묶어 택시 트렁크에 싣고 가는 걸 본 적도 있다. 그것도 상당히 인상적이었는데 바로 그다음 날 차 트렁크에 양 두 마리가 그런 식으로 실려 있는 걸 봤다. 한 공공 모임에서는 아피오를 마시던 추장이 보통 모임을 시작할 때 쓰는 조가비로 만든 뿔을 불려고 하는데 취한 탓에 소리가 안 나서 애를 먹고 있었다. 그걸 보고 잰이 한번 불어 보겠다고 하자 마을 사람들이 웃음을 터트렸다. 하지만 잰은 학교 다닐 때 색소폰을 불었고, 여름 캠프에서는 나팔수였다. 잰이 완벽하게 불어 내자 사람들이 모두 환호성을 질렀다.

한번은 로즈와 내가 메와마니라는 작은 마을의 추장과 만났다. 머리가 희끗희끗한 60대 노인으로 아프리카 전통 튜닉을 입은 그 추장은 현명하고 사려 깊은 지도자처럼 보였다. 하지만 우리 건전지를 살펴보고 로즈의 소개를 들은 후에 그는 공공 모임을 주선하는 데 20세디를 요구했다. 그 정도면 강도나 다름없었다. 로즈가 물렁물렁한 줄 알았다면 사람 잘못 봐도 한참 잘못 본 거였다.

"20세디라고요! 공공 모임에 5세디 이상은 내 본 적이 없어요." 로즈가 말했다.

"좋아, 그럼 5세디. 하지만 지금 당장 내."

"싫어요. 지금 2세디를 드리고, 나중에 모임이 끝나면 그때 나머지를 드리죠."

"지금 5세디를 먼저 줘. 나중에 모임이 성사가 안 되면 그때 3세디를 돌려주지." 추장은 이렇게 고집을 부렸다.

로즈는 고개를 절레절레 흔들었다.

"우리가 사는 곳에는 전기가 들어와요. 오늘 밤 집에 돌아가면 전깃불을 켤 수 있단 말이죠. 우리는 그냥 추장님과 마을 주민들을 도우려고 이 일을 하는 것뿐이에요. 그래요, 돈도 벌고 싶지만 여기서 그렇게 돈을 많이 버는 것도 아니거든요."

지금까지 한 푼도 못 벌었다고 한마디 덧붙였어도 괜찮았을 것이다. 추장은 마침내 로즈의 제안에 동의했다.

공공 모임을 조직하는 것보다 에이전트를 교육하는 것이 훨씬 중요하다고 할 수 있다. 에이전트들이 직접 고객을 모집해야 하기 때문이다. 우리 프로그램에 소비자들이 처음 관심을 갖게 하는 데는 공공 모임이 핵심적인 역할을 하지만 에이전트들이 이 프로그램을 완벽하게 파악하고 열정적으로 홍보하지 않으면 이 사업은 존재할 수 없었다.

하루는 코포리두아를 빠져나와서 아콰핌 산맥으로 가는 주도로에 있는 아몬프로라는 마을에서 새 에이전트 세 명을 교육했다. 에이전트 중 한 명인 이넉은 마을에서 작은 약국을 하고 있었고, 또 다른 에이전트인 조지와 모니카는 근처에 있는 더 작은 마을에서 가게를 운영하고 있었다. 휘트는 회사의 가치에 대해 간단하게 설명하는 것으로 교육을 시작했다.

"가장 중요한 것은 존중입니다. 에이전트로서의 여러분을 존중하고, 고객을 존중하는 것입니다. 우리는 자신이 대접받고 싶은 만큼 남을 대접하라는 금과옥조를 따르고 있습니다. 우리는 항상 여러분을 존중하고 거짓 없이 대할 것입니다. 그러므로 여러분도 고객을 존중하고 예의를 갖춰 대하길 바랍니다. 우리와 우리 회사, 우리가 하고자 하는 일을 존중해 주시길 바랍니다.

두 번째는 혁신입니다. 우리는 아직 배우는 중입니다. 그래서 항상 일을 더 잘할 수 있는 방법을 모색하고 있습니다. 우리는 한 팀이고, 좋은 아이디어를 공유해야 훨씬 발전할 수 있습니다. 그러니 고객들을 더 잘 접대하면서 그들을 도울 수 있는 방법이 있다면 언제든 주저하지 말고 말씀해 주세요.

마지막 가치는 힘을 실어 주자는 것입니다. 부로는 사람들이 더 많은 일을 할 수 있도록 돕는 것이 주목적입니다. 그러니 고객들에게 더 많은 일을 하라고 이야기하세요. 우리가 고객에게 제안하는 것은 아주 단순합니다. 반값에 훨씬 우수한 품질의 건전지를 제공하는 겁니다. 우리 건전지를 쓰면 더 많은 일을 할 수 있다고 소문을 퍼뜨리세요.

우리는 건전지를 교환하고 신규 고객에 대한 신상 정보와 돈을 수금하러 일주일에 두 번씩 여러분을 찾아갈 겁니다. 여러분의 커미션은 건전지 하나당 20퍼센트이고, 휴대전화 충전기 같은 상품은 10퍼센트입니다. 그때그때 커미션을 받아 갈 수도 있고, 여러분이 원하면 나중에 찾아갈 때까지 우리가 맡아 둘 수도 있습니다.°질문 있습니까?"

"건전지는 어떻게 팝니까?" 미남에, 생각이 깊은 조지가 물었다.

"아주 좋은 질문입니다. 판매에 대한 이야기를 해 보죠. 고객이 처음에 건전지를 사러 오면 하나당 1세디를 보증금으로 받아야 합니다. 아주 비싼 건전지니까 보증금을 꼭 받아야 합니다. 그리고 고객에게 중요한 사항 두 가지를 말해야 합니다. 첫째로 건전지는 파는 것이 아니라 임대하는 것이라는 걸 말해야 하고, 둘째는 건전지를 나중에 다시 갖고 왔는데 충전하길 원치 않으면 보증금은 언제든 찾아갈 수 있다고 말해야 합니다. 고객이 처음에 왔을 때는 부로 프로그램에 가입시켜야 합니다. 그래야 건전지를 임대할 수 있죠. 그래서 처음에 가입 양식을 작성해야 합니다." 휘트는 가입서와 같은 크기의 종이를 한 장 꺼냈다. "이 카드에 1번 고객 정보를 기입하고, 그다음 고객, 또 그다음 고객 정보를 기입하세요. 먼저 고객의 성, 즉 학교에서 쓰는 이름을 받아 적으세요. 그리고 나머지 이름과 전화번호도 적고."

"사람들이 다 휴대전화를 가지고 있는 건 아니잖아요." 말수가 적은

• 부로 에이전트의 대략 90퍼센트가 부로에 커미션을 한 달 정도 맡아 달라고 부탁한다. 그런 의미에서 회사는 에이전트들에게 계좌가 없는 기초적인 은행 역할을 하고 있다. 부로에 돈을 맡겨 두면 도둑맞을 염려도 없고 형제자매에서 사촌에 이르기까지 대가족과 번 돈을 나눠야 한다는 문화적 압박으로부터도 자유로울 수 있다. 부로는 이자는 지급하지 않았지만 고객들이 돈을 저축할 때 수수료를 물리는 비공식 지역 은행과 달리 수수료도 물리지 않는다. 개발도상국에서는 이런 관행을 두고 마이너스 이자를 번다고 한다.

아가씨인 모니카가 말했다.

"없어도 괜찮아요. 하지만 일단 물어보세요. 그래야 고객들에게 마케팅도 할 수 있고, 그럴수록 여러분이 제품을 팔 수 있는 대상도 늘어납니다." (2010년 가나의 휴대전화 보유 인구는 75퍼센트에 달했다.) 휘트가 설명을 계속해 나갔다. "그다음에는 생일이나 연령을 적어야 합니다. 사람들이 자기 나이를 모르면 그냥 짐작해서 적으세요. 그리고 성별을 구분하고 전기가 들어오는 지역에 사는지 아닌지도 적어야 합니다. 즉, 전깃불이 들어오는지 여부를 확인하라는 겁니다. 건전지 사용 시작 날짜와 개수도 적고, 어댑터도 가져갔는지 아니면 건전지만 가져갔는지도 적어야 합니다. 이게 다예요. 이 일은 고객이 처음 가입할 때 딱 한 번만 하면 됩니다. 질문 있습니까?"

"쿠폰은 어떻게 하죠?" 조지가 다시 물었다.

"좋은 질문입니다. 고객이 건전지를 쓰고 나서 새로 충전을 하러 오면 세 가지 선택을 할 수 있습니다. 타이거헤드 건전지의 반값으로 쓰고 싶다면 2세디를 주고 쿠폰북을 사야 합니다."

휘트는 쿠폰북을 들어서 보여 줬다.

"이걸로 건전지 여덟 쌍, 즉 열여섯 개를 쓸 수 있습니다. 지금은 행사 기간이기 때문에 네 개를 추가로 더 쓸 수 있습니다. 그러니까 다 해서 2세디에 스무 개를 쓸 수 있는 거죠.

그리고 한 번에 건전지 하나씩 빌릴 수도 있는데 하나당 20페세와입니다. 이건 선불제라고 부릅니다. 이것도 타이거헤드보단 저렴하지만 큰돈을 절약할 수 있는 건 아닙니다.

마지막으로, 2세디를 낼 여유는 안 되지만 선불제보다 더 나은 상품을 원한다면 1세디짜리 쿠폰북을 살 수 있는데 그거로는 건전지를 일곱 개 쓸 수 있습니다.

커미션에 대해 한 가지 더 말씀 드리겠습니다. 쿠폰은 하나 팔 때마다 10퍼센트씩 받고, 고객이 쿠폰을 쓰면 또 10퍼센트를 받습니다. 그러니까 그런 고객을 찾는 게 중요해요. 설사 그 고객이 처음에 여러분에게서 그 쿠폰을 사지 않았더라도 말입니다. 만약 고객에게 쿠폰과 다 쓴 건전지가 있다면 새 건전지를 받아 갈 수 있습니다(여러분이 그 고객을 개인적으로 모르더라도). 여러분은 그 쿠폰에 대한 커미션을 받는 겁니다.

이제 여러분에게 건전지 쉰 개와 어댑터 스무 개를 나눠 드리겠습니다. 빨간 튜브에는 다 쓴 건전지를 넣으세요. 그럼 우리가 그걸 가져가고 여러분에게는 새 건전지를 드리겠습니다. 새 건전지는 초록색 튜브에 넣어 두세요. 절대로 두 개를 섞으면 안 됩니다! 질문 또 있습니까?"

아무도 없었다.

"좋습니다. 고맙습니다. 4주가 지났는데 아직도 여러분의 상점에서 타이거헤드를 팔고 있다면 여러분이 일을 잘 못하고 있는 겁니다." 휘트가 말했다.

물론 그 말은 농담이었다. 휘트도 타이거헤드가 우리에 비해 큰 장점이 하나 있음을 알고 있었다. 어느 날 우리가 가게 앞에서 하는 부로 건전지 선전을 열심히 듣던 한 남자가 1세디를 내고 타이거헤드 건전지 네 개를 사 가는 걸 본 적이 있다. 휘트는 그걸 보고 어깨를 으쓱했다.

"어쨌든 우리 건전지가 제일 싼 건 아니니까. 처음에는 타이거헤드가 더 싸지."

케빈이 대꾸했다.

"저 남자는 여기 오랫동안 서서 우리가 하는 말을 듣고 있었어요. 자기도 부로를 사고 싶지만 지금 네 개가 필요한 데다 보증금을 낼 돈이 없었던 거죠."

연기 나는 바퀴

부로 장비 중에서 건전지만 말썽을 부린 건 아니다. 부로의 방문판매 모델이 제대로 작동하려면 휘트와 잰과 직원들이 설계한 루트에 있는 마을에 새 건전지를 배달해 주는 차가 절대적으로 중요하다. 부로 사업 초기, 사업 구역이 시내 외곽으로 나가는 주요 도로 몇 개에 집중되어 있을 때는 루트 관리가 상대적으로 간단했다. 하지만 사업이 확장되면서 부로가 코포리두아를 중심으로 점점 더 넓은 지역에서 수십 명이 넘는 에이전트를 모집하자 회사 차의 일정을 조정하는 것이 까다로운 수학 문제를 푸는 것처럼 난해해졌다. 특히 현장으로 나가는 팀은 험한 곳에도 쉽게 갈 수 있는 사륜구동인 타타를 차지하기 위해 열띤 경쟁을 벌였다. 일정을 짜는 데 있어서 손톱만 한 실수도 용납되지 않는 상황도 문제였다. 누군가 공공 모임이나 새 에이전트와 만났다가 늦게 오면 마치 폭설로 비행기가 뜨지 않아 전국적으로 결항 사태가 발생하는 것처럼 그날 하루 일정이 전부 어그러지고 말았다. 거기다 가나의 열악한 도로 사정도 한몫해서 회사 차 두 대가 끊임없이 정비소를 들락거렸다. 펑크 난 타이어는 상대적으로 고치기 쉬웠지만 큰 고장이 발생하면 속수무책이었다.

8월의 어느 화요일 아침에 휘트와 애덤과 나는 가게 주인 두 명을 부로의 새 에이전트로 교육하기 위해 기아 차를 몰고 맘페로 가고 있었다. 사업을 확장한 곳 중에서도 핵심적인 지역이자 아크라에서 가장 가까운 곳이었다. 가게 하나는 사람들로 붐비는 트로트로 역에 있었고, 또 하나는 시내의 큰 로터리 근처에 있었다. 두 가게 모두 무수히 많은 건전지를 팔 수 있는 잠재력이 있었지만, 우리는 전기가 들어오는 도시 시장, 즉 시골보다 고객 신원이 더 불분명한 데다 일시적 구매 패턴을 보일 가능성이 높은 곳에서는 사업을 해 본 경험이 전혀 없었다. 이 고객들이 과연 다 쓴 건전지를 반환하러 올까?

그러다 갑자기 시속 80킬로미터로 커브 길을 돌던 기아 차가 요란하게 흔들리더니 오른쪽으로 휙 돌아갔다.

"다들 꽉 잡아." 휘트가 소리를 지르면서 핸들을 잡고 왼쪽으로 세게 꺾어 도로에서 벗어나지 않으려고 안간힘을 썼다.

"이야, 타이어가 펑크 난 것 같진 않은데." 내가 말했다.

"휠 베어링이 문제인 것 같아." 휘트가 대꾸했다.

휘트는 길가로 30미터 정도 천천히 달려서 맞은편에서 오는 차가 전혀 보이지 않는 곳에 간신히 도착했다. 이 도로에 배수로가 없는 것은 다행이었으나 갓길마저 없었다. 아크라까지 토마토와 바나나를 산더미처럼 실은 과적 트럭들이 경적을 울려 대며 다가왔다가 쌩쌩 소리를 내며 지나쳐 갔다. 우리는 차 문을 빠끔히 열고 도로변에 무성하게 자란 키 큰 풀 속으로 도망쳤다. 오른쪽 앞바퀴 한가운데서 연기가 나고 있었고 설상가상으로 비까지 내리기 시작했다.

"정말 일하기 힘드네." 휘트가 장난스럽게 우는소리를 냈다.

아무도 입 밖에 내진 않았지만 모두 똑같은 생각을 하고 있었다. 차바퀴만 절단 난 게 아니라 우리 사업도 절단 난 게 아닌가 하는 생각.

"보드게임 팔 때가 훨씬 쉬웠는데." 휘트가 덧붙였다.

"그때는 버스 타고 출근했으니까 그렇지." 내가 한마디 거들었다.

"그랬지." 휘트가 케빈에게 전화를 걸었다. "우리 지금 아데냐 교차로를 지나서 콰모소 근처에 있어요. 코포리두아 시내에 있는 정비소에 전화해야 할지 아니면 새뮤얼에게 출장을 와 달라고 해야 할지 고민중이에요."

가나에는 견인차라는 개념이 없다. 정비공 중에서 차가 있는 사람이 거의 없기 때문에 대부분 장비를 직접 챙겨서 택시나 트로트로를 타고 고장 난 차가 있는 곳으로 와 길가에서 수리한다. 이들은 종종 사고 지점을 두 번 방문하는데 한 번은 와서 어느 정도 수리가 필요한 상황인지 판단해서 견적을 내고, 다시 부품을 가지러 갔다 온다. 만약 어떤 상황인지 미리 정확하게 판단할 수 있다면 애초에 그에 맞는 장비를 가지고 올 수 있다.

케빈은 아크라에 있는 찰리의 정비공인 새뮤얼에게 전화하라고 조언했다. 사실 이 차 상태를 점검해 보고 사라고 조언한 사람도 새뮤얼이었다. 가나에서 흔한 차라서 부품을 쉽게 구할 수 있었기 때문이다. 휘트는 새뮤얼에게 전화해서 상황을 설명하고 전화를 끊었다.

"정오까지는 아크라에서 나올 수 없대. 그래서 트로트로 타고 여기 2시경에 온다는데."

그때가 아침 9시 15분이었다. 휘트가 다시 케빈에게 전화해서 과거에 한 번 차를 맡긴 적이 있는 코포리두아 정비공에게 연락하라고 시켰다.

"그 사람은 새뮤얼보다 더 일찍 올 수도 있잖아." 휘트가 말했다.

우리는 애덤을 트로트로에 태워 회사로 보냈다. 애덤은 회계 사무를 볼 수도 있는데 괜히 셋이 길가에서 먼지를 마시고 있을 이유가 없었기 때문이다. 휘트와 내가 90미터 정도 걸어가자 작은 옆길이 나왔다. 숲 속에 있는 작은 대나무 쉼터 아래에서 여자 하나와 어린아이 둘이 작은 봉지에 든 가리를 팔고 있었다.

"차를 여기까지 가져오면 도로변으로 끌어내서 잭으로 들어 올릴 수 있는데." 휘트가 말했다.

"베어링이 타 버린 것 같은데 더 망가지면 안 되지 않을까." 곧 나는 차를 더 운전했다간 허브 전체를 몽땅 태워 버릴 수 있다는 불쾌한 가능성을 깡그리 무시하면서 말했다. "슬슬 몰아 보지 뭐."

우리는 아주 조심스럽게 기아 차를 몰고 공터까지 와서 가리를 파는 좌판 옆에 세웠다. 자동차에서 잭을 꺼내는 동안 가리를 파는 여자와 아이들이 호기심 어린 눈빛으로 우릴 쳐다봤다. 케빈이 정비공과 함께 타타를 타고 한 시간 내에 올 수 있다고 전화했다.

"우리가 타이어를 떼어 냈는데 베어링에 문제가 있는 게 확실한 것 같아요. 어쩌면 허브까지 타 버렸는지도 모르죠. 하지만 프레스 없이는 베어링을 떼어 낼 수 없으니까, 아무래도 정비공이 허브를 들고 오는 게 좋겠어요. 그 사람이 알아서 하겠지만 부품 없이 오게 하지 말고요." 휘트가 말했다.

휘트와 나는 택시를 잡아타고는 가게 주인들을 교육하기 위해 맘페까지 급히 달려갔다. 늦게 도착하긴 했지만 가게 주인들은 대개 가게 주위에 있게 마련이다. 이번에는 망고 나무 밑이 아닌 시끄러운 트로트로 역에 있는 가게의 차양 밑에 모였다. 가게를 혹시라도 못 보고 지나치는 사람이 있을까 봐 그랬는지, 처마 돌림띠에 '리디머 리디머 리디머'라고 새겨져 있었다. 그곳에는 안 파는 물건이 없었다. 뉴잉글랜드풍 잡화점을 아프리카에 갖다 놨다고 상상하면 된다. 알루미늄 그릇부터 스파게티와 성냥, 청량음료인 몰타 캔과 큼지막한 병에 든 한 개에 1센트 하는 캔디까지 죄다 있었다. 그리고 타이거헤드 D 사이즈 건전지와 선와트 AA 건전지도 있었다.

가게 주인인 에마누엘은 대개 장례식에 매는 화려하고 검은색 가두리 끈 장식이 달린 밝은 붉은색의 전통적인 아프리카 의상을 입은, 머리가 희끗희끗한 남자였다. 그는 가나 사람들이 대개 그런 것처럼 미소를 지으며 따뜻하게 우리를 맞아 줬다.

"환영합니다."

그리고 아내인 재닛 투마시를 데려왔다. 알고 보니 이 가게의 실권자는 재닛이었다. 우리가 자리를 잡고 앉자마자 재닛이 다짜고짜 우리 건전지를 파는 데 관심 없다고 선포했다.

"너무 복잡해요." 재닛이 말했다.

우리는 놀라지 않았다. 며칠 전에 재닛이 케빈에게 이미 그런 말을 했지만 케빈이 설득해서 우리 프로그램을 실시해 보겠다고 한 터라 우리는 그녀가 마음을 돌렸다고 생각하고 있었다. 그런데 재닛이 다시 모호한 태도를 보인 것이다. 휘트는 재빨리 휴대전화를 꺼내서 케빈을 연결해 재닛을 바꿔 줬다. 재닛이 몇 분 동안 튀어로 통화를 하고 나더니 우리 프로그램을 해 보겠다고 했지만, 열의는 없어 보였다. 일반적인 부로 훈련 과정, 즉 회사의 가치와 아프리카 사람들에게 힘을 실어 주겠다는 약속에 대한 영감이 넘치는 소개도 여기서는 별 반응을 일으키지 못할 것이 분명했다.

"곧바로 본론부터 말하는 게 낫겠다." 내가 휘트에게 소곤거렸다.

"그래야겠어."

곧 로터리에서 90미터 정도 떨어진 곳에 있는 가겟집 딸인 크리스티도 왔다. 크리스티는 재닛보다는 우리 프로그램에 관심이 있어 보였다.

"타이거헤드 사러 오는 사람 있으면 부로가 훨씬 낫다고 할게요." 크리스티가 말했다.

부로의 쿠폰 체제에 대해 영 헷갈려 하는 것처럼 보이는 재닛에겐 길게 설명하지 않았다. 하지만 건전지를 하나씩 팔면 고객 입장에서도 돈이 더 많이 들어가고, 본인이 받는 커미션이 훨씬 줄어든다는 말에는 귀를 기울였다. 분명 재닛은 건전지를 충전하라고 손님을 설득하겠지만 '복잡하기 그지없는' 쿠폰에 대해선 아예 입도 벙긋하지 않을 것이다.

우리는 크리스티의 가게로 갔다. 크리스티는 포장한 쿠키 외에 아무것도 없는 1.5미터 길이 유리 진열장 뒤에서 일을 하고 있었다. 그 진열장에는 수십 종류의 초콜릿 칩 쿠키, 생강 쿠키와 다른 종류의 쿠키가 있었다. 나도 뭐 판촉 전문가는 아니지만, 가게 바로 앞에 보이는 판매의 핵심인 진열장에 이렇게 같은 브랜드 쿠키를 몇 개씩 높이 쌓아올려놓은 건 좀 이상해 보였다. 가게에 오는 손님들에게 다양한 종류의 쿠키가 있다는 사실을 알려 주려고 그런가 보다 생각해도, 같은 쿠키를 저렇게 쌓아 놓을 필요는 없지 않나 싶었다. 나는 휘트에게 진열장을 보라고 눈짓했다. 휘트는 크리스티에게 쿠키를 조금 정리해서 남는 공간에 부로 건전지를 진열해 주면 안 되겠느냐고 공손하게 물었다. 크리스티는 그러겠다고 고개를 끄덕였다. 휘트와 나는 서로 마주 보며 쾌재를 부르고 싶은 심정이었다. 절호의 기회가 왔구나! 하지만 가나의 시간 개념은 서구인과는 상당히 다르다는 걸 잊어서는 안 된다. 며칠 후에 그 가게에 가 보니 아직도 진열장에는 쿠키만 있었고 부로 건전지는 눈을 씻고 찾아봐도 없었다. 가게 주인이 부로 건전지에 대해 열의가 있어 보였는데도 그랬다.

휘트와 나는 사람들로 꽉 차 땀 냄새가 물씬 풍기는 트로트로를 40분 동안 타고 코포리두아로 갔다.

"어쨌든 이것도 일종의 버스네. 보드게임 팔던 때로 돌아간 거네."

내 말에 휘트는 콧방귀도 뀌지 않고 스마트폰으로 〈뉴욕 타임스〉를 보다가 가리 좌판 옆 공터에 아직도 서글프게 서 있는 기아 차를 지나갈 때만 고개를 한 번 들어서 봤다.

며칠 후에, 케빈이 맘페 가게 주인 두 명 모두 아직도 고객들의 휴대전화 번호와 다른 신상 정보를 적는 업무를 차일피일 미루고 있다고 보고했다.

"크리스티가 그러는데 고객들이 가입 서류를 작성하는 걸 싫어한답니다. 그리고 리디머 가게에 오는 손님들도 그것 때문에 골치 아파 한다고 하고요."

"알았어요. 그럼 거기는 닫는 걸로 하지요." 휘트가 대답했다.

"그럼 우리가 투자한 돈은 날리는 겁니까?" 케빈이 물었다.

"거기서 우리가 원하는 방식대로 안 하면 어쩔 수 없어요. 이봐요, 케빈. 지금 뭘 걱정하는지 알아요. 장기적으로 봤을 때는 다른 방식으로 일을 처리할 수도 있죠. 하지만 아직은 우리 사업 방식을 양보할 수 없어요. 거기에는 몇 가지 이유가 있어요. 사기를 방지해야 하는 것도 이유 중 하나고, 마케팅과 브랜드 구축이란 문제도 달려 있어요. 서류를 작성하면 단순히 타이거헤드를 사지 않는 게 아니라 고객이 우리 프로그램에 가입했다는 것이 좀 더 뚜렷해집니다. 그건 정말 중요해요. 우린 고객들에게 정말 우수한 프로그램을 제공하고 있어요. 그리고 솔직히 고객들의 요구에 휘둘려서 끌려다니고 싶은 마음도 없고. 일단 양보하기 시작하면 어디까지 해야 할지도 모르잖아요. 그러니까 에이전트들에게 고객 정보를 수집하면 우리가 고객들에게 마케팅을 하는 데도 도움이 되고, 에이전트들도 덕분에 돈을 더 많이 벌 수 있다고 말해 줘요. 그리고 이런 식으로도 설명해 봐요. 고객들은 우리에게 하나에 6에서 8세디 정도의 건전지를 대여해 가는 대신 1세디를 내고 있어요. 사실상 우리가 고객에게 몇 세디를 빌려주고 있는 셈이에요. 그러니 고객들에게 그 사람에 대한 기본적인 정보도 없이 생판 모르는 남에게 당신이라면 5세디를 그냥 내줄 수 있겠느냐고 물어보라고 하세요."

"하지만 건전지를 훔치고 싶은 사람이라면 가명과 거짓 전화번호를 대고 가져갈 수도 있잖아요." 케빈도 말투가 찰리처럼 변하고 있었다.

"그건 그렇죠. 하지만 대부분의 사람들은 그렇게까지 하지 않아요. 고객 중에 도둑이 나올 수도 있지만, 적어도 쉽게 훔쳐 가지 못할 정도의 조치는 해야죠. 거기다 건전지를 반환하는 걸 잊거나 아니면 건전지 자체를 잃어버리는 사람도 나올 겁니다. 우리가 고객 정보를 가지고 있으면 그런 사람들을 추적할 수 있잖아요. 다시 말하지만, 케빈, 당신이 무슨 걱정을 하는지 이해해요. 하지만 일단 우리가 세운 모델을 시험해 봐야 해요. 큰 도시 시장에서 시험해 보지 않으면 이 모델이 효과가 있는지 없는지 결코 알 수 없어요. 그러니 현장에서 일하는 여러분이 리더십을 발휘해 줘야 해요. 우물쭈물하면서 '백인에게 가서 물어볼게' 이런 식으로 말하면 안 된다는 거죠. 책임감을 가지고 고객에게 단호하게 설명해야 해요."

"아, 전 그렇게는 안 해요. 제가 잘 설명할 겁니다."

"좋았어요. 그럼 된 겁니다. 가입 서류(그게 우리의 성배인데)를 받는다고 해도 일이 쉬워지진 않을 것임을 명심해야 해요. 에이전트들이 새 고객을 받을 때 그 서류를 작성해야만 우리가 건전지 사용을 모니터하고 새 프로그램을 제안할 수 있으니까요. 고객의 개인 정보는 우리와 에이전트들에게 막대한 이익이 되는 자료니까 이 점을 꼭 에이전트들에게 알려 줘요."

대부분의 부로 사업은 아직 코포리두아 주변의 작은 마을, 즉 에이전트들과 고객들의 개인적 관계가 아주 중요한 곳에서 운영되고 있다. 그래서 대도시로 사업을 확장해 나가는 와중에도 우리는 마을 사람들과 친교를 맺어 두려고 노력하고 있다. 마을에 부로에 대한 소문을 내 달라고 부탁하기 위해 추장과 여왕엄마와 청년 지도자에게 인사를 하고 그들에게 무료 건전지 쿠폰(하지만 이들 역시 가입 서류를 작성하고 보증금은 내야 한다)을 제공하고 있다.

"그건 아주 잘하시는 겁니다." 애덤이 말했다.

애덤의 돌아가신 아버지는 아다클루라는 볼타 지역의 에웨족 부추장이었다. 아다클루는 사실 같은 이름을 가진 신성한 산 주위에 서른 아홉 개의 마을이 모여 있는 지역 이름이다.

"추장들이 우리 사업을 아주 잘 도울 수 있을 겁니다."

하지만 그렇지 않은 경우도 있었다. 한번은 주민이 대부분 에웨 부족인 민타크롬이라는 마을에서 한 가게 주인을 교육하고 있었다. 그 마을의 추장은 처음에는 매우 협조적이었다. 한 시간 남짓 앉아서 교육을 받은 가게 주인이 애덤에게 에웨어로 말했다.

"저기, 커미션이 적다고 하는데요."

"알겠어요. 그럼 다른 가게 주인을 찾아보죠." 휘트가 대답했다.

"다른 가게 주인도 같은 말을 할 거라고 합니다."

"그럼 추장이 가게 주인에게 그렇게 말하라고 지시했다는 건가요?"

"그렇습니다."

우리는 차를 타고 다른 곳으로 갔다.

"애덤, 그럼 슈납스를 갖다 바친 건 어떻게 된 거죠?" 휘트가 물었다.

추장에게는 전통적으로 네덜란드 술인 슈납스를 한 병씩 선물로 줘야 하는데 품질에 따라 대개 5~10세디 정도 한다. 그리고 추장들도 술의 품질이 고급인지 싸구려인지 다 안다.

"추장들에게 갖다 바친 슈납스가 수십 박스인데 꼭 그렇게 줘야 하는 건지 모르겠어요."

"그냥 추장을 만나러 가는 길이라면 굳이 안 줘도 됩니다. 하지만 추장과 원로와 만나는 공식 자리라면 주는 게 좋습니다."

"그러니까 항상 슈납스를 가져갈 필요는 없다는 말이죠?"

"네."

"잘됐군. 잰이 길을 가다 사람들이 보이면 차를 세우고 우리 건전지에 흥미를 가질 수 있게 즉석에서 이야기를 하는 전략을 세웠는데 그것도 괜찮을 것 같아요. 마을에 가서 곧장 추장을 찾아가는 것과는 또 다른 방식으로 사람들의 흥미를 끌 수 있잖아요. 갑자기 우리 사업 방식이 아주 정형화된 느낌이 들어서. 추장이 말하는 대로 따라간다고나 할까. 추장이 이 사람이랑 일하고, 이 사람에게 안내를 부탁하란 식으로 일이 흘러가고 있어요. 우리 마음대로 사업 이야기도 못 하고, 에이전트도 못 고르고. 에이전트라고 추천하는 사람도 대개 추장의 아들이거나 친척이잖아요. 그러니까 추장을 통한 공식적인 접근 경로와 게릴라 전법으로 공공맨을 쓰는 방법을 섞어 보는 게 좋을 것 같아요. 그리고 언제 추장을 만나러 가서 인사를 해야 할지 이제 좀 감이 와요. '다음 주에 시간 있으면 같이 원로들과 자리를 마련해서 우리 프로그램 이야기를 하고 싶군요' 이런 식으로 하는 거죠."

우리의 마케팅 루트가 겹치면서, 팀 간에 주고받는 말도 점점 더 날카로워져 갔다. 잰과 로즈가 어느 날 밤 은쿠라칸이란 마을에서 에이전트가 될 만한 사람을 하나 확보하고 왔다는 소식을 전했다.

"폴로셔츠를 입은 남자 있잖아요." 잰이 말했다.

"폴로셔츠요?" 휘트가 되물었다.

"아니, 폴리오 셔츠요. 소아마비 근절 로터리클럽 셔츠 있잖아요. 어쨌든 오늘 만난 사람이 정말 끝내줬어요. 우릴 데리고 마을 곳곳을 다니면서 보여 주느라 모임에 늦었다니까요."

"잠깐만. 그럼 안 되는 거잖아요. 은쿠라칸은 우리 루트와 당신 팀 루트가 연결되는 곳이에요. 거기다 케빈과 내가 이미 그 마을에 사는 오노 요코라는 여자를 점찍어 놨어요. 그 여자 가게가 그 마을 최고예요."

"은쿠라칸에 오노 요코란 여자가 있어?" 내가 물었다.

"그래요. 우리는 일주일에 두 번 은쿠라칸을 지나치거든요." 잰이 대답했다.

"우리도 그래요." 휘트가 말했다.

"케빈이 괜찮다고 그랬는데."

"이봐요, 잰, 은쿠라칸은 우리 구역이니까 손 떼요."

나는 그 마을에 오노 요코란 여자가 진짜 있는지는 알아내지 못했다. 폴리오 셔츠를 입은 남자는 알고 보니 사기꾼이었다.

비밀 농장

게릴라 작전처럼 시골 마을들을 찾아다니면서 새 사업 장소 물색 겸 먼저 에이전트들과 가게들을 알아보는 동안, 우리는 변함없이 마을 지도자에게 예를 갖추고 공공 모임을 조직했다. 그 모임에서 대개 신규 가입을 많이 받았다.

어느 날 잰과 로즈와 나는 북쪽에 있는 후훈야를 향해 비포장도로를 달렸다. 그 길로 가다 보면 경치가 빼어난 가나의 주요 관광지 중 한 곳인 보티폴스라는 폭포를 지나가게 되는데, 높이가 30미터에 달한다. 나와 최근에 들어온 똑똑한 청년 에이전트가 기아 차의 뒷좌석에 앉아 있었다. 이제부터 은칸사라고 부를 이 청년은 매주 마을 사람들에게 약을 배달하는 약장수로, 걷거나 오지 택시를 타고 이 길을 매주 다닌다.

"어떤 종류의 약을 배달하나요?" 험한 도로 탓에 덜컹이는 차 안에서 내가 은칸사에게 물었다.

"주로 진통제죠. 농부들은 일하다 허리를 많이 다쳐요. 그리고 고혈압 치료제로 중국 한약도 많이 먹고. 차에 섞어 마시는 거죠. 혈압 재는 기계도 갖다 주고요."

"정말 여기 사람들이 혈압이 높아요?" 나는 육체노동을 이렇게 많이 하는 사람들이 어떻게 고혈압으로 고생할 수 있는지 의아해서 물었다.

"가나에선 고혈압이 큰 문제예요. 사람들이 야자유를 너무 많이 먹거든요. 당뇨병 환자도 아주 많아요."

은칸사는 마을 사람들의 건강을 진심으로 염려했지만 한편으론 성공을 위해서 앞만 보고 달리는 야심가였다. 그는 아크라에 있는 경영대학원에 갈 학비를 마련하기 위해 부지런히 돈을 모으고 있다고 했다. 마케팅을 공부하고 싶다고도 했다. 그리고 이미 보건 관련 전문 지식과 사업 감각을 접목해서 사업도 하고 있었다.

"삼촌과 제가 타말레에서 모린가를 들여와서 당뇨병 치료제로 팔려고 지금 재배 중이에요."

(연구에 따르면 이른바 기적의 나무라고 하는 모린가의 나뭇잎에 포도당 수치를 조절하는 성분이 들어 있다고 한다. 조나스는 이 잎이 아흔아홉 가지 질병을 치료해 주는 만병통치약이라고 말했다.)

우리는 '도로변식당'이라는 가게에서 좌회전해 숲 속 깊이 들어가 험난하기 그지없는 도로를 달려 오페시카와 수트리라는 쌍둥이 마을로 들어갔다(오페시카는 아콰핌족의 본거지이고, 수트리는 크로보족의 본거지이다). 잰은 이 마을들이 우리가 다니는 루트에서 너무 멀리 떨어져 있어서 사업을 하기에 어려운 곳이라며 걱정했지만, 은칸사가 고집을 꺾지 않았다.

"전 여기 매주 화요일에 올 거고, 여기 사람들은 제가 오는 걸 알고 기다리고 있습니다. 이곳에는 무궁무진한 사업 기회가 있어요."

잰도 그 말에 굴복해서 여기까지 왔다. 와서 보니 마을은 비정상적일 정도로 깨끗했다. 거의 모든 집이 회반죽을 새로 발라 페인트칠을 했고, 학교 건물도 산뜻했다. 작은 진료소에는 약품도 잘 갖춰져 있는 듯했고, 직원도 두 명이나 있었다. 아이들도 영어를 유창하게 구사했다. 우수한 교사(월급을 잘 받는)가 있다는 뜻이다. 오페시카와 수트리는 할리우드 영화에나 나오는 아프리카 마을 같았다.

우리가 차에서 내리자 은칸사는 즉시 가가호호 방문하고 가게마다 찾아다니면서 우리 건전지를 보여 주고 제품 선전을 시작했다. 거의 모든 사람이 그의 이야기를 재빨리 이해했고 즉시 돈(그것도 다량의 현금)을 내고 건전지를 몇 개씩 가져가기 시작했다. 대개 가난한 마을 사람들은 부로에 등록하겠다는 중요한 결정을 내리면 손수건이나 스커트 끈에 숨겨 두었던 꼬깃꼬깃한 지폐를 조심스럽게 꺼내곤 했다. 하지만 여기 사람들은 고액권으로 감싼 1달러 지폐 다발처럼 가나식으로 묶은 지폐 다발을 선뜻 꺼냈다. 거의 모든 고객이 빳빳한 새 10세디 지폐를 내서 잔돈을 넣어 둔 상자가 금세 바닥을 드러냈다. 한 남자가 20세디 지폐를 내밀었을 때(가나에서 은행을 제외하고는 처음 봤다) 내가 잰을 힐끗 보자 그녀도 눈썹을 치켜세웠다. 집으로 돌아오는 길에 잰이 이 마을 사람들의 수입원이 뭐냐고 은칸사에게 물었다.

"아, 이 사람들은 비밀 농장을 가지고 있어요." 은칸사가 시원스럽게 대답했다.

"비밀 농장?"

"인도대마. 그러니까 마리화나를 재배해요." 은칸사는 마치 문제의 작물이 순무나 석류처럼 야채 가게의 특수 상품 정도라는 듯 대수롭지 않게 말했다.

가나가 마리화나 중독자의 천국이 아니라는 점을 고려해 볼 때 그의 이런 태도는 놀라웠다. 밥 말리가 가나에서 가장 인기 있는 음악가일지는 모르지만 그가 한 마약은 엄연히 불법이었다. 마약 소지죄로 잡히면 10년간 중노동 형이 선고될 수 있고, 해변에 있는 몇 개의 라스타파리언(에티오피아의 옛 황제 하일레 셀라시에를 숭상하는 자메이카 종교 집단. 흑인들이 언젠가는 아프리카로 돌아갈 것이라 믿고 독특한 복장과 행동양식을 따른다—옮긴이) 공동체 외에는 쉽게 마리화나를 접할 수 없었다.

"이곳 농부는 인도대마 한 자루에 가나 돈으로 150세디를 받고 팔고 있어요. 수익성이 높은 사업이죠." 사업가를 꿈꾸는 은칸사가 덧붙였다.

"그렇군요." 인도대마 수익과 부로의 시원찮은 대차대조표를 마음속으로 비교해 보며 잰이 대꾸했다. "대마를 일반 작물 사이에 숨겨서 심는 건가요?"

"아뇨. 그냥 대놓고 들판에 심어요. 경찰이 오면 뇌물을 주죠."

공교롭게도 바로 그다음 날 휘트가 지역 신문에서 '경찰이 일로크로보 마약 사건을 서둘러 수사하지 않을 것이다'라는 헤드라인 기사를 봤다. 일로크로보는 우리가 전날 차로 지나온 바로 그 지역이었다.

경찰은 일로크로보의 인도대마 농부들로부터 뇌물을 받은 것으로 알려진 경찰들에 대한 기소를 서두르지 않을 것이라고 발표했다.

기사는 이렇게 시작됐다. 관료들에 따르면 대신 정당한 법적 절차를 거쳐 사건을 수사할 것이라고 전했다. 그것은 경찰이 뇌물을 받고 눈 감아 주기 때문에 그 지역에서 인도대마를 재배하는 농부들이 더 늘어난다고 일부 정치가들이 불평한 이후로 나온 경찰 측 반응이었다. 마리화나가 그 지역을 번성하게 한 일등 공신이면서 그 지역 내에서 마약 문제는 하나도 없다는 점을 고려했을 때(내가 본 바로도 그랬다) 그 지역의 마약 재배를 '소탕'하라는 정치적 압력은 그저 겉치레에 불과한 것 같았다.

다만 우리가 새로 개척한 모든 마을이 비밀 농장의 농부들처럼 돈이 많으면 좋으련만. 우리가 다니는 루트 반대편에 있으면서 비밀 농장이라곤 하나도 없는 마을인 툼에서 한 시간 동안 선전을 들은 청중은 모두 침묵에 빠졌다.

"내가 알고 싶은 건 왜 아직도 사람들이 타이거헤드를 쓰고 싶어 하느냐는 거야." 휘트가 물었다.

마침내 몇 사람이 우리에게 다가오긴 했지만 그것도 호기심에서 그런 거였다. 또 다른 문제도 있었다. 타이밍이 맞지 않은 것이다. 얼마 전에 타이거헤드 건전지를 새로 장만한 사람들은 부로 건전지로 바꾸기 전까지 그 건전지를 다 써야 한다. 황혼 녘에 뒤틀린 비포장도로를 멍하니 달리면서 휘트가 그날 일을 되새겨 봤다.

"이 사업이 어리석고 꽉꽉 막힌 사업인 데다 동시에 무지 힘든 일이

286

라는 게 점점 더 분명해지고 있어."

날이 빠르게 어두워지고 있었고, 모두 점심도 거른 데다 거의 한 시간을 더 달려야 했다. 길은 잘 알고 있지만 매일 도로에 움푹 파인 구멍의 위치가 바뀌기 때문에 우리는 정신을 바짝 차리고 긴장을 늦추지 않으려고 애를 썼다.

"하지만 우리가 이 나라를 바꿀 거야." 휘트가 핸들을 탕탕 치면서 말했다. "우리가 이 나라의 건전지를 한 번에 하나씩 바꿀 거야."

그때부터 휘트가 공공맨으로 보이기 시작했다.

머리냐 꼬리냐

이동 중에는 주로 거리 음식으로 끼니를 때운다. 짭짤한 삶은 땅콩(미국 남부에서 볼 수 있는 그런 종류), 구운 플랜테인, 구운 옥수수, 가끔 완숙 달걀에 수제 핫소스(토마토, 암염, 양파, 절구에 찧어 가루로 만든 맵디매운 고추를 섞어 만든다)를 곁들여 먹고, 500밀리리터 비닐봉지에 든 물을 마셔 입가심한다. 하지만 이 소박한 식사는 가나 요리에 대해서 백과사전적 지식을 갖추고 있는 데다 지속적으로 그 지식을 확인해야 하는 케빈에게는 성에 차지 않았다. 케빈은 끊임없이 먹는다. 그는 바짝 말린 고등어를 바다사자처럼 통째로 우적우적 씹어 먹는다. 나도 가나 도처에서 볼 수 있는 말린 생선(냉장 시스템이라고는 찾아볼 수 없는 나라여서 피라미에서 참치, 새우, 조개 같은 모든 크기와 종류의 해물을 훈제나 염장으로 저장한다)을 즐겨 먹었지만, 결국엔 그런 해물이 어떻게 처리됐

287

는지 알 길이 없어서 위생상의 이유로 더는 먹지 않게 됐다. 휘트는 말린 생선이라면 처음부터 질색했다. 말린 생선 냄새(아주 독했다)만 맡아도 역겨워했다. 하지만 우리 둘 다 볼타 호수에서 잡은 신선한 틸라피아 생선은 좋아했다.

내가 케빈이 먹는 음식을 다 좋아한 건 아니다. 케빈은 바싹 튀긴 코코얌을 좋아했는데 겉으로 보기에도 그렇고 내 입맛엔 그냥 아이보리 비누 같은 맛이었다. 그리고 케빈은 가나 사람들의 주식인 끈적끈적한 푸푸라면 환장했는데 휘트와 나는 그저 그런 평범한 맛이라고 생각했다. 케빈은 거대한 푸푸 덩어리 없이는 살아가질 못했다. 하루는 케빈이 휘트와 함께 아콰핌 산맥 쪽으로 새 사업 장소를 찾아다니다 푸푸 문제가 불거졌다.

"케빈이 오늘 점심에 푸푸를 먹자고 난리를 치더군." 그날 밤 캐피털 뷰호텔에서 저녁을 먹고 있는데 휘트가 이야기를 꺼냈다. "그래서 내가 그랬지. 솔직히 말하겠는데, 난 정말 손으로 먹는 음식에 질렸다고."

"너 지금도 손으로 먹고 있잖아." 내가 곧바로 지적했다.

휘트는 먹고 있던 프렌치프라이를 접시에 내려놓고 나를 노려봤다.

"그래서 케빈에게 나이프와 포크를 쓸 수 있다면 푸푸를 먹겠지만 그러면 국제적인 분쟁이 생길 테니 오늘만큼은 푸푸를 생략하자고 했지. 케빈이 좋다고 했어. 그래서 한 식당에 들어갔는데 선택할 수 있는 요리가 딱 두 개뿐이었어. 푸푸가 들어간 브라운 염소 고기 수프와 푸푸가 들어간 브라운 생선 수프. 염소 수프는 고기는 간데없고 연골만 둥둥 떠다니는 것 같더라고. 생선 수프는 그나마 잠깐씩 생선이라는 것을 짐작할 수 있는 형체가 보이긴 했는데 머리랑 지느러미가 수프 속에서 무수히 헤엄치고 다니더라고. 살점은 한두 조각 정도 있을까. 그래서 내가 생선 수프에 생선을 두 마리 넣어 달라고 주문했어. 그렇게 하면 살이 들어갈 확률이 50퍼센트는 될 거라고 생각해 머리를 쓴 거지."

"동전을 튕겨 보면 머리인지 꼬리인지 알 수 있지 않겠어."

"꼬리는 그냥 고명으로 넣은 거 같아. 어쨌든 케빈은 염소 수프를 시켰는데 도대체 그게 무슨 요리인지 봐도 당최 모르겠더라고. 얼핏 봐서는 염소 무릎뼈 같기도 하고, 아니면 염소 배 속에 들었던 새끼 같기도 하고. 어쨌든 케빈은 게걸스럽게 먹어치웠어. 뼈까지 다 먹은 것 같아."

하지만 음식을 가리지 않는 케빈에게도 한계가 있었다. 어느 날 니아메베케레(튀어로 '하나님이 살펴주실 것이다'라는 뜻인데 가나에는 이런 이름을 가진 마을이 60여 군데가 넘는다)라는 마을에서 휘트가 우리 에이전트인 나나 베쾨를 만나고 있는 동안 케빈과 나는 차에서 기다리고 있었다. 에웨족인 나나는 군사 쿠데타 지도자였던 제리 롤링스 공군 중위의 포스터로 벽이란 벽을 온통 도배해 놓은 동네 술집을 운영하고 있었다. 아주 작은 마을이지만 나나 역시 자신이 숭배하는 정치적 영웅처럼 그곳에서 상당히 높은 지위에 있는 사람이었다. 그래서 본인은 지루하고 힘든 일은 하지 않아도 된다는 생각을 가지고 있었다. 부로 에이전트가 되면 실제로 일을 해야 한다는 현실을 깨달은 나나는 그의 밑에 있는 청소년들을 시켜서 건전지 교환 심부름을 보냈다. 구체적으로 이 시스템이 어떻게 돌아가는지 휘트도 자세한 사정은 몰랐지만 이 임시변통으로 만든 조직의 대부인 나나가 수익의 대부분을 가져간다는 건 짐작할 수 있었다.

몇 분 후에 휘트가 차로 돌아와서 말했다.

"참 희한한 일이야. 내가 나나의 새끼 고양이 한 마리를 쓰다듬고 있는데 나나가 이러는 거야. '얘들이 좀 더 크면 한 마리 줄게요.' 그래서 내가 그랬지. '그렇지 않아도 일이 많은데 고양이까지 어떻게 키워요.' 그랬더니 나나가 미국에선 고양이를 먹지 않느냐고 물어보는 거야." 휘트가 운전하고 있던 케빈에게로 얼굴을 돌렸다. "나나가 농담한 거죠?"

"아닌데. 에웨족은 고양이를 먹어요."

"솔직히 말해 봐요. 지금 농담하는 거잖아요."

"먹는다니까요. 고양이 고기를 조지프라고 불러요."

"조지프? 그럼 돼지고기는 포크고, 소고기는 비프인 것처럼 고양이 고기는 조지프란 말이에요?"

"그렇다니까요."

"못 믿겠는데. 찰리에게 전화해 봐야겠어요."

"찰리도 그렇다고 할걸요."

휘트가 휴대전화를 꺼냈다.

"여보세요, 찰리. 케빈이 에웨족은 고양이를 먹고, 고양이 고기를 조지프라고 한대요. 그 말 사실이에요?"

잠시 침묵이 흘렀다.

"정말! 당신도 고양이 고기를 먹는다고요? 알았어요, 고마워요." 휘트는 전화를 끊었다. "찰리가 맞다고 하네요. 에웨족이 있는 곳에선 고양이를 그냥 놔두면 안 된다고 하던걸요.'"

"제가 그렇다고 했잖아요." 케빈이 대꾸했다.

사무실로 돌아온 나는 에웨족인 애덤에게 한 번 더 그 사실을 확인했다.

"애덤, 당신도 고양이 고기를 먹나요?"

젊은 회계사가 노트북을 보고 있다가 고개를 들었다.

"네."

"조지프, 맞죠?"

"네. 좋아해요."

"좋아한다고? 음, 대부분의 사람들은 고양이가 좋다는 말에 동의하겠지요. 그런데 왜 조지프라고 하죠?"

"저도 모르겠는데요." 애덤은 그런 질문을 처음 들어 봤는지 잠시 생각에 잠겼다.

"고양이 고기는 어떻게 요리해요?"

"아, 스튜로 먹어요." 애덤은 그런 바보 같은 질문이 어디 있느냐는 듯 약간 놀라며 대답했다. 가나에서는 모든 요리를 스튜로 해 먹는다.

"맛이 어때요?"

애덤은 잠시 생각에 잠겼다.

"뭐라고 묘사할 수 없어요."

"닭고기 같은 맛인가?"

"아니요, 그런 맛이 아니에요. 그보다는 토끼 고기에 가깝죠. 토끼 고기 드세요?"

"그럼요."

나는 그렇게 대답하면서 순간 어떤 애완동물은 먹어도 괜찮고, 어떤 애완동물은 먹는다는 사실만으로도 거부감을 느끼는지 그 이유가 궁금해졌다. 에웨족은 고양이를 애완동물로도 키우지만, 애완용 고양이와 식용 고양이를 따로 분리해 생각할 수 있는 모양이었다. 하지만 그들도 개를 먹는 건 야만적인 짓으로 간주한다.

더 많은 일을 하라

부로 최초의 위조 쿠폰은 9.11에 나타났다. 무심코 보는 사람이라면 위조됐다는 사실도 몰랐겠지만 잰은 뭐든 대충 지나치는 사람이 아니었다. 그날은 금요일로 분주한 한 주의 마지막 날이자 그녀가 고국으로 돌아가 석 달 동안 휴가를 즐기기 전에 사무실에서 근무하는 마지막 날이었다. 잰이 여름 내내 가나에서 일하는 동안, 그녀와 동반자 레슬리는 시애틀에 있던 예전 집에서 644킬로미터 떨어진 메드퍼드에 집을 한 채 샀다. 레슬리가 지역 병원의 약국 매니저로 취직해서 그곳으로 이사를 한 것이다. 그래서 휴가를 가려고 짐을 싸고 새집을 본다는 기대에 들떠 있었기 때문에 잰은 그날 루트에서 수금한 여덟 장의 위조 쿠폰을 보지 못하고 지나칠 수도 있었다. 하지만 쿠폰을 본 잰은 뭔가 이상하다고 생각했고, 다시 꼼꼼히 봤다. 원래 쿠폰과 같은 크기였고, 문구(부로 교환 1회, 언제든 새 건전지로 교환)도 똑같았다. 하지만 문구가 너무 작았고, 당나귀 로고가 새겨진 부로 건전지 그림이 선명하지 않았다. 그리고 가장자리에 마치 잘라낸 것처럼 점선이 나와 있었는데 원래 쿠폰에는 그런 점선이 없었고, 스테이플러를 찍은 자국도 없었다. 이 쿠폰은 쿠폰북에서 찢어 낸 게 아니다. 분명 누군가 오리지널 쿠폰을 복사한 후에 그 사본을 또 여러 번 복사해서 시간을 두고 천천히 비교해 보면 알아차릴 수 있을 만큼 해상도가 낮아진 것이다.

"휘트, 이것 좀 봐요." 잰이 말했다.

"빌어먹을." 휘트가 그 가짜 쿠폰을 들여다보다가 높이 치켜들어 불빛에 비춰 보면서 대꾸했다. "와우. 짝퉁이 빨리도 나타났군."

"분명 보마스에서 나온 거예요. 오늘 쿠폰을 여덟 장 이상 수금한 곳은 보마스밖에 없거든요. 세스 아니면 도로시가 받은 쿠폰일 거예요." 잰이 추측했다.

세스와 도로시가 바로 그날 꽤 많은 쿠폰을 건전지로 교환해 갔다. 세스는 보마스에서 우리 사업을 처음 시작한 날 만난, 근사한 밀짚모자를 쓰고 말을 번지르르하게 하는 농부다. 도로시는 전직 의원의 아내이자 그 마을의 청소년 지도자이다. 둘 다 유능한 에이전트이며 새로 시작한 시스템에서 처음 뽑은 직원들이었다.

"세스나 도로시가 이 사실을 알까?" 내가 물었다.

"나도 모르겠는데. 하지만 그럴 것 같진 않아. 그 사람들은 모르는 상태에서 어떤 고객에게 받았을 거야." 휘트가 말했다.

"어떤 고객이라고? 지금 그걸 말이라고 해? 크로보 사람들은 15세기 이후로 베네치아산 유리 제품을 모방해 왔어. 심지어 아랍 상인들도 베네치아산과 크로보산 유리를 구분하지 못해. 그 그릇의 패턴을 한 번이라도 제대로 본 적 있어? 그 사람들이 부로 쿠폰을 위조하는 건 누워서 떡 먹기야. 넌 이제 큰일 났다. 그 사람들 마약도 재배하잖아."

"이건 정말 말도 안 돼. 그렇지 않아도 힘들어 죽겠는데." 휘트는 의자에 털썩 주저앉아 맥주 캔을 하나 땄다. "오늘 내가 열 시간이나 운전해서 180킬로미터를 뛰어 번 게 고작 40세디와 짝퉁 쿠폰 몇 장이라니. 정말 미치고 팔짝 뛰겠어. 적어도 이거의 몇 배는 벌어야 하는 거

아냐."

우리는 사업을 시작한 후로 처음 겪은 이 배신에 모두 마음이 상했다. 찰리는 이 나라에서 가난한 사람을 도우려고 해 봤자 이용만 당할거라고 항상 말했다. 휘트와 나는 찰리가 지나치게 비관적으로 말한 것이길 바랐지만 어쩌면 그의 말이 맞을지도 모른다. 분명 우리를 주시하면서 우리를 가지고 노는, 질이 안 좋은 인간도 있을 것이다. 이렇게 새는 구멍을 하나 고치면 또 다른 곳에서 샐 것이다.

"어떻게 할 거야?" 내가 휘트에게 물었다.

"아직은 아무것도 안 해. 일단 두고 봐야지. 상황을 모니터하면서 누가 그 쿠폰을 내는지 알아보는 거야. 아직은 에이전트에게도 말하고 싶지 않아. 범인을 확실히 알아내면 의원과 경찰을 데리고 찾아가야지. 아무래도 낡은 쿠폰을 새것으로 바꿔 주고 30일 동안 유예 기간을 준후에 예전 쿠폰은 받지 않는 걸로 해야 할 것 같아. 아, 나도 몰라. 정말이 짓도 힘들다."

제 10장

문화적
디자인

2009년 가을
일일 경비

야학. 잰이 아이들에게 교육용 카드 게임을
가르치고 있다.

먹이 줄 시간

비가 내려 자욱한 먼지를 적시면서 우리 집 2층 테라스에서 보이는, 쌍봉낙타의 혹처럼 솟아오른 457미터 높이의 쌍둥이 산의 전경이 맑게 개었다. 이 쌍둥이 산은 코포리두아 시내에서 남동쪽으로 1.6킬로미터 떨어진 곳에 있다. 오부오타비리라는 이름으로 알려진 이 산은 전설에 따르면 신비로운 난쟁이들과 신들이 살았다고 한다. 현재 방송 중계국으로 쓰이고 있어서 그 전설은 조금 퇴색됐다. 깜빡거리는 안테나는 산 정상에 여덟 개나 점점이 흩어져 있다.

방송탑 덕분에 정상까지 이어진 바퀴 자국이 깊이 파인 비포장도로는 드문드문 관리가 돼 있다. 계절에 따라 트럭으로 올라갈 수도 있으며 도보로는 언제든 갈 수 있다. 그 길을 따라가다 보면 시내 전경이 한눈에 들어온다. 하지만 아름다운 풍경을 볼 수 있고 날씨도 비교적 좋은데도 사람들의 거주지는 산의 3분의 2 지점에서 끊기고, 그다음부터는 높이 자란 풀과 바나나가 울창하게 서 있는 비탈길이다. 그 위로 올라가면 넓고 부드러운 회색 몸통에 가지들이 우산처럼 쫙 벌어진 24미터 높이의 케이폭 나무들이 서 있다. 이 파릇파릇한 풍경 밑으로 더러운 갈색 도시가 펼쳐져 있는데, 우리 테라스에서 정신없이 사방으로 뻗어 있는 이 도시가 보인다. 이런 미로 같은 도시 속에서 오락가락하는 사람들을 보면 시간 가는 줄 모른다. 매일 수많은 청소년 단체들이 학교 깃발을 들고 정열적인 북 연주자들의 뒤를 따라 가두행진을 벌인다. 거기다 배달 트럭들이 끙끙 신음 소리를 내며 장에 물건을 팔러 온 수십 명의 시골 농부들을 내려 준다. 그 농부들은 카사바 뿌리가 든, 관만 한 크기의 자루들을 지고 트럭에서 내린다.

하지만 동네 사람들이 좋아하는 진짜 쇼는 오브루니들이 사는 베란다에서 펼쳐졌다. 우리는 하루 종일 거기서 사는 거나 다름없다. 베란다는 실질적인 거실이었고, 시내 한가운데 백인이라고는 우리밖에 없었기 때문에 우리는 동네 사람들의 구경거리였다. 아침부터 밤늦게까지 우리는 "백인이다!"와 "오브루니다!"라는 말을 수없이 들으면서 낯선 사람들이 우리에게 손을 흔드는 걸 참아야 했다. 물론 그게 나쁘거나 이상하다는 말은 아니다. 다만 열 번이나 열한 번쯤 모르는 사람들에게 손을 흔들고 나면 좀 지치는데 그래 봤자 아직 아침이라는 게 문제였다. 그런 식으로 밤까지 가면 불안해진다. 나는 유명 인사가 된다는 것이 어떤 기분인지를 불편하게 깨달았다.

물론 우리는 유명 인사가 아니다. 그런 면에서 보면 그들 눈에는 우리가 인간으로 보이지 않을 수도 있겠다는 생각이 들었다. 언제부터 내가 동물원의 동물 같은 느낌이 들기 시작했는지 정확히 기억이 나진 않지만, 어느 무기력한 날 밤 저녁 먹기 직전에 베란다 아래 모여든 구경관들에게 돌아서서 이렇게 소리친 기억이 난다. 그중 몇 명은 유난히 귀에 거슬리게 야유를 퍼부어 대고 있었다.

"동물원은 이제 닫았어요. 먹이 줄 시간이요." 나는 집 안으로 들어가 버렸다.

하루는 베란다에 나와서 2001년에 출판된 《태양의 그림자The Shadow of the Sun》를 읽다가 영감을 주는 사람을 발견했다. 나의 뮤즈는 고인이 된 폴란드 출신 기자이자 〈뉴요커〉 기고가로 1958년부터 아프리카(그의 첫 번째 근무지는 신생 독립국인 가나였다)에서 통찰력이 번뜩이면서 재미있지만 참혹하기도 한 기사를 보낸 이 책의 저자가 아니라 그의 책에 나온 사람 중 한 명인 펠릭스 나가르라는 기자였다.

1960년대 초반 나가르는 프랑스 통신사인 AFP의 동아프리카 지국장으로 헤밍웨이 같은 인물이었다. 그는 특권층이 사는 나이로비의 호화로운 빌라에 살면서 거의 바깥출입을 하지 않은 채 전화로 뉴스거리를 모으고, 직원으로 데리고 있는 인도 출신의 원고 담당 사환들에게 기사를 불러 주면 직원이 타자기로 작성해서 파리 본사로 전송했다. 작가의 말을 빌리면 나가르는 해외 특파원 세계의 모차르트 같은 인물이었다. 그의 입에서는 곧바로 인쇄에 들어갈 수 있을 정도로 완벽한 기사가 술술 흘러나왔다고 한다. 기사를 작성하느라 애를 쓸 필요가 없었던 나가르는 좀 더 교양 있는 활동에 주력했는데, 이른바 시가, 요리, 범죄소설이었다. '나가르는 아프리카 최고의 부엌에서 요리하는 걸 감독하거나 벽난로 앞에 앉아 범죄소설을 읽곤 했다. 입에는 시가를 물고 있었다. 구운 랍스터를 한 조각 먹거나 피스타치오 셔벗을 한입 맛

보는 그런 순간을 제외하면 입에서 한 번도 시가를 뺀 적이 없었다'라고 적었다. 그러다가 정보원으로부터 토막 뉴스가 들어오면 나가르는 부하 직원을 시켜 따끈따끈한 그 소식을 본사에 보냈다. 그리고 부엌으로 돌아가서 냄비에 끓고 있는 요리를 젓거나, 벽난로 앞으로 돌아가 마저 책을 읽었다고 한다.

이게 바로 내가 가장 잘할 수 있는 일인데. 나는 사실상 부로 본부의 요리사로, 여러 가지 일을 하면서 매일 시장에 가서 장을 보고 저녁을 준비하고 있다. 나는 어렸을 때부터 요리를 좋아했는데 요리뿐 아니라 요리하는 과정 자체를 즐겼다. 처음에는 다른 요리사처럼 어머니가 하는 걸 보고 배웠지만, 곧 요리 책으로 시야를 넓혀 갔다. 성인이 되고, 레스토랑에서 몇 년 동안 요리를 한 후에는 낯선 요리를 하거나 좀 더 기술적으로 완성된 요리를 할 때 외에는 요리 책에 의존하지 않았다. 유럽과 뉴욕과 로스앤젤레스에서 살면서 청과물 시장과 좌판에서 파는 음식에 끌리게 됐고, 특별한 메뉴나 식재료 리스트를 염두에 두진 않았지만 마치 사냥에 나선 네안데르탈인처럼 그때그때 발견한 식재료로 요리를 할 수 있다는 자신감을 가지고 장을 봤다.

가나에 오기 전에는 이 문제에 대해 깊이 생각해 본 적이 없었다. 하지만 오자마자 얼마 못 가서 나는 수렵 채집인으로서의 내 능력이 또다시 중요해졌음을 알았다. 코포리두아에는 서구식의 식품점 비슷한 가게도 없었기 때문에 장을 본다는 것은 매일매일 식재료를 찾는 보물찾기 게임이자 그때그때 즉석에서 발휘해야 하는 생존 기술이 돼 버렸다. 우리는 주로 시내에 있는 방대하면서도 악취가 물씬 풍기는 시장에서 장을 봤다. 주머니에 몇 세디 지폐가 든 사람이라면 이 시장에서 단정하게 쌓아 놓은 토마토, 후추, 양파, 마늘, 생강, 양배추, 오이, 아보카도, 라임, 상추, 망고, 파파야, 파인애플, 플랜테인, 바나나, 코코넛, 쌀, 땅콩, 흐릿한 노른자가 든 달걀(이유는 정확히 모르지만), 깍지 콩, 말린 콩, 얌, 가지, 말리거나 훈제한 생선과 다양한 크기의 조개, (우기에는) 야생의 식용 버섯과 야구공만 한 달팽이 피라미드 수백 개 중에서 마음대로 고를 수 있다. 시장의 반대편에는 직물, 수제 가죽 신발, 머리 장식, 숯, 조리 기구, 아이를 때릴 때 쓰는 단단한 회초리까지 없는 게 없다.

많은 아프리카 국가들이 주기적으로 가뭄과 기근에 시달린다는 점(가나는 1982년에 그랬다)을 고려해 보면 이렇게 저렴한 가격에 식품을 구할 수 있다는 건 축복이다. 하지만 이렇게 상대적인 풍요의 피라미드에도 단점이 두 가지 있다. 첫째는 각 카테고리 내에 무시무시할 정도로 다양성이 없다는 것이다(말린 생선을 제외하곤). 예를 들어 토마토가 올라온 모든 좌판에는 정확히 똑같은 종류의 토마토를 똑같은 가격에 판매한다. 물론 신선하고, 즙이 많아 맛있긴 하지만 문제는 매일 모든 곳에서 같은 토마토가 나온다는 것이다. 마치 전국의 모든 농부가 단 한 가지 토마토에만 충성하기로 선서한 것처럼 말이다. 다른 모든 종류의 야채와 과일도 사정은 같다. 처음에는 이렇게 확연히 보이는 몰개성에 어리둥절했다. 왜 진취적으로 나서서 다른 작물을 키워 보지 않는 걸까? 왜 이국적인 토마토나 줄무늬가 있는 가지나 까치콩을 재배해서 시장을 독점하지 않는 거지? 남과 차별화된 상품으로 승부하는 대신 기이하게도 상인들은 경쟁적으로 애걸하는 방식으로 손님을 끌고 있다.

"백인 양반! 우리 집에서 사!"

"백인 양반! 여기 좋은 물건이 있다니까!"

"백인 양반! 일단 와서 한번 봐!"

나는 공평하게 매일 다른 가게에서 사려고 했지만 그 전략을 써 봤자 아무와도 친해질 수 없다는 사실만 깨달았다. 값을 깎으려고 하는 것도 아무 소용이 없었지만 그래도 재미 삼아 한 번씩 시도해 봤다. 휘트와 나는 최근에 실시된 화폐 평가절하 정책을 이용해 농담을 하면서 사람들을 웃기곤 했다. 이 신화폐 체제에서는 신화폐 1세디가 구화폐 1만 세디와 같다. 나는 좌판에 써 놓은 가격을 보고 놀라는 척하면서 물어본다.

"구화폐로 이 가격인 거죠?"

그러면 상인들은 대개 웃음을 터트렸다.

"아니요! 신화폐라니까!"

"와! 그럼 이거 백인한테 바가지 씌우는 거구나!"

"백인한테만 그런 게 아니라니까! 다 이렇게 받아!"

매일 이런 연극을 하면서 나도 재미있어 했지만 내 농담을 받아치는 가나 상인들은 포복절도하곤 했다.

"알았어요. 대신 선물 하나 줘요."

여기서 말하는 선물이란 물건을 팔아 주는 답례로 토마토를 하나 두 개 덤으로 달라는 뜻이다. 상인들은 대부분 흠집이 났거나 지나치게 익은 과일을 한곳에 놔뒀다가 덤으로 얹어 준다. 그렇다고 그 과일이나 채소가 상한 건 아니다.

나는 항상 다른 곳에 갈 때마다 눈에 불을 켜고 특이한 토마토나 낯선 가지를 찾았지만, 한 번도 보지 못했다. 시간이 흐르고 우리 사업을 해 보면서, 나는 심지어 청과물 시장에서도 가난이 혁신과 기업가 정신을 억누르고 있는 현실을 이해하기 시작했다. 지금은 시절이 상대적으로 좋긴 하지만 가나 농부들은 끊임없이 재앙의 가장자리에서 살아가고 있다. 해충으로 작물이 죄다 죽어 버리거나, 애써 키운 작물이 시장에서 팔리지 않으면 그야말로 그들의 목숨이 경각에 달린다. 이들에게는 실수란 허용될 수 없다.

그래서 입증된 토마토, 그 지방의 토양에서 잘 자라고 그 지방 시장에서 잘 팔리는 토마토의 씨만 보존했다가 다시 심는다. 물론 장기적으로 보면 이런 관행 때문에 결국은 생물의 다양성이 위협받을 것이다. 조만간 새로운 해충이 나타나게 되면 그동안 사랑받던 가나 토마토는 멸종될지도 모른다. 그게 바로 19세기 아일랜드 감자 기근의 원인이었다. 하지만 지금도 근근이 먹고사는 농부들은 당장 필요한 작물에만 집중하지, 이론적으로 미래를 보장해 줄 작물에는 관심을 가질 수 없는 실정이다.

두 번째 문제는 코포리두아에서는 장을 보려고 해도 절대적으로 필요한 주식은 대부분 구할 수 없다는 것이다. 예를 들어 커피가 그렇다. 가나에는 커피라면 인스턴트커피인 네스카페밖에 없는데, 여기서는 네스카페와 커피가 동의어다. 유제품도 마찬가지다. 가나에는 그야말로 낙농 문화라는 것이 없고, 코포리두아의 가게 두어 군데에서 곽에 든 우유를 팔긴 하지만 신선한 우유나 크림은 금괴를 준대도 살 수 없다. 버터는 엄청난 대가를 치르면 구할 수 있지만(프랑스에서 수입했는데 품질이 상당히 좋다), 치즈는 월석을 구하는 것만큼이나 희귀하다. 요구르트도 없지만 인공적인 맛을 가미해서 달게 한 아동 음료는 몇 개 있다. 올리브유는 피마자유처럼 약용으로 간주돼서 약국에서 사야 한다. 이런 이국적인 식품은 모두 비싼 값을 주고 아크라에 있는 서구식 슈퍼마켓에서 살 수 있지만, 거기까지 가려면 꼬박 하루가 걸리거나 하룻밤을 자고 와야 한다.

보물찾기 같은 장보기가 고기를 사야 할 때는 박진감 넘치는 모험으로 돌변한다. 가금류는 상대적으로 쉽다. 닭과 칠면조 모두 시장에서 살아 있는 것(닭이나 칠면조를 잡고 있는 사람을 항상 볼 수 있다)이나 손질을 해서 돌덩이처럼 꽝꽝 얼린 고기를 시장에 몇 개 있는 콜드스토어에서 살 수 있다. 콜드스토어란 뚜껑을 위로 열게 돼 있는 상자형 냉장고 몇 개와 저울을 갖추고 장사하는, 작지만 손님들로 붐비는 가게를 말한다. 콜드스토어에서는 시장에서 파는 말린 생선과 달리 냉동 생선도 팔고, 기이하게도 공장에서 제조된 핫도그에 넉살 좋게 소시지라는 이름표를 달고 팔기도 한다. 하지만 프랑크푸르트소시지를 넘어선 붉은 살코기를 먹고 싶다면 시장 안에 있는, 창문도 없는 공포의 8각형 집인 도살장에 가야 한다.

도살장 안에는 피에 젖은 비닐 위에 난도질된 커다란 동물의 사체들이 널려 있다. 그리고 웃통을 벗은 백정들이 피에 젖은 앞치마를 입고 그 불쌍한 사체 위로 마체테를 휘둘러서 뼈와 살점이 사방으로 날아다니고 있다.

"백인 양반! 살코기로 줘요?"

물론 백인이 원하는 건 살코기다. 항상 살코기를 원한다.

도살장에는 냉장고가 없고, 90도 각도로 자른 고깃덩어리에서 기름

방울이 바닥으로 뚝뚝 떨어지기 때문에 스케이트를 타는 것처럼 아주 미끄럽다.

"백인 양반! 신선한 소가 들어왔어요!"

이곳에서는 소고기는 소라고 하고, 양고기는 양이라고 하는데, 덧붙여 염소가 있다. 이슬람교도들이 많기 때문에 돼지고기는 없다.

"백인 양반! 오늘은 염소가 아주 좋아요!"

파리들도 분명 그렇게 생각하는 것 같았다. 나는 장갑을 벗고 입고 있던 티셔츠로 렌즈에 묻은 기름기를 닦고 나서 고기를 좀 더 가까이서 들여다봤다. 내가 보기에 스테이크같이 결 따라 곱게 자른 고기는 없어 보였다. 아마 그런 고기는 도살장을 열기 전에 호텔 레스토랑에서 다 사 갔을 것이다. 나머지 얼간이들을 위해 남아 있는 건 근육이 잡히고 연골 같은 뼈다귀들이 붙어 있는 덩어리, 즉 맛있긴 하지만 먹으려면 갈거나 오랫동안 스튜로 끓여야 하는 부위뿐이었다. 그리고 또 진열된 고기로 가나 사람들에게 크게 인기가 있는 잡육, 즉 몇 킬로미터씩 되는 배배 꼬인 창자, 간, 심장과 염통으로 넘치는 그릇에다 뇌 같은 것들도 나와 있었다.

구할 수 있는 식재료에 맞춰서 요리하기 위해 나는 수동식 고기 가는 기계를 사서 햄버거를 만들어 작은 화로에 구웠다. 안타깝게도 롤빵은 구할 수 없는 데다 집에서 굽긴 너무 더워서 가나 사람들의 주식인 설탕을 뿌린 바게트 모양의 빵으로 대체했다. 아보카도가 많아서 과카몰리(아보카도를 으깨어 토마토, 양파, 양념을 넣은 멕시코 요리-옮긴이)를 매일 먹었다. 콘칩은 로터리에서 아줌마들이 파는 튀긴 플랜테인 칩으로 대신했다. 그리고 믹서를 사서 모터가 타서 망가지기 전까지 매일 망고 스무디를 해 먹었다(잰이 나중에 몇 세디를 주고 믹서를 고쳤다).
가나에 두 번째로 갈 때 나는 파르메산 치즈 몇 파운드와 테라스에 허
브 정원을 만들기 위해 작은 화분을 몇 개 사 들고 갔다. 휘트는 내게
미쳤다고 했지만, 어쨌든 내가 키운 허브를 다 먹어치웠다.

매일 동생을 위해 요리하니 내가 동생 마누라가 된 것 같았다. 특히
동생이 부로 사장이라서 더 그랬다. 나는 매일 "안녕, 여보. 나 퇴근했
어! 오늘 저녁은 뭐야?"라는 동생의 말을 듣는 게 지겨웠다. 하지만 난
요리를 잘했고, 요리라도 해서 내 몫을 하고 있다는 느낌이 들었다.

"내가 없었으면 넌 어쩔 뻔했어?" 한번은 동생에게 이렇게 물었다.

"시리얼을 먹었겠지."

"아침 말고 저녁 말이야."

"시리얼에 바나나를 넣어서 먹었겠지."

"그럼 그 바나나는 누가 썰어 줬을까?"

"웃겨 정말. 가정부를 고용했겠지."

우리 가족은 반성이란 걸 할 줄 모른다. 그보다는 대체적으로 남의
결점을 들춰내는 걸 훨씬 잘한다. 어느 날 저녁을 먹고 나서 어렸을 때
휘트가 내 생일 선물로 스프링 제본된 요리 책을 줬던 기억이 났다. 그
때 내가 열네댓 살이었으니까 휘트는 열 살 아니면 열한 살이었을 것
이다. 요리에 대한 형의 애정을 알고 있었던 어린 소년치고는 아주 사
려 깊은 선물이었다. 하지만 생일 파티에 온 친구들 앞에서 그 선물을
풀었을 때 난 창피했다. 당시 내가 요리를 한다는 건 비밀이었다. 그래
서 친구들 앞에서 체면을 차리려는 마음에 그 선물을 보고 나는 코웃
음을 치면서 냉정하게 "요리 책이야? 내가 이걸로 뭘 할 건데?"라고 말

했다. 그때 어린 휘트의 표정이 처참하게 일그러졌고, 난 후회했다.

가나에서 그날 밤 내가 휘트에게 그 이야기를 했을 때 휘트는 기억이 안 난다고 했다. 나는 수십 년 동안 날 괴롭혔던 그 사건이 휘트에게는 아무것도 아니었다는 걸 깨닫곤 놀랐지만, 어차피 인간의 기억이란 것이 그렇게 엉뚱하다.

"그 일 때문에 네 인생이 망가지지 않았다니 기쁘다. 난 항상 그 일로 후회했어. 그리고 나란 사람의 정체성에 대해 부끄러워하지 말아야겠다고 깨닫는 계기가 됐지. 그러니까 그 점에 있어선 네게 고맙다."

저녁을 먹은 후에 우리는 어머니에게 전화를 걸었다. 어머니는 시카고에 있는 양로원에서 서서히 기력을 잃어 가고 계셨다. 그날은 어머니의 여든한 번째 생신이었다.

"안녕, 우리 지금 어디 있게요?" 내가 물었다.

"어딘데?"

"아프리카요."

어머니가 그 말을 이해하기까지 오랜 침묵이 흘러다.

"그거 잘됐구나."

내 것이라고 부를 만한 것

잰은 많은 면에서 나와 정반대였다. 두뇌가 명석하고 과학적인 사람으로 우리는 서로의 부족한 면을 보완해 주는 사이였다. 그녀에게 논리는 필수였다. 잰은 워싱턴주립대학에서 수학을 전공했다.

"난 수학이 정말 좋았지만 수학으로 뭘 해야 할지 몰랐어요. 그렇다고 보험 수리사가 되고 싶진 않았고요. 그러다가 300레벨의 경영 연구 수업을 들었는데 내 마음에 쏙 들었어요." 어느 날 밤 잰이 내게 말했다.

"경영 연구?"

"이를테면, 사업을 하기 위해 한 주에 도시 열두 곳을 방문해야 한다고 해 봐요. 그렇다면 가장 효율적으로 할 수 있는 방법은 뭘까? 그런 걸 연구하는 거죠. 수학을 적용하는 거라서 마음에 들었어요. 300레벨 코스가 끝나고 나니까 졸업하기 전까지 딱 한 학기가 남았어요. 난 졸업 전에 일부러 1학점을 덜 이수해서 그다음 해에 400레벨과 500레벨 수업을 들으면서 대학원에 가기로 결심했죠."

그러다 결국 그녀는 일리노이대학에서 산업공학으로 석사 학위를 받았다. 크레니엄에 입사하기 전에, 잰은 경영 컨설팅 회사에서 12년 동안 파트너로 일했다. 크레니엄을 나온 후 잰은 마이크로소프트에서 일했지만 좀 더 진취적이고 모험을 할 수 있는 일을 열망했다. 다시 휘트와 힘을 합치게 된 잰은 부로의 지분을 받는 조건으로 '안전한' 직업을 포기하고, 뭔가 아주 다른 일을 해 볼 기회를 잡았다.

잰은 가나 사람들을 사랑했지만 가나 문화의 중요한 면 중 한 가지는 도저히 이해하지 못했다. 가나에서 과도하게 살아 숨 쉬는 기독교가 바로 그것이었다. 부로 본부에서 몇 블록 내에 복음 교회가 몇 개 있었는데 모두 조금씩 시차를 둬 가면서 밤늦게까지 예배를 보곤 했다. 그 예배는 모두 정신 사나울 정도로 고래고래 소리를 지르며 부르는 찬송가와 함께 북과 금관악기 소리가 그에 질세라 크게 울려 퍼졌고, 끝났나 싶으면 제트기 엔진이 돌아가는 것 같은 소음 수준으로 광란의 설교가 이어졌다. 이런 광신적인 집회들은 종종 자정이 넘어서까지 계속됐다. 이 기독교 전사들이 우리 집 사람들은 개종시키지 못했다는 것으로 이야기를 마무리하겠다.

"에이전트 하나가 나보고 오늘 교회에 같이 가자고 했어요." 잰이 어느 날 밤, 거리 건너편에서 오늘따라 유난히 크게 들리는 찬송가 소리에 묻히지 않도록 목청을 키워서 말했다.

"그러겠다고 했어요?" 내가 물었다.

"무슨 소리예요! 싫다고 했더니 그 에이전트가 이러는 거예요. '예수님을 믿지 않습니까?' 그래서 내가 그건 중요하지 않다고 대답했죠. 그랬더니 그 남자가 나보고 그러다 지옥 간다고 하는 거예요. 그래서 나는 지옥을 믿지 않는다고 했죠."

"와. 이제 당신 정말 지옥 가겠네요."

"그래서 내가 그 에이전트에게 이렇게 말했어요. 당신은 여기 200년 전에 온 어떤 백인 선교사들에게서 지옥이란 걸 알게 됐을 텐데 지금 그걸 말이라고 하는 거냐고, 그럼 그 선교사들이 오기 전에 이 아프리카에서 몇천 년 동안 살아왔던 당신 조상들은 지금 다 지옥 불에 타고 있느냐고."

"잘했어요. 하지만 종교가 여기서 여러 모로 좋은 일도 했다고 난 생각해요 사람들에게 공동체 의식도 심어 주고, 교회가 민주주의와 사회 진보를 이룰 수 있게 격려해 줬잖아요."

"그런 건 종교가 들어오기 전에도 있었어요. 여기에도 아프리카 사람들만의 지역공동체와 토착 종교가 있었다고요. 그냥 그게 기독교 교리로 번역된 것뿐이죠."

그녀의 말은 일리가 있었다. 거기다 생각해 보니 아프리카의 수동적인 문화가 자리 잡는 데 기독교가 일조한 부분도 있었다. 모든 일이 '하나님의 뜻'에 따라 일어난다면, 왜 굳이 시간 맞춰 모임에 나갈 것이며, 심지어 건전지 몇 개 더 팔아 보겠다고 진을 빼겠는가?

하지만 모든 가나 사람이 이렇게 천하태평으로 운명을 받아들이는 건 아니다. 휘트는 최근 몇 년 사이에 가나에서 조직화된 종교의 장점마저도 '개인에게 힘을 부여한다'라는 가치 아래 희생되는 현상에 주목해 왔다. 할렘 주위에서 롤스로이스를 몰고 다녔던, 작고한 이케 목사는 "만약 부자가 천국에 가는 것이 그렇게 어렵다면 가난한 사람들은 얼마나 더 힘들겠는가. 가난한 사람은 천국의 문지기에게 줄 뇌물도 없는데"라고 설교하곤 했다. 뇌물로 신음하는 아프리카 사회는 목사의 이런 말에 크게 공감하겠지만, 이 설교의 근본적인 정서는 현대 가나에서 영적인 대세가 어디로 흐르고 있는지 잘 나타내고 있다. 서구의 텔레비전에 출연하는 전도사들처럼 가나에서 잘나가는 목사들은 현세에 '하나님이 날 위해 뭘 해 줄 수 있는가?'란 질문에 대한 답을 찾아 주겠다고 사람들에게 약속하고 있다.

물론 가나의 모든 교회가 예수님이 가르치는 개념에서 '우리'란 개념을 빼 버린 것은 아니다. 어느 일요일 아침 나는 조나스의 마을에 있는 교회에 예배를 드리러 가는 모험을 감행했다.

"그날 특별히 어린이날 프로그램을 해요." 조나스는 며칠 전에 내게 전화를 걸어 예배에 초대하면서 말했다. "마음에 드실 겁니다."

마침 마을 아이들에게 주고 싶은 축구공도 있어서 시기적절했다. 교회는 조나스가 사는 마을이 아니라 실제로는 주도로에 더 가까운 근처

마을에 있어서 전기가 들어왔다. 나는 길고 깔끔한 직사각형 교회 건물 앞에 예배 시간 몇 분 전에 도착했다. 한 쌍의 넓적한 문이 양쪽 다 활짝 열려 있었고, 마찬가지로 커다란 유리창의 덧문도 열려 있었다. 신도들은 줄을 맞춰 배치된 목제 벤치에 앉아 있었다. 조나스가 문 앞에서 날 맞으며 신발을 벗어야 한다고 일러 줬다. 안으로 들어가자 콘크리트 바닥 위로 거칠게 깎은 목제 트러스(지붕, 교량 등을 받치기 위한 구조물−옮긴이)가 있었는데, 그 나름대로 소박한 대성당 분위기가 났다. 랜턴 뒤에서 조나스가 장내 방송 설비의 다이얼을 맞추고 있었다. 천장의 형광등이 반짝거렸다.

이 소박한 교회는 눈부시게 아름다운 드레스를 입고 도착한 여성 신도들로 이내 분위기가 돌변했다. 모두 아프리카 특유의 꽃무늬, 소용돌이무늬, 체크무늬, 기하학무늬, 양단, 덩굴무늬 같은 각양각색의 무늬가 있고, 각양각색의 화려한 수제 의상에다 색깔도 주황색에서 남색에 이르기까지 생기 넘치는 색상만 모여 있었다. 남자 중 몇 명은 전통 의상을 입고 왔지만, 대부분은 셔츠에 넥타이를 매고 왔다. 나는 안내를 받아 분에 넘치게도 연장자들과 함께 상석에 앉게 됐다.

예배는 교회 밖에 있는 망고 나무에 달린 공공을 치는 것으로 시작됐다. 공공맨이 공공을 치는 동안, 남자 다섯 명과 여자 여섯 명으로 이뤄진 성가대가 교회 밖을 빙빙 돌면서 종을 치고 탬버린을 흔들었다. 그리고 교회 안으로 들어와서 커다란 북 뒤에 앉은 남자들 뒷줄에 앉았다. 갈색 가운을 입은 뚱한 표정의 목사가 신호하자 성가대가 북과 탬버린 소리에 맞춰 에웨어로 신나는 찬송가를 부르기 시작했다. 그때 수십 명의 아이들이 줄 맞춰 들어와 앞자리에 앉았다. 대략 대여섯 살 정도로 보이는 아이들은 부모들처럼 화려한 의상을 입었고, 얼굴과 목과 드러난 팔뚝에 모두 문신처럼 원이 찍혀 있었다. 나중에 조나스가 이 놀라운 장식은 나이지리아에서 건너온 풍습이라고 귀띔해 줬다. 에웨족(이들은 나이지리아 요르바족과 피가 섞였다)은 고대 나이지리아에서 서쪽으로 이주해 베냉, 토고, 가나로 흩어졌다. 조나스는 그 문신이 신체에 하는 문화적 디자인이라는 것 외에 다른 무슨 의미가 있는지 몰랐다. 그렇다고 그 문신에 대해 자세히 설명해 줄 만한 사람도 없었다.

예배는 에웨어로 했지만 나를 배려해서 공공맨이 통역을 해 줬다. 목사는 아이들에게 어른들이 하는 말을 잘 듣고 공경해야 한다고 강조했다.

"부모님 말씀을 잘 들으면 커서 현명한 사람이 된다. 그리고 일찍 죽는 일도 없을 것이다."

그리고 찬송가를 여러 곡 부르고 나서 기이한 방식으로 헌금을 걷었다. 바구니를 돌리는 대신 신도들이 콩가 춤을 추는 것처럼 한 줄로 섰는데, 일요일 아침에 백인들이 춤을 출 때 쭈뼛거리면서 민망해하는 것과는 달리 이들은 앞에서부터 자연스럽게 몸을 흔들면서 성가대원들이 노래를 부르고 북을 치는 동안 상자 속에 동전을 받아 갔다.

그다음 순서는 이보다 훨씬 획기적이었다. 아이들 몇 명이 일련의 촌극을 하고 내가 이해하지 못하는 언어로 노래를 불렀는데(고맙게도 공공맨이 통역한답시고 노래를 끊지는 않았다), 아마도 아이들이 지켜야 할 행동을 선보이는 것 같았다. 즉, 어른들이 시키는 대로 하고, 물을 가져오고, 숙제를 하는 걸 묘사한 것 같았다. 하지만 정말 놀라운 것은 그때부터였다. 이런 공연을 하는 내내 어른들이 아이들에게 동전을 던져서 잘한다고 칭찬했다. 공연하는 자리에서 꽤 멀리 떨어진 곳에 앉아서 던졌기 때문에 대개 동전은 바닥에 떨어졌지만 아이들의 머리와 어깨를 맞히는 경우도 많았다. 공연하는 아이들은 촌극이 끝나면 그 동전을 마음대로 주워 갈 수 있었기 때문에 동전에 맞으면서도 신나서 연기를 했다. 하지만 나는 동전이 신도석의 허공을 가르며 날아올 때마다 나도 모르게 움찔하면서, 마음속으로 어머니가 늘 하시던 말씀을 떠올렸다.

'노는 것도 어느 한 놈이 울음을 터트리기 전까지나 재미있는 법이다.'

더 많은 노래와 연주가 잇따르는 동안 금속 지붕을 둔중하게 울리는 천둥소리가 간간이 끼어들었다. 불빛이 깜빡이다가 꺼졌고, 비가 더 세게 지붕을 때렸다. 비도, 성가대의 노랫소리도 멈추지 않았다. 두 시간 후에 교회를 나왔을 때도 여전히 비가 내리고 있었고, 성가대도 노래를 하고 있었다.

자식이 없는 잰은 우리와 같이 마당을 쓰는 이웃 아이들의 대리모이자, 큰언니이자, 선생님이 됐다. 대개 잰은 아침이면 사무실의 제일 위계단에 앉아 커피(아크라로 장을 보러 가서 비축해 놓았다)를 마셨는데 그때마다 아직 학교에 안 간 아이들이 그녀를 둘러싸고 앉아 있곤 했다. 잰은 아이들에게 책을 읽어 주거나, 아이팟에 저장되어 있는 노래를 들려주거나, 같이 캠프송을 불렀다. 어린아이들은 학교에서 배우는 것보다 잰과 이렇게 놀면서 영어를 더 많이 배울 것이라 생각했고, 그만큼 잰도 가나 가정이 어떻게 돌아가는지 알게 됐다. 잰은 블로그에 이렇게 썼다.

아이들과 계단에 앉아 있으면 어른을 볼 때마다 아이들이 '마' 혹은 '다'라고 하면서 열정적으로 손을 흔든다. 그러면 그 어른이 고개를 들어 오브루니와 같이 있는 아이들을 보곤 했다. 그러다 다른 여자를 보고 '마'라고 불렀던 아이가 이번에는 두서너 명의 여자에게 '마'라고 불리웠다.

잰은 '내 아이들'이라고 부르는 여섯 살 프레셔스와 그 아이의 언니인 열세 살 파멜라의 가족에 대해 설명했다. 프레셔스와 파멜라의 아버지와 오빠는 런던에서 일하고 있다.

파멜라와 프레셔스는 우리 집 뒤에 있는 단지에 살고 있다. 어머니, 할머니, 외삼촌, 숙모, 다섯 살이 채 안 된 두 사촌 형제와 아버지의 남동생인 친삼촌과 살고 있는데 그 삼촌도 '작은아버지'라고 부른다. 두 자매는 외삼촌을 '아버지'라고 부르고 숙모를 '어머니'라고 부른다. 그래서 한 집에 어머니가 둘이고 아버지도 둘인데, 그중 한 명만 친어머니다. 서구인의 사고방식으로 보면 이상할 수 있지만, 평균 수입이 하루에 2달러도 안 되고, 일자리를 찾기 위해 먼 곳까지 여행해야 하며, 탁아소도 없는 문화에서 가족의 삶은 이런 식으로 이뤄진다.

우리는 이런 모습을 보면 '아이 하나를 키우려면 온 마을이 필요하다'라는 진부한 표현이 떠오를 것이다. 하지만 이런 진부한 표현마저 사실에 기초한 것이고, 아프리카에서 집단적으로 아이를 양육하는 것은 몇 세기에 걸쳐 외부인이 주목해 온 사실이다. 이 관습은 아프리카인의 정서에 깊이 각인돼 있으며, 외딴 마을보다 훨씬 많은 위험에 노출돼 있는 현대 대도시 아이들에게도 계속 이어지고 있다. 우리의 작은 마당 역시 인구 10만인 도시에서 하나의 마을 역할을 하고 있다.

우리를 따라다니면서 옷소매를 잡아당기는 걸 좋아하는 어린아이 역시 이 안전한 마당을 떠나지 않는 것이 좋다는 사실을 알고 있다. 우리가 마당 밖으로 나가면 아이들은 '단속하는' 어른이 없어도 우리에게 손을 흔들어 작별 인사를 하면서 자발적으로 마당을 떠나지 않는다. 아이들은 그들을 지켜주는 공동체의 경계를 잘 이해하고 있다. 심지어 코를 질질 흘리고 다니는 세 살배기 꼬마 패트릭도 마당을 나와 길 반대편으로 가선 안 된다는 걸 알고 있다.

공화국 건국기념일인 7월 1일에 잰과 나는 프레셔스, 파멜라, 파멜라의 가장 친한 친구 사반나를 데리고 크로보 지역에 있는 보티폴스 폭포로 소풍을 가기로 했다. 코포리두아에서 차로 30분밖에 안 되는 거리인데도 이들에게는 카프리 섬이나 다름없이 먼 곳이었다. 세 아이 중 그곳에 가 본 아이는 딱 한 명밖에 없었고, 모두 설레서 숨도 제대로 못 쉴 지경이었다. 하지만 부로가 있는 거리에서 차를 빼는 순간, 어린 프레셔스가 눈에 띄게 불안해하기 시작했다. 10대인 언니도 함께 있고, 친한 백인 어른이 둘이나 있는데도 두려움을 달래 줄 어른 가족 없이 마당을 벗어난다는 것이 불안했던 것이다. 다행히 아이는 곧 진정했고 즐거운 하루를 보냈지만 그날 저녁 집에 왔을 때 안도하는 것 같았다.

가난한 문화에서는 가족, 사회 구성원의 강력한 유대감이 없으면 생존에 위협을 받게 된다. 현대사회는 아이들이 단순히 살아남는 것에서 그치지 않고 잠재력을 발휘하면서 잘 자라야 한다고 생각하는데, 그게 가나에서는 쉽지 않다. 잰은 이어서 블로그에 이렇게 적었다.

315

어른들이 옆에 있긴 하지만 매일 아이들과 상호작용을 하면서 아이들이 제대로 성장할 수 있도록 도와주는 경우는 거의 없다. 숙제를 봐주지도 않고, 과외 활동이라고 할 만한 건 전혀 없으며, 스포츠나 음악 클럽도 없고, 청소년 단체도 없다.

아이들의 놀이터를 개선하기로 마음먹은 잰은 마당에 넘쳐흐르는 역겨운 하수구를 덮을 덮개를 만들기로 했다. 어느 토요일에 잰과 나는 떡 벌어진 체격에 웃통을 벗은 남자들이 작은 톱으로 마호가니와 다른 종류의 어마어마하게 단단한 나무를 썰고 있는 목재 시장으로 차를 타고 갔다(목재 시장의 제재소 중 한 곳에 테이블 톱이 있었지만, 전기가 들어왔다 나갔다 해서 믿고 쓸 수 없었다). 우리는 트럭 뒤쪽에 적당하게 자른 목재를 가득 싣고 덮개를 만들기 위해 망치 하나와 못을 한 줌 가지고 아이들이 기다리는 집으로 돌아왔다. 이 프로젝트는 근처 건물에 사는 주민들도 열광적으로 찬성했다. 이들은 보기에도 끔찍한 하수구를 덮으면 사람들이 쓰는 공간도 넓어지고, 안전해지고, 전반적으로 삶의 질이 향상될 거라는 걸 금방 알아본 것이다.

전기도 안 들어오고, 때로는 수도나 배관 시설도 안 된 시골에 사는 아이들보다 도시에서 사는 아이들의 생활이 훨씬 낫다고 할 수도 있다. 하지만 더러움과 무관심과 개방된 하수구로 묘사될 수 있는 현대 아프리카 도시 빈민의 삶은 디킨스 소설에 나오는 끔찍한 삶이나 다를 바 없어서 이 불운한 아이들을 묘사할 때 '부랑아'라는 표현을 쓰고 싶어진다. '우리 이웃에 사는 아이들은 단지 음식에만 굶주린 것이 아니라 어른의 관심과 교육, 그리고 뭐든 좋으니 자기 것이라고 할 수 있을 만한 모든 것에 굶주려 있다'라고 잰은 썼다.

잰은 미국에서 돌아올 때마다 정기적으로 아이들에게 줄 물건을 가방에 가득 챙겨서 왔다. 그 물건들은 대부분 친구들이 코포리두아에 있는 아이들에게 주라고 기부한 것으로 책, 신발, 배낭, 질레트 면도기가 아닌 진짜 연필깎이까지 다양했다. 사람들이 오브루니라고 부르는데 질린 잰은 아이들에게 우리 이름을 모두 외우게 시켰는데 이름 뒤에 '삼촌'이나 '이모'를 붙여서 부르게 했다. 그렇게 하자 어떤 아이들이 학교에 안 다녀서 영어를 못하는지 쉽게 구분할 수 있었다. 그런 아이들은 나보고 "맥스 이모"라고 부르고 잰에게는 "잰 삼촌"이라고 불렀다.

잰은 거의 밤마다 저녁을 먹은 후에 아이들을 위한 학교를 열었다. 아이 몇 명이 와서 숙제도 하고 영어 공부도 했다. 모국어가 문화적으로 중요한 건 당연하지만 가나에서는 영어 교육을 받지 못하면 평생 가난한 삶에서 벗어나지 못한다. 아이들은 식탁 위에 연습장을 펼쳐 놓고 부로의 화이트보드를 칠판 삼아 공부했다. 어느 날, 어린아이가 카드 게임을 하고 있는 동안, 나는 엘리자베스란 소녀의 작문 숙제를 도와주고 있었다.

엘리자베스가 해야 할 숙제는 '집'이란 주제에 관한 것이었다. 먼저 아파트, 방갈로, 콘도, 오두막집, 같은 카테고리에 따라 살고 있는 집을 묘사하는 문장을 하나 써야 했다. '나는 아파트에서 삽니다'라고 엘리자베스는 신중하게 썼는데, 아이가 사는 곳이 실내 수도나 배관 시설도 없고, 요리할 시설도 없는 콘크리트 창고인 걸 고려해 볼 때 단어 선택이 맞는지 의문이었다. 하지만 거기가 정확히 말해서 오두막집도 아니었고, 방갈로와는 너무 동떨어진 곳이고, 그렇다고 콘도도 아니다. 그다음 항목은 집 안에 있는 방으로 거실, 식당, 침실, 부엌, 테라스 같

317

은 카테고리로 나뉘어 있었다. 엘리자베스의 집에는 부엌도, 거실도, 테라스도 없다. 거실이라는 개념조차 억지처럼 느껴졌다. 가나 사람들은 잠자는 시간 외에는 주로 야외에서 생활한다.

"네 침실에서 몇 명이나 자는지 설명하는 문장을 쓰는 게 어떨까?"

아이는 손가락을 세워서 꼽아 갔다.

"언니……, 여동생……, 여동생……, 오빠……, 할머니……, 나. 여섯 명이요."

엘리자베스는 '내 방에서 여섯 명이 잡니다'라고 썼다. 마지막 문항은 '집 근처'라는 항목으로 시장, 공원, 대중교통 수단과 노점 거리를 열거한 보기가 있었다. 엘리자베스 집 근처에는 공원도 없고(목요일에 비즈 시장이 열리고, 다양한 학교와 교회 야외극이 열리는 갈라진 콘크리트 지대를 제외하면), 코포리두아 전체가 노점들이 있는 하나의 거대한 시장이라고 할 수 있었다. 엘리자베스는 혼자서 '은행'이라고 썼는데 아이의 집 근처에 은행이 몇 개 있었다. 아이는 '우리 집'이라고 쓰고 천천히 '은'이라고 적었다.

"그다음은 어떻게 적어요? 니은?"

나는 'ㅎ' 소리를 냈다.

"히흫이구나. 그다음은 뭐죠?"

나는 '앵' 소리를 냈다.

"앵?"

"그래." 내가 대답했다.

"쉬야 하러 갈래요." 아이는 연필을 내려놓고 그녀에게는 비교적 사치스럽게 느껴지는 화장실이란 방으로 걸어갔다.

메나

메나는 우리 아파트 겸 사무실 마당 뒤편에 사는 귀먹은 노파로 우리 빨래를 대신해 주고 있다. 1월 둘째 주 이후로 우리는 빨래하기 귀찮아지면 메나에게 빨래를 맡기고 있다. 메나의 진짜 이름은 모르지만 메나는 튀어로 '메 에네'를 줄인 말로 '우리 어머니'라는 뜻이다. 이 말은 나이 든 여성에게 쓰는 존칭으로, 나이 든 여성을 할머니라고 부르는 것과 같다. 메나는 실제로 프레셔스와 파멜라의 할머니다. 그녀는 관절염을 앓아서 허리가 구부정하고, 이도 몇 개 남아 있지 않으며, 남의 빨래를 해 주는 게 유일한 소득원이다. 물론 자식들이 그녀를 부양하고 있어서 빨래를 대신하지 않아도 굶어 죽지는 않겠지만 그래도 한 푼이 아쉬운 형편이었다. 삯빨래에 정해진 가격은 없었다. 우리가 메나에게 빨래를 담은 가방을 주면 다음 날이나 그다음 날 깨끗이 빨아서 갠 빨래가 돌아왔다(마당에서 놀던 아이가 동전 한 닢이나 바나나를 기대하며 빨래 배달을 온다). 그때 삯은 우리 마음대로 지불했는데 대개 10세디 정도였다. 그 정도면 코포리두아의 노파가 버는 것치곤 꽤 많은 돈이었다.

메나와는 의사소통을 하기가 쉽지 않았다. 메나가 주로 손으로 이야기했기 때문이다. 공식적인 수화를 했다는 게 아니라 그녀가 발명해 낸 요란스러운 손동작에 후두음이 섞인 소리를 냈다. 메나는 천성적으로 활기찬 사람이라 사소한 대화도 마치 소방관에게 불타는 고아원을 구하라고 지시하는 것처럼 격렬했다. 어떻게 했는지 방법은 잘 모르겠지만, 마당에서 놀던 아이들은 메나의 뜻을 이해하는 것 같았다.

난 메나의 수화를 잘 이해하지 못했지만 기본적인 것은 어느 정도

통했다. 메나는 그날 중으로 빨래가 다 될 때에는 손목을 가리키면서 손가락으로 몇 번 친친 감는 시늉을 했다. 몇 시간 걸릴 것이란 뜻이다. 그다음 날에야 빨래가 될 때에는 손목을 가리킨 후에 하늘에 대고 크게 원을 한 번 그렸다. 하루가 지나야 한다는 뜻이다. 마찬가지로 이해하기 쉬웠던 건 보수에 대한 메나의 생각이었다. 이론상으로 보면 우리 마음대로 줘야 하지만 사실은 메나의 뜻에 따르는 편이었다. 깨끗이 빤 옷을 받고 돈을 지불하면 메나는 무릎을 꿇고 고개를 숙여서 기쁘다는 뜻을 전했다. 액수가 마음이 안 들면(왜 그런지 이유는 몰랐다. 아마 얼룩이 심하게 져서 다른 때보다 더 힘이 들었을지도 모른다) 메나는 오만상을 찌푸리며 삿대질을 하고 툴툴거리다 전 세계에서 다 통하는 배고프다는 뜻으로 손을 입에 갖다 댄다. 이런 식으로 우리는 몇 달 동안 여러 번 빨래 바구니를 주고받으면서 원시적으로 의사소통을 했다.

'미래'라는 이름의 암캐

어느 날 잰과 나는 마당을 같이 쓰는 이웃들을 저녁 식사에 초대했다. 어떻게 시작됐는지 잘 모르겠지만 주말에 파멜라와 그녀의 절친한 친구인 사반나가 잰과 내게 푸푸 만드는 법을 가르쳐 주기로 했다. 여기다 땅콩 수프가 추가됐는데 일단 가나에서는 땅콩 수프를 한 솥 끓이게 되면 잔치가 열린다. 그래서 잔치가 열렸다.

오후 3시경에 잰과 내가 사반나를 데리고 시장에 가는 것으로 거사가 시작됐다. 시장은 일요일에는 한산하지만 그래도 장사치들이 많이 나와 있었고, 우리는 사반나가 쓴 쇼핑 리스트를 가지고 돌아다녔다. 푸푸를 만들려면 주재료인 상당히 단단한 초록색 카사바와 플랜테인이 필요했다. 다음은 사반나가 철자 하나 틀리지 않는 완벽한 영어로 쓴 수프 재료 리스트다.

- 땅콩버터(윗부분에 매듭을 지은 얇은 비닐봉지에 담아서 팖)
- 양파
- 통조림에 든 토마토(토마토 페이스트)
- 리코(녹여서 수프를 만드는 육수−옮긴이)
- 후추(건조시킨 다양한 종류의 매콤한 후춧가루)
- 닭(콜드스토어에서 잘라서 냉동시켜 파는 것)

아파트로 돌아오자 파멜라가 우리와 같이 부엌에 들어와 수프를 만들기 시작했다. 먼저 여자들이 양파를 썰어 닭고기와 함께 법랑 냄비에 넣고, 통조림에 든 토마토(미국 토마토 페이스트의 두 배는 될 것 같은 크기)와 리코를 넣었다. 거기다 소금과 후춧가루를 한 움큼 넣고 나서 솥뚜껑을 덮고 센 불에 끓였다.

그다음에 푸푸 요리를 시작했다. 푸푸를 만들려면 카사바와 플랜테인의 껍질을 벗기고 깍둑썰기를 해야 한다. 여자들이 마당에서 깍둑썰기를 하는 동안 나는 부엌에서 설거지를 하고 있었는데 잰이 나를 부르러 왔다.

"내려가서 아이들이 카사바 자르는 것 좀 봐주세요."

나는 내려가서 잰이 야채 껍질을 벗기는 칼로 카사바 뿌리껍질을 벗기는 걸 봤다. 잰이 깎은 건 잘 안 된 반면 아이들은 거의 다 손질해 놓은 상태였다. 아이들은 크고 긴 식칼(거의 마체테 수준)을 한 손에 쥐고 다른 손에는 카사바 뿌리를 잡고서는 칼을 능숙하게 휘둘러서 카사바를 세로로 길게 자르고, 껍질을 아주 쉽게 벗겨 냈다. 두어 번 더 칼을 휘두르자 카사바 뿌리들은 빨기 좋을 정도의 크기로 토막이 났다. 플랜테인은 껍질을 벗기기가 쉬웠다.

물을 넣은 냄비에 씻은 플랜테인과 카사바 조각을 넣고는 스토브에 올렸다.

"맥스 삼촌, 위에 고무를 씌워야 해요." 사반나가 말했다.

나는 한참 지나서야 끓는 물 위에 검은 비닐봉지를 씌워서 김이 나가지 않도록 해야 한다는 말임을 이해했다.

이쯤 되자 닭을 넣은 또 다른 솥에서 김이 펄펄 나서 거기에 그레이비소스를 부어 줘야 했다. 사반나와 파멜라가 땅콩버터가 든 봉지를 찢어서 커다란 플라스틱 그릇에 짜 넣고 거기다 물을 부었다. 아이들은 손으로 플라스틱 그릇에 든 물과 버터를 섞은 다음 그레이비소스 정도로 묽어질 때까지 물을 더 넣고 나서 냄비에 부었다. 우리는 그 냄비에다 달팽이 몇 마리를 추가로 넣고 부글부글 끓였다. 시가도 없고 범죄소설도 없었지만, 이렇게 여자들과 요리를 하다 보니 스토브 위에 올린 요리를 젓고 있는 펠릭스 나가르가 된 것 같았다.

한 시간 정도 지나자 카사바와 플랜테인 조각이 익어서 빻을 준비가 됐다. 마당으로 돌아온 소녀들은 일을 할 공간을 마련하고, 물 한 바가지와 또 다른 야채 덩어리를 준비했다. 그 한가운데에 단단한 나무를 깎아 만든 절구가 놓여 있었다. 절구는 다년간 절구질을 해서 매끄러웠고, 가운데는 평평하고, 가장자리는 넓적했다. 사반나의 숙모인 조이스가 벤치에 앉아 플랜테인 토막을 절구에 넣기 시작했다. 사반나가 그 옆에 서서 2미터 길이의 절굿공이를 휘둘렀다. 절굿공이도 지름이 대략 10센티미터 정도나 됐다. 절굿공이 밑바닥이 버섯 꼭지처럼 생겨서 야채를 치는 부분이 넓적하고 부드러웠다. 사반나가 리듬을 타면서 규칙적으로 절구질을 할 때마다, 조이스가 능숙하게 카사바와 플랜테인 조각을 넣고 물을 뿌렸다. 그렇게 물과 야채를 섞어 으깬 것이 반죽처럼 걸쭉해지면, 조이스가 재빨리 빵 반죽을 하는 것처럼 뒤집어 가면서 계속 절굿공이를 내려쳤다.

그날 낮에 나도 푸푸를 절구질할 기회가 있을 거란 말을 들었을 때는 한 여자 손의 운명이 내 절구질에 달렸음을 모르고 있었다.

"리듬만 타면 돼요." 사반나가 내게 절굿공이를 건네면서 말했다. "숙모 손 걱정은 숙모에게 맡겨 두시고요."

말이야 쉽지. 아무리 리듬을 타려고 노력해도, 조이스의 손에 대한 걱정을 떨쳐 버릴 수가 없었다. 절구질은 아무 사고 없이 무사히 끝났고, 곧 저녁이 차려졌다. 우리가 초대한 손님은 스무 명이었는데, 그 두 배나 되는 사람이 왔다. 꽤 큰 파티가 된 것이다.

"천천히 드세요." 누군가 메나에게 와인 한 잔을 건네면서 경고했다.

메나는 킁킁거리며 냄새를 맡고 나서 한 모금 마시더니, 점잔빼며 "맥주네!"라고 선포했다. 그것이 내가 들은 그녀의 유일한 영어였다.

달팽이는 가나의 진미였기 때문에 재빨리 동이 났다. 손이 빠른 아이들이 스튜에서 모두 건져 먹은 것이다. 디저트로 잰이 애플 크리스프(남아프리카 사과는 상당히 비싸지만 시장에서 구할 수 있다)를 만들었는데 아이들은 낯설어했다. 그보다는 사반나를 시켜 사 오게 한 아이스크림이 훨씬 인기가 좋았다.

그릇과 접시가 싹싹 비워지면서 뼛조각을 마당에 사는 '미래'라는 이름의 암캐에게 던져 줬다. 이 유순한 똥개는 아프리카에서 돌아다니는 비쩍 마른 들개보다는 훨씬 잘 먹고 사는 것 같았다. 순해서 사람들의 동정을 산 것 같았다. 이 개는 동네 개들에게도 인기가 있는지 볼 때마다 항상 새끼들에게 젖을 먹이고 있었다. 가끔 밤늦게 거리 어딘가에서 벌어지는 시끄러운 개싸움에 잠이 깰 때가 있다. 동네 개들의 영역 다툼은 상상을 초월하게 격렬하고 잔인했는데 난 종종 미래도 그 난투극에 끼어 있는지, 그래서 다음 날 아침이 되면 미래가 사라지고 없는 건 아닌지 궁금해하곤 했다. 하지만 미래는 항상 그 자리에 있었다.

2010년 여름, 잰이 내게 미래가 사라졌다고 했다. 프레셔스와 파멜라의 어머니인 매리의 말에 따르면 시내에 개고기를 파는 가게가 새로 생겼는데, 그 때문인지 주변의 개들이 사라지고 있다고 했다.

또 다른 하루, 또 다른 항생제

가나에서는 아프거나 큰 병에 걸릴 일이 많기 때문에 항상 건강에 신경을 써야 한다. 뇌척수막염과 소아마비를 포함해서 가나에서 창궐하는 심각한 질병 중 많은 병이 백신으로 예방할 수 있다. 분별 있는 서구인들처럼 나는 가나에 오기 전에 예방주사란 예방주사는 다 맞고 왔다. 콜레라균, 이질균은 가나의 물에 흘러 다니면서 배설물과 음식에 붙어서 살아간다. 기생충을 통해 생기는 질환은 대부분 백신이 없다. 예를 들어 체체파리가 옮기는 치명적인 질환인 아프리카수면병도 그렇다. 다행히 아크라에는 체체파리가 드물고, 심지어 북쪽에서 발견되는 체체파리는 수면병을 옮기는 종류가 아니라고 한다. 하지만 말라리아와 황열과 뎅기열을 옮기는 모기는 사정이 다르다.

말라리아는 백신이 없고 감염을 막아 주는 효력이 있는지 의심스러운 예방약만 있기 때문에 가장 걱정스럽다. 대부분의 말라리아 변종은 건강한 성인에게는 치명적이지 않지만, 치명적인 종류가 딱 하나 있다. 그리고 치명적이지 않더라도 침대에 누워 고열에 시달리며 밤에 잠을 이루지 못하고 식은땀을 쏟다 보면 차라리 죽었으면 하고 바라게 된다. 한편 약은 다양한 부작용이 있다. 항말라리아제인 메플로퀸의 제품명인 라리암은 1970년대 미 국방부에서 개발한 키니네*와 유사한 약이다. 이 약의 부작용으로 매우 생생하면서도 환각 같은 악몽을 꾸게 되는 경우가 있다. 그게 꿈인지 악몽인지는 당한 사람이 판단할 일이지만.

아토바쿠온과 프로구아닐의 혼합제 상표명인 말라론은 비교적 순하지만 값이 엄청 비싸다. 캐나다에서 인터넷으로 주문하면 하루치 복용량이 3달러가 넘고, 미국의 약국에서 사면 그 두 배를 줘야 한다. 대부분의 미국 의료보험에 말라리아 예방약은 들어 있지 않고, 사실상 어떤 보험회사도 30일 동안 말라리아 예방약을 먹게 돈을 대주지 않기 때문에 장기 체류를 하게 되면 말라론 비용이 순식간에 솟구친다.

---

* 남아메리카 기나나무 껍질에서 추출한 알칼로이드인 키니네를 수 세기 동안 말라리아 치료제로 사용해 왔는데 다소 효과가 있었다.

마지막으로 독시사이클린(독시사이클린을 줄여서 '독시'라고 표기한다)이라고, 테트라사이클린 타입의 항생제가 있는데 그걸 먹으면 소화불량이 생길 수 있고, 어떤 사람들은 햇볕에 극히 민감해지는데 열대기후에서는 심각한 부작용이라고 할 수 있다. 반면 독시는 저렴한 데다 나쁜 박테리아를 예방하는 부수 효과도 있는 것 같다.•

이런 대안을 고르는 건 시작에 불과하다. 일단 복용할 말라리아 약을 결정하면 어떻게 부작용을 피할지 또 고심해야 한다. 잠자리에 들기 전에 먹어서 악몽을 꾸거나 아예 잠이 안 오는 걸 감수해야 하나? 아니면 아침까지 기다렸다가 먹어서 구역질이 나는 걸 참아야 하나? 우유랑 같이 먹을까 아니면 따로 먹을까? 식전에 먹어야 하나 아니면 식후에 먹어야 하나? 이런 결정을 하다 보면 정신적으로 기진맥진해진다. 한편 우리는 이질을 치료하는 데 쓰이는 강력한 항생제인 시프로플록사신을 챙겨 뒀는데, 또 이 약을 먹는 적절한 타이밍에 대한 의견이 분분하다. 시애틀에 있는 휘트의 주치의는 처음 설사가 시작됐을 때 그냥 흔해빠진 설사이고 심각한 상황이 아니니 겁먹지 말라고 했다. 아무것도 아닌 일에 항생제를 써서 내성을 키워 봤자 좋을 거 없다는 말이었다. 반면 메인에 있는 내 주치의는 그런 말은 다 헛소리고, 아프리카에서 설사가 시작되면 곧바로 시프로플록사신을 먹어야 한다고 경고했다. 내 주치의가 우간다에서 실제로 몇 년 동안 일해 봤기 때문에 나는 내 의사를 믿는 편이다. 어쨌든 우리는 약에 대해 요양원에 사는 환자보다 더 많은 토론을 하며 시간을 보냈다.

• 휘트가 결국 말라리아에 걸려서 며칠 동안 열이 났다. 치료제는 그 병을 치료하는 데 효과가 있다고 입증된 약쑥으로 만든 약이었다.

물론 신경을 써서 조심하는 것과 편집증을 구분하기란 쉽지 않고, 다양한 질병을 항상 의식하면서 살다 보면 사실상 건강염려증에 걸린 거나 마찬가지 상태가 된다. 가벼운 재채기와 기침만 나와도 결핵에 걸렸다고 생각한다. 근육통이 생기면 황열에 걸렸을까 봐 더럭 겁이 난다. 뾰루지는 아무것도 아닐 수 있지만 어쩌면 내 넓적다리 안에서 90센티미터 길이의 기생충이 곪고 있는 건지도 모른다, 으악! 하루는 내 생애 최초로 왼쪽 귀 가장자리에서 거친 털이 자라고 있는 게 눈에 들어왔다. 아주 뻣뻣해서 그 털로 냄비를 박박 문지를 수 있을 것 같았다. 하지만 오른쪽 귀에는 한 터럭도 나지 않았다. 나는 공황 상태에 빠졌다. 어떤 사악한 아프리카 편모충이 내 왼쪽 귀에서 멧돼지 털이 나오게 한단 말인가? 문헌에서는 아무것도 찾아내지 못했지만, 치료법이라곤 면도칼로 조심스럽게 잘라 내는 것밖에 없는 것 같았다.

아프리카 사람들도 나와 다를 바가 없었다. 이들은 프랑스 사람보다 더 약을 많이 먹었는데, 처방전 없이 독한 약을 쉽게 구할 수 있어서 생긴 습관이었다. 부로 직원도 감기에 걸릴 때마다 항생제를 사러 약국으로 달려가곤 한다. "그래 봤자 소용없다니까. 감기는 바이러스로 생기는 거야. 항생제로 낫는 게 아냐"라고 잰이 거듭 말했지만 소귀에 경 읽기였다. 찰리와 그의 가족은 석 달에 한 번씩 구충제를 먹는데 그건 좋은 생각인 것 같기도 했다. 날것을 많이 먹으면 구충제를 먹는 게 좋다고 찰리는 주장했다.

나도 10월에 정말 심하게 아팠다. 나로서는 도저히 생각해 낼 수 없는 기구한 이유로, 정기적으로 신장결석에 걸리는 팔자가 됐다. 대략 3년에 한 번꼴로 정교한 고문에 시달렸다. 그래서 이 불쾌한 증상이 어떻게 시작되는지도 알고, 어떻게 치료해야 하는지도 잘 알고 있었다.

"병원에 가고 싶어?" 내가 이제 막 증상이 시작돼서 침대 위에서 신음하고 있을 때 휘트가 물었다.

"아니." 나는 헐떡거리면서 내가 콘라드 소설에 나오는 거대한 대기실의 목제 벤치에 갓난아기처럼 몸을 말고 있는 모습을 떠올렸다. "미국 병원에서 내게 해 주는 거라곤 모르핀을 주사한 다음 마약성 진통제인 옥시코돈을 줘서 집으로 돌려보내는 것뿐이었어. 그 빌어먹을 약은 여기 약국에서도 구할 수 있을걸."

"모르핀 말이야?"

"아니, 옥시코돈. 원래 처방전을 받아야 살 수 있는 합성 아편제인데 여기선 아무 약국에서나 다 팔 것 같은데."

"내가 힘 좀 써 보지."

휘트는 옥시코돈 정제가 든 팩 하나를 가지고 30분 후에 돌아왔다.

"와, 쉽게 구했네." 내가 말했다.

"약사가 날 한번 힐끗 훑어보더니 어디다 쓸 거냐고 물어보더라고. 내가 백인인 것도 효과가 있었고."

"그래. 백인은 절대 마약중독자가 아니니까. 얼마야?"

"2세디."

"맙소사. 미국 길거리에서는 이 빌어먹을 알약 하나에 80달러 정도 하는데. 이 나라가 마약중독에 걸리지 않은 게 기적이야."

"어쨌든 사탕 파는 것처럼 쉽게 내주진 않았다니까."

"고마워."

그다음 이틀 동안 어떻게 지냈는지 기억이 잘 나지 않는다. 나는 마약에 취해 끊임없이 꿈을 꾸면서 신장결석이나 말라리아 약이나 내 귀에 난 멧돼지 털 등 평범한 인간이 밤잠을 못 이루고 고민하는 것들은 죄다 잊어버렸다.

블랙 스타

가을의 어느 날 밤, 휘트와 나는 찰리와 아피를 끌고 가나국립극장에 뮤지컬을 보러 갔다. 〈데일리 그래픽〉의 전면 컬러 광고에 따르면 〈블랙 스타〉는 국가 지도자이자 아프리카 독립의 아버지로, 가나의 존경받는 초대 대통령인 콰메 은크루마를 기리는 작품이라고 했다. 올해는 그가 태어난 지 100년이 되는 해로 전국 방방곡곡에서 축하 행사가 예정돼 있었다. 지난 몇 년간 은크루마의 불꽃은 아프리카 사람들에게 밝고도 어둡게 불타올랐다. 1960년대 초반 은크루마가 이끌던 가나는 아프리카로 돌아가자는 새로운 운동의 중심이 됐다. 미국의 시인인 마야 안젤루와 흑인 운동가인 W. E. B. 뒤부아를 포함한 많은 흑인이 짐을 싸서 가나로 왔다(뒤부아는 나중에 가나 시민이 돼 1963년 아흔다섯 살로 아크라에서 숨을 거뒀다. 그날은 마틴 루서 킹이 "내게는 꿈이 있습니다"라는 명연설을 하기 전날이었다. 그의 아내이자 작가이며 흑인 운동가인 셜리 뒤부아와 그는 아크라의 오수 성에 묻혔다. 일반인들은 그 무덤에 갈 수 없다. 경비가 삼엄한 그 성은 대통령 관저로 일반인들은 출입이 금지된 구역이다). 마틴 루서 킹, 루이 암스트롱, 맬컴 엑스 모두 이 새 지도자에게 경의를 표하러 왔다.

하지만 은크루마가 꿈꾸던 통일된 아프리카는 결코 실현되지 못했다. 인프라와 교육 시스템을 개선하긴 했지만 중앙집권적이고 사회주의적인 경제개혁은 처참하게 실패했다. 은크루마는 금욕적인 난쟁이 같은 남자로, 이마가 넓고 머리가 벗어져 흑인 마오쩌둥 같은 분위기를 풍겼다. 점점 더 억압적으로 흘러간 그의 정책 방향과는 대조적인 외모라 할 수 있었다. 정치적 반대에 부딪히자, 그는 재판도 하지 않은 채 반대자들을 감옥에 보냈고, 정당을 금지하고, 언론을 탄압했다. 많은 아프리카 지도자처럼 국민에게 잔혹한 행위를 할 정도로 타락하진 않았지만(개인적인 부를 축적하는 데도 관심이 없었다) 평생 독재자의 길을 걸어갈 것이 훤히 보이던 1966년 하노이를 방문했다가 CIA에서 주도한 쿠데타에 휘말려 권좌에서 물러났다. 은크루마는 CIA와 연루된 사실을 부인했다("우리는 동쪽도 서쪽도 아닌 앞만 볼 뿐입니다." 그의 유명한 말이다). 가나에서 그는 글자 그대로 역사에서 사라졌다.* 하지만 1970년대 후반 은크루마의 유산은 다시 다듬어지기 시작했다. 아프리카에서 그의 뒤를 이어 나타난 폭군에 비하면 그가 처칠과 같은 위대한 정치가로 보였기 때문이다. 현재 그는 아프리카 전체를 통틀어 독립 이후 부상한 위대한 정치가 중 한 명이자, 완벽하진 않지만 사람들에게 영감을 준 확실한 비전의 소유자처럼 떠받들어지고 있다.

알고 보니 〈블랙 스타〉 광고는 다소 사실과 다른 점이 있었다. 은크루마의 생애를 찬미하는 것이 아니라 가상의 아프리카 국가를 배경으로

• 1월에 하퍼와 휘트와 나는 케이프코스트에 있는 축음기기록박물관과 연구 센터를 방문했다. 이곳은 대략 5만 개 정도 되는 하이라이프 레코드를 보관한 기록 보관소로, 음악은 주로 낡은 78rpm 디스크에 담겨 있다. 박물관장인 콰메 사퐁이 우리에게 은크루마를 찬양하는 1960년대 레코드를 한 장 보여줬다. 그 레코드 표면에는 노란색 페인트로 방송 금지라고 찍혀 있었다.

은크루마 같은 허구의 국가 지도자의 부상과 추락을 풍자한 1970년대 극을 리바이벌한 것이었다. 나이지리아 출신으로 시카고에서 거주하는 극작가이자 화가인 우와 혼윅(그녀의 남편인 존 혼윅은 노스웨스턴대학교에서 아프리카의 이슬람교를 가르치는 저명한 영국 학자이다)이 극본을 썼고, 이 극본을 초연한 가나극단이 이 새로운 버전을 또다시 무대에 올렸다.

초연과 이 공연의 다른 점은 1993년 개관한 볼품없는 국립극장에서 공연을 하게 됐다는 점이다. 이 극장은 마치 콘크리트로 만든 수플레를 뒤집어 놓은 것처럼 생겼다. 이 야심 차고도 우스꽝스러운 건물은 롤링스 정권이 의뢰해서 지은 것으로 원래 의도는 그 정권의 원대한 기상을 보여 주는 것이었지만 실용적인 면은 전혀 고려하지 않은, 아프리카에서는 너무나 흔한 공공 프로젝트 중 하나였다.

사실 그날 공연에 온 얼마 안 되는 관객을 보면 알 수 있듯이, 한때 클럽, 극장, 화랑, 지적인 디너파티로 곳곳에서 눈부시게 빛났던 아크라의 밤 문화는 과거가 된 지 오래였다. 말하자면 금욕적인 생활 태도를 강요하는 정권과 다양한 군사 지도자 밑에서 부나 사회적 지위를 과시하는 걸 자제했던 사회 분위기 때문에 그런 오락 문화가 다 사라진 것이다. 그런 암울한 현실은 아랑곳하지 않고, 정부가 상식을 벗어난 문화센터를 짓게 해서 들인 비용만 보더라도 사실상 관객이 들지 않으리라는 걸 예상할 수 있었다.

극장 내부는 현대 아프리카식 우주 공간이라고 할 만한 스타일이다. 경사진 거대한 오케스트라 밑에 캔틸레버 양식의 중이층(다른 층보다 작게 두 층 사이에 지은 층—옮긴이) 두 개가 허공에 솟아 있었는데, 이것 역시 머랭으로 만든 것처럼 보였다. 천장은 실내 야구 경기장만큼이나 높았는데, 보스턴 레드삭스의 내야수 데이비드 오티즈가 무대에서 중이층을 맞히려면 방망이를 무지막지하게 휘둘러야 할 것 같았다. 이 휑뎅그렁한 건물을 설계한 사람은 발코니란 원래 높은 곳에서 공연을 더 가깝게 보기 위해 지은 공간이란 사실을 이해하지 못한 듯했다. 중이층의 좌석을 무대 바로 위로 올려야 하는데 그와는 반대로 오케스트라와 멀찍이 떨어뜨려 놓아 사실상 실용적인 기능을 하지 못했다. 그 양쪽으로 VIP 특별석이 마치 UFO에 달린 유선형 공간처럼 허공에 붕 떠 있었다. 그 안에 있는 관객들은 색깔을 입힌 유리창(아마 방탄도 될 것이다) 뒤에 가려서 보이지 않았다.

나는 이 극장에 에어컨을 설치한 회사는 열대에 있는 이 찜질방에서 빼돌린 수익금으로 섬을 하나 살 수 있을 거라고 확신했다. 국립교향악단을 포함해 극장에 있는 사람들은 모두 땀을 뻘뻘 흘리고 있었다. 우리가 공연을 보러 간 날 밤에는 무대 불빛 주위로 모기들이 윙윙거리며 날아다녔고, 극장은 열대 밀림만큼이나 후덥지근했다. 생각해 보면 가나라는 곳은 어딜 가든 그랬다. 하지만 그때는 내가 아프리카에 꽤 오래 체류한 때여서, 에어컨은 운이 아주 좋으면 가끔 맛볼 수 있는 사치임을 알았고, 일상생활에서는 전혀 기대할 수 없는 그런 대상이었다.

우리는 7시 30분 공연에 맞춰 제시간에 도착했다. 일반석 입장료(한 사람당 20세디였는데, 영화 표 가격과 비슷했다)를 내고 거의 텅 빈 객석으로 들어갔다. 대략 2,000명 정도 앉을 수 있는 극장에 정확히 마흔한 명이 앉아 있었다. 그러다 우리가 가나에 있다는 것이 기억났다. 가나에서는 어떤 것도 제시간에 시작되지 않는다.

"사람들이 계속 오고 있어요." 찰리가 우리를 안심시키려고 말했다. "공연은 적어도 8시는 지나야 시작할 거예요. 어쩌면 8시 30분에 시작할 수도 있고요."

확실히 한 시간이 지나 막이 오를 때쯤엔 200명이 넘는 사람이 천천히 들어오고 있었다. 그래도 80퍼센트 정도가 비어 있었다.

객석의 조명은 뮤지컬의 첫 노래가 나올 때까지 꺼지지 않았고, 그제야 좌석 안내원들이 팸플릿을 나눠 줬다. 그리고 그 후에도 한참 동안 무대 조명이 켜지지 않아서, 배우들은 어둠 속에서 약 10분 동안 연기를 해야 했다. 극적인 효과를 노려서 그런 건 아니란 생각이 들었다. 가나는 원래 그런 곳이다.

조명 실수는 논외로 치고, 공연은 바닥에 누운 배우들이 몸을 꿈틀거리는 표현주의 무용으로 순조롭게 시작됐는데 아마도 독립한 아프리카의 탄생을 적절하게 묘사하는 것 같았다. 관객의 눈에는 보이지 않는 오케스트라의 음악은 전자 키보드와 북(서구 드럼과 아프리카 북 둘 다), 기타, 호른의 소규모로 구성되었지만 연주 실력은 상당했다(가나에서 재능 있는 음악가를 불러 모으지 못했다면 정말 슬픈 밤이 됐을 것이다). 그리고 스토리도 훌륭한 비극적 요소를 골고루 갖추고 있었다. 확고한 비전을 갖춘 지도자가 자신의 영광에 도취되기 시작해서 지나치게 욕심을 부리다가 국민과 멀어지고, 결국엔 치욕스럽게 도망친다는 내용이었다. 그 과정에서 그는 영민하고 열정적인 재무장관이 자신에게 진실을 고한다는 이유로 감옥에 가두면서 그 청년이 자신의 아들이라는 사실을 알아차리지 못한다. 아들이 죽고, 그 나라는 다시 그 지도자의 뒤를 이은 폭군과 장군의 노예가 된다.

뮤지컬 노래 중 몇 곡은 인상적이었지만 나머진 별로였다. 솔직히 좀 더 전통적인 아프리카 리듬을 기대했는데 지나치게 감상적인 음악이었다. 출연진들의 노래 실력도 천차만별이었다. 몇몇 배우는 뉴욕 무대에 올라도 손색이 없었지만 나머지는 그저 동네 극장에서 공연하는 수준밖에 되지 않았다.

그날 밤 가장 실망스러웠던 점은 전반적인 제작이었다. 무대 세트 디자인이라고 할 만한 것도 없었고, 의상도 평범하기 그지없었다. 조나스의 외딴 마을 교회에서 본 정교하고 아름다운 수제 드레스들을 생각해 보면 정말 기이한 일이 아닐 수 없었다. 거기다 무대에 걸려 있는 마이크 세 개로는 배우들의 대사를 전달할 수 없었다. 우리가 뒤쪽에 앉은 것도 아니었는데 대사를 듣기 위해 온 신경을 집중해야 했다. 내가 고등학교에서 하는 뮤지컬 같다고 하자 휘트는 아이가 다니는 고등학교에서 본 뮤지컬도 이것보다는 나았다고 대꾸했다.

두 시간 반에 걸친 뮤지컬은 중간에 휴식 시간도 없이 그대로 계속됐다. 로비에 맥주를 파는 곳이 있었던 걸 생각해 보면 그것도 기이한 일이었다. 이 극단이 이렇게 눈에 보일 정도로 돈에 쪼들리고 있다면 중간 휴식 시간에 다과를 판매해서 수익을 올릴 생각은 왜 하지 않는 걸까? 그날 밤, 나는 이곳이 가나가 지금 가질 수 있는 최상의 전문 극장이라는 생각에 슬펐다. 가나가 이보다는 더 잘 해내길 바랐는데. 〈블랙 스타〉에 더 많이 투자해서 이것보다는 더 좋은 공연을 만드는 것도 근사한 출발이 될 것이다. 생각해 보면, 아프리카에서 가장 민주적이고 번영한 국가이기 때문에 활기 넘치고 도회적인 문화의 장을 열 수 있을 것 같았다. 하지만 2009년 9월 어느 토요일 밤 국립극장에 앉아 있으니, 그것이 아프리카가 통일돼서 번창하기를 바랐던 은크루마의 몽상만큼이나 허망해 보였다.

진정한 비극은 바로 이것이다. 국립극장 터를 잡기 위해 당국은 가나의 극작가인 에푸아 서덜랜드가 1960년대에 창립한 기품 있고 전설적인 가나드라마스튜디오를 밀어 버렸다(아크라 외곽에 있는 가나대학 캠퍼스에 그 건물의 복제품이 지어졌다). 다년간 노력해서 서덜랜드의 지도하에 드라마스튜디오에 극단들이 들어왔다. 유랑 극단, 노동자 단체 드라마 그룹, 아동문학 작가를 위한 워크숍. 그때가 가나 드라마의 전성기였을 텐데.

사악한 도마뱀들

가나의 자유분방한 언론은 종종 '활기 넘친다'라고 묘사되는데, 죽음과 부패에 집착하는 가나 사설의 경향을 생각해 보면 색다른 단어 선택이라 할 수 있다. 가나의 신문 잡지 가판대에서는 수십 가지의 국내 타블로이드지를 판매하고 있다. 그중 많은 신문은 미국의 슈퍼마켓 계산대 앞에 있어도 이상해 보이지 않을 것 같다. 여름에 나왔던 기사 헤드라인 중 '사악한 도마뱀이 목사 정치가에게 몰래 접근하고 있다!' 가 특히 내 마음에 들었다. 좀 더 현실에 토대를 둔 신문도 편파적인 성향을 노골적으로 드러내면서 이 정당이나 저 정당이 평화로운 땅에 폭력과 무질서를 불러왔다고 맹비난을 퍼붓는다. 심지어 아주 선정적인 면도 있다. 극적인 차 사고와 형언할 수 없는 범죄 장면이 대대적으로 다뤄지는데, 분명 가판대에서 판매고를 올리고, 차들로 꽉꽉 막힌 도로에서 지루해하는 운전자들에게 거리 행상들이 최신 뉴스 제목을 외치며 손님을 끌려는 의도에서일 것이다. 내용이 썩 만족스럽진 않지만 기자로서 나는 미국의 신문도 가나처럼 번창했으면 좋겠다는 생각을 무의식중에 하곤 했다.

9월 초, 가나 경찰이 예순다섯 살의 미국 남성을 체포하면서 언론은 신이 났다. 그 남성은 여덟 명의 아이들이 그를 상대로 오럴 섹스를 하는 모습을 비디오로 찍은 혐의로 체포됐다. 가장 어린 아이는 세 살이었다. 당국은 패트릭 K. 라 바시라는 그 남자가 국제적인 아동 포르노 제작자일 것이라 믿었다. 웹사이트에 올린 비즈니스 인명록을 보면, 라 바시는 가나에서 활동하는 비즈니스 컨설턴트로 영문학 박사 학위 소지자이며, 작가이자 연기 교사이자 영화 제작자(뭐, 이건 맞는 말이네)이고, 과거에 해병으로 복무한 적이 있다고 나와 있다. 체포된 다음 날 〈데일리 가이드〉는 1면의 지면 대부분을 할애해 '아이들이 음식과 영화 때문에 백인의 페니스를 빨다'라는 제목의 글을 실었다. 제목 위에는 압수한 비디오에서 캡처한, 근접 촬영한 생생한 사진 넉 장이 실렸다. 아이들의 눈을 검은 줄로 가린 것을 빼면 적나라한 사진이었다. 이 노골적인 표지가 전국의 신문 가판대에서도 가장 눈에 띄는 곳에 진열됐다.

미국에서는 이런 이미지를 신문에 내는 것 자체가 범죄행위다(공개적으로 진열하는 것은 말할 것도 없다). 아동 포르노를 재현할 수 있는 편집 환경이란 것 자체가 용납이 안 되는 것이다. 하지만 여기는 가나다. 가나 문화의 많은 면이 그런 것처럼 언론의 기준 역시 이해가 되지 않는다. 기특하게도, 가나기자협회에서 나중에 〈데일리 가이드〉의 이 보도에 대해 '본 협회는 제14회 가나기자협회 수상식에서 〈데일리 가이드〉가 최고의 레이아웃과 디자인상을 수상한 지 3주밖에 안 된 시점에서 이렇게 미숙한 보도로 자사의 명성에 먹칠을 한 것에 통탄하는 바이다'라며 비난했다.

어쨌든 경찰은 라 바시가 캔디를 주고 DVD도 보여 주겠다고 약속해서 아이들을 그의 집으로 꼬여 냈다고 했는데, 그 말을 듣고 나는 그런 상황이 낯설지 않다는 것에 충격을 받았다. 가나 아이들에겐 캔디하나나 디즈니 영화 한 편이 단순한 즐거움이 아니라 극히 희귀한 사치이기 때문이다. 우리 집 마당에서 노는 아이들은 우리가 바나나 하나만 줘도 기뻐서 펄쩍펄쩍 뛴다. 아이스크림이라도 주면 그날은 크리스마스 날이다. 토요일 오후에 잰과 나는 내 노트북에 저장되어 있는 〈니모를 찾아서〉의 '시사회'를 열었다. 그때 우리 거실은 들뜬 아이들로 가득 찼다. 그러니 성추행범이 가나 아이들을 유혹하는 것이 얼마나 쉬운지 나로선 슬플 정도로 상상이 잘됐다.

가나에서는 정의가 아주 빨리 실현될 수도 있다. 체포된 지 한 달 만에 라 바시는 25년의 중노동 형을 받았다. 그의 나이를 생각하면 사실상 죽을 때까지 일해야 한다는 의미다. 가나의 죄수들이 가는 노동수용소의 생지옥보다 더한 실상은 어떤 형태의 글로도 묘사할 수 없고, 사실 라 바시보다 그 형에 더 잘 맞는 죄인도 없다는 생각이 들었다.

가나의 양육 문화 자체가 성범죄자들이 활개를 치기에 쉬운 면이 있다. 아이들은 어른이 어떤 사람이든 무조건 존경하고 복종하라는 가르침을 받는다. 거리에 있는 사람들이 생판 모르는 아이에게 아무렇지 않게 심부름을 시키는 광경을 흔히 볼 수 있다. 사실 케빈도 부로 일을 볼 때 종종 지나가는 '남자아이'를 시켜 누군가를 찾아 오라거나 뭘 하라 는 식으로 잔일을 시킨다. 아이가 케빈이 누군지 모른다는 건 가나에 서는 중요하지 않다. 여기서는 어른이 아이에게 뭘 하라고 시키면 반 드시 해야 한다. 이런 규칙이 확대돼서 모르는 어른이 아이를 때려도 묵인되는 것이다.

그해에 여덟 살짜리 여학생이 선생님에게 회초리를 맞다가 사망한 일이 있었다. 그 아이의 아버지가 한 말이 신문에 실렸다.

딸아이는 머리와 등과 척추에 회초리를 맞아서 뇌가 손상됐고, 뇌에서 흐른 피가 목구 멍을 지나 흉부로 흘러 들어가서 사망했습니다.

가나 당국은 그 교사를 체포하면서 오직 교장만이 학생을 체벌할 수 있다는 점을 지적했다.

미국인 소아 성애자가 체포된 다음 날, 나는 같이 푸푸를 만들었던 사반나의 숙모인 조이스가 콰베나의 뺨을 너무 세게 쳐서 아이가 휘청 거리는 모습을 봤다. 조이스는 콰베나의 친척이 아니다. 가나 아이치 고는 유별나게 반항적인 기질이 있는 콰베나가 그에 맞서 조이스를 쳤 다. 아이 역시 주먹으로 문제를 해결하는 걸 배우고 있는 것이다.

아프리카의 가정 폭력 문제를 비난하려면 동시에 그들이 가족을 소 중하게 여긴다는 점도 인정해야 한다. 가나 사람들이 미국식 민주제도 의 진가는 인정하면서도 그들의 초대 대통령을 실각시켰던 미국의 CIA에 대해선 불쾌하게 생각하는 것과 같은 맥락이라 볼 수 있다. 귀가 먹고 늙은 메나가 비눗물이 든 들통 위로 허리를 구부리고 빨래를 하지만 사랑하는 가족과 함께 살고 있다는 점과 비교해 보면 요양원에서 하루 종일 아무것도 안 하고 있는 우리 어머니보다 더 나은 삶을 살고 있다고 할 수 있다. 정치적으로는 실패했지만 아프리카 독립의 촉매가 됐다는 점에서 콰메 은크루마의 진가를 인정하는 것도 가능할 것이다. 심지어 은크루마가 말한 것처럼 동쪽도 서쪽도 아닌 앞만 보는 것도 가능할지도 모른다.

제11장

위험

2009년 가을
팀

모여든 사람들에게 로즈가 부로 제품을
설명하고 있다.

스톱은 멈추라는 뜻

가나의 중요한 소액 금융기관인 지역 은행 사무실은 코포리두아 시내에 있는 현대식 5층 건물의 맨 위층에 있었다. 그 건물엔 당연히 엘리베이터가 없고, 계단은 건물 밖에 있었다. 섭씨 32도, 습도가 거의 이슬점에 달하는 무더운 날씨에 휘트와 나는 온몸이 땀에 젖은 채 헉헉거리면서 은행 출입구에 도착했다. 벽은 삽화가 들어간 포스터로 뒤덮여 있었다. 만화 캐릭터와, 동기를 부여하거나 영감을 주려는 의도로 만들어진 구호가 들어간 포스터였다. 한 포스터에는 다 해진 바지를 입은 농부 하나가 염소와 같이 서 있었다. 그 옆에는 넥타이를 맨 남자가 지폐가 든 봉지를 내밀고 있고, 농부는 그 돈을 외면하고 있었다. 포스터에는 이런 문구가 쓰여 있었다. '필요 없는 대출은 받지 마세요.' 우리는 문을 열고 들어갔다가 순간 밀려오는 에어컨의 냉기에 몸을 움츠렸다.

부로 사무실에서 여기까지 걸어오면서 휘트는 은행이 지역 농부, 상인과 다른 소기업 경영자에게 몇백 세디에서 몇천 세디에 이르는 돈을 종자, 비료, 장비, 재고, 다른 자본비용 등에 댈 수 있도록 대출해 주고 있다고 설명했다. 휘트는 은행 매니저와 몇 가지 사업 아이디어를 의논하기로 약속을 잡았는데, 그중에는 부로 프랜차이즈를 세우기 위해 에이전트에게 자금을 대 주는 것과, 건전지 비용을 1년에 걸쳐 낼 수 있도록 고객에게 대출해 주는 것, 마을 주민 중에 유능한 에이전트가 될 만한 사람을 찾아내는 데 은행과 협조하는 아이디어가 포함돼 있었다.

"매니저님이 기다리고 계실 겁니다." 다 낡은 책상 뒤에 앉아 있던 여자가 옆문을 가리키며 말했다.

문을 열자 매니저가 책상에서 자고 있는 모습이 눈에 들어왔다. 우리가 들어오는 소리를 듣곤 벌떡 일어나 노트북에 타이핑하는 척했다.

"들어오세요." 그는 넥타이를 곧게 펴면서 말했다.

휘트는 부로에 대해 설명하고, 은행과 협력해서 사업하자고 권했다.

"아주 좋은 생각입니다. 월요일에 다시 오셔서 저희 현장 대리인과 이 문제에 대해 의논해 보시죠."

상담이 끝났다.

쿵쿵 소리를 내면서 계단을 내려가는 동안 휘트가 말했다.

"다시 말하면 자기를 더는 괴롭히지 말란 소리지. 사실 저 매니저는 그만하면 상당히 열성적으로 반응해 준 거야. 본 적도 없는 사람이 찾아와서 투자해 달라고 하는데 저 정도 들어 줬으면 괜찮은 거지. 거기다 현장 대리인을 정말 만나게 된다면 더 좋은 거고."

그 은행 매니저는 가나에서 일하는 전형적인 화이트칼라 노동자였다. 대부분의 가나 사람들은 믿을 수 없을 정도로 열심히 일한다. 하지만 어떤 사람에게는 대학 졸업장이 보너스는 다 챙기면서 에어컨이 빵빵하게 나오는 사무실에서 일을 하지 않아도 되는, 환상적인 직장에 들어가는 티켓이 되기도 한다. 이런 현상을 비난하자는 게 아니다. 튀니지 출신의 프랑스 작가인 알베르 멤미는 1957년에 출간한《식민 지배자와 피지배자The Colonizer and the Colonized》에서 이런 말을 했다.

생산량이 썩 좋지 않을 경우에는 영양실조, 저임금, 성장할 가능성이 없는 미래, 사회에서 차지하는 미미한 역할 때문에 피지배자들이 일에 관심을 잃은 건 아닌지 궁금해진다.

멤미의 책이 나온 이후, 아프리카 사람들은 식민 지배라는 굴레를 벗어던졌다. 하지만 지난 반세기 동안의 역사가 서글프게 보여 준 것처럼, 독립했다고 해서 과거의 실수를 잊고 새 출발 할 수 있는 건 아니다. 아프리카 사람들이 현대 산업 세계에서 제자리를 찾기까지는 시간이 좀 더 걸릴 것이다.

한편, 휘트는 진취적인 기상에 불타는 대학 졸업생을 찾아야 했다. 휘트는 구인 광고를 낼 때 사무실에 에어컨이 없다는 점을 명시하면 애초에 게으른 기회주의자들이 면접 보러 오는 걸 차단할 수 있음을 알았다. 그의 메일함에 물밀 듯이 쏟아지는 이력서들은 어마어마한 이직률을 과시하고 있었다. 여기 사람들은 6개월마다 한 번씩 직장을 바꾸는 경향이 있다.

"몇 년 전에 영국의 다국적 금융기업인 바클레이즈은행에서 영어 좀하고 넥타이를 매거나 짧은 스커트를 입고 나타나는 사람이면 누구든 상관없이 영업직으로 선발한 것 같아." 휘트가 어느 날 이런 말을 했다. "일하겠다고 오는 사람을 전부 뽑아서 월급은 한 푼도 안 주고 전액 커미션제로 운영했나 봐. 그러니 사람들이 죄다 그만둬 버렸겠지. 그러니까 전국에 돌아다니는 모든 이력서에 바클레이즈은행에서 영업을 뛰었다는 경력이 붙었겠지."

면접을 치르다 보면 가끔 아주 초현실적인 일이 일어나기도 한다.

"한번은 과학 기술 학교인 폴리테크닉에 찾아가서 교수에게 전기공학과 졸업생 몇 명을 뽑고 싶다고 말했어. 뭐 엄청나게 우수한 과학자를 찾겠다는 게 아니라 건전지를 충전하고 불량품을 알아볼 수 있는 눈썰미가 있는 정도의 기술적 소질이 있는 사람이면 좋겠다고 했어. 그런데 그 교수가 어떤 사람을 보냈는지 정말 형도 못 믿을 거야. 가장 먼저 온 친구가 정말 꼴통이었어. 먼저 우리 건전지에 대해 설명을 해 줬지. 그러고는 이해했는지 보려고 로즈를 상대로 건전지에 관해 설명해 보라고 시켰어. 그랬더니 그 친구가 로즈에게 가장 먼저 뭐라고 물어봤는지 알아? '고향이 어디예요?' 형도 알다시피 여기 사람들은 여러 가지 이유로 자신의 인종적 배경에 대해 말하는 것에 민감하잖아. 그런데 그 친구가 다짜고짜 물어보니까 로즈가 좀 놀랐어. 로즈가 대답했어. '난 코포리두아에 살아요.' 그러니까 그 친구가 다시 물어보더군. '아니, 고향이 어디냐고요?' 그래서 로즈가 대답했지. '아크라에서 컸어요.' 그랬더니 계속 물어보는 거야. '그럼 어디 말을 하죠?' 결국 로즈가 말해 줬지. '판테요. 그게 뭐가 중요해요?' 그 친구가 거기서는 어떤 말을 쓰는지 알고 싶다고 또 묻는 거야. 그래서 로즈가 튀어를 쓴다고 했지.

그랬더니 그 친구가 우리 프로그램에 대해 장광설을 늘어놓기 시작하는 거야. 사람들이 건전지를 살 여유가 없어서 우리 프로그램은 절대 먹히지 않을 거다, 어쩌고저쩌고. 말은 또 얼마나 많은지. 그래서 내가 그랬지. '이봐, 자네 말도 일리가 있긴 해. 우리도 그런 문제를 계속 의논해 가면서 해결하고 있어. 하지만 지금은 자네가 로즈에게 건전지를 팔아야 하는 입장이지, 우리 건전지의 단점에 대해 논할 때가 아니야.'

그리고 그 친구에게 멀티미터의 작동 원리에 대해 아느냐고 물었지. 안다고 해서 미터기랑 라디오를 주면서 내가 말했어. '이 라디오가 소비하는 전력을 어떻게 측정하지?' 그랬더니 미터기랑 라디오를 받더군. 그런데 그 친구 하는 꼴이 마치 부두교 사제 같더라니까. 미터기를 손으로 쓸어 보더니, 손잡이랑 줄을 가지고 비비 꼬고 있는 거야. 미터기의 미 자도 모르면서. 내가 미터기 사용법을 알고 있다는 건 눈치도 못 채고 있었던 거지. 아마 마법 같은 걸로 날 속이려고 했던 것 같아. 금방이라도 웃음이 터져 나올 것 같아 환장하겠더라고. 그냥 이런 건 한 번도 안 써봤지만 금방 배울 수 있다, 그러니 가르쳐 달라고 하면 간단한 문제를 가지고 왜 잔머리를 쓰는지."

심지어 정직하고, 우리 회사와 회사의 사명에 대해 열정적으로 헌신하는 사람들을 찾아내도, 그들을 훈련시키려면 어마어마한 인내심이 필요했다. 그리고 기본적인 것을 강조하는 교육을 매일매일 해야 했다. 예를 들어, 이메일을 효과적으로 작성하려면 제목란에 메일의 핵심 내용을 써넣어야 한다는 걸 아는 직원도 없었다. 그리고 직원 셋 모두 운전을 배워야 했다. 학원에서 연수를 받은 후(학원비는 휘트가 냈다) 임시 운전면허증을 받은 케빈과 로즈와 애덤은 몇 시간씩 도로 연수를 받아야 했다. 결국 운전도 휘트와 잰이 가르쳤다.

하루는 아크라로 돌아오는 고생길에 로즈가(이미 세 번이나 사고를 냈다) 바클레이즈은행을 들이받고, 빨간불인데 멈추지도 않고 그냥 달려가 여경을 칠 뻔했다.

"그 여자가 길을 비켜 주지 않았단 말이에요!" 로즈는 순경을 칠 뻔한 일에 대해 이렇게 변명했다.

"그건 중요하지 않아요. 어쨌든 사람을 치면 안 돼요." 휘트가 침착하게 말했다.

휘트가 비상브레이크를 밟지 않았다면 로즈는 또 다른 사람을 칠 뻔했다.

"로즈, 내가 스톱이라고 하면 멈춰. 스톱이라고 하면 멈추는 거예요. 그 즉시." 휘트가 말했다.

"내 운전이 그렇게 형편없어요?" 로즈가 물었다.

"잘하고 있어요. 지금까지 두 시간 동안 사람 하나, 빌딩 하나밖에 안 쳤잖아요. 한 시간당 하나씩 박은 셈이에요. 그 사고율을 낮추도록 노력해 봐요."

"아, 사장님 너무 나빠요!"

"클러치에 집중해요."

스스로 판단하라

"저에 대해서 궁금한 거 없어요?"

로즈는 체구도 작고 말수가 적어서 낯을 가리는 성격으로 오해받기 쉽지만 사실은 자신만만하고 차분한 사람이다. 억양 때문에 하는 말마다 다 도전적으로 들리는데, 그런 말투가 로맨틱 코미디 영화에 나오는 여주인공처럼 쾌활하면서 귀엽기도 하고, 짓궂으면서 장난스럽게 들리기도 한다. 그런 변덕스러운 기질은 외모에서도 잘 나타난다. 평소에는 머리를 가늘게 여러 가닥으로 땋고 다니지만, 가끔은 스트레이트 파마를 해서 찰랑거리며 다니기도 한다. 그리고 보수적으로 옷을 입고 다니는 시골 여자와는 달리, 로즈는 주로 몸에 딱 달라붙는 청바지를 입는다. 로즈는 머리도 좋고, 드라이브할 때는 유쾌한 길동무다. 그때는 가을이었는데 우리 둘은 코포리두아에서 북동쪽으로 한 시간 거리에 있는 크로보 마을에 공공 모임을 개최하러 가던 중이었다.

"뭘 물어보길 원해요?" 내가 물었다.

"학교에 대해 물어봐야죠."

"좋아, 학교에 대해 말해 봐요."

나는 이미 로즈가 2009년에 아크라에 있는 아셰시대학을 졸업했다는 사실을 알고 있었다. 아셰시대학은 4년제 사립대학으로 경영과 컴퓨터 공학 학교지만 기업가 정신과 도덕성을 강조하는 교양 과정도 훌륭하다고 정평이 나 있었다. 이 학교는 스와스모어대학과 버클리대학을 졸업한 가나 사람인 패트릭 아우아(휘트처럼 아우아도 과거에 마이크로소프트의 매니저로 근무했지만 그때는 서로 모르는 사이였다)가 2002년에 설립했다. 아셰시는 튀어로 시작이라는 뜻이며, 아우아의 목표는 학생들을 훌륭한 시민이자 비판적인 사고를 하는 사람이 되도록 가르치는 것이었다. 그렇게 하면 사업에서 자연스럽게 성공할 수 있다고 믿었다. 그리고 그의 대학에서 차세대 정치 지도자들을 키워 낼 수 있다면 금상첨화라고 생각했다.

"우리 대학 교양 과정의 목표는 스스로 판단하고, 분석하며, 시험 볼 때 커닝하지 말라는 거였죠. 일반적인 가나 사람들의 생각과는 판이하게 달랐죠." 로즈가 말했다.

그녀는 이어서 우울해질 정도로 냉소적인 말투로 가나의 고등교육 기관에 대해 설명했다. 이곳에서는 뇌물을 주거나 중요한 교수와 잠자리를 해서 학점을 딸 수 있다고 했다. 어쩌면 로즈가 과장한 걸지도 모르고, 학계의 부패는 일반적인 현상이 아니라 특수한 사례일지도 모른다. 진실이 뭔지는 모르겠다. 하지만 휘트와 잰이 대학 졸업생이 보낸 경악할 정도로 수준 낮은 이력서들을 추려서 괜찮은 직원을 뽑느라 고생하는 걸 보면 일단 로즈의 말을 믿는 게 좋을 것 같았다. 그러다 2010년 가나에서 두 번째로 큰 대학인 콰메은크루마과학기술대학에서 성적을 미끼로 섹스를 한 스캔들이 터졌다. 확실히 로즈가 과장한 건 아닌 것 같았다.

"어떻게 아셰시대학에 가게 됐지요?"

"레곤 같은 큰 대학은 가고 싶지 않았어요."

가나에 일곱 개 있는 공립대학 중 하나인 가나대학을 줄여서 현지에서는 '레곤'이라 부른다고 했다. 레곤은 1948년에 런던대학 부속으로 설립돼서 현재 4만 2,000명의 학생이 재학 중이다.

"그리고 적성이나 관심사에 상관없이 시험 성적으로 전공이 결정되는 시스템이 마음에 들지 않았어요." 현재 약 400명의 학생이 재학 중인 아셰시대학은 학생 하나하나에 신경을 써 준다는 점에서 로즈의 맘에 들었다고 한다. "그런데 불행히 학비가 너무 비쌌어요."

등록금이 1년에 3,000달러가 넘었는데, 가나 기준으로 보면 어마어마한 거금이다. 로즈의 집은 가난하진 않았지만 그렇다고 넉넉하지도 않았다. 가나 기준으로 봤을 때 중산층, 그것도 중하류층이라고 할 수 있었다. 로즈의 아버지 프랜시스는 청소년 단체를 지원하는 비정부기구에서 일하고 있다. 그는 종종 런던과 남부와 동부 아프리카로 출장을 간다. 로즈의 어머니 베키는 출장 요리사로 결혼식이나 장례식 같은 행사에서 가나의 전통 음식을 요리한다. 가족(로즈에게는 그레이스러브라는 여동생이 있는데 동생은 회계와 패션 디자인을 공부한다)은 아크라의 비즈니스와 쇼핑 중심가인 오수에 산다. 좁은 일방통행로에 있는 방 두 개짜리 수수한 집에서 로즈는 자랐다. 오수에서 유년기를 보낸다는 건 미국 아이로 치면 도심지와 시 외곽 사이에 있는 맨해튼에서 성장하는 것과 같다. 뉴욕 아이들이 모든 것을 아는 것처럼 보이듯(적어도 뉴욕 아이들은 그렇게 생각한다) 오수 거리에서 자란 아이들도 그런 자신감을 가지고 살아간다.

로즈는 실제로는 판테족의 본거지인 중앙 해안 지대의 커다란 어촌인 위네바에서 태어났다. 식민지 시대에 판테족은 영국인과 모든 면에서 친밀한 관계를 유지했다. 판테족은 다른 가나 사람들보다 피부색이 옅고, 종종 영국식 성을 쓴다(로즈 도드처럼). 밀스 대통령도 판테족이다.

로즈는 대학에 들어간 첫해에는 학자금 융자를 신청해 등록금의 4분의 3을 지원받았지만 그래도 800달러를 내야 했다. 그래서 가족의 친구가 운영하는 부동산 사무실에서 일해 돈을 벌었다.

"그다음 해가 가장 힘들었어요. 학기가 시작됐는데 등록금이 없었어요. 학칙에 따라 등록금을 내지 못하면 교과서를 받을 수 없었죠. 그래서 그해 내내 도서관에서 공부해야 했어요. 그런데도 전 과목 A 학점을 받았죠. 그래서 내가 학교에 말했어요. 나는 교과서도 없이 공부했는데 모두 A를 받았으니 장학금을 받을 자격이 충분하다고.”

학교도 로즈의 주장에 동의해서 2007년에 로즈는 존경받는 교수인 프린세스 아우너 윌리엄스를 기리는 장학금의 첫 수혜자가 돼서 매년 1,250달러를 받았다. 프린세스 교수는 개발 경제학자이자 경영대학 학장으로 하워드대학에서 박사 학위를 받았다.

“여기서 도세요.” 로즈가 말했다.

우리는 점점 더 경사가 가팔라지는 흙길을 덜컹거리며 올라갔다. 길이 나왔을 때 타타에서 내려서 남은 거리를 걸어 고지대에 있는 드자맘 마을로 들어갔다. 길가의 긴 가지에 달린 우아한 꽃이 우리 머리 위로 늘어져 햇볕에 말라가고 있었다. 가나식 단풍인 셈이다. 분홍색과 파란색의 야생 베고니아가 길 위를 에워싸고 있었다. 뒤쪽으로 땅이 푹 꺼지면서 볼타 호수 위로 하늘이 파노라마처럼 열려 있었고, 볼타 호수의 물이 수평선으로 길게 쭉 뻗어 열기에 신기루처럼 가물거리고 있었다. 순간 나는 오래전 인류의 조상이 이 자리에 서서 같은 경치를 보며 즐기는 상상을 해 봤다. 비옥한 화석층을 만들어 낸 독특한 지형 덕분에 동부 아프리카가 인류 진화 연구의 중심점이 됐지만, 인류가 여기 서아프리카에서 첫걸음을 뗐을지도 모를 일이다.

“그래서 앞으로 어떻게 할 계획인데요?” 마을로 걸어가면서 내가 로즈에게 물었다.

로즈가 깔깔 웃었다.

“생각이야 많죠. 문제는 제가 싫증을 잘 낸다는 거예요. 아크라의 해변을 깨끗이 청소하고 싶지만 자선단체에서 일하고 싶진 않아요. 왜 있잖아요, 와서 한 번 대청소를 하고 가도 1년 지나면 다시 쓰레기로 뒤덮이는 거. 전 해변이 영원히 깨끗하게 유지될 수 있는 방식으로 일을 하고 싶어요. 그래서 사람들이 깨끗한 해변을 보면서 그게 자기들의 생활에 도움이 된다고 느낄 수 있게."

"관광업 같은 걸 말하는 건가요?"

"그것도 일부가 될 수 있죠, 맞아요."

수 미터에 걸쳐 모래가 깔린 해안 지대, 어마어마한 노예 성, 국립동물보호구역, 싹싹하고 친절한 시민, 영어 사용이 가능하다는 점 등 가나는 일류 관광객을 끌어들일 수 있는 조건이 충분하다. 그러나 잠재력은 무궁무진하지만, 항상 사회 기반 시설이 문제다. 관광업을 하려면 도로도 더 나아져야 하고, 교통수단도 더 안전해져야 하고, 서구인들의 취향에 맞는 호텔과 레스토랑도 늘어나야 하고, 관리가 잘되는 문화적 명소도 많아져야 하고, 대중 화장실이나 다름없는 해변도 깨끗해져야 한다.

로즈는 관광객을 공항에서 곧바로 아크라까지 데려와서 노예 성과 북쪽에 있는 국립동물보호구역을 보여 주는 특별 관광버스 프로그램을 시작해 보면 어떻겠느냐는 말을 했다. 현재로썬 이런 관광지 사이를 쉽게 이동할 수 있는 방법도 없다. 지금 있는 대중교통 수단은 요금은 저렴하지만 믿을 수 없고, 안전하지도 않은 데다 서구인들의 기준으로 보면 충격적일 정도로 열악하다. 로즈는 또한 작은 마을에서 문화적 체험을 할 수 있는 홈스테이를 조직하고 기존에 있는 낡은 해변의 리조트를 개조해 보는 방안도 구상하고 있었다.

"부로도 일하다 보면 싫증 날 것 같아요?" 내가 물었다.

"지금은 매일매일 새로운 도전을 하니까 그렇진 않아요. 부로가 정말 성공하면 다른 걸 해 보고 싶을지도 모르죠."

"진짜 사업가같이 말하네요."

로즈가 다시 웃었다.

"난 휘트 사장님이랑 일하는 게 좋아요."

로즈의 말 속에는 휘트가 아닌 다른 사람과 일할 경우에는 그렇지 않았을 것이란 뜻이 숨어 있었다. 가나에서 젊은 여자가 회사에 들어가면 여색을 밝히는 역겨운 인간과 일하게 되는 경우가 빈번하다. 가나의 직장 여성에게 물어보면 섹스 역시 업무의 일부인 것처럼 생각하는 상사에 대한 이야기를 쉽게 들을 수 있다. 사실, 가나의 구인 광고에는 자격 요건으로 나이 어린 여성을 원한다는 사실을 분명하게 명시한 경우가 많다. 어떤 광고는 심지어 매력적인 용모여야 한다는 조건까지 단다.

성희롱은 처음에는 여직원의 마음을 떠보며 성적 암시가 담긴 말로 시작되다가 근무의 연장선상에서 저녁을 같이 먹게 되고, 타지에서 열리는 회의(가나 기업들은 회의하는 데 시간을 많이 보내는데, 덕분에 호텔 사업이 호황을 누린다)에 참석하기 위해 출장을 같이 가고, 그러다 사무실에서 밤늦게까지 야근을 하는 식으로, 진부한 순서를 밟아 발전된다.

일부 서방 원조 기구에서 일하는 직원과 사업가의 은밀한 세계에서도 이런 일이 일어난다. 이들은 겉으로는 가난한 이들을 돕기 위해 아프리카에 왔다는 핑계를 대지만 사실은 아프리카 여자를 마음대로 희롱하려는 목적이 더 크다. 앞에서 말했던 체포된 미국 '사업가'와 같은 악질 소아 성애자만큼 끔찍하진 않지만, 이런 흔해빠진 색한도 불쾌하리만큼 많다.

드자맘 마을 추장이 여행을 떠나고 없어서 우리는 마을 원로에게 인사를 드렸다. 그 원로는 날 선 칼로 등나무 잎을 길게 잘라서 바구니를 짤 준비를 하고 있었다. 로즈는 튀어와 그동안 배우고 있던 크로보어를 섞어서 공공 모임을 개최할 계획에 대해 설명한 후에 영어로 덧붙였다.

"그래서 이해하시겠어요? 건전지 하나당 보증금이 1세디예요. 사람들이 그래도 살까요?"

"사람들이 올 거라니까. 걱정하지 마." 원로가 대답했다.

우리는 다시 픽업트럭으로 돌아가면서 수탉이 찍힌, 희미해진 캠페인 포스터로 도배된 오두막집들을 지나쳤다. 수탉은 1949년에 은크루마가 창당한 회의인민당의 상징이다. 회의인민당은 현재 선거에서 항상 3위만 차지하는 약소 정당이 돼 버렸다.•

"이 사람들은 모두 투표를 해요." 로즈가 지친 목소리로 말했다.

난 그녀가 뜨거운 햇볕을 받으며 걷느라 지쳤다고 생각했다.

"내가 저 사람들이라면 투표하지 않을 텐데."

"왜 안 해요?"

"투표해 봤자 무슨 소용이에요. 달라지는 게 없는데."

• 은크루마의 딸인 사미아가 2008년에 이 정당 소속으로 선거에 나가 선출됐다.

아칸 속담 같은 말

수요일 아침에 한 시간 정도 직원회의를 했다. 로즈가 프린트해서 준비한 의제에 따라 잰이 회의를 진행했다. 잰이 건전지 대여와 사업 성장을 나타낸 막대그래프가 인쇄된 유인물을 돌렸다.

"현재 새 프로그램으로 157명의 고객이 건전지 1,064개를 대여해 간 상태입니다. 그중 20퍼센트는 전기가 들어간 지역에서 대여해 간 것입니다." 잰이 보고했다.

전기가 들어간 지역에서 새 고객이 늘고 있다는 소식은 우리 사업이 외딴 시골 마을뿐 아니라 도시에서도 통할 수 있다는 뜻이어서 의미가 컸다.

"잘됐네요, 잰. 건전지 하나당 수익을 최대한 낼 수 있는 방법이 뭘까요? 그 문제를 다뤄 봐야 할 것 같은데. 지금 수익이 얼마나 나고 있는지 알아요?"

"별로 좋지 않아요. 7월 수익은 건전지 하나당 31페세와예요."

"이런. 이래 가지곤 우리 사업을 계속 지탱해 나갈 수 있을지 모르겠군." 휘트가 중얼거렸다.

전에 그는 건전지 하나당 월별 최소 수익이 50페세와는 나와야 한다고 했다. 루트 설계가 순조롭게 된다는 가정하에 코포리두아 지점이 최소 300명의 에이전트를 지원해 줄 수 있고, 에이전트 한 명당 평균 건전지 100개를 관리하고 건전지 하나당 평균 50페세와의 수익을 올리면 월 수익이 1만 5,000세디가 된다. 다시 말하면 사업다운 사업이라고 할 수 있다.

"우리가 새 마을에 영업을 나갈 때마다 추장, 여왕엄마, 청소년 그룹 지도자에게 무료 쿠폰북을 주고 있다는 걸 기억하셔야죠. 지금은 판촉 활동을 많이 해서 수익이 줄어든 거예요." 잰이 반박했다.

"매달 말일까지 기다릴 필요 없이 수익 계산을 30일 단위로 해서 업데이트하는 건 어떨까요? 그러면 지속적으로 추적할 수 있는 실질적인 수치가 나오잖아요." 휘트가 제안했다.

"그게 무슨 뜻입니까?" 케빈이 물었다.

휘트와 잰이 그 개념에 대해 설명하자 케빈의 눈이 반짝 빛나는 게 보였다. 케빈은 즉시 이해했다. 전에 일하던 직장에서는 아무도 그런 개념을 수고스럽게 설명해 주지 않았던 게 분명했다.

"판촉 활동이 나와서 말인데, 에이전트 전원에게 또 문자메시지를 보내야 해요." 잰이 말했다.

휘트와 잰은 처음에는 에이전트들이 모두 휴대전화를 가지고 있으니 의사소통은 문자메시지로 하는 게 좋겠다고 생각했다. 하지만 나중에 알고 보니 문자메시지 요금이 상당히 비쌌다(메시지를 100명이 넘는 사람에게 보내면 요금이 더 올라간다). 그리고 많은 에이전트, 특히 가난한 마을이나 휴대전화가 터지지 않는 곳에 사는 에이전트들은 신호가 더 잘 잡히는 곳으로 나오기 전까지 휴대전화를 꺼 두는 경우가 많았다. 또 에이전트들이 웬만큼 글을 읽을 수 있어야 하는데 문자메시지를 사용해 본 사람도 거의 없고, 대부분은 자기 휴대전화에서 메시지를 어떻게 찾아서 읽어야 하는지도 모르고 있었다.

"9월 말까지 쿠폰을 네 장 더 주는 보너스 판촉을 하고 있어요. 이전 프로그램을 계약했던 고객이 새 프로그램으로 바꿀 때마다 에이전트에게 1세디씩 더 주기로 했거든요."

"그건 내가 할 수 있지. 포더에 나온 에이전트 연락처는 다 업데이트 돼 있는 거죠?" 휘트가 물었다.

"우리가 아는 한 그렇죠. 자, 이제 월별 목표에 대한 이야기를 해 보자고요. 8월에 새 에이전트를 스무 명 더 뽑겠다는 목표까지 12일 남았어요. 지금까지 열한 명이 새로 들어왔는데, 그건 어떻게 돼 가고 있어요?" 잰이 물었다.

케빈과 로즈가 금요일까지 새 에이전트를 몇 명 더 추가하겠다는 계획을 자세히 설명했다.

"처음에 들어온 에이전트들이 기존 프로그램에 있던 고객을 새 프로그램으로 전환시킨 건 몇 건이나 되죠?" 휘트가 물었다.

"아직도 많이 남았어요. 에이전트 스물여섯 명 중에서 두 명만 프로그램 전환에 성공했어요. 조나스와 이렌치 이렇게 둘이요." 케빈이 대답했다.

"전체 다 바꾸겠다는 목표 기한이 언제였죠? 9월 말이었나?" 휘트가 물었다.

"네." 로즈가 대답했다.

"그러면 그 목표에 집중하면서 새 에이전트 교육도 해야겠군."

"그리고 새 에이전트들이 새 고객을 모집할 수 있도록 신경 써야 해요. 제 생각에 10월의 주목표는 고객을 늘리는 거예요. 그러려면 새로운 판촉 프로그램을 내놔야 합니다. 이번엔 잠깐 쿠폰 재고에 대한 이야기를 했으면 해요. 쿠폰북은 돈이에요. 그래서 안전한 곳에 철저하게 보관해야 해요. 제가 쿠폰북 재고를 관리할 수 있는 데이터베이스를 만들었지만, 애덤이 관리를 해 줘야 해요."

회계사인 애덤은 평소에는 조용하지만 웃기도 잘 웃는다. 키가 크고, 팔다리가 길고, 잘생긴 애덤은 동생(지역 폴리테크닉에 다니는데, 바로 그 학교에서 휘트가 직원을 구하려고 했다가 실패했다)과 함께 살고 있고, 완벽하게 다린 셔츠와 바지를 입고 다닌다. 아크라의 공인회계사 학교를 졸업한 애덤은 지역 비정부기구 단체의 경리과에서 일했다. 애덤은 에웨족의 근거지인 볼타 지역 출신으로 그곳의 신성한 아다클루 산 밑에 있는 마을에서 자랐다. 아다클루 산은 꼭대기가 평평한 산으로, 에웨족이 약 5세기 전에 머나먼 동쪽에서 처음 이주해 왔던 곳의 가장 큰 상징이다. 애덤은 전통적인 아프리카 관습에 깊이 물들어 있지만(애덤의 아버지는 추장이다) 또한 신실한 기독교인이었다. 애덤은 술은 입에도 대지 않았고 교회 성가대에서도 주목받을 정도로 노래를 잘 부른다고 하지만, 나는 한 번도 들어 본 적이 없다. 하지만 내가 아이팟에 R&B 노래를 담아 놓은 걸 애덤이 알고 나서 몇 번 음악에 대한 이야기를 나눈 적이 있었다. 그때 애덤이 음악적 소양이 풍부하다는 걸 알았다. 가끔 마을로 가는 길에 전통 음악을 들을 때가 있는데, 그럴 때면 애덤은 그 음악이 어느 부족에서 유래됐고, 심지어 그 노래에 맞춰 어떤 스타일의 춤을 춰야 하는지까지 설명해 주곤 했다. 휘트는 애덤이 가끔 업무를 감당하지 못해서 걱정했지만(애덤에게도 솔직히 그렇게 말했다) 사실 그를 좋아했다. 그가 항상 명쾌하게 일을 처리하는 건 아니지만 그래도 정직하다는 건 확신하고 있었기 때문이다. 애덤의 또 다른 문제 중 하나는 오브루니들이 애덤의 영어를 잘 알아듣지 못한다는 것이었다. 애덤의 영어는 문법적으로는 틀리지 않았지만 억양이 너무 셌다.

이 의사소통 문제는 에웨족이 유독 심한 것 같았다. 휘트와 나는 기본적인 튀어 단어 몇 개는 쉽게 말할 수 있었지만, 에웨어를 하려고 애를 쓰면 모두 공손하게 웃곤 했다. 우리가 구사하는 에웨어는 정확한 건 고사하고 사람들이 알아듣지도 못했다.

"제 업무량이 계속 늘어나는 것 같아요." 잰의 요구에 애덤이 항의했다.

"그건 좋은 거죠!"

휘트가 대꾸하자 애덤이 쑥스럽게 웃었다.

"그렇지 않아도 루트 매니저들에게 자기 구역은 포더 입력을 직접 시킬 생각이에요. 그러면 애덤의 업무량이 좀 줄어들겠죠." 잰이 말했다.

"그렇지 않아도 너무 늦게 퇴근하는데! 그것도 쉽지 않다고요." 케빈이 항의했다.

"새로 시스템을 깔면 그렇게까지 시간을 많이 잡아먹지 않을 거예요. 어쨌든 그 문제는 한 번 더 생각해 보기로 해요. 에이전트인 당신들이 그 문제에 대해 해결책을 생각해서 우리에게 제시할 수도 있죠. 그럼, 다음 의제로 넘어가죠. 건전지 슬리브 문제는 어떻게 됐죠?"

잰이 말한 건 건전지 위에 씌우는 초록색 플라스틱 부로 라벨이었다. 휘트는 낡은 건전지에 붙은 낡은 라벨 때문에 일부 고객들이 건전지가 낡았다고 생각한다며 걱정하고 있었다.

"중국에서 파일 받았어요?" 잰은 디지털 작업이 끝났는지 물었다.

"다 준비됐어요. 슬리브는 해결됐어요. 항공 화물로 보낸다고 했으니까 금방 올 거예요." 휘트가 대답했다.

"새 라벨은 건전지에 어떻게 붙이죠?" 케빈이 물었다.

"헤어드라이어를 쓰면 될 거예요. 중국 공장에 있을 때 세로로 자를 수 있느냐고 물어보니까 그렇다고 했어요."•

휘트가 설명했다.

"D 어댑터는 어떻게 됐나요? 거의 다 떨어졌는데." 케빈이 물었다.

"그것도 오는 중이에요." 휘트가 말했다.

"지난번 것보다 더 나은 것이 와야 하는데. 마을에서 몇 개 봤는데 접촉 부위가 벌써 부식됐더라고요. 고객들이 불평하고 있어요."

케빈은 고객들의 불평에 민감한데, 적어도 표면적으로는 그랬다. 가끔 그가 전하는 고객들의 불평을 들을 때면 고객들이 정말로 그렇게 생각해서라기보다는 본인의 의견이 아닐까 하는 생각이 들 때가 있었다. 휘트와 내가 고객들과 이야기할 때면 건전지에 대해 케빈이 말한 것보다는 훨씬 긍정적이었다. 하지만 우리는 백인이니까 우리 기분 좋으라고 한 칭찬이니 환전을 할 때처럼 깎아서 들어야 하는 건지도 모르겠다.

"새것이 훨씬 나을 거예요. 스리식스티••가 환경실에서 다 실험해 봤다고 했어요. 2, 3년 쓴 것과 같은 효과를 주기 위해 습도와 강도도 엄청 높여 보고, 물도 적셔 보는 식으로 실험을 다 했다고 하던데. 물론 그렇게 하니까 건전지가 볼품없어지긴 했어요. 거기서 이메일로 보낸 사진을 보여 줄 수도 있는데……. 어쨌든 그렇게 했는데도 잘 작동된다고 했어요."

• 중국인들이 약속을 지키지 않아서 부로 사무실 직원들이 슬리브를 다듬어야 했다.
•• 홍콩에 본사가 있고 미국인이 운영하는 이 회사는 서구 회사들이 중국의 제조업 파트너를 찾고 관계를 유지하는 것을 도와주는 일을 한다. 새 사업을 시작한 부로는 스리식스티로서는 굳이 거래를 하지 않아도 될 정도의 소기업이었지만, 휘트가 게임 제조업을 하던 시절부터 이 회사와 인연이 있었기 때문에 휘트의 편의를 봐주고 있는 셈이었다. 그러면서 이 정신 나간 크레니엄 전 회장이 정말 다양한 물품을 개발도상국 시장에서 판매하고 성공적으로 판로를 확대할 수 있을지 지켜보고 있는 것이다.

361

"물로 인한 손상 문제가 나왔으니 말인데 집안일 문제도 언급해야겠어요." 잰이 말했다. 사실 의제 중에 '집안일'도 있었다. "남자들 말이죠. 제발 소변 볼 때 변기 시트를 올렸다가 볼일이 끝나면 내려놔 주면 좋겠어요."

"화제 한번 매끄럽게 바꾸는군요, 잰." 내가 대꾸했다.

"고마워요. 더 할 말 있는 사람 있나요? 없으면 오늘 회의는 이걸로 끝이에요."

매주 하는 회의는 문제 해결과 그동안 진행해 온 업무 현황을 보고해서 직원 각자가 주도적으로 일을 처리하면서 개인적인 책임감을 키울 수 있게 하려는 의도에서 진행된다. 가나의 근무 풍토에서는 좀체 강조되지 않는 자질이라고 할 수 있다. 하지만 휘트는 로즈와 케빈과 애덤이 좀 더 '주인 의식'을 가져 주길 바랐다(그가 고국으로 돌아가 가족과 시간을 보내기 위해서라도). 그들 역시 좀 더 많은 일을 할 필요가 있었다. 그래서 그는 보너스 프로그램을 만들어서 8월 26일 회의에서 발표했다.

"이 문제는 여러분이 자유롭게 피드백을 해 주길 바라요." 휘트가 이렇게 말문을 열었다. "내가 지금까지 생각한 계획을 말씀드리겠습니다. 불가능한 목표를 세우고 싶진 않아요. 올해는 본전치기만 하려고 해도 무지 노력해야 합니다. 난 여러분이 강한 동기를 가지고 일하길 원해요. 그래서 회사가 성공할 수 있는 아주 현실적인 목표를 토대로 보너스 프로그램을 만들었어요. 이 보너스는 용돈 정도를 말하는 게 아니에요. 쌀 몇 봉지 주겠다는 그런 뜻도 아닙니다. 현금으로 지급될 겁니다. 여러분 각자 12월까지 실적을 토대로 1월에 1,000세디라는 보너스를 받을 수 있는 기회가 있습니다. 1,000세디가 1인당 보너스 최고 액수입니다."

1,000세디는 에이전트 하나하나의 월급보다 훨씬 큰 액수였다.

"그렇지만 너무 큰 기대는 하지 마세요. 솔직히 여러분이 1,000세디를 다 받을 가능성은 별로 없어요. 업무에 따라 액수가 늘어나는 식으로 할 겁니다. 그리고 여러분 모두 회사를 키우기 위해 한 팀으로 서로 협조해서 일해 줘야 합니다. 자, 보너스 프로그램에 대해 설명하겠습니다." 잰이 화이트보드 앞에 나와서 도표를 그리는 동안 휘트가 설명을 이어 나갔다. "보너스 중 200세디는 여러분의 개인적인 목표 달성 여부에 따라 결정됩니다."

"우리가 해야 할 업무를 뜻하는 건가요?" 로즈가 물었다.

"아뇨, 그건 목표와 다른 겁니다. 애덤과 나는 이미 애덤을 위한 구체적인 목표와, 그 목표를 끝내야 하는 날짜를 정했어요. 이제 잰과 내가 여러분을 위해 그런 비슷한 목표를 세울 겁니다. 공정하고 합리적인 경영진의 결정에 따라 여러분이 목표를 달성했다고 판단되면, 여러분은 200세디를 받을 수 있습니다.

또 다른 200세디는 자신의 목표를 달성하는 다른 두 사람에게 달려 있습니다. 한 팀이기 때문입니다. 그래서 케빈, 당신은 로즈와 애덤이 목표를 달성하는지 관심을 가지고 지켜봐야 합니다. 로즈 당신도 케빈과 애덤이 목표를 달성하는지 여부에 따라 200세디를 더 받게 된다는 걸 잊어선 안 됩니다. 그러니 모두 힘을 합쳐야겠죠.

그리고 또 다른 200세디는 비용 목표 달성입니다. 그러니까 사업 비용 목표를 정하고 거기에 따라 비용을 최대한 낮추는 거죠. 이 비용은 여러분이 조절할 수 있는 것들에 따라 정해집니다. 월급이나 임대료 같은 것이 아니라 여러분이 매일 회사를 운영하면서 통제할 수 있는 것, 예를 들어 사무용품을 사고, 차 정비를 하는 그런 비용을 말합니다. 내가 애덤과 잰과 상의해서 합리적인 비용이 어느 정도인지 책정하겠습니다. 목표 성취 수준에 따라 보너스를 받는 겁니다. 도 아니면 모가 아니라는 거죠. 그래서 비용 통제 목표를 완벽하게 달성하면 200세디를 다 받지만, 3분의 1정도 달성하면 그에 따라 보너스 액수도 달라집니다. 그러니까 사업 비용에 모두 신경 써 주길 바랍니다. 다들 이해가 됩니까?"

아무도 입을 여는 사람이 없었다. 나는 이 보너스 프로그램 때문에 사람들이 편법을 쓸 수도 있고, 심지어 차 정비 문제에 관해선 위험해질 수도 있다는 생각이 들었지만 입 꾹 다물고 있었다. 잰이 그 문제에 대해서도 대처 방안을 생각해 놨겠지.

"마지막 400세디는 수익에 달려 있습니다. 우리가 애덤과 논의해서 구체적인 수익 목표를 정하고 매일 보고하는 방식에 대해서도 정하겠습니다. 아마 30일 간격으로 수익을 업데이트하는 방식에서 조금 더 발전된 정도일 겁니다. 전체 수익뿐 아니라 건전지 하나당 수익에 따라 보너스가 달라질 수도 있고. 아직 확실한 방안은 나오지 않았습니다."

침묵이 흘렀다.

"자, 아까 말한 것처럼 기탄없이 의견을 밝혀 주세요."

묵묵부답이었다.

휘트의 얼굴이 점점 붉어지고 있었다. 그는 마커를 쥐고 화이트보드로 가서 잰이 방금 그린 도표에 크게 가위표를 쳤다.

"그럼 그냥 다 없던 일로 합시다. 그 3,000세디는 그냥 내가 갖죠! 여러분이 아무 생각이 없다니 할 수 없군요."

잰이 끼어들었다.

"여러분 생각이 어떤지 밝혀야 합니다. 이 보너스 계획은 여러분의 연 수익의 15퍼센트에 달합니다. 이건 미국에서도 상당히 두둑한 보너스인데, 가나에서는 어떤지 모르겠네요. 이 정도면 보통인가요? 보통보다 높은가요? 아니면 보통도 안 되는 금액인가요? 여러분이 그런 점을 밝혀 줘야 합니다. 이 보너스 계획에 관심은 있나요?"

"이 보너스 계획을 칭찬해 달라는 말이 아니에요. 건설적인 피드백을 원할 뿐입니다." 휘트가 덧붙였다.

"만약 우리가 이 보너스를 받으면, 사장님은 칭찬을 너무 많이 받아서 배가 부를 겁니다." 케빈이 말했다.

모두 웃음을 터트렸다.

"그 말은 마치 아칸의 속담처럼 들리는군요." 휘트가 말했다.

"계획은 맘에 들어요. 보너스가 적단 말을 하는 게 아니에요. 다만 우리가 그 목표를 달성할 수 있을지는 두고 봐야겠죠." 케빈이 말했다.

"그래요. 그게 내 말의 골자예요." 휘트가 말했다.

"우리 고객들이 돈이 별로 없다는 건 고려했나요?"

"아니요!" 휘트가 단호하게 말했다. "내 말은 우리가 이 수치를 달성하지 못하면 우리 사업은 망한다는 겁니다. 그러니까 우리 고객의 구매력과 이 목표는 아무 상관이 없어요. 회사가 살려면 100명의 에이전트들이 각각 100개의 건전지를 대여해서 이윤을 내야 합니다. 그리고 그게 바로 여러분 셋이 해야 할 일입니다. 요지는 올해 말까지 이 목표를 달성하지 못하면 우린 끝이라는 겁니다. 짐을 싸야 해요. 투자자들에게 보여 줘야 해요. 그리고 이 사업에 이미 25만 달러나 투자한 나도 그렇고. 우리가 1년 안에 돈을 버는 2차 지점을 열 수 있음을 증명해야 한단 말입니다."

"그리고 휘트가 우리 고객들이 건전지에 쓰는 돈에 대해 연구를 많이 했는데, 고객들은 돈을 많이 써요. 한 달에 몇 세디씩 쓰고 있어요." 잰이 말했다.

"가나 전체적으로 매년 5,000만 달러, 다시 말해서 8,000만 세디를 건전지에 쓰고 있어요. 우리는 경쟁자를 가볍게 물리칠 수 있는 그런 매력적인 제품과 프로그램을 갖추고 있어요. 솔직히 우리 정도면 시장을 100퍼센트 점유하고 있어야 한다고 생각해요. 독점해도 시원찮을 수준이라는 거죠." 휘트가 말했다.

모두 입을 떡 벌렸다. 휘트는 이야기를 멈추곤 주위를 돌아봤다.

"좋아요. 백번 양보해서 우리의 시장 점유율이 전국적으로 딱 25퍼센트라고 칩시다. 그래도 가나에서 1,500만 달러의 사업을 하고 있는 겁니다. 돈도 벌고 저소득 가정이 더 나은 삶을 살 수 있도록 돕는 일을 한다는 겁니다! 우리는 여기서 아주 특별한 일을 하고 있는데, 여러분들이 바로 그 사업을 이끌어 가고 있는 겁니다!"

마침내 로즈가 입을 열었다.

"저는 보너스에 혹하는 타입은 아니지만 이걸로 내 일에 싫증 내지 않을 순 있겠어요. 어쨌든 보너스가 있는 건 좋은 거죠."

"그 정도면 괜찮은 이야기죠. 좋아요. 난 우리가 모두 자신이 하는 일에 자부심을 가지고 만족해야 한다고 생각해요. 가나는 연간 금리가

366

30퍼센트인 나라예요. 여기서 하는 사업체는 대부분 딱 한 가지 모델만 있어요. 싸게 사서, 비싸게 팔고, 재고를 빨리 없애는 거죠. 이런 살인적인 금리에선 이윤을 내는 방법이 그것밖에 없어요. 하지만 우리는 완전히 다른 사업 모델을 만들고 있어요. 올해 목표는 우리가 한 지점에서 그걸 할 수 있다는 걸 입증해 보이는 겁니다. 그다음 해 목표는 모든 곳에서 통하게 하는 거죠."

연줄 문화

보너스 계획은 모두의 협조가 필요한 일이다. 부로 팀원을 서로 협력하게 만든다는 것은 인종 차이 때문에 쉽지 않은 일이었다. 세 직원 모두 각각 다른 지역과 부족 출신으로, 관습도 다르고 쓰는 언어도 달랐다. 가나 사람들은 서로 다른 인종에 관대하다는 점에 자부심을 가지고 있으며, 인종적 편견을 공개적으로 드러내는 일이 거의 없다. 하지만 사실 이들은 인종적 차이에 대해 항상 생각하며, 추궁하면 주저하지 않고 그 사실을 밝힌다.

"에웨족은 의심이 아주 많아요." 어느 날 루트로 차를 몰고 가는데 케빈이 말했다. "그 사람들은 물건이 좋다는 걸 확신하기 전까지는 아무것도 사지 않아요. 크로보족은 삼촌이나 형이 그걸 사면 따라서 사요. 아샨티족이요? 그 사람들은 물건이 좋으면 사죠. 하지만 자기 스스로 판단이 섰을 때 그렇게 하는 거고."

케빈은 물론 아샨티족이다.

"가 부족이요? 그 사람들은 정말 입이 싸요." 케빈이 이렇게 이야기를 맺었다.

휘트가 부로의 첫 가나 직원으로 케빈을 고용했을 때, 찰리는 에웨족인 애덤을 회계사로 고용하자고 강력히 로비했다. 휘트로서는 다행스럽게도, 6주 동안 애덤만큼 능력 있는 아샨티 출신의 회계사는 구할 수 없어서 그 문제를 회피할 수 있었다. 하지만 휘트와 잰은 직원을 고용할 때 인종도 고려하는 게 옳은지 몇 번의 토론을 거쳤다. 다양한 인종을 골고루 고용하는 게 맞는 걸까? 아니면 그런 것에 신경 쓰는 것 자체가 인종차별적인 것일까? 그 문제는 결코 답을 찾을 수 없었지만, 휘트는 자신이 뽑은 가나 직원들이 우연이든 아니든 다양한 인종 그룹을 대표하고 있다는 점에 만족했다.

정치 문제 역시 사무실에서 긴장을 불러일으킬 수 있다.

어느 날 휘트와 케빈과 내가 같이 차를 타고 가다가, 내가 가나의 두 주요 정당 사이에 실질적인 이데올로기 차이가 있는지 물어봤다. 휘트는 없다고 대답했지만 케빈은 그 말에 동의하지 않았다.

"NPP가 훨씬 사업 친화적이죠. 세금도 덜 물리고."

"선거 운동할 때 그렇게 공약하긴 했죠. 하지만 실질적으로 두 당 사이에 큰 차이가 있는지는 잘 모르겠어요. 다들 제 식구 감싸기에 바쁘던데, 그게 가나만의 문제는 아니죠. 내 말은 자기 측근을 기용해야만 권력을 지킬 수 있으니까 그러는 거겠죠. 그 사이클을 깨면 거센 도전에 부딪히게 되니까. 누군가는 용기를 내서 책임지고 이제 그런 관행은 그만두겠다고 말해야 하는데 그런 사람은 여태까지 없으니까요. 쿠푸오르 정부 역시 물러나기 3주 전에 국가공무원의 월급을 30퍼센트나 올려줬잖아요." 휘트가 반박했다.

사실 가나에서는 정부 지출에 대해 누구도 책임을 지지 않는다. 2004년 세계은행과 국제통화기금에서 발표한 보고서에 따르면 책정된 예산과 실제 집행된 지출 사이에 큰 차이가 있었던 것으로 드러났다. 예를 들어 2002년에서 2003년까지 교육부는 실제 예산보다 39퍼센트를 덜 집행한 반면 공무원 월급에는 45퍼센트를 더 썼다. 그런 상황은 보건부에서 훨씬 심각했다. 보건부 서비스에는 예산보다 67퍼센트가 덜 할당된 반면 공무원 월급은 76퍼센트나 예산을 초과했다. 최근에 가나에 대해 해외개발연구소의 토니 킬릭은 '중앙에서 배정된 자금이 실제 업무에 지급되는 과정에서 거액이 빠져나갔다는 증거가 있다'라고 언급했다.

케빈은 쿠푸오르가 표를 매수하기 위해 '월급을 올려줬다'라는 말에 불안하게 웃었다.

"그게 웃겨요?" 휘트가 따져 물었다. "난 하나도 안 웃겨요. 그게 당신네 돈이기 때문에 안 웃기고, 그런 곳에 써선 안 될 돈이기 때문에 더욱 그래요. 이 형편없는 도로를 새로 깔 수 있는 돈이라고요."

휘트는 도로에 파인 구덩이를 피하려고 차를 휙 돌렸다가, 잠시 멈추면서 심호흡을 했다.

"그건 정말이지 가증스러운 일이라고요."

그리고 우리는 아무 말도 하지 않았다.

무명 배우

나는 비자를 연장하기 위해 제출해야 했던 내 여권을 찾으려고 코포리두아의 관계 부처가 몰려 있는 건물 단지 내 이민국으로 갔다. 외국에서 여권을 제출하는 건 솔직히 두려운(엄격한 표정의 여자 공무원이 일주일 후에 다시 오라고 말했을 때) 일이다. 거기다 시킨 대로 일주일 후에 다시 갔는데 일주일 후에 다시 오라고 했을 때는 더더욱 그랬다. 하지만 마침내 그날이 왔다.

"앉으세요." 전과 똑같이 정색을 한 여자가 플라스틱 간이 의자를 가리키며 말했다.

나는 고맙다고 인사하고 목례까지 했지만 솔직히 조금 고민스럽긴 했다. 여기 들어오면 곧바로 여권을 가지고 나갈 수 있다고 예상했는데, 아무래도 일이 그렇게 풀리지 않을 모양이었다. 나는 낡은 리놀륨 바닥을 가로질러 가서 의자에 앉았다. 작고 먼지 낀 방에는 금방이라도 주저앉을 것 같은 책상 여섯 개가 몰려 있어서 비좁았고, 그 책상 뒤에는 여섯 명의 여자들이 앉아 있었다. 모든 책상에는 종이 한 장 없었고, 급히 처리해야 할 것처럼 보이는 일도 없었다. 컴퓨터는 한 대도 없었다. 대부분의 정부 부처에서, 적어도 지방에서는, 모든 사무를 종이 서류로 처리한다.

대신 여섯 명의 여자들은 모두 구석에 있는 텔레비전에 시선을 고정하고 있었다. 텔레비전에서는 나이지리아 영화가 나오고 있었다. 텔레비전에 가장 가까이 앉은 여자가 수많은 DVD를 고르고 있었는데 영화 감상이 실제 업무인 것처럼 보였다.

그때는 정오로 온몸이 녹아내릴 것처럼 더워서 꼼짝 않고 앉아만 있는데도 이마에서 땀이 비 오듯 쏟아졌다. 하지만 천장에 달린 선풍기는 고장이 났는지 돌아가지 않았다. 사무실에 있던 여자 중 하나가 내 '서류 보관 영수증'을 집어서 사무실을 나갔다. 이제 나는 여권도 없고, 이 좀비 같은 기관에 여권을 줬다는 증거마저 없어진 상태였지만 그런 무시무시한 상황에 대해 쿨하진 않더라도 침착한 태도를 유지하려고 안간힘을 썼다.

나는 돈을 버는 데만 치중한, 전형적인 나이지리아 영화에 신경을 집중했다. 이런 영화는 대부분 사기성이 농후한 사업가와 부패한 정치가와 위험에 처한 미녀가 등장하고, 사람들로부터 오해받지만 정직한 한 남자가 나라를 구하려다가 사악한 무리의 사주를 받은 부패한 경찰의 손에 오랫동안 고문을 당하다 죽는 스토리가 주였다. 이 영화 역시 예상을 빗나가지 않았다. 몇 분 지나자 장면이 바뀌었다. 남녀 한 쌍이 메르세데스 벤츠 안에서 일산화탄소에 질식했다. 사무실에 있는 여자 공무원들은 죽은 여자가 임신을 했는지 안 했는지, 그리고 아이 아버지가 누군지에 대해 논쟁을 벌였다.

마침내 내 여권이 도착했다. 하지만 곧바로 건네주는 대신, 여권을 가져온 여자가 책상 앞에 앉아서 1806년 아샨티-판테 전쟁 이전부터 쓰던 것으로 보이는, 페이지 모서리가 여기저기 접혀 있는 커다란 장부를 꺼냈다. 그녀는 내 여권을 펼치더니 장부를 열어서 뭔가 쓰기 시작했다. 그리고 하염없이 썼다.

영화의 줄거리는 점점 더 복잡해지기 시작했다. 오토바이가 충돌하고 한 남자가 병원으로 실려 갔다. 아내가 그를 보러 병원에 왔다.

"이런 짓은 하면 안 되잖아." 아내가 그에게 말했다.

그 와중에도 내 여권을 가진 여자는 계속해서 뭔가 쓰고 있었다.

영화가 끝났다. 크레디트 타이틀이 올라갔다. 거기서 '디콘'이란 배역의 이름이 '무명'으로 나온 걸 보고 기이하다는 생각이 들었다. 내 짐작에 아무래도 영화 제작을 다 끝냈을 무렵 디콘 역을 연기한 배우 이름을 영화사에서 잊어버린 것 같았다. 어쩌면 그 남자가 어느 날 영화사에 나타나서 자신의 이름을 밝힐지도 모르겠다. 어쩌면 나처럼 그 배우 역시 신분증이 없는 남자일지도 모른다. 그러거나 말거나 그 여자 공무원은 지치지도 않고 장부에 뭔가를 쓰고 있었다. DVD 컬렉션을 책임진 여자가 새 영화를 넣었다. 내가 사무실에 처음 온 시점부터 지금까지 사무실에 있는 어떤 사람도 일이라고 할 만한 일을 하지 않았다. 사실, 여기 몇 번 왔지만 내 비자에 관련된 업무를 제외하고는 여기 사람들이 일하는 걸 보지 못했다. 마침내 그 공무원이 장부를 덮고 내 소중한 여권을 건넸다.

"연장된 기간이 정확한지 확인하세요."

당신 여자가 당신 대신 말해 줬어요

"면허증과 소화기 좀 볼 수 있을까요?"

소화기라고라? 로즈와 나는 볼타에 있는, 초가지붕을 인 오두막집이 있는 그림엽서같이 아름다운 아프리카 마을인 판템으로 차를 몰고 가던 중이었다. 거기서 한 어부가 우리에게 신선한 틸라피아 생선과 오리 알을 팔겠다고 약속했다. 장날이면 경찰이 친 바리케이드는 항상 그런 것처럼 코포리두아를 막 빠져나온 곳에 있었다. 나는 거기서 속도를 줄이고 경찰이 우리 차 앞 유리에 놔둔 등록증과 보험 스티커를 의심스러운 눈길로 힐끗 쳐다보는 동안 손을 흔드는 것에 익숙해져 있었다. 하지만 오늘처럼 소화기를 보여 달라고 요구하는 것은 또 새로웠다. 아니면 그동안 해 왔던 수색 방법이 지겨워서 새로 바꿔 본 것인가. 이번에도 경찰은 모호한 위반 사항을 읊으며 단속을 시작했다. 경찰서까지 같이 가든지 아니면 멀리 있는 도시의 판사 앞에 출두하든지 하라고 했다. 둘 다 시간이 무지 걸리는 일이다. 하지만 조금만 생각을 달리하면 지금 여기서 이 문제를 해결할 수 있다는 뭐 그런 이야기였다.

젊은 경관이 딱지를 뗄 요량으로 뭔가 끼적거리고 있는 사이에 내가 말했다.

"소화기가 필요한 줄 몰랐어요."

그렇게 말하는데 내 차에서 불이 날 것 같은 황당무계한 상황이 발생한다면 차가 폭발하기 전에 즉시 뛰쳐나갈 거라는 생각이 먼저 들었다. 하지만 법이란 원래 안전이나 논리와는 거리가 멀다. 날 세운 경찰은 법정에 출두하는 날까지 내 국제운전면허증을 압수하겠다고 협박했다. 난 그때 여권도 없었다. 내 여권은 비자 연장이라는, 미로와도 같은 행정절차 속에서 헤매고 있었다. 그러니 운전면허증은 마지막 남은 내 신분증이었다.

로즈가 튀어로 그 경찰과 이야기를 나누는 동안 나는 휘트에게 전화를 했다.

"거기 꼼짝 말고 있어. 우리가 갈게." 휘트가 말했다.

로즈와 그 경찰은 사이좋게 이야기를 나누고 있었다. 그 경찰은 분명 우리가 어떤 일을 하는지 궁금해하고 있었다. 이내 로즈가 건전지를 하나 들고 제품 설명을 하기 시작했는데, 당시 나는 튀어로도 그 설명을 할 수 있을 정도의 경지에 이르러 있었다. 곧 두 사람은 무슨 이야기를 하면서 웃음을 터트렸다. 그러고는 그 경찰이 내게 얼굴을 돌렸다.

"당신 여자가 당신 대신 말해 줬어요." 경찰이 영어로 말했다.

그 말은 여기 기준으로 보면 모욕적인 말이다. 여자의 힘을 빌려 위기를 벗어나는 남자는 여기서는 사내로 치지도 않는다. 그리고 로즈를 '내 여자'라고 했다는 건 날 사심을 품고 아프리카로 온 호색한 서구인으로 보고 있다는 뜻이었다. 완전히 병 주고 약 주고 다 하네.

"이 딱지는 찢어 버리겠습니다. 하지만 이 기록에 대한 벌금은 내셔야 합니다." 경찰이 말했다.

아, 기록이 남는구나! 내가 그에게 10세디 지폐를 주고 떼어 버리려고 했을 때, 로즈가 끼어들어서 벌금을 5세디로 깎았다. 경찰이 내게 운전면허증을 돌려줬고, 우리는 생선과 달걀을 사러 다시 출발했다. 나는 휘트에게 전화했다.

"다 해결됐어. 오후에 보자. 당장 그 빌어먹을 소화기나 사 놔."

제 12장

초록색으로
칠하라

2009년 후반
브랜드

부로의 사무실과 부로 차량의 3분의 2.
기아 프라이드는 또 정비소에 들어갔다.

GHANA

브랜딩 피로

2009년 9월 우리는 타타에 요즘 비즈니스 용어로 '브랜딩'을 했다. 즉, 타타에 부로의 초록색을 칠하고 거기다 검은색 접착 비닐을 써서 부로 로고와 표어를 붙였다. 브랜딩 혹은 임팩트 광고는 현재 가나에서 맹위를 떨치고 있는 마케팅 기법이다. 가나는 문맹률이 높고 수십 개의 언어가 쓰이기 때문에 제품 정보를 전달하기가 여간 힘든 게 아니다. 텔레비전이 있는 사람도 별로 없기 때문에 텔레비전 광고도 한계가 있다. 가나 사람들이 사실상 아침에 잠이 깨면서부터 거의 야외에서 생활하는 점을 고려해 보면(주로 잠만 자는 그들의 작은 오두막집은 비좁기도 하고 낮에는 참을 수 없을 정도로 덥다), 옥외광고가 주요 마케팅 수단임이 당연하다.

그래서 광고 표지판이 사방에 있다. 비용을 저렴하게 들인 것으로는 간판을 들 수 있다. 이 다채로운 색깔의 싸구려 작품은 문맹 고객들을 대상으로 제작된 것으로 파는 물건을 상징하는 그림이 곁들여져 있다.

예를 들어, 구두나 물고기 같은 그림도 있고, 때로는 그 가게에서 제공하는 서비스를 기괴하게 해석한 그림도 있다. 이를테면 잘린 손발로 그 가게가 매니큐어 숍임을 나타내기도 한다. 가나에서 소기업은 대부분 취급하는 상품과 별 상관도 없는 상호를 붙이는 경우가 많다. 예를 들어, '하나님이하시는차체수리소', '예수그리스도패션', '고마운예수님의부품가게', '예수님출장요리' 등이 있다. 그중에 내 맘에 쏙 든 상호는 '뼈가썩기전까지는죽었다는말을하지말라는생선가게'였다. 최근에 출간된 《아프리카의 가면극The Masque of Africa》에서 비디아다르 네이폴은 아프리카에서 기독교를 이용한 광고 표지판이 늘어나는 현상을 '이곳 종교는 마치 소비자들의 간절한 욕구를 모든 수준에서 맞춰 주려고 노력하는 사업체와 같다'라고 간결하게 정리했다.

하지만 최근 몇 년 사이에 상표권 전쟁에서 가나의 영웅이자 사실상 대부분의 사하라사막 이남 아프리카 국가의 영웅인 오바마 대통령과 예수그리스도가 치열한 경쟁을 벌이고 있다. 이제 우리는 아크라에 있는 오바마호텔에 묵으면서 간식으로 오바마비스킷(가나에서 제조된 설탕 쿠키로, 심지어 셰퍼드 페어리가 만든 오바마의 유명한 선거 포스터까지 차용했다)을 먹을 수 있다.

하지만 이 매력적인 동네 간판은 거대 다국적기업이 좌지우지하는 옥외 임팩트 광고라는 태피스트리에서 저 밑바닥에 있는 일개 날실에 지나지 않는다. 영국의 휴대전화 거물인 보다폰(베리존이 지분의 45퍼센트를 소유하고 있다)이 2009년 초에 가나의 국영전화회사를 사들였을 때, 이 회사는 글자 그대로 가나 전역을 보다폰의 붉은색으로 칠해 버렸다. 서쪽에서 동쪽으로, 그리고 대서양에서 사하라사막 주변의 사바

나에 이르는 모든 도로변 집들은 하룻밤 새에 보다폰의 붉은색으로 붓
질을 한 것 같았고, 거기다 회사의 흰색 로고로 마무리했다. 가로등에
도 보다폰의 현수막이 드리워졌고, 다리도 붉은색으로 변했으며, 심지
어 아크라의 은크루마서클 같은 주요 랜드마크에도 보다폰의 깃발과
마크가 그려졌다.

사실 가나에서 회사 브랜드로 도배를 하는 건 그렇게 어렵진 않다.
얼마 전까지만 해도, 큰 도로 주변에 사는 시골 사람들은 회사들이 무
료로 자신의 집을 거대한 광고판으로 둔갑시키는 것을 기쁘게 수락했
다. 그런 식으로 '중요한' 브랜드와 관련이 있다는 이미지가 만들어지
면서 자신의 지위도 덩달아 올라간 것 같아서 바람직한 일이라고 생각
했던 것이다. 거기다 공짜로 집에 페인트칠도 해 주니 좋지 않겠는가.

"처음에는 집에 페인트칠을 하게 놔둔다고 놀림을 받았죠." 케빈이
말했다. 케빈은 과거에 기네스 회사에서 판촉 활동을 했었다. "하지만
그러다 그게 유행이 됐어요."

그러나 옥외광고가 종종 그렇듯 가나의 브랜드 전쟁 역시 어마어마
한 대전으로 변했다. 현재 차를 타고 지나가다가 회사들의 브랜드 각
축장으로 변신한 마을을 보면 마치 만화경을 보는 듯하다. 한 집 걸러
한 집이 보다폰의 붉은색이나 경쟁 전화업체이자 가나에서 가장 큰 회
사인 MTN의 노란색으로 칠해져 있다. 거기다 길 건너편에는 포모 토
마토소스(붉은색과 초록색)와 스내피 땅콩 스낵(붉은색, 파란색, 노란색)
이 보인다. 다음 블록에서는 코카콜라와 기네스(기네스는 맥주 말고도 자
체적으로 몰타라는 청량음료 브랜드가 있다)가 혈전을 벌이고 있다. 케빈
이 말하길 가나 사람들이 이런 브랜딩 작업에 지치기 시작한 기미가

보이는 데다 더는 자신의 집을 무료를 제공하려 들지 않는다고 했다. 이제는 돈을 받고 집을 칠하게 하는 사례가 점점 늘어나고 있는데, 특히 목이 좋은 곳에 있는 집들이 그런 경우가 많다고 했다. 물론 회사들은 공공 공간에 자사 브랜드 이미지를 심기 위해 여러 마을과 도시에 돈을 지불하고 있다. 이 회사들은 아프리카에서 브랜드 정체성을 확립하는 것이 얼마나 중요한지 잘 알고 있다. 휘트는 소득이 적은 소비자들에게 브랜드가 훨씬 중요한 역할을 한다고 주장했다. 그들은 모르는 제품에 돈을 썼다가 손해를 감수할 여유가 없기 때문에 오히려 부유한 소비자들보다 훨씬 브랜드에 신경을 쓴다는 것이다.

하지만 전화 서비스와 그 맛이 그 맛인 것 같은 음료 회사들의 열띤 브랜드 경쟁에도 불구하고, 아프리카의 소매 분야는 놀랄 정도로 브랜드가 구축되어 있지 않다. 가정용품에서 전자 제품과 의류에 이르기까지 대부분의 소비재에 사실상 상표가 붙어 있지 않고, 차별화되지 않았다. 아무도 휘트처럼 생필품 분야에서 아프리카 저소득층 소비자들의 신뢰와 충성을 얻기 위해 브랜드를 구축하려는 노력을 하지 않는 것 같았다.

한 달 수익이 대략 200세디인 휘트가 시골에 브랜드를 구축하려면 아직도 갈 길이 멀었다. 그렇다고 가나의 모든 마을에 부로의 초록색을 칠해 보겠다는 꿈이 없는 건 아니었다. 하지만 지금은 회사 티셔츠, 상점 포스터, 회사 차 두 대에 브랜드를 찍는 것에 만족해야 했다.

로즈를 통해 회사 브랜드 캠페인을 전문으로 하는, 아크라에 있는 한 광고 회사와 관계를 맺게 됐다. 기본적으로 그 회사에서 옷, 회사 마크, 표지판, 차 브랜드 작업, 고객이 필요로 하는 다른 임팩트 판촉 활동에 관계된 일들을 모두 맡아 처리해 준다. 육중한 체구에 가 부족에 속하는 남자가 사장이었다(이제부터 이 사람을 데이브라고 부르겠다). 가 부족은 원래 도시에 근거지를 둔 부족이기 때문에 가나 사람들 사이에서 공격적이고 대담한 사람으로 정평이 나 있다. 말하자면 가나의 뉴요커로 말도 빨랐다. 테가 두꺼운 안경을 쓰고 머리를 박박 민 데이브는 잘못 엮이면 안 될 사람이라는 인상을 강하게 풍기는 거구의 사나이였다. 분명 그런 위압적인 이미지도 의도적으로 만들었을 것이다. 이를테면, 본인이 만든 브랜드라고 할까. 사실, 데이브의 회사 자체가 회사 브랜드를 잘 보호해야 하는 중요성을 일깨워 주는 좋은 예였다. 로즈는 우연히 데이브의 회사를 발견했는데, 좀 더 크고 유명한 다른 광고 회사와 이름이 너무 비슷해서 착각했다는 것을 첫 번째 만남에서야 알게 됐다.

부로의 코포리두아 사무실에서 처음 만났을 때, 데이브는 의자에 채 앉기도 전에 부로를 정상으로 끌어올릴 수 있는 자신의 끝내주는 아이디어를 열성적으로 떠들어 댔다. 휘트가 원한 건 티셔츠였는데, 데이브는 건전지를 많이 넣을 수 있는 수많은 주머니가 달린 조끼에 대해 열변을 토했다. 잰이 알고 싶은 것은 트럭에 설치할 확성 장치의 비용이 얼마인지였는데, 데이브는 이미 부로의 CM송을 작곡하고 라디오 광고에 쓸 배우를 고용할 계획을 이야기하고 있었다. 데이브는 일사천리로 수많은 계획을 세우고 있었지만, 정작 우리 회사가 어떤 사업을 하는지 정확히 이해하지 못하고 있었다. 말만 요란하지 실질적인 사업 내용은 하나도 없었던 것이다.

어쨌든 잰은 간신히 데이브를 진정시켜서 티셔츠를 주문하는 데 성공했고, 며칠 후에 그는 차에 브랜드를 찍을 페인트 샘플(30센티미터의 네모난 금속판) 몇 개를 보여 줬다. 부로의 브랜드 색인 초록색은 복제하기가 좀 어려운데 사실 초록색을 채택할 때부터 휘트는 그 점을 알고 있었다. 부로 브랜드 정체성은 크레니엄의 전 크리에이티브 디렉터인 마이클 코넬의 감독하에 로스앤젤레스 디자인 회사인 크리에이블이 개발한 것이다. 지면에 인쇄됐을 때 시선을 확 사로잡을 수 있는 초록색을 만들기 위해 디자이너들이 팬턴 별색을 선택하고 아주 환한 흰색 종이에 그 잉크를 두 번 찍어서 만들었다. 제대로 하면 눈에 확 띄는 선명한(거의 형광색에 가까운) 초록색이 나온다. 하지만 아프리카에서는 그 색을 인쇄할 수 없었다. 인쇄업자들이 팬턴 컬러에 맞게 색을 뽑아낼 수 있는 능력도 없고, 적합한 종이도 없었다. 특히 천 염색과 자동차 페인트 인쇄가 어려웠는데(적어도 아프리카에서는) 그런 염료는 잉크만큼 규격화되어 있지 않았기 때문이다.

몇 주 후, 마침내 데이브는 휘트가 그만하면 제작해도 되겠다고 느낄 만큼 적절한 색의 티셔츠 염료와 차 페인트를 찾아냈다. 우리는 어느 토요일에 브랜딩된 트럭과 티셔츠를 찾으러 데이브의 사무실로 갔다. 데이브의 사무실은 어사일럼다운이라는, 절묘하게도 식민지풍의 이름을 가진 동네에 있었는데 우리는 약속대로 정확히 2시에 도착했다. 하지만 좁은 길가에 우리 트럭은 흔적도 없었다.

"우리 트럭은 어디 있죠?" 로즈가 매력적이지만 살짝 사팔뜨기인 30대 접수원에게 물었다.

"아직 세차 중이에요. 기다리세요."

"하지만 두 시간 전에 전화했을 때도 세차 중이라고 했는데. 세차를 얼마나 대단하게 하기에 그러는 거죠?"

"좀 기다리세요. 제가 청구서를 준비할게요."

접수원은 자리를 비웠다가 몇 분 후에 청구서를 가지고 돌아왔다. 로즈가 계산서를 훑어보며 말했다.

"이건 잘못됐는데요. 셔츠는 원래 한 장당 5세디 50페세와에 하기로 했는데 여기는 6세디로 계산돼 있어요."

접수원이 계산서를 받아들곤 찬찬히 훑어봤다.

"사장님이 곧 오실 겁니다." 그녀가 말했다.

"내가 좀 봐도 될까요?" 휘트가 접수원에게 물었다. 그는 계산서를 받아서 두 번째 페이지로 넘겼다. "와! 음향 시스템이 628세디나 한단 말이에요?"

음향 시스템이란 앰프와 마이크, 차 지붕에 올린 스피커 설치 비용을 말한 것이었다.

"원래 견적서에는, 내가 여기 가지고 왔는데, 180세디가 나올 거라고 했어요. 데이브가 그다음에 전화해서 처음에 약속했던 기기는 구할 수가 없고, 새로 구한 게 비용이 더 나올 거라고 하긴 했는데. 하지만 더 나온다고 했을 때는 원래 금액의 10이나 15퍼센트 정도 더 나올 거라고 예상했지, 이건 자그마치 350퍼센트나 더 나왔잖아요! 미안하지만 이건 받아들일 수 없어요. 이 정도로 금액이 뛰었다면 그다음에 전화를 해 줬어야죠."

"비용이 정확히 그렇게 나왔어요." 접수원은 무뚝뚝하게 말했다.

"물론 그렇겠죠. 하지만 이건 내가 지불하기로 동의한 금액과 비교해서 액수 차이가 너무 많이 나요. 아무래도 음향 시스템은 그냥 떼버리는 게 낫겠어요. 데이브가 도착하면 다시 말하겠지만, 이건 말도 안 돼요."

그때 데이브가 들어와서 악수를 나눴다. 여전히 트럭은 보이지 않았다.

"지금 오고 있는 중이에요. 근사하게 나왔어요." 데이브가 말했다.

"정말 기대되는군요. 하지만 데이브, 아무래도 송장이 좀 마음에 걸립니다." 휘트가 말했다. 그는 오디오 시스템 비용을 가리키면서 원래 견적서 금액과 비교했다. "솔직히 말하죠, 데이브. 이렇게 비용이 갑자기 뛰었는데 왜 내게 전화를 안 했는지 이해가 안 됩니다. 난 사업하면서 놀라는 거 좋아하지 않아요. 이건 해도 해도 너무한 거 아닙니까?"

데이브가 뭐라고 대답하기도 전에, 직원 하나가 타타 열쇠를 짤랑거리며 문을 밀고 들어왔다.

"트럭이 도착했어요. 가서 봅시다." 데이브가 말했다.

우리는 거리로 나가서 타타를 봤다. 타타는 이제 아주 밝은 초록색으로 칠해져 있었다. 사실 타타는 근사해 보였다. 우리는 타타 주위를 돌면서 페인트 작업이 제대로 됐는지 찬찬히 살폈다. 솔직히 품질에 대해선 별로 기대하지 않았다. 트럭을 보기 전에 우리끼리 설마 타이어마저 칠하진 않았으면 좋겠다고 농담까지 했다. 그래서 전문가답게 깔끔하게 처리한 솜씨를 보고 좀 놀랐고 기분이 좋았다. 휘트가 자동차 앞 유리의 와이퍼 밑에 페인트가 몇 방울 떨어져 있는 걸 발견하긴 했지만 전체적으로 보면 깔끔했다. 심지어 문손잡이 주위까지 제대로 칠해져 있었다. 그리고 비닐 로고 역시 우리가 주문한 대로 정확하게 붙였다. 지붕 위에는 커다란 원뿔 모양의 회색 스피커가 두 개 장착돼 있었다. 운전석 안의 콘솔에 테이프 데크가 붙어 있는 확성 장치가 있었고 거기에 마이크가 달려 있었다. 휘트는 그걸 보자 유혹을 이기지 못했다. 그는 운전석으로 들어가서 앰프를 켠 다음 마이크를 잡았다.

"더 나은 건전지를 반값에!"

우렁찬 소리가 퍼져 나왔다. 우리는 처음에는 깜짝 놀라서, 그다음엔 기뻐서 펄쩍 뛰었다. 이거 정말 재미있겠는데.

"와, 마을 아이들이 정말 깜짝 놀라겠는데. 잘했어요, 데이브." 휘트가 말했다.

사무실로 돌아온 데이브는 오디오 시스템 비용을 15퍼센트 깎아 주겠다고 제안했다. 휘트는 툴툴거리면서 어쩔 수 없이 받아들였지만 계산서가 왜 그렇게 청구됐는지 이해하지 못했다. 송장에는 앰프 두 개라고 나와 있었다. 아후자 확성기로 432세디가 청구됐고, 또 다른 앰프는 브랜드명도 나와 있지 않았는데 148세디였다. 앰프는 아무리 찾아봐도 하나밖에 보이지 않았다. 또 다른 앰프는 어디 있으며 그건 어떤 기능을 하는 건가? 데이브도 모르겠다고 인정했다. 기술자들이 설치해서 자기는 아는 게 없다고 했다.

"이 확성기 취급 설명서 좀 볼 수 있을까요?" 휘트가 물었다.

"제가 구해다 드리죠. 여기에는 없어요."

데이브의 이 말에 휘트는 어처구니가 없어 눈동자만 데굴데굴 굴렸다. 나는 트럭으로 가서 혹시 다른 앰프를 찾을 수 있을지 살펴봤다. 그래서 의자 밑, 후드 아래, 계기판 밑도 살펴봤다. 그래도 앰프는 하나밖에 안 보였지만, 트럭에 원래 있던 라디오가 없어진 걸 발견했다. 라디오가 있던 계기판엔 구멍만 뻥 뚫려 있었다.

"휘트, 라디오가 없어졌어." 나는 다시 사무실로 돌아와서 말했다.

"뭐라고?"

"없다고!"

"아, 라디오는 우리가 가지고 있어요." 데이브가 끼어들었다. "도난당하지 않게 우리가 떼어냈어요."

몇 분 후에 뒷방에서 직원 하나가 선이 대롱거리는 라디오를 가지고 나타났다. 나는 라디오 설치하는 걸 살펴보려고 밖으로 나갔다. 그 직원은 안테나 케이블을 제대로 연결하지 못했다. 왜 그런지 이유는 모르겠지만 케이블이 너무 짧았다. 다시 돌아왔을 때 나는 로즈와 데이브가 티셔츠 송장을 두고 열띤 논쟁을 벌이고 있는 걸 발견했다.

"이 돈은 낼 수 없어요. 원래 한 장당 5세디 50페세와였지 6세디가 아니잖아요. 원래 가격 이상은 한 푼도 줄 수 없어요." 로즈가 말했다.

데이브는 여자가 따지고 드는 걸 참지 못하는 성격인 듯했다. 그는 로즈 주위를 왔다 갔다 하면서 그녀에게 삿대질을 해 댔다.

"넌 가나 사람이잖아! 그러니까 이 나라의 인플레이션 문제가 얼마나 심각한지 알 거 아냐!" 그가 고함을 질렀다.

그때까지 휘트는 두 사람이 하는 대화를 들으면서 로즈에게 일을 맡겨 놓고 있었다. 로즈는 혼자 잘하고 있었다. 하지만 데이브가 로즈를 협박하려 들자(물론 그래 봤자 아무 소용 없었겠지만) 휘트는 슬슬 열이 받기 시작했다.

"인플레이션이라고요?" 휘트가 어이없어하는 말투로 반박했다. "그렇다고 일주일에 무려 10퍼센트나 올라요? 데이브, 지금 우리를 바보로 보는 겁니까? 지난주에 우리가 당신에게 보증금을 냈을 때 정한 가격은 5세디 50페세와였잖아요. 만약 가격을 높일 거였으면 미리 그렇다고 말을 했어야죠."

수적 열세인 데이브가 한 발 물러섰다. 기술자가 들어와서 케이블을 더 연장하지 않고는 라디오 안테나를 연결할 수 없다고 선언했다. 휘트는 또다시 눈동자를 굴려야 했다.

"그러니까 애초에 왜 동축 케이블을 잘랐느냐 말이요. 이젠 어쩔 수 없게 됐군." 휘트가 푸념했다. 그리고 날 째려보며 말했다. "이제 어떻게 한다?"

우리는 타타를 가져가고 타고 온 기아 차도 페인트칠을 맡길 계획이었다. 하지만 지금 보니 데이브와 더 일을 해선 안 될 것 같다는 확신이 들었다. 이 남자는 처음에 포스터를 인쇄할 때부터 우리를 가지고 놀았다. 그가 선정한 인쇄업자들은 부로에 맞는 잉크를 '다음 주'에 구할 거라고 매주 변명했고, 가격을 자기 마음대로 올렸다. 한편 부로는 큰 장이 서는 주요 마을과 주도로를 따라 상점을 가지고 있는 에이전트의 네트워크를 개발하는 중이었다. 걸어 다니면서 이웃 사람들에게 건전지를 선전할 수 있는 '프리랜서' 에이전트와는 달리 상점 주인은 가게를 나가 집집이 찾아다니면서 건전지를 팔 수 있는 형편이 안 됐다. 그래서 그들에겐 건전지를 알릴 수 있는 표지판이 반드시 필요했다. 판매를 늘릴 수 있는 '야외 판촉 장치'가 없으면 바쁜 상점 주인들은 부로에 대한 관심이 시들해질 것이라고 휘트는 걱정했다. 그렇게 되면 신생 기업인 부로 사업에는 차질이 생길 수밖에 없다.

따라서 포스터를 구하는 문제가 시급했는데, 데이브는 계속 우리를 상대로 도박을 하고 있었다. 다행히 우리는 누구의 신세도 지지 않고 평판 좋은 인쇄업자를 찾아냈다. 다름 아닌 호텔에 있는 소책자 덕분이었다. 그 인쇄업자는 스테판 파월이란 이름의 매력적이고 유능한 레바논 출신 이민자로 가나와 프랑스 양국에서 인쇄업자로 다년간 일한 경험이 있었다. 데이브가 잉크를 구하는 문제로 차일피일 작업을 미루는 동안(그리고 가격도 매일 바꾸는 동안), 스테판은 즉시 작업할 준비를 갖췄다. 사실 그날 오전에 우리는 이미 그를 만나 포스터 제작 문제를 논의했다.

다음 날인 일요일 오후, 휘트와 나는 트럭을 가지고 루트 중 하나를 시험 삼아 돌아보기로 했다. 우리는 암페드웨로 향했다. 우리의 첫 테스트는 기술적인 테스트라기보다는 인류학적인 테스트라고 하는 편이 맞았다. 남자의 뇌에는, 원래 초등학교 5학년쯤부터 본능적으로 크고 시끄러운 신체의 소음을 듣고 즐거워하는 원시적인 부위가 있다. 미국 영화감독인 멜 브룩스는 남자들의 이런 유치한 성향을 일찍이 간파해서, 자신이 영화를 만드는 한 그의 영화에는 항상 방귀 소리가 나올 거라고 선언했다. 같은 의미에서 휘트와 나는 좀 더 기술적인 실험을 하기 전에 마이크에 대고 여러 가지 버전의 트림 소리를 내며 실험해 봤다. 그다음 볼륨을 빵빵하게 키운 오디오 시스템에 내 아이팟을 연결해 아프리카 리듬과 미국의 재즈 음악을 섞은, 전후 가나 하이라이프 음악의 아버지인 E. T. 멘사 최고의 히트곡을 틀었다. 그러자 길 가던 사람들이 고개를 돌려 우리를 쳐다봤다. 우리는 길가를 걸어가는 농부와, 장에 가는 아줌마와 아이들에게 손을 흔들었다. 그들은 모두 우리를 빤히 보면서 웃었다.

우리는 가나 사람들 인생의 사운드트랙 같은 밥 말리 음악으로 바꾸고, 트럭이 지나가는 동안 아이들이 미친 듯이 춤을 추는 걸 지켜봤다. 아이들은 들고 가던 물통과 플랜테인을 내려놓고 우리가 아이스크림 트럭이라도 되는 양 쫓아왔다.

"더 좋은 건전지를 반값에!" 휘트는 마이크에 대고 소리쳤다. "돈은 더 적게 들이고 전기는 더 많이 쓰세요! 부로 건전지! 수프레소약국에 있는 벤저민에게 건전지를 사 가세요!"

우리는 계속 달려서 마침내 아삼파니에라는 마을에 도착했다. 아직 부로가 영업을 하지 않은 마을이었다. 가파른 길을 올라 마을 한가운데로 가는 동안 우리 스피커와 대적할 상대가 보였다. 망고 나무 아래서 고수들이 동그랗게 둘러앉아 리듬에 맞춰 북을 치는 동안, 짙은 색 예복과 드레스를 입은 수십 명의 사람이 엉덩이를 흔들고 있었다. 가나의 장례식은 술이 많이 나오는 큰 파티와 같았다. 차를 세우자 즉시 얼근하게 취한 조문객들에게 둘러싸였다. 휘트가 건전지 선전을 하고 새 고객을 몇 명 가입시켰다. 그 사람들은 근처 망고아스에 있는 에이전트에게 서비스를 받게 될 것이다. 나는 그 사람들이 월요일 아침에 술이 깨면 도대체 이 새 초록색 건전지들이 어디서 났는지 궁금해하는 모습을 상상해 봤다.

이 새로운 오디오로 재미있던 시간은 그리 오래가지 않았다. 가나의 끔찍한 도로에서 며칠 달리자, 스피커를 고정하던 싸구려 'U' 자형 브래킷이 구부러지더니 그만 뚝 끊어져 버렸다. 휘트가 데이브에게 전화를 걸자, 가나의 열악한 도로 사정을 전혀 모르는 사람처럼 더 단단한 브래킷을 달아야 할 것 같다는 하나 마나 한 소리를 했다. 다시 아크라로 차를 몰아 데이브의 사무실로 돌아왔더니 직원 두 명이 새 브래킷

한 쌍을 가져왔다. 새 브래킷이 원래 것보다 더 묵직하긴 했지만, 그것
역시 아마추어 솜씨였다. 거기 칠한 검은색 페인트는 아직 마르지도 않
은 상태였다.

"이것도 부러질 것 같은데."

휘트도 내 말에 동의했다.

"이건 별로인데요." 휘트가 그 기술자들에게 말했다.

기술자 둘이 안으로 들어가서 공장에서 제조된 새 브래킷 한 쌍을
가져왔다. 원래 브래킷보다 훨씬 튼튼해 보였다. 하지만 이 브래킷은
스피커를 제조한 회사와 같은 회사에서 만들었는데도 스피커와 잘 맞
지 않을 게 휘트와 내 눈에도 뻔히 보였다. 스피커와 브래킷을 연결하
려면 스피커 뒤쪽에 있는, 자석과 모든 전기회로도가 비에 젖지 않도
록 보호해 주는 개스킷을 단 금속 링을 제거해야 했다. 새 브래킷은 낡
은 개스킷 링과 맞지 않았고, 접합 부위도 꼭 들어맞지 않았다.

"이러면 물이 새잖아요." 휘트가 접합 부위를 가리키며 말했다.

그쯤 되자 두 기술자는 우리를 완전히 무시하고 브래킷과 스피커를
맞춰 조립하기 시작했다.

"뭘 해야 물이 새지 않을까요?" 휘트가 계속 그들을 몰아붙였다. 한
기술자가 휘트에게 가어로 소리를 지르기 시작했는데 우리의 가어는
뛰어보다 더 형편없었다. "미안하지만 난 가어는 못해요."

그 남자가 오만상을 찡그렸다.

"가나어 중에 할 줄 아는 것 있어요?"

"있어요. 영어."

"이건 새지 않아요." 그 기술자가 단호하게 말했다.

"좋아요." 휘트가 마침 마시고 있던 물 봉지를 추켜들었다. "여기에 물을 부어 볼 테니 어떻게 되는지 한번 봅시다."

그 남자는 휘트의 말을 깡그리 무시했다. 휘트는 휴대전화를 꺼내서 데이브에게 전화했다.

"이 기술자들에게 다 들어내라고 해요. 오디오 시스템을 몽땅 다 들어내라고."

기술자의 휴대전화가 울렸다. 그는 가어로 데이브와 짧게 통화를 하더니 끊었다.

"내가 이 일을 한 지 10년째요." 그는 성질을 내면서 말했다. "이 일은 내가 전문이란 말이요."

오디오 시스템을 제거하는 데 한 시간이나 걸렸다. 필립스 일자 드라이버가 없어서 작은 주머니칼을 써야 했기 때문에.

어사일럼다운의 미친 남자들

우리의 다음번 약속은 바로 그 근처에 있는, 전 세계적인 광고 회사 MMRS 오길비의 가나 지점인 어사일럼다운 사무실에서 있었다. 우리는 조세핀 코메라는 사업 개발 이사와 만나 그 광고 회사가 부로 브랜드를 알리는 걸 돕는 방법에 대해 논의하기로 했다. 휘트는 네슬레와 유니레버 같은 거대 기업을 거래처로 둔 이 광고 회사 입장에서 보면 자신의 사업이 시시하겠지만(적어도 지금으로서는), 어쨌든 알아 두면 좋을 거라고 느꼈다. 그래서 로즈가 거기 일하는 친구를 통해 모임을 주선했을 때 기쁘게 그 제안에 따랐다.

우리는 한 줄로 서서 커다란 회의실로 들어가 서늘한 에어컨 바람에 덜덜 떨었다. 회의실에는 평면 스크린 프로젝션 시스템과 황금으로 만든 공공 트로피로 꽉 찬 유리 트로피 케이스가 하나 있었다. 아마도 가나의 광고 회사에 주는 상인 것 같았다. 휘트가 노트북을 꺼내서 프로젝터에 연결하고 있을 때 한 청년이 들어왔다.

"죄송합니다. 착오가 있었던 것 같습니다. 조세핀 이사님이 지금 다른 회의 중이라서 나오실 수가 없습니다. 프레젠테이션은 제게 하시면 됩니다."

청년은 말단 직원으로 보였고, 영어도 유창하지 못했다.

"음, 괜찮습니다." 휘트는 망설이다가 대답했다. "시간은 얼마나 내줄 수 있죠?"

"5분입니다."

"아, 그럼 관둡시다." 휘트가 노트북을 닫으며 말했다. "우리 회사를 5분 안에 다 설명할 순 없어요. 시간을 내줘서 고맙습니다."

"잠깐만요." 그 남자가 서둘러 나갔다가 몇 분 후에 다시 돌아왔다. "다음 주 월요일에 다시 오실 수 있나요?"

"미안하지만 안 됩니다. 우리 사무실은 코포리두아에 있는 데다, 우리도 무척 바쁩니다. 아크라까지 올 시간을 내기가 어렵습니다."

"잠시만 기다려 주세요."

그는 다시 나갔다가 이번에는 거물들과 함께 돌아왔다. 조세핀 코메 이사도 왔고, 이 회사의 크리에이티브 디렉터인 크웨쿠 포쿠도 같이 왔다. 사교적인 인사말을 나누고, 사과를 받고, 명함을 주고받았다. 모두 자리에 앉자 휘트가 프레젠테이션을 시작했다.

"솔직히 말하죠." 휘트가 말문을 열었다. "우리는 귀사에 광고를 의뢰할 만큼 경제적인 여유는 없습니다. 하지만 먼저 여러분에게 우리 회사를 소개하고 싶습니다. 그래서 여러분이 우리 회사를 인지하고 있다가 회사가 성장하면 나중에 함께 일할 수 있기를 바랍니다. 우리는 우리가 구축하는 부로 브랜드가 강력하다는 걸 굳게 믿고 있습니다. 그리고 귀사가 브랜드 개발에 열정적이라는 것도 알고 있습니다."

휘트는 자신의 경력과 아프리카에서 보냈던 시간에 대해 간략하게 소개하고, 슬라이드 쇼를 시작했다. 처음에 회사를 소개하는 화면이 몇 장 나온 후에 '부로 비전'이라는 자막이 깔린 슬라이드가 나왔다. 휘트와 케빈과 헤이퍼드가 자전거에 함께 타고 있는 사진 옆에 네 가지 중요 항목이 나왔다.

- 저소득층 소비자들이 살아가면서 더 많은 일을 할 수 있도록 부담 없는 가격에 우수한 제품과 서비스를 제공하면서 수익 확보
- 다양한 카테고리를 통해 직접 판매 채널 구축
- 소비자와 협력해서 세계 최고의 회사 건설
- 개발도상국을 위한 새로운 브랜드 구축

휘트는 이 네 가지 항목을 설명하고, '부로 브랜드'라는 다음번 슬라이드로 넘어갔다.

부로라는 브랜드 네임
- 기억에 남고 짧음

- 철자도 쉽고 발음하기 쉬움

당나귀 로고의 의미

- 비용 효율이 높고 생산성을 증진시켜 줌
- 신뢰할 수 있으며, 성실한 동반자
- 손으로 만질 수 있으며, 단순하고 실질적인 존재

'더 많은 일을 하라'라는 슬로건

- 영감을 불러일으키는 약속(부로가 더 많은 일을 하게 해 줌)
- 행동을 촉구하는 주도적인 요구(상대도 그래야 함)

그다음 슬라이드에는 재정적 장점에 대해 나와 있었다.

- 소비자들은 현재 한 번 쓰고 버리는 건전지에 매달 2~6달러를 소비함
- 추가로 소비하는 에너지 역시 건전지로 쓸 수 있음
  - 조명용 등유에 매달 2~4달러
  - 휴대전화 충전에 매달 2~4달러
- 기존에 나가는 비용으로 부로 건전지 서비스 대체
- 저소득 가정이 부담할 수 있는 범위 내에서 재충전 건전지의 경제 논리를 끼워 넣을 것
- 부로는 다른 건전지보다 성능은 더 우수하고, 가격은 절반임
- 가나 건전지 시장 5,000만 달러 규모

프레젠테이션은 모두 열두 장의 슬라이드로 구성돼 있었다. 끝에 가서 휘트가 이렇게 말했다.

"현재 우리 회사에서 가장 필요한 서비스는 부로 브랜드를 초기에 노출시키고, 부로의 상품 판매를 활성화할 있는 다중 언어 오디오 홍보입니다. 부로만의 특징인 사운드, 뮤직, 운전할 때 틀어 주는 홍보용 방송, 그리고 우리 회사 차량에서 고정적으로 하는 홍보와 모든 창의적인 제작물이 필요합니다. 질문 있으십니까?"

"정말 감동받았습니다." 크웨쿠가 말했다. "어댑터 하나에 건전지 두 개를 꽂을 수 있다는 게 마음에 드네요. 그렇게 되면 제품을 다용도로 쓸 수 있잖아요. 제가 알고 싶은 건 부로라는 캐릭터의 목소리 톤을 어떻게 잡고 있느냐는 겁니다. 음악을 만들기 전에 그 점에 대해 더 자세히 알아야 합니다. 분명 그 목소리는 가나 사람의 목소리여야 하겠지만 어떤 가나 사람을 염두에 두고 있습니까? 나이는요? 음악은 전통적인 하이라이프 음악으로 할 수도 있지만 최신 음악도 있고, 보수적인 음악도 있고, 현대적인 음악도 있으니까요. 제 질문을 이해하시겠습니까?"

"물론입니다. 정말 좋은 질문을 하셨습니다. 지금으로선 우리가 목표로 하는 고객은 30대에서 40대에 이르는 연령층입니다만 그것도 상당히 범위가 넓다는 건 알고 있습니다. 그보다 젊거나 고령인 고객도 있습니다. 그러니 그 점에 대해선 더 생각해 봐야 할 것 같습니다."

"하나 더 덧붙이고 싶은 점은 모든 가나 사람은 현재의 삶보다 더 나은 삶을 살고자 하는 열망이 있습니다. 밑바닥에서 사는 사람도 더 나은 삶을 꿈꾸고 있다는 뜻입니다. 그러니 가난하다는 것을 주요 콘셉트로 잡지 않으셨으면 합니다."

"알겠습니다. 큰 도움이 됐습니다."

하루가 저물고 있었고, 휘트는 진이 다 빠져 가고 있었다. 가야 할 약속은 너무 많고, 해야 할 결정도 너무 많으며, 배터리실에서 밤늦게까지 연구해야 하고, 거기다 날씨는 우라지게 더우니 원. 로즈는 그날 밤 아크라에 있는 친가에서 자기로 했다. 코포리두아까지 돌아가는 길은 내가 운전하기로 했다. 아크라의 불빛이 반짝거리는 동안 나는 아콰핌 산맥과 키타세 곳 주위로 올라가는 급커브 길을 돌아가며 트럭을 운전했다. 이 곳 근처에 대통령이 주말을 보내는 별장이 안개 속에서 수도를 내려다보며 서 있다.

안에 극장, 동물원, 가금 농장, 크리켓 경기장까지 갖춰진 방대한 현대식 건물인 이 산장은 은크루마 대통령이 신생 독립국인 가나를 방문하는 외국 고위 인사들의 거처와 여흥을 제공하고, 깊은 인상을 심어 주기 위해 1959년에 지었다. 대통령 관저이자 권력의 핵심인 아크라의 오수 성과는 달리, 이 건물은 식민지 역사와 관련된 점도 없고, 제국주의자들이 남긴 과거의 흔적도 없으며, 노예 역사도 없다. 이 날씬하고 현대적인 건물은 아프리카의 새 '브랜드'에 맞는 새롭고 현대적인 얼굴인 셈이다.

적어도 의도는 그랬다. 하지만 내 눈에는 범죄자들의 소굴을 거대하게 부풀려 놓은 것 같았다. 추하고 상스러워 보이는 건물이었지만, 뭐 악역 전문 배우가 살기에는 그럭저럭 괜찮아 보이는 그 정도 수준이었다. 어쨌든 시간이 흐르면서 이 건물은 나름의 악명을 쌓아 갔다. 1967년에는 나이지리아의 라이벌 파벌 간의 중재 회담을 개최했다가 결국 불행으로 끝난 아부리협정을 맺게 됐다(어쨌든 나이지리아의 동부 지방인 비아프라가 분리 독립하면서 나이지리아는 내전에 빠졌고 대규모 기아 사태가 일어났다). 하지만 2002년에는 다른 많은 노예 성처럼 이 산장 역시 방치돼서 폐가로 전락했다가 쿠푸오르 정부가 개조해서 다시 사용하고 있다.

우리가 산장이 있는 도로 바로 위쪽의 리타 말리의 녹음 스튜디오를 지나갈 때쯤 휘트는 코를 골고 있었고, 나는 마지막 남은 한 시간을 긴장된 침묵 속에서 달리면서 칠흑같이 껌껌하고 구불구불한 도로에서 하수구와 염소를 피하기 위해 무진 애를 쓰면서 위험한 드라이브를 계속했다. 호텔 문으로 들어섰을 때 시간이 밤 9시였다.

"내 생각에 오길비가 우리 일을 해 주는 대가로 2만 세디를 부를 것 같아." 휘트가 잔에 와인을 따르며 말했다. "하지만 5,000만 줄 거야."

"5,000만 주면서 어떻게 설득할 생각인데?"

"설득 안 해. 난 언제든 안 한다고 할 준비가 돼 있으니까. 하지만 그 회사에서 우리 일을 하고 싶을 거야. 자기 회사에도 좋고, 직원들 사기 진작에도 좋고, 회사 이미지에도 좋고, 직원들 뽑을 때도 좋을 테니까. 두고 봐, 꼭 하자고 할 테니까."

이거 건전지예요?

휘트가 가나를 초록색으로 칠할 준비는 아직 안 됐더라도, 부로 본사는 초록색으로 칠하고 싶어 안달이 났다. 부로 본사에서 지나가는 사람을 불러다 장사하는 경우는 거의 없었기 때문에 건물에 초록색 칠을 하는 것만으로도 상징적인 의미가 컸다. 마침 임대 계약을 갱신해야 할 때도 됐고, 가나에서는 건물 주인이 대개 건물 외부에 페인트칠을 하는 비용을 대기 때문에 시기도 적절했다. 아부리라는 마을에서 초록색 건물을 하나 봤는데 그 정도면 부로 색깔과 맞는 것 같았다. 내가 그 초록색 건물 앞에서 부로 트럭 사진을 찍었는데, 두 색깔 사이에 차이가 거의 없었다. 나는 건물 마당으로 들어가서 주인에게 어떤 페인트를 썼느냐고 물어봤다.

"그린 애플이요." 그는 브랜드 이름이 찍힌 페인트 통을 보여 주면서 말했다.

코포리두아로 돌아온 나는 페인트 가게에서 그 페인트를 찾아냈다. 잰이 동네에서 페인트칠을 해 줄 인부를 구했지만, 건물주는 비용이 너무 세다며 자기 사촌인 세스와 이야기해 보라고 강력히 권했다. 그 사촌 역시 칠장이고 '저렴한' 가격에 해 줄 수 있다는 것이었다. 세스가 찾아와서 잰과 만났다.

"장비는 있나요?" 잰이 물었다.

"장비는 다 가지고 있습니다." 세스가 대답했다.

하지만 세스는 작은 주걱 하나, 지저분한 붓 두 자루, 페인트가 말라 굳은 롤러 하나만 달랑 가지고 왔다. 페인트 받이 천도, 흙을 긁어내는 도구도, 보호 테이프도, 청소 장비도 없었다. 거기다 사다리도 없었다.

"소방서에서 사다리를 빌려 올게요." 그는 하루에 2세디씩 주고 소방서에서 사다리를 빌려 오겠다고 했다.

그는 마을에 하나밖에 없는 것 같은 그 사다리를 무사히 빌려 왔다. 다행히 이 도시의 콘크리트 건물은 불이 나는 경우가 거의 없지만, 가나에서 흔히 볼 수 있는 마구잡이로 해 놓은 전기 배선으로 보아하니 불이 나긴 날 것이다.

한편, 세스의 조수가 나타나서 자신을 목사라고 소개했다.

"목사라고요?" 잰이 물었다.

"사실 전 예언자입니다." 그 남자가 대꾸했다. 그 말에 잰이 눈썹을 치켜세우자 "별로 대단치 않은 예언자입니다"라고 좀 더 자세히 말했다.

"우리가 원한 사람은 칠장이인데요."

그는 잰의 말을 무시하고 일하러 갔는데, 이미 신이 내린 계시에 깊이 몰입해서 그런 모양이었다.

도장 공사가 진행되자 하나님이 두 칠장이의 붓에 큰 영감을 불어넣지 못한 게 보였다. 둘 다 베란다 바닥 여기저기에 페인트를 질질 흘리면서 지저분하게 일을 하고 있었다. 잰이 나와 봤다가 세스가 장식용인 콘크리트 난간 안쪽에 있는 공간에도 칠을 하고 있는 걸 봤다. 그곳은 다년간에 걸쳐 쌓인 도시의 먼지와 때와 흙이 굳어 있었다.

"흙에다 페인트칠을 하면 어떻게 해요? 먼저 브러시와 물로 흙을 긁어내야죠." 잰이 지적했다.

"물이 없는데요." 세스가 반박했다.

잰이 그에게 물 한 통과 브러시를 하나 갖다 줬다.

"여길 물로 씻으면 마를 때까지 기다려야 하는데, 그러면 시간이 오래 걸리잖아요." 그가 또다시 불평했다.

"상관없어요. 흙에다 칠하면 페인트가 금방 벗겨진다고요." 잰은 그가 들고 있던 도구를 뺏어서 그가 칠한 페인트가 얼마나 잘 벗겨지는지 시범을 보여 줬다.

"아, 무슨 말인지 알겠어요."

하지만 다음번에 잰이 나와 봤을 때, 여전히 흙 위에 페인트칠을 하고 있었다.

주말이 됐을 때 두 인부는 칠을 끝냈다고 생각해서 사다리를 소방서에 반환했지만, 잰이 월요일에 아크라에서 돌아와 확인했을 때 여기저기 안 칠한 곳도 많았고, 잘못 칠한 부분도 꽤 있었다. 세스가 다시 소방서로 사다리를 빌리러 갔지만, 사다리를 찾는 사람이 많아서 이미 다른 사람이 빌려 간 후였다. 마침내 페인트 작업이 끝나긴 했는데 전체 비용이 페인트까지 합쳐서 703세디에 달했다. 회사를 초록색과 검은색으로 칠하자 건물을 보고 들어오는 손님도 상당히 많아졌다. 그보다 더 중요한 점은 코포리두아 시내에서 부로라는 브랜드를 확립했다는 것이다. 어느 날 프레셔스가 건물 외관을 가리키면서 말했다.

"잰 이모, 이거 건전지예요?"

제 13장

모터 시티

**2009년 말
인구통계**

이 트럭처럼 임시변통으로 확성기를 단 선전 트럭이
매일같이 사무실 밖을 지나간다.
짐칸에서 젊은 남자들(여자는 거의 없다)이 춤을 추는 동안
귀청이 떨어질 것 같은 가나 랩이 흘러나온다.

GHANA

카멜롯

"이거 정말 열받네." 휘트는 평상시처럼 말하면서 운전을 하고 있었다. 아니, 전형적인 아크라의 교통 체증에 갇혀 운전이라기보다는 계속 브레이크를 밟고 있었다.

1971년 노벨문학상 수상자 네이딘 고디머는 아크라를 이렇게 묘사했다.

거대한 수다와 수많은 감정이 밀려드는 거리들, 사람들이 거리를 걸어서 지나가는 것이 아니라 거리에서 산다는 느낌이 압도하는 곳.

네이딘 고디머가 아크라의 교통 체증을 묘사한 건지는 모르겠지만, 내 느낌으로 치면 이미 아크라 거리에서 평생을 살고도 모자라 이제는 지옥문 안으로 들어선 것 같은 기분이다. 그때가 느지막한 아침나절이었는데 햇살이 무방비 상태에 있는 기아 차 지붕을 마치 망치처럼 내리치고 있었다. 차에는 에어컨도 없는 데다 실내 온도가 도자기도 구울 정도로 급격히 올라가고 있었다. 거리의 행상들은 옴짝달싹 못하고 있는 차 주위를 강물처럼 지나가고 있었다. 지루하기도 하고 휘트가 끊임없이 떠들어대는 헛소리를 피해, 나는 우리 차 옆을 지나가는 상품의 목록을 노트에 적기 시작했다.

"미안, 뭐라고 했어, 휘트?"

"정말 쓸데없이 교통 체증을 겪고 있단 말을 했어."

"지금 뭔가 통찰력이 빛나는 명언을 하려는 거야?"

"내 말은 굳이 정교한 컴퓨터 추적 장치를 쓰지 않더라도, 가만히 앉아서 농땡이 피우는 교통경찰들이 일을 제대로만 해도 이렇게 차가 막히는 일은 없을 거란 뜻이야. 코너마다 경찰을 하나씩 세워 놓고 교통정리를 하는 법을 제대로 가르치면 되잖아. 지금 같아선 교통정리를 할 줄 아는 순경이 없어 보여."

휘트는 검은 연기를 뿜으면서 1미터 앞에서 기어가고 있는 트로트로를 들이받지 않으려고 브레이크를 밟았다.

서구인이 보기에 아크라의 악몽 같은 교통 체증에 대한 해결책이 어이없을 정도로 간단해 보인다면, 개별적으로 일어나는 교통 정체는 극히 아프리카적인 상황에서 일어난다고 할 수 있다. 어느 날 아침 시내의 혼잡한 도로 하나가 완전히 막혔다. 어떤 남자가 아카시아 나무에 높이 달려 있는 벌집에서 꿀을 채취하려다가 그냥 그 나무를 태워서 쓰러뜨리기로 작정하는 바람에 일어난 소동이었다. 그 나무가 주도로인 링로드에 쓰러지면서 몇 시간 동안 도로가 막혔다.

그 나무는 새벽에 쓰러졌다고 한다. 하지만 아침 10시 현재, 도로에 있는 나무는 치워지지 않았고, 가나고속도로공사나 도로 청소 담당인 공원 부서도 나오지 않았다. 작열하는 아침의 햇살을 더는 견디지 못한, 출근하는 시민 중 일부는 (……) 차를 포기하고 걸어가고 있다.

한 신문 기사 내용이다.

걸어가는 것도 괜찮은 생각처럼 느껴지기 시작했다. 우리는 항상 그렇듯이 또다시 약속에 늦었는데, 이번에는 오수로 가야 했다. 휘트가 카멜롯이라는, 나이지리아에 본사가 있는 보안 인쇄 전문 회사와 약속을 했다. 상품권, 복권, 부로의 건전지 교환 쿠폰처럼 복사하거나 위조해선 안 되는 서류를 전문으로 인쇄하는 회사였다.

카멜롯은 아크라의 몰락해 가는 해안 지대를 따라 난 혼잡한 주도로에서 조금 떨어진 곳에 있었는데 상당히 웅장한 건물이었다. 커다란 기계식 문이 휙 열려 안으로 들어간 후 경비의 깐깐한 시선을 받으며 '휴대전화나 카메라는 휴대할 수 없으며 모든 차는 수색합니다'라는 경고문이 적힌 표지판을 지나갔다. 칙칙하고 여기저기 움푹 파인 기아 차는 유리창에 색을 넣은 반짝거리는 SUV 선단을 지나쳐서 힘겹게 들어갔다. 그 SUV들의 주인들은 보안 인쇄뿐 아니라 다른 모든 것에 보안이 절실하게 필요한 사람들인 모양이었다(적어도 내가 상상하기에는).

사무실은 다행스럽게도 에어컨이 나와 시원했고 우리는 안내를 받아 작은 방으로 들어갔다. 버나드란 이름의 싹싹한 직원이 우리를 맞아서 곧바로 사업 이야기를 시작했다.

"저희가 제작해 드릴 수 있는 샘플이 몇 가지 있습니다. 이 샘플은 우

405

리가 고객분들을 위해 실제로 제작한 것이라 가져가실 순 없지만 여기서는 찬찬히 보셔도 됩니다."

첫 번째 샘플은 일종의 식품점에서 하는 콘테스트 증서로 CVS1이라는 간단한 투명무늬가 찍힌 종이에 인쇄됐는데, 주로 수표에 쓰이는 종이였다.

"디자인은 우리가 했지만 종이는 가나에서 제작된 게 아니라 수입한 겁니다." 버나드가 강조해서 말했다.

전에는 그 점에 대해 생각해 본 적이 없었지만, 그가 그렇게 말하자 종이의 출처가 중요하다는 걸 깨달았다. 직원들이 투명무늬가 찍힌 종이를 빼돌릴 경우를 대비해 사업을 하는 곳에서 아주 멀리 떨어진 지점에 있는 종이 공장과 거래를 하고 싶지 않겠는가?

그다음에는 종이 위에 보안 시스템을 인쇄한 다양한 샘플이 나왔다. 첫 번째는 서모크로믹이라는 기법으로 육안으로 보기에는 작고 빨간 점이 하나 보이지만, 거기 열을 조금 가하면(예를 들어 손가락으로 문지르면) 마법처럼 그 점이 사라진다.

"사람들은 이걸 인식하지 못하죠. 복사를 해도 이 빨간 점은 나오지 않습니다. 서모크로믹을 이용해서 빨간 점 대신에 고객님의 회사 로고를 찍을 수도 있습니다." 버나드가 설명했다.

그럼 당나귀 머리가 나왔다가 손으로 문지르면 사라진다는 뜻이다. 아이들은 재미있어하겠단 생각이 들었지만, 대개 그렇듯이 나는 입을 꾹 다물고 아무 말도 하지 않았다.

그다음에는 금박 프린트라고 특별한 금박으로 도장을 찍는 기법이다. 그리고 버나드는 은제 홀로그램을 보여 줬다. 그건 일련번호가 종이 반대편으로 번지는 기법인데 복사하기가 힘들었다. 또 다른 샘플로는 자외선 인쇄라고 해서 특별한 자외선을 쐐야만 볼 수 있는 것이었다. 그와 유사한 것으로, 어떤 잉크는 특정한 펜으로 문지르면 볼 수 있었다. 우리는 그 펜을 '딕 트레이시 암호 해독기 펜'이라고 불렀다. 그리고 마이크로 텍스팅 기법이 있는데 배경에 매우 가늘고 작은 텍스트를 많이 인쇄하는 방법이다. 열일곱 번째 정도 문장의 내용을 살짝 바꿔 두면 사기꾼들은 복사할 때 알아차리지 못한다.

마지막으로 간단하지만 매력적인 기법이 있다. 그 방법은 회사 로고를 지형도에 쓰이는 선과 비슷한 선에 다른 색을 입히고 '조각해서' 3D 같은 효과를 주는 것이다. 복사하면 복사본의 로고는 원본의 로고처럼 입체적이지 않게 된다.

만약 결정권이 내게 있었다면 몽땅 다 주문했을 것이다. 투명무늬, 투명 잉크, 서모크로믹 금박 당나귀 홀로그램을 써서 자외선을 비출 때 '히하!'라는 문구가 보이게 만들면 신날 것 같았다. 하지만 내 돈이 아니니까.

"모두 다 근사하군요." 휘트가 내 의중을 읽고 말했다.

"하지만 솔직히 말하죠, 버나드 씨. 지금 보여 주신 게 대부분 저희가 생각하는 가격대와는 맞지 않습니다(휘트는 거래처와 협상할 때 항상 이 말을 하는 습관이 생겼다). 하지만 투명무늬와 조각한 로고는 괜찮을 것 같습니다. 물론 비용이 너무 높지는 않겠죠?"

"맞습니다. 홀로그램과 다른 샘플에 비하면 그렇게 높진 않죠."

"그리고 표준 샘플 크기로 쿠폰을 더 많이 찍으면, 그만큼 쿠폰을 찍는 비용도 더 저렴해지는 거죠?"

"그렇습니다."

"이 크기에 맞춰서 쿠폰을 인쇄해 줄 수 있습니까?" 휘트가 우표만한 부로 쿠폰을 주머니에서 꺼내 버나드에게 건넸다.

"이렇게 작게는 안 됩니다. 우리는 롤프레스를 쓰는데 최소 7.6센티미터 크기의 사각형으로 맞춰야 합니다."

"정말요?" 휘트가 깜짝 놀라 물었다. 그러면 그가 생각했던 쿠폰의 장당 가격이 두 배로 뛴다. "중국에서는 수동식 기계를 써서 고객이 원하는 절취선대로 맞춰서 잘라 주던데요. 크기가 아무리 작아도 상관없이 그 중국 사람이 절단기에 종이를 넣고 누르면 그냥 착착 잘리던데."

"우리는 그런 기계가 없습니다." 버나드가 딱 잘라서 말했다.

"알겠습니다. 하지만 그건 솔직히 그렇게 복잡하지 않아요. 내가 중국에서 본 것도 그 자리에서 그냥 만들어 내던데." 휘트가 대꾸했다.

버나드는 화제를 바꿔서 회사 디자이너와 상의해 보고 휘트가 생각하는 가격대에 맞춰 줄 수 있는지 보겠다고 했다. 우리는 기분 좋게 회사를 나오면서 계속 연락하자고 했다. 아무도 우리 차를 수색하지 않았다.

여기는 상하이가 아니야

그다음에 우리가 해야 할 일은 기아 차의 낡은 타이어 네 개를 교체하는 것이었다. 그렇다면 복잡한 도로를 따라 여러 블록에 걸쳐 가게들이 늘어선 아크라의 타이어 지구로 또다시 지옥 같은 교통 체증을 헤치고 달려야 한다는 뜻이었다. 아크라에서는 모든 타이어 가게가 한쪽 거리에 몰려 있고, 타이어를 끼워 주는 정비소는 모두 반대편 거리에 있다. 그래서 먼저 흥정을 해서 타이어를 산 후에, 그 타이어를 끼우기 위해 6차선 도로를 아주 힘들게 넘어 맞은편 정비소로 가야 한다. 도로는 차들로 물샐틈없이 꽉꽉 막혀 있고, 유턴을 할 수 있는 모든 가능성을 차단하는 중앙선으로 나뉘어 있기 때문에 맞은편 도로로 가는 데만 30분이나 걸린다. 그러는 동안 팁을 바라고 달려드는 아이들이 타이어를 맞은편에 있는 정비소로 날라 놓는다. 도대체 이게 무슨 생고생인지.

아크라의 타이어 사업은 코포리두아 북쪽에 있는 콰후 고원과 아프람 평원 출신인 아칸 인종 그룹에 속하는 콰후족이 주름잡고 있다. 콰후란 '노예가 죽었다'라는 뜻으로, 아칸의 전설에 따르면 한 유랑하는 부족의 노예가 고원에서 죽어서 예언이 이뤄졌고, 그 부족이 정착하게 될 지역을 알려 줬다는 것이다. 그곳은 가나에서도 기이하고 이국적인 곳으로, 미국 서부처럼 목가적이면서 탁 트였고, 풀라니라는 이목구비가 또렷한 유랑민의 고향이기도 하다. 풀라니족 여성들은 입술을 헤나로 검게 물들이고 있다. 휘트와 나는 어느 토요일에 콰후 고원까지 가서 타타를 끌고 바위들이 들어찬 작은 언덕을 힘겹게 올라가다가 풀라니족과 그들이 키우는 비쩍 마른 가축을 우연히 만난 적이 있다. 그들은 영어를 한 마디도 못했고(그들이 쓰는 언어는 풀라라고 한다) 우리가 그들을 보고 놀란 것처럼 그들 역시 우리를 보고 놀랐다. 높은 원뿔 모양의 밀짚모자를 쓴 남자들은 아프리카 사람이라기보다는 아시아 사람처럼 보였고, 여자들은 터번과 여러 가지 색깔의 구슬을 꿴 목걸이를 하고 있었다. 모두 수를 놓은, 긴 아프리카 전통 의상을 입고 있었다.

풀라니족과 콰후족은 앙숙인데, 유목민과 농부 간의 오랜 충돌 때문이기도 했지만 외딴 고지대의 삶이 너무 힘들어서이기도 했다. 그래도 콰후족이 이 신비로운 고지대에서 내려와 타이어를 놓고 흥정하는 삶을 택했다는 것은 상상하기 힘든 일이다. 물론 돈이 동기가 돼서 좀 더 나은 삶을 찾아 내려온 건 쉽게 짐작할 수 있다. 콰후족은 사업 감각이 뛰어나고 근면하며 혁신적이다. 가나의 부유한 시민 중 콰후족도 상당수를 차지하며, 많은 콰후족이 아크라에서 번 재산을 가지고 고향으로 돌아가 주변 풍광과는 어울리지도 않는 크고 흉한 집을 짓고 산다.

"가나 사람들은 지금보다 더 나은 삶을 원합니다." 오길비 직원이 내게 그런 말을 했다.

새 타이어를 장만하고 정비소까지 힘든 여정을 간신히 마친 휘트와 나는 혼이 나갈 정도로 시끄럽고 정신없는 야외 정비소 바닥에 있는 낡은 소파에 털썩 주저앉았다. 기름때를 뒤집어쓴 정비소 직원 부대가 타이어를 앞뒤로 굴려 나르면서 튀어로 서로 먼저 잭을 차지하려고 싸우고, 스탠드 위에 올려놓은 차 밑으로 쓱 들어가느라 주위가 몹시 소란스러웠다. 정비소에 있는 차들보다 더 많은 차가 멍하니 자기 차례를 기다리며 도로에까지 줄지어 있어서 어떤 차가 수리 중이고 어떤 차가 꼼짝없이 발이 묶였는지 분간하기가 어려웠다. 그리고 끊임없이 사람들이 경적을 울려 댔다. 그것은 아프리카가 아닌 다른 곳에서는 아수라장이라는 착각을 불러일으킬 정도로 정교하게 조직된 혼란과 같았다.

"아까 그 인쇄 회사 웃기네." 휘트가 말했다. 동생은 아직도 카멜롯에서 있었던 만남에 대해 생각하고 있었다.

"무슨 말이야?"

"내가 원하는 방식대로 쿠폰을 절취할 수 없다고 아까 그 회사 직원이 그랬잖아. 내가 중국에서 본 기계는 한 300달러 정도 할 거야. 중국 남자가 그 기계를 손으로 그냥 조정하더라고. '다이'라고 하는데 합판에 면도날처럼 날카로운 금속 날들이 박힌 거거든. 그 금속 날들을 내가 원하는 대로 간격을 조정해서 잘라 주면 끝이야. '우리 기계로는 할 수 없어요' 이딴 헛소리를 늘어놓을 이유가 없다는 거지. 기술자 불러서 용접만 조금 하면 금방 만들 수 있는 기계를 가지고 그 난리를 치다니 원. 중국 기술자들은 얼마든지 가르쳐서 같이 일해 볼 수 있어. 어댑터 가장자리 밑에 라벨을 붙이면 안 된다고 말하면 다시는 그렇게 안 한단 말이야. 그렇게 불량을 내는 게 가문의 수치라고 느끼는 사람들이지."

"중국 공장 직공들은 임금이 얼마나 되지?"

"시간당 1달러 정도 될 거야. 여기는 그 절반이고." 휘트는 차들로 빈틈없이 꽉꽉 막혀 있는 도로를 내다봤다. "이 나라에서는 막대한 생산성이 손실되고 있어. 상하이에서는 시속 400킬로미터 정도로 달리는 자기 부상식 고속철도가 있는데 그 열차를 타면 공항에서 시내까지 15분밖에 안 걸려. 10달러밖에 안 되는 요금에 말이야. 여기에서 코포리두아 정도 거리인데 여기는 거의 세 시간이나 걸리잖아."

"여기는 상하이가 아니야." 나는 항상 그렇듯이 동생의 생각에 새로운 통찰력을 불어넣어 주려는 헛된 시도를 했다. "게다가 우린 차 안에서 아주 멋진 시간을 보내고 있잖아."

"썰렁한 농담 좀 그만해."

휘트는 그 말 말고도 뭔가 더 말했지만, 갑자기 사람들이 소리를 질러 대고 수많은 경적 소리가 들리면서 주위가 소란스러워졌다. 물리학 법칙에 거스르는 것 같았지만, 어쨌든 신기하게도 도로가 뚫리고 있었다. 그리고 그 틈을 통해 아주 비싸 보이면서 완벽하게 세차 된 레인지 로버 한 대가 정비소로 들어왔다. 그 차에서 끝이 뾰족하고 굽이 낮은 가죽 구두를 신고 큼지막한 베이지색 면직 아바코스트*를 차려입은 남자가 내렸다.

그가 튀어로 뭐라고 고함을 지르자 정비소 직원들이 허둥지둥 흩어졌다. 잠시 후 네 명의 직원들이 돌아왔는데, 모두 크롬 휠이 박혀 반짝거리는 거대한 타이어를 하나씩 들고 있었다. 그 거인이 툴툴거리면서 그만하면 괜찮다고 하고 손목에 찬 금시계를 초조하게 계속 쳐다봤다. SUV의 '낡은' 타이어는 우리가 보기엔 새것 같았다. 사실 차만큼이나 새것으로 보였지만 어쨌든 그 타이어를 모두 떼어 냈다.

아프리카에서는 노동력처럼 상대적으로 싼 것도 있지만, 고성능 SUV 타이어와 티타늄 합금 휠 같은 것은 도저히 싸다고는 할 수 없는 물건이었다.

"형이 세금으로 낸 아프리카 원조금이 저런 데 쓰이고 있는 거야." 휘트가 내게 속삭였다.

"저 사람 정부 공무원인 것 같은데. 하지만 그거야 아무도 모르는 거지."

"내 말이 그 말이야."

• '양복은 그만 입자'라는 패션 경향에서 유래한 것으로, 아프리카 독립운동 기간 동안 식민 지배를 하는 백인들이 입는 서구 정장을 거부하는 운동이 일었다. 특히 자이르의 모부투 같은 부패한 독재자들이 그 운동을 주도했다. 기이하게도 이 아바코스트 역시 양복이었지만, 확실히 아프리카 스타일의 양복으로 소매가 짧고 양복 밖에 있는 주머니가 크다. 가나의 대통령 밀스가 주로 이 양복을 입었다.

자제하세요

아프리카 사람들이 더 나은 삶을 꿈꿀 때 그들이 일반적으로 바라는 것은 도회지에서의 삶이다. 물론 내 친구 조나스 같은 예외도 있다. 조나스는 땅도 더 사고 유능한 농부가 되길 원하지만, 아프리카 대륙 대부분의 지역이 지속적으로 도시화되는 걸 보면 이들이 뭘 원하는지는 분명하다. 아프리카 전역에서 수많은 사람이 도시로 간다. 도시는 희망을 주는 반면 시골은 로즈가 말한 것처럼 결코 변하지 않을 것이기 때문이다. 정치가들이 뭐라고 약속을 해도 '전기가 곧 들어오는' 그런 일은 시골에서는 일어나지 않는다. 설사 전기가 들어온다고 해도 배선 비용을 댈 수 있는 사람이 몇이나 되겠는가?

물론, 도시에서 거물로 성공할 가능성은 사실상 제로에 가깝다. 하지만 중요한 건 그게 아니다. 도시로 이주한 사람들은 대부분 적지만 안정적인 소득원을 확보할 수 있고, 시골에 두고 온 가족을 부양할 수만 있다면 그들은 그걸로 행복해할 것이다. 가나에서는 '도시에 사는 사촌'이 시골 마을에 다니러 오면, 선물(음식, 술, 중국제 라디오, 현금)을 가지고 올 것이라는 믿음이 굳게 자리 잡고 있다. 시골에 남아 있는 이들을 포함해서 많은 가나 사람들에게 도시에서의 삶이란 좋은 삶을 의미한다.

하지만 자신이 지킬 수 있는 것보다 훨씬 허황된 공약을 남발하는 정치가들이 그런 것처럼, 도시에 산다고 해서 마냥 모두 다 잘살 수 있는 건 아니다. 그 결과 아프리카 전역에 있는 도시의 환경이 갈수록 악화되고 있다. 가쁜 숨을 뱉어 내는 거대한 빈민가, 인명을 경시하는 무시무시한 범죄, 교통 정체, 늘어만 가는 치명적인 전염병 목록. 그런데도 사람들은 도시로 가고 있다.

부로 초기에는 시골에 거주하는 수백만 가나 사람들을 주 소비자층으로 잡았지만, 도시에서도 사업을 일궈야 했다. 휘트의 고객 중 많은 사람이 코포리두아와 그보다 작지만 전기가 들어오는 도시 주위에 살고 있었다. 그들은 여전히 밤에 돌아다닐 때는 손전등을 사용하고 있다(가나 도시에는 사실상 가로등이란 게 없다). 도시에서 건전지는 다양한 용도로 사용됐는데, 미국식 사고방식으로는 도저히 생각해 낼 수 없는 용도 중 하나가 바로 결혼사진이다.

사실 가나 사람들은 모든 종류의 행사 사진을 찍는데, 그중에는 가나 특유의 문화적인 행사도 있다. 이를테면 하루 내내 파티를 벌이는 장례식, 신생아를 위한 일종의 세례식 같은 파티 등이 있다. 한 개인의 일생에 이정표가 되는 이런 행사를 기록하는 일은 디지털카메라 장비에 투자할 여력이 있고, 주말엔 자유롭게 시간을 쓸 수 있는 가나 사람들로서는 짭짤한 부수입원이다. 심지어 도시에 사는 대부분의 가나 사람들도 카메라가 없기 때문에 이 시장은 성장일로에 있다. 코포리두아에만 해도 수십 명의 사진사가 활약하고 있다. 이들은 다른 형편없는 건전지보다 부로의 건전지로 플래시를 몇 개나 더 쓸 수 있다는 걸 금방 알아차리고 글자 그대로 회사 문턱이 닳게 드나들기 시작했다.

독특한 매력이 있는 가나 여성인 셀레스틴 갤리도 그렇게 해서 만났다. 어느 날 그녀는 건전지를 한 손에 가득 쥔 채 우리 회사로 들어왔다. 셀레스틴은 체격이 크고 치아 사이가 벌어진 데다 꼬불꼬불한 파마를 하고, 우렁찬 목소리에 오토바이를 타고 다니는 중년 여성이었다.

동네 병원에서 외래 환자를 담당하는 간호사인 셀레스틴은 주말에 사진사로 일했다. 그녀는 풀을 먹여 빳빳하게 다린 흰 유니폼을 입은 채, 병원 점심시간에 건전지를 교환하기 위해 오토바이를 타고 쏜살같이 달려오곤 했다.

"내 카메라에는 부로 건전지가 최고예요. 건전지 네 개면 사진을 100장 찍을 수 있죠. 부로가 아주 좋은 일을 하는 겁니다!" 셀레스틴이 칭찬했다.

"우리 물건을 팔아 줘서 고마워요. 친구들에게도 말 좀 잘해 줘요." 휘트가 말했다.

건전지가 충전되길 기다리는 동안 우리는 잡담을 나누곤 했다.

"병원은 어때요?" 내가 물었다.

"아, 아주 안 좋아요." 그녀는 손사래를 치며 말했다. "병에 걸린 사람들이 어찌나 많은지. 치마를 걷어 올린 여자아이들에게 박으면 당신도 에이즈 걸리는 거지 뭐."

그녀는 그 말을 하면서 전 세계에서 공통적으로 쓰는 동작인, 구멍에 손가락을 집어넣는 시늉을 했다. 독자 여러분은 여기 가나에서는 남자들도 그런 제스처는 쓰지 않는다는 걸 알아야 한다. 거기다 그런 외설적인 손동작은 (아무리 생각해도) 내가 기억하는 한 여자가 하는 것은 한 번도 본 적이 없다.

그래서 오토바이를 타는 사람이라 입이 건가 보다 짐작하면서 그녀의 대담한 말에 나는 더듬더듬 고작 이렇게 대꾸했다.

"걱정하지 말아요. 난 금실 좋은 유부남이니까."

"흥, 계속 그렇게 자제할 수 있게 해 달라고 하나님께 기도해요." 그

415

녀는 못 믿겠다는 듯 말했다.

셀레스틴은 부로에서 조금만 걸어가면 나오는 불라스팟이라는, 인기 있는 술집 건너편에 있는 깔끔한 아파트 단지의 1층에 살고 있었다. 어느 날 회사 일이 끝난 후에 나는 전화를 걸어서 그녀의 집에 찾아가기로 약속을 잡았다. 가나 사람들의 기준으로 봤을 때 상당히 우람한 오토바이인 셀레스틴의 야마하250은 아파트 마당에 주차돼 있었다.

"환영해요!" 셀레스틴은 안으로 들어오라고 손짓하면서 말했다.

부로 사무실에서 들었던 그녀의 입담을 기억한 나는 바닥에 텅 빈 맥주병들이 널려 있고 개들이 포커를 치는 그림이 벽에 걸려 있을 거라고 상상했다. 하지만 내 예상은 완전히 빗나갔다. 그녀의 아파트는 여러 가지 물건으로 꽉 차 있었지만 조리 기구, 플라스틱 통, 조화, 봉헌물로 가득 찬, 성소를 열어도 될 만큼 많은 기독교 관련 미술품이 주였다. 하지만 조그만 장식품이 오밀조밀 들어차 있는데도 천장이 높아 넓어 보였다. 아파트에는 침실 두 개, 거실, 싱크대와 버너가 네 개 달린 가스레인지 하나와 냉장고가 있는 부엌, 변기와 샤워기가 달린 욕실이 하나 있었다. 이런저런 점을 다 따져 봐도 안락한 집이었고, 사라와 내가 10년 동안 브루클린에서 살았던 아파트보다 더 컸다.

우리는 거실에 앉았는데 화면이 흐린 작은 텔레비전에서 미국 드라마가 나오고 있었다. 셀레스틴은 자신이 쉰네 살로 30년 동안 간호사로 일했다고 했다. 그녀는 볼타 지역에 있는 마을 출신인 에웨족이었다. 그러다가 직업 때문에 코포리두아까지 오게 되었다. 그녀의 부모님도 오래전에 아크라로 이사를 왔다고 한다. 결혼한 적은 없지만 셀레스틴에게는 아들이 둘 있었다.

"큰아들은 미국에 계속 있고 싶어 해요. 아들이 영주권을 따면 보러 가려고요."

지난 15년간 셀레스틴은 매주 디지털카메라 두 대를 가지고 오토바이에 올라타서 결혼식, 장례식 등 '모든 행사'를 다녔다고 한다. 동네 현상소에서 5×8 크기의 사진 한 장을 뽑는 데 50페세와를 주고 고객들에게는 그 두 배에 판다. 확대한 사진을 코팅해서 장식 패널을 붙여 50세디에 팔기도 하는데, 거실에 그런 샘플이 여기저기 쌓여 어지러웠다. 하지만 고객들이 20세디만 주려고 하는 경우가 많아서 작은 사진보다 남는 건 별로 없다고 한다.

셀레스틴은 예순이 되면 얼마 안 되지만 연금이 나오므로 6년 후에는 은퇴할 계획이라고 했다.

"그동안 저금한 돈으로 내 스튜디오를 열 계획이에요."

"분명 성공할 겁니다."

"난 항상 싸워 왔어요." 그녀는 권투 선수처럼 잽을 날리며 말했다. "매 순간 죽어라 노력했죠. 하나님 외에 타인에게는 의지할 수 없어요. 다른 인간에게 의지하는 순간 골치 아픈 일이 생겨요. 내 인생이라는 게 쭉 그래 왔어요. 남자 친구도 없고, 남편도 없어요. 그런 인간들은 아주 나빠요. 하나님이 그런 건 좋아하지 않죠. 안 좋은 습관이에요. 신성하지 못한 짓이죠."

나는 그녀의 삶을 스쳐 지나가면서 혼자 아들 둘을 키우게 하고 남자를 혐오하게 만든 자들이 어떤 사람이었을지 궁금했지만 물어보진 않았다.

"난 지금 내가 가진 모든 것에 대해 매일 하나님께 감사 드려요." 그녀는 그렇게 말하고 내 사진을 찍었다.

돈 먹는 하마

만약 도시 엘리트들이 가나 상점에서 어떻게 쇼핑하는지 알고 싶다
면 아크라몰에 가 보면 된다. 이 쇼핑몰은 미국에 있는 쇼핑몰과 별반
다르지 않다. 깨끗하고, 냉방 시설이 갖춰져 있으며, 무료 주차할 공간
도 많고, 근사하게 설계된 멀티플렉스인 데다 건물 양쪽 끝에 대형 핵
심 브랜드가 두 개 있다. 이 두 점포 사이에 최신 유행하는 의류와 액
세서리 매장이 있는데 모두 낯익다고 생각하다가 이내 그 상점들이 서
구에서 인기 있는 체인의 남아프리카풍 짝퉁이라는 사실을 알아차렸
다. 아크라몰 안을 걷다 보면 마치 평행 우주의 쇼핑몰을 걷고 있거나,
아니면 모든 것이 지구와 같지만 어딘가 조금 기이한 방식으로 변형된
행성의 쇼핑몰을 걸어 다니는 것 같은 느낌을 받게 된다.

난 미국에 있을 때도 쇼핑몰에서 시간을 죽이는 타입은 아니었고, 매
일 전쟁터 같은 시장과 판잣집과 별채가 길가에 늘어서 있고, 쓰레기
가 주위에 널려 있는 노점상에서 장을 보느라 많은 시간을 들이기 때
문에 가구 전문점인 포터리반과 베이커리 전문점인 시나본 같은 것은
다 잊고 사는 편이다. 그러니까 코포리두아에서 살면서 어느 날 아침
에 일어나 '젠장, 연철 촛대를 파는 데가 있으면 정말 환상일 텐데'와
같은 생각은 절대 하지 않는다(사실 이 말을 하고 보니, 코포리두아 시장에
서 아주 근사한 수제 연철 장식품을 살 수 있다는 게 떠올랐다). 이곳에서는

그런 물건을 갖고 싶다는 생각 자체가 들지 않았고, 그런 물건이 세상에 존재한다는 것조차 잊고 살다가 갑자기 그런 물건과 마주치면 훨씬 충격적인 법이다.

이렇게 쇼핑에 대해 장광설을 늘어놓은 이유는 아크라몰에 들어간다고 고국에 돌아간 것 같진 않겠지만《오즈의 마법사》에 나오는 마법의 도시인 에메랄드시티에 들어간 느낌을 받는다는 말을 하고 싶어서였다. 이곳의 가격도 에메랄드처럼 비싸다는 말도 덧붙여야겠다. 쇼핑몰에 있는 상품은 모두 눈이 튀어나올 정도로 비싸다. 같은 물건인데도 미국보다 훨씬 비싸다. 가나에 마땅한 경쟁업체가 없어서 그런 것인지, 아프리카 사람들은 통신판매를 할 수 없어서인지, 수입세가 높아선지 알 수 없지만, 가나에서 근사하게 살려면 어마어마한 돈이 들어간다.

심지어 식품점에 있는 식품도 가나 사람들은 대부분 엄두도 내지 못하는 가격대다. 거기에도 가나 엘리트들의 입맛에 맞춰 최상급 스테이크, 파르메산 치즈, 빈티지 와인 같은 식품이 갖춰져 있다. 따라서 쇼핑몰 안을 걸어 다니는 사람들은 경제적 수준이 상당히 높으며, 외교부나 비정부기구 소속 백인도 많이 보인다.

그렇다고 쇼핑하는 사람들이 다 수준이 높은 건 아니다. 휘트는 경비원들이 너무 촌티 나는 사람들은 쫓아 버린다고 우겼다. 이를테면 남루한 옷차림에 떡진 머리로 나타나는 가난한 농부 같은 사람은 문전박대한다는 것이다. 하지만 쇼핑몰 안에는 깨끗한 청바지를 입고 윈도쇼핑을 하고 다니면서 언젠가는 여유로운 쇼핑을 꿈꾸는, 가난한 도시인도 아주 많았다. 난 종종 그런 예비 물질주의자들을 마음속으로 응원하곤 했다.

'이봐요, 열심히 일해서 저축하면 그 믹서를 살 수 있어요! 그걸로 맛있는 망고 스무디를 만든다고 생각해 봐요!'

어쩌면 언젠가는 그 사람 집에도 전기가 들어올지 모르니까.

쇼핑몰 주차장에서는 가나에 딱 하나밖에 없는 고속도로로 바로 들어갈 수 있는데, 그 도로는 여기서 테마항까지 뻗어 있다. 그 고속도로는 은크루마 정부 때 지어졌는데 원래는 아샨티의 주도이자 가나에서 두 번째로 큰 도시인 쿠마시까지 통해야 했다. 하지만 도로 공사가 끝나기도 전에 은크루마가 물러났다. 전 대통령인 쿠푸오르는 중국 회사와 이 혼잡한 유료 도로변에 가로등을 설치하는 계약을 체결했다. 하지만 그 전등들은 저렴한 섬유 유리와 알루미늄으로 만들어서 품질이 조악했고, 많은 전등이 뒤틀린 데다 바람에 날려 부서졌다. 이제 그 전등들은 도로변에 힘없이 축 늘어져 있었다.

"이 전등들은 어차피 제대로 연결도 안 돼 있었어요." 찰리가 말했다.

찰리와 나는 차를 타고 볼타 지역으로 주말여행을 가는 중이었다. 찰리가 너그럽게도 가나에서 가장 험난하면서도 아름다운 볼타 지역의 가이드가 돼 주겠다고 제안해 토요일 아침에 아덴타라는 곳에 있는 그의 집으로 갔다. 찰리가 사는 동네는 먼지가 자욱하고 이름도 없는 흙길이 얼기설기 이어진 곳에 있었다. 블록마다 커다란 단층집 몇 채가 들어서 있었는데 모두 높은 담에 가려져 지붕도 거의 보이지 않았다. 거리에서 보이는 건 별로 없었지만, 대부분의 집들이 쾌적한 반면 그렇게 호사스러워 보이진 않았다. 하지만 몇몇 집은 이웃집보다 훨씬 웅장해 보이려고 애를 쓴 흔적이 역력했다. 원격 조정 카메라들이 설치된 화려한 문 위로 꽃이 폭포수처럼 흘러 내려와 있었다. 어떤 집들은 담장에 뾰족한 철선을 쳐 놨고, 또 어떤 집은 전기가 흐르는 전선이 설치돼 있기도 했으며, 담장 위에 유리 조각을 시멘트로 붙이기도 했다. 자신의 재산을 스스로 지키려는 아프리카 엘리트들의 심정이 그대로 드러난 풍경이었다. 서구에서는 중산층이 부자와 빈자 사이의 완충재 역할을 하면서 총과 칼에 의지하지 않고도 사회적으로 발전할 수 있는 길을 제공하고 있다. 하지만 아프리카에서는 그 완충제가 담장이었다.

찰리의 집은 담과 문과 개가 있지만 그 외에 다른 방어 수단은 없었다. 그보다 더 철통같이 경계해야 할 만큼 부유하거나 지위가 높은 엘리트도 아니고, 그렇게 집을 요새화한다는 개념 자체가 지나치다는 생각도 있어서였다. 물론 가나 사람들이 소소한 범죄를 곧잘 저지를 수 있다고 생각하긴 했지만 말이다.

"도대체 그 사람들은 뭐가 그렇게 무서운 걸까요?" 찰리가 한번은 내게 이렇게 물은 적이 있었다.

찰리의 막내아들 코시가 문 앞에서 날 맞아 집 안으로 안내했다. 찰리와 아피에게는 큰딸과 기숙학교에 다니는 아들 둘, 중학교에 다니는 딸 하나, 막내 코시 이렇게 다섯 명의 자식이 있다. 찰리 집은 널찍했지만 멋보다는 기능 위주로 지어졌다. 찰리가 15년 전에 이 집을 설계해서 지었는데, 그 후 지은 집들이 훨씬 좋다고 했다. 그래도 내가 보기엔 상당히 멋진 집이었다. 바람이 잘 들고, 공간이 쾌적하게 배치돼 있고, 손으로 조각한 단단한 목재 문과 침실 네 개(모두 화장실이 딸려 있다)와 탁 트인 커다란 거실 겸 식당이 있었다. 완벽한 집이지만(심지어 집에 차고도 있었다) 어떤 부분은 미국인의 시각에서 보면 좀 기이했다. 아피의 부엌에서는 맛난 음식들이 무수히 요리되지만 실제 조리 공간은 좁았다. 시골처럼 주로 야외에 있는 화로에서 요리하기 때문이었다. 식기세척기, 세탁기, 건조기는 없었다. 아이들이 설거지, 빨래 등을 하는데 그런 가전제품이 왜 필요하냐고 생각한다.

건설업자인 찰리는 주로 현장에서 일하지만, 집 안에 책이 잘 갖춰진 책장, 인터넷이 되는 최신형 컴퓨터, CD 플레이어가 갖춰진 편안한 사무실도 있다. 찰리는 미국 소울 뮤직을 좋아하는데, 특히 모타운(1960~1970년대에 디트로이트에 근거한 흑인 음반 회사가 유행시킨 음악—옮긴이)을 좋아하고, 미국 역사에 대한 책을 즐겨 읽었다. 찰리의 책상 위에는 빌 클린턴의 자서전이 한 권 있었다. 내가 그 책을 집었다.

"그거 읽어 봤어요?" 찰리가 물었다.

나는 안 읽어 봤다고 고백했다.

"난 빌 클린턴을 좋아했어요. 아프리카에서 대단히 존경받았죠." 찰리가 말했다.

찰리의 딸이 우리에게 오믈렛을 만들어 줬지만, 찰리는 매일 먹는 신선한 빵이 없어서 입맛이 없다고 했다. 그날 아침에 빵이 배달되지 않았다고 했다. 가는 길에 바나나를 좀 먹으면 된다고 하면서 찰리는 나 혼자 아침을 먹게 놔두고 트럭에 그의 가방을 실으러 갔다. 우리는 곧 길을 나섰고, 연기와 차량 행렬로 가득 찬 아크라는 우리 뒤로 사라졌다.

두어 시간 정도 지난 후에 볼타 강 위에 있는 강철 아치 구조물을 지나 북동쪽으로 달렸다. 우리 머리 위에서 고압 송전선이 흔들리면서 윙윙 소리를 냈다. 찰리는 1960년대 초 댐이 건설된 후로도 몇 년 동안 볼타 지역은 식민지 시대의 유산인 삐걱거리는 영국 발전기로 전기를 공급했다고 설명했다.

"댐에서 나오는 전기는 모두 토고와 코트디부아르로 팔려 가서 아크라에 있는 정치가의 배를 불렸죠." 찰리가 말했다.

그런 정책은 에웨족이었던 롤링스 군사정권이 들어서면서 바뀌었다. 나무 그늘 밑으로 도로를 따라가다가 팔려고 내놓은 목제 젬베와 북들을 지나쳤다.

"이곳은 페키족의 땅이에요. 이들은 에웨족의 일원으로 북과 전쟁을 시작한 부족으로 유명하죠." 찰리가 말했다. 북과 전쟁 사이에 무슨 관계가 있는지 궁금했지만 찰리도 그건 잘 몰랐다. 이 부족과 전쟁을 벌이다 그의 가족이 이름을 얻었다고 찰리가 말했다. "증조부님이 페키족과 싸우다가 총알 하나가 옆구리에 차고 있는 칼집에 맞고 튕겨 나갔어요. 그러지 않았다면 돌아가셨을 겁니다. 그래서 우리 이름이 '금속 덫 혹은 돈의 덫'이란 뜻이 됐죠."

"돈의 덫이요?" 내가 물었다.

"돈이나 금속이나 비슷한 거니까."

"물론 그렇죠. 그럼 식구도 돈의 덫이라고 할 수 있겠군요."

"그보다는 돈 구멍이라고 해야 맞겠죠." 찰리는 그가 가진 여러 채의 집과 사립학교에 다니는 아이를 암시하며 대답했다. 우리는 계속 달렸고, 찰리는 지나치는 풍경을 보며 그가 소유하거나 운영했던 사업에 대해 끊임없이 말했다. 여기는 소 방목장인데 찰리도 한때 운영해 본 적이 있다고 했다. 저쪽에 가구의 재료로 쓰이는 단단한 재목인 티크 농원이 있는데 찰리는 그 사업이라면 모르는 게 없었다. "볼타 지역에 있는 티크 숲은 가나에서 최고예요. 그곳의 우기 패턴이 아주 이상적이거든요. 비가 많이 오지만 중간중간 건기가 끼어 있어서 나뭇결이 아주 빽빽하게 들어차죠."

그는 커다란 손으로 주먹을 쥐어 강조해 보였다.

"아주 습한 다른 지역에서는 나뭇결이 그렇게 촘촘하지 않아요. 볼타 지역의 티크는 버마산 티크만큼 품질이 우수하고, 아시아로 선적되면 값도 그 정도로 받아요."

찰리가 의학 공부를 포기한 것은 잘한 결정 같았다. 그렇다고 찰리가 순탄한 길만 걸어온 건 아니다. 끊임없이 여러 사업을 하면서 부침도 많았지만 지금까지 그를 지탱해 온 단 하나의 비결은 항상 새로운 사업을 시도해 보고자 하는 굳은 의지였다. 그래서 기계화된 염전 농업부터, 더 나은 시멘트 블록을 만드는 것까지 안 해 본 일이 없었다. 찰리는 실제로 대학에 다니던 시절부터 사업을 시작했다. 지역 야자수 와인 공장에서 미생물을 넣어 홉의 대체품을 만드는 기법을 개발해서 그것으로 석사 논문을 썼고, 그 결과 진정한 향토 맥주를 만들어 냈다.

"나는 사람들을 취하게 만드는 일은 하고 싶지 않았어요." 찰리가 말했다(그는 가끔 맥주나 코냑을 한 잔 정도 즐겁게 마셨지만, 주로 커피를 마셨다). 그리고 그다음 아이디어를 시도해 봤고, 또 그다음에 새로운 아이디어를 시도하는 과정에서 많은 가나 사람을 고용했다. 그는 지금도 건설 현장에서 많은 사람을 고용하고 있다.

그는 아크라에서 성장했지만 대부분의 에웨족처럼 볼타 지역과 강한 유대 관계를 유지하고 있었다. 이틀이란 긴 시간 동안(운전은 나 혼자 다 했다) 수백 킬로미터를 달리는 여행에서 찰리는 그곳에 있는 과속방지턱과 경찰 검문소의 위치를 모두 알고 있었는데, 주로 그에 대해 불평했다. 그가 정말 질색했던 과속방지턱은 지역공동체에서 진흙과 돌로 만든 것이었다.

"이 방지턱들은 너무 높아서 차가 망가져요." 찰리가 말했다.

나는 가나 전국의 도로에 있는 구멍보다 과속방지턱이 어떻게 더 차에 안 좋은 영향을 미칠 수 있는지 이해가 안 됐다. 경찰들은 뭐, 시간이 얼마나 있는가가 주요 관건이겠지만.

"예전에는 경찰이 되는 게 힘들었어요." 찰리가 평소보다 더 미심쩍은 눈빛으로 우리를 노려보는 경찰을 지나치면서 말했다. "필기시험과 신체검사 둘 다 통과해야 했는데 지금은 연줄만 있으면 개나 소나 다되는 세상이니 원. 경찰 중에는 영어를 못하는 놈도 많아요. 가끔 그런 놈들이 날 세우면 난 그 지역 언어는 못하고 영어만 하는 척해요. 그러면 놈들이 헷갈려하다가 그냥 보내 주죠!"

찰리는 그 생각을 하면서 껄껄 웃었다. 찰리는 칼라시니코프 소총을 들고 서 있다가 지나가는 차를 도로변에 세우고 까다롭게 질문을 퍼부어 대는 경찰을 별로 무서워하지 않았다. 한번은 휘트에게서 뇌물을 받아 내려고 했던 경찰을 야단친 적도 있었다.

"이 분은 우리나라에 와서 사업을 해서 가나 사람들에게 일자리를 주려고 애쓰고 있는데 그런 분을 힘들게 한다는 게 말이나 되는 소리야! 이런 나라가 대체 어떻게 성장할 수 있겠어?"

북쪽으로 달리는 사이에 풍경이 서쪽에 있는 거대한 호수와 동쪽 토고 옆에 있는 산 사이에 낀 32킬로미터 정도의 좁은 땅으로 변해 갔다. 우리는 호숫가에 있는, 사람들로 붐비는 시장 마을인 은판도에서 차를 세우고 점심으로 길거리 음식을 먹었다. 나무통 안을 파서 만든 카누를 탄 어부들이 밀가루 자루를 꿰매 만든 돛을 올리고 긴 그물을 끌면서 시원한 바람이 부는 해변을 따라 지나갔다. 은판도에서 돈코르크롬까지 16킬로미터 정도 되는 거리를 연락선이 다녀야 했지만, 최근에는 운행이 중단됐다. 우리는 찰리의 삼촌이 살고 있는 호호이란 도시로 가기 위해 계속 북쪽으로 달렸다. 약초 치유자이자 치료 주술사로 왕족의 피가 흐르는 찰리의 삼촌은 마을 한가운데 있는 뜰에서 조금 떨어진 곳에서 살고 있었다.

그는 70대의 나이에 키가 상당히 작았다. 우리는 플라스틱 의자에 앉아서 물 한 컵을 나눠 마셨다. 삼촌과 찰리는 한 20분 동안 에웨어로 이야기를 나눴다. 찰리는 내게 무례하게 비칠까 봐 사과하면서 삼촌이 영어를 잘 못하신다고 했다. 난 상관없었다. 오랫동안 운전을 해서인지 둘이 나누는 리드미컬하면서도 단조로운 말투가 마치 노래를 듣는 것처럼 편안했다.

우리는 곧 일어섰고, 찰리는 삼촌에게 50세디를 줬다. 차에 돌아온 찰리는 삼촌이 이 나라가 개판이 됐으며 젊은것들이 전통적인 삶의 방식을 잊어버렸다는 불평을 늘어놨다고 했다. 노인들은 어딜 가나 똑같은 것 같다.

찰리는 삼촌이 옷차림은 허름해 보여도 사실은 금광을 깔고 앉은 거나 다름없다고 했다. 찰리의 삼촌은 볼타 지역 근처에 있는 에웨족의 여러 마을에서 수 세기 동안 왕족이었던 그의 가문이 수집한 고대 황금 보석들로 가득 찬 상자를 가지고 있다고 했다. 그는 황금이라는 귀금속적 가치보다 예술적 가치가 더 큰 그 보석을 파는 대신 '더바스'라는 축제에 나가는 추장들에게 빌려주고 돈을 받고 있었다. 말하자면 시상식에 가는 유망한 신인 여배우에게 보석을 빌려주는 해리 윈스턴 같은 역할을 하고 있다는 것이다. 모든 가나 사람이 눈에 보이는 것처럼 가난하진 않다는 사실을 찰리가 일깨워 줬다. 그의 삼촌이 그 증거였다.

호호이를 빠져나오는 게 만만치 않았다. 도로란 도로가 모두 몇 개의 기나긴 장례 행렬로 꽉꽉 막혀 있었기 때문이다. 토요일 오후 가나에서는 피할 수 없는 현실이다. 우리는 꼼짝없이 차에 앉아서 검거나붉은 예복을 갖춰 입은 문상객들이 줄을 지어 차 옆을 지나가는 행렬을 지켜봤다.

그것은 신기한 관습이었다. 완곡하게 표현해서 소득이라고는 거의없는 나라에서 사람들은 이런 사치스러운 장례식에 엄청난 돈을 들여수백 명의 문상객을 위해 식사와 술을 준비하고, 밴드를 고용하고, 음향 장치를 임대한다. 거기다 정교한 수제 관과 묘비를 갖춘다. 문상객들도 멀리서 오는 터라 여행 경비는 물론 친척이 고른 천으로 장례식예복을 맞춰 입느라 돈을 써야 한다. 《수입한 가나인들The Imported Ghanaian》의 저자 알바 K. 섬프림은 아들의 생명을 살릴 수도 있었을 약값과 치료비보다 장례식에 돈을 더 많이 썼던 한 소년의 부모에 대해 썼다. 가나에서는 죽기 전까지 자신의 친구가 몇 명인지 모른다는 말이 있다.

"전에는 이러지 않았어요." 장례 행렬이 지나가길 기다리는 동안, 바나나를 우적우적 씹어 먹으며 찰리가 말했다. "이 요란한 장례식이 본격적으로 시작된 건 군사 쿠데타와 관련해서 1979년 일어난 강력한탄압 때문이에요. 야간 통행금지 때문에 아크라의 나이트클럽이 문을닫게 됐어요. 그때는 돈 좀 있어 보이거나 심지어 중산층으로 보이는것도 위험했어요. 돈이 있어도 과시하면 큰일 나는 시절이었죠. 그래서 파티를 하는 사람도 없었고, 놀러 다니는 사람도 없었어요. 대신 장례식이 파티가 됐죠. 그러다 보니 이제는 장례식이 거의 정신 나간 수준이 됐어요."

마침내 장례 행렬이 줄어들었고, 우리는 호호이를 빠져나와 토고 국경 지대를 따라 있는 산들을 향해 동쪽으로 달렸다. 국경 지대에 있는 산들의 뾰족한 바위들이 지평선을 꾸깃꾸깃 구기고 있었다.

인구가 약 700만 명인 토고는 그보다 더 크고 서구화된 이웃 가나와는 여러 모로 다르다. 이 조그만 나라는 40년 넘게 한 독재 가문(아버지의 대를 이어 지금은 아들)의 지배를 받았고, 경제는 국민의 뜻을 대변한다는 허울뿐인 정부 밑에서 침체돼 왔는데, 거기다 최근에 치른 선거 역시 말이 많았다. 그에 비해 가나는 기회의 땅이어서 많은 토고 사람이 서쪽에 있는 가나로 이주해 왔다. 가나에서 식품 사업으로 성공한 토고 사람도 있었다. 과거에 독일의 식민지였다가 그 후 프랑스 식민지였던 토고는 프랑스어를 주 언어로 사용하는 문화권으로 그 특징이 요리에까지 반영됐다. 프랑스의 근대 요리사인 에스코피에 소스로 교육받은 토고 요리사들은 가나의 호텔과 가나 엘리트의 집에 꾸준히 취직하고 있다.

토고의 수도인 로메는 케타에 있는 찰리 집 동쪽 해변에 우뚝 서 있는데 아크라에서 160킬로미터 정도 거리밖에 안 된다. 로메는 향락적인 나이트클럽과 촛불을 밝힌 프랑스 레스토랑이 즐비한 신나는 곳이었다고 찰리가 말했다.

"토고 사람들은 삶을 즐기는 법을 알았죠. 우리는 저녁 먹고 춤추러 자주 놀러 갔어요. 지금은 완전 쑥대밭이 됐지만."

빈곤과 절망 때문에 로메에서는 강력 범죄율이 치솟고 노상강도와 차량 절도가 빈번히 일어나고 있다. 미 국무부에 따르면 토고의 해변과 시장은 심지어 낮에도 위험한 곳으로 분류되었다.

"마지막으로 로메에 갔을 때 그만 토해 버렸다니까요."

"정말로?"

"정말이라니까요."

하지만 토고와 볼타 지역의 경계(19세기에 유럽이 그어 놓은 경계선)를 따라가다 보면 두 나라 간의 차이는 의미가 없어진다. 국경 양쪽 지대에 사는 사람들은 모두 에웨족이다. 우리는 몇 개의 공식적인 국경 교차점(일요일이라 모두 닫혀 있다)을 지나쳤지만, 수십 개의 흙길이 숲 속으로 구불구불 들어가면서 국경을 가로지르고 있었다. 실제로 우리가 달리던 주도로가 방향을 바꿔 토고로 들어간 곳도 있었다.

"우린 지금 토고에 있어요." 운전하고 있는데 찰리가 불쑥 이렇게 말했다.

"확실해요?"

"내 말을 믿으라니까요."

나는 머리에 숯 한 자루를 이고 가는 여자 옆에 차를 잠시 멈췄다.

"봉주르, 마담."

"봉주르, 무슈." 그녀는 머리에 인 자루의 균형을 잡으면서, 날 향해 활짝 미소 지으며 손을 흔들었다.

"죄송하지만 여기가 토고인가요?"

"여기, 토고 맞아요." 그녀는 자신의 발치를 가리키며 말했다.

"내가 그렇다고 했잖아요." 찰리가 웃으며 말했다.

"내가 처음으로 간 아프리카 독재 국가네요. 아무래도 비자가 있어야 할 것 같은데."

"걱정하지 말아요. 다시 가나로 돌아왔으니까."

찰리는 케타에 있는 집의 전기세와 물세를 내러 가야 했다.

"그냥 수표를 보내면 안 되나요?" 내가 물었다.

"아크라 지점 은행 수표는 안 받아요."

"정말이요?"

나는 놀랐다. 가나에서는 신용카드는 거의 안 받지만(종종 사기꾼들이 써먹기 때문에), 수표는 보통 사람도 인정하는 수준으로 정착돼 있었기 때문이다. 휘트는 직원들에게 수표로 월급을 주고, 아크라에 있는 몇몇 거래처에도 수표로 대금을 지불한다.

"당신은 어느 은행과 거래하죠?" 내가 물었다.

"바클레이즈요."

"공공요금을 바클레이즈은행 수표로 안 받는단 말이에요?"

"아크라 지점에서 발행한 수표는 케타에서 받지 않아요."

은행 간 수표를 입증할 수 있는, 믿을 수 있는 재정적 기반 시설이 확립돼 있지 않은 모양이었다. 교통 체증처럼 정보 체증 역시 가나의 생산성을 어마어마하게 잠식해 들어가서 찰리 같은 사업가가 간단한 공공요금 하나 내려고 몇 시간씩 차를 타고 가야 하는 게 가나의 현실이었다.

"가나에서 집을 소유한다는 건 정말 품이 많이 들어가는군요."

찰리는 아콰펌 산맥에 또 집을 한 채 가지고 있었다.

"가나에서 집은 연금과 같아요. 돈이 있으면 집에 투자하는 거죠. 은행에 저금하면 세디가 너무 불안정하니까 좀 위험하죠. 예전에는 런던 은행에 저금했는데, 그것도 위험한 게 환율 변동이 심해요. 부동산이 훨씬 안전한 편이죠."

"부동산은 실질 자산이니까."

"바로 그거예요. 신중하게 투자하면 집은 항상 그 자리에 있으니까."

"신중해야 한다니 그게 무슨 뜻이죠?"

"개인적으로 땅을 사면 항상 보호받을 수 있는 게 아니에요. 땅을 샀는데 주인인 나도 모르게 다른 사람이 거기다 집을 짓는 경우도 있거든요. 그러면 소송을 해야 하는데 일이 복잡해지는 거죠."

"그럼 어떻게 해야 하나요?"

"정부 땅을 사는 게 최선이죠. 그리고 똑똑한 사람이라면 거기다 곧바로 집이나 건물을 지을 거고."

"그래서 아무것도 없는 허허벌판에 반쯤 지은 집이 그렇게 많군요."

"그 사람들은 자기 권리를 주장하고 있는 겁니다. 얼마가 됐든 자기가 비용을 감당할 수 있는 선에서 지어 두는 거죠."

여러 면에서 가나는 현대 자본주의사회 같지만, 조금만 더 파고 들어가면 기본적이고 믿을 수 있는 부동산 소유권 같은 것이 부족한, 좀 기이하고 특이한 점을 발견하게 된다. 사실 사유재산이라는 개념 자체가 서구에서조차 비교적 새로운 것으로, 공유지라는 오래된 개념이 아직 지켜지고 있는 가나와 다른 많은 아프리카 국가에서 사유지는 여전히 극히 모호한 개념으로 받아들여지고 있다. 중세 시대의 유럽 귀족처럼, 가나의 추장들은 일반적으로 그들이 사는 지역공동체의 공유지를 관리해 왔고, 그와 동시에 그 땅이 어떻게 그리고 누가 쓸 것인지를 결정할 수 있는 권력을 가지고 있었다(하지만 추장은 정부에 소속되어 있지 않으며, 사실 정치에 참여하는 것이 금지돼 있다). 사유지라는 현대 세계와 공유지라는 전통적인 세계가 교차할 때 갈등이 발생한다. 가나 사람이 땅을 샀다가 나중에 그 땅이 추장이 허락해서 오랫동안 자신이 살아온 땅이라고 주장하는 사람이 나오는 예도 드물지 않다. 토지 사용이라는 모호한 세계는 경험이 없는 사람이 사업을 하기에 아프리카는 위험한 곳이라는 걸 일깨워 주는 또 다른 예이다.

모퉁이를 돌자 또 다른 검문소가 나타났다. 경찰 하나가 우리에게 라이플을 흔들어 보였다. 나는 끙 소리를 내며 차창을 내렸다.

"우리 막사까지만 좀 태워다 주세요." 그 경찰이 도로 저쪽을 가리키며 말했다.

"태워다 달라고? 자네 차는 어디 있는데?" 찰리가 또 잘난 척하고 있었다. 가나 경찰이 차가 있는 경우는 거의 없다.

"전 차가 없어요." 스무 살 정도로 보이는 데다 운전도 못할 것 같아 보이는 경찰이 대답했다.

"자네는 똑똑한가 아니면 멍청한가?" 찰리가 물었다.

"네에?"

"우리는 똑똑한 사람만 태우거든."

"아, 저야 똑똑하죠." 그 청년은 갑자기 허리를 쭉 펴며 대답했다.

"오케이, 들어와도 돼. 하지만 자네가 얼마나 똑똑한지 지켜볼 거야. 멍청하면 곧바로 내려야 해."

젊은 경찰이 뒷자리에 탔다. 그는 가나의 머나먼 북쪽에 있는 부족 출신으로 경찰이 된 지 얼마 안 됐다고 말했다. 그는 에웨어도 하지 못하고 이 지역에 아는 사람도 없었다. 청년과 찰리는 튀어로 간단하게 대화를 나눴고, 몇 킬로미터 달리자 바로 청년의 막사가 나와서 내려 줬다.

"그러다 큰일 나면 어떡하려고 그래요?" 내가 찰리에게 물었다.

"내가 장난치는 걸 워낙 좋아해서 그래요. 하루 종일 찌푸리고 있으면 사는 재미가 없잖아요?"

나는 가나 교도소에서 내가 짓고 있을 슬픈 표정을 떠올려 봤지만, 곧 거기엔 거울도 없을 거라는 걸 깨달았다.

"그 경찰이 착한 청년인 것 같아 다행이었어요." 내가 말했다.

"착한 데다 영리하기도 한 것 같던데요." 찰리가 대답했다.

호(이 지역에서 가장 큰 도시로 호호이와 헷갈리지 말자)에 있는 호텔에서 저녁을 먹으면서 찰리와 나는 부로에 대해 이야기를 나눴다.

"휘트가 비영리 회사로 전환해서 기부금을 받게 될까요?" 찰리가 물었다.

"그럴 것 같진 않아요. 휘트는 누구의 도움도 받지 않고 이 사업을 자력으로 설 수 있게 만들려고 전력투구 중이에요." 내가 대답했다.

"시간이 너무 오래 걸리고 있어요. 휘트가 포기하지 않고 버티는 건 존경하지만 제발 손해는 안 봐야 할 텐데."

찰리는 우리 회사에 현금 투자는 하지 않았지만 6개월 동안 회사 창업 과정을 도와주고 그 대가로 회사 지분을 받기로 했다. 다시 말해 가나 사업 환경에 대한 지식과 조언을 제공하는 일을 맡은 것이다. 6개월이란 시간은 오래전에 지나갔고, 찰리는 자기가 운영하는 건설 회사만으로도 상당히 바빴지만, 계속 적극적으로 부로 사업에 관여하고 있었다. 휘트가 아크라에 연줄이 필요하거나, 선적된 화물이 세관을 빨리 통과할 수 있게 부탁하거나, 개인적인 문제에 대한 조언을 구할 때, 찰리가 해결사 노릇을 했다. 하지만 휘트와 나는 찰리가 조급해하고 있음을 감지했다. 자본을 구하기도 힘들고 금리는 무섭게 치솟는 가나의 사업 환경에서, 몇 년 동안 신생 기업을 키운다는 개념은 찰리 같은 가나 사업가로서는 생소할 수밖에 없었다.

주말여행에서 우리가 가고자 했던 곳은 가나에서 가장 높은 폭포인 울리폴스였다. 아구맛사야생동물보호구역으로 가는 갈림길에 도착해서 차를 주차시키고 조금 걸어가자 800미터나 떨어져 있는 웅장한 폭포가 시야에 들어왔다. 붉은 바위벽의 깊게 갈라진 틈에서 폭발하듯 쏟아지는 물줄기를 따라 이끼가 끼어 있었고, 폭포 위쪽에서 독수리들이 원을 지어 날고 있었다.

"와, 정말 장관이지 않아요?" 찰리가 말했다.

"그렇군요." 나도 동의했다.

우리는 서서 오랫동안 그 폭포를 물끄러미 바라봤다. 아래로 흘러내리는 폭포수를 따라가자 아구맛사 강을 건너는 나무다리 뒤로 정글 길을 따라 40분 정도 걷는 산책 코스가 나왔다. 일반적인 가나 방식에 따라 지역 가이드를 구해야 했는데 돈을 쓴다는 이유 외에는 도대체 왜 가이드와 같이 가야 하는지 이해가 되지 않았다. 하지만 알고 보니 가이드도 쓸모가 있었다. 산책을 시작한 지 10분쯤 됐을 때 하늘이 열리면서 장맛비가 쏟아졌다. 가이드가 재빨리 커다란 바나나 잎 두 장을 이로 뜯어서 가지고 왔다. 나뭇잎은 아무짝에도 쓸모없었고, 비를 쫄딱 맞았다. 하지만 머리 위에 바나나 잎을 받치고 걷는 건 재미있었다.

폭포 밑에 도착했을 때 비가 그쳤다. 그곳의 광경은 정말 장관이었다. 천둥 같은 소리를 내며 쏟아지는 폭포에서 안개가 피어올랐다가 거대한 구름이 되고, 폭포 위에 걸린 무지개를 구부리고, 나무 꼭대기를 적시고 있었다.

이런 장엄한 풍경만으로도 쓸거리가 충분했지만 그것으로 끝이 아니었다. 그날이 마침 주말이어서 청소년들이 발전기와 여러 개의 음향 장치를 가지고 놀러 와 있었다. 공정하게 말하면 그 폭포의 포효에 맞서려면 어지간한 전압으로는 상대도 안 될 테니까 그렇게 많은 스피커를 동원하는 게 무리가 아니란 생각이 들었다. 일단 가나에서 가장 장엄한 장소에서 랩 음악을 귀청이 떨어지게 튼다는 그 생각만 받아들일 수 있다면 말이다. 하지만 버스가 미어터지게 타고 온 도시 아이들이 물속에서 물장난을 치고 소리를 지르며, 춤을 추는 건 나름대로 잘 어울렸다.

위대한 자연의 풍경을 확성기를 동원해 더 잘 즐기고자 하는 충동이 꼭 아프리카에만 있는 건 아니었다. 하지만 가나에서는 오랜 세월 그랬던 것처럼 북을 치며 살아온 전통이 뿌리박혀 있듯이 이곳에서의 모든 삶은 야외에서 일어난다는 단순한 사실을 다시 확인하게 됐다.

형제가 부유하고 도움이 될뿐 아니라
아프고 쓸모가 없어질 때도
똑같이 사랑할 수 있는 사람은 축복받을 것이다.
-성 프랜시스, 아시시의 성인

어떻게 돈을
벌 것인가

2010년 봄
확장

영업의 여왕 쇼?
부로 인턴인 타라 헤어가
공공 모임을 준비 중이다.

GHANA

미안해요

하얀 유니폼을 입은 간호사 두 명과 휘트가 좁은 이동식 침대 끝에 서서 내 얼굴을 내려다보고 있었다.

"미안해요." 강한 인상을 풍기는 수간호사가 말했다.

잘 모르겠지만 수간호사가 '미안하다'라는 말을 마치 주문처럼 계속 읊었던 기억은 난다. 그리고 내 다리와 팔 주위를 둘러싼 다른 병원 직원들이 날 만지면서 안심시키려고 했던 것도 희미하게 기억난다. 처음에는 나를 안심시키려고 하는 줄 알았는데 내 의식이 가물가물한 상태에서 마취제를 쓰지 않고 치료를 하기 위해 이들이 내 팔과 다리를 꾹 누르고 있다는 사실을 나중에야 깨달았다.

"미안해요."

나는 2009년의 대부분을 가나에서 지내다가 늦가을에 미국으로 돌아갔다. 그리고 2010년 5월 아들의 고등학교 졸업식에 참석한 후에 다시 가나로 돌아왔다. 돌아오니 좋았지만(그쯤 되자 가나가 집처럼 느껴졌

다) 그런 흐뭇한 기분은 오래가지 않았다. 가나 사람들이 나를 복 많은 오브루니로 보는 대신에 나를 불쌍하게 내려다보는 날이 드디어 왔다. 사하라사막 이남의 아프리카를 여행하는 여행자들이 걸릴 수 있는 매독이나 악성 전염병 등 공포의 목록은 길고 자세하게 정리돼 있지만(말라리아, 에볼라, 에이즈, 뎅기열, 차 사고와 열사병, 사자와 용병 등의 포유류, 미생물의 습격) 나를 코포리두아의 동부 지역 병원으로 달려가게 만든 이유는 이중 없다. 내가 병원에 가게 된 것은 책상에 앉아 있다가 일어난 아주 희한한 사건 때문이었다. 그런 사건은 대도시 사무실에서나 일어날 수 있는 일이었지만 내게는 부로의 코포리두아 사무실에서 일어났다. 다행히도 내가 결코 가고 싶지 않았던 병원이 근처에 있었다. 그리고 또 다행이었던 점은, 그날 아침 부로 사무실에는 열 명이 넘는 직원과 인턴과 자원봉사자로 붐비고 있었다는 점이다. 2010년 5월 부로는 크게 발전했다.

휘트의 회사는 아직 작고 이윤도 내지 못하고 있었지만, 외부와 단절된 상태로 운영하는 것은 아니었다. 그해 초 휘트가 샌프란시스코의 디자인 전문업체인 아이디오 제품 디자이너들과 만났다. 그리고 유타까지 가서 파워스트림이란 회사의 건전지 전문가와 상담했고, 브리검영대학교의 매리엇경영대학과 부로 인턴십 프로그램을 조직했다. 그리고 개발도상국을 위한 혁신적인 태양열 에너지 손전등을 제작한 그린라이트플래닛과 파트너가 돼서 부로를 위해 손전등을 제작하게 됐다. 점차 소문이 퍼지면서 휘트는 브라운대학교의 기술학과로부터 빈곤과 질병의 악순환을 깨기 위해 일흔 개가 넘는 나라에서 활동하는, 시애틀에 근거지를 둔 비영리단체인 '보건을위한적정기술프로그램'과 같은 다양한 단체에서 강연을 해 달라는 요청을 받게 됐다.

하지만 부로에 대한 관심이 커져 갈수록, 가나에서 할 일이 많아지면서 휘트가 시간을 내기가 점점 힘들어졌다. 5월에 브리검영대학교의 인턴 네 명이 도착하기로 돼 있었고, 시애틀에서 회계사 한 명과 그녀의 스물두 살짜리 퀵북스(영미권 국가에서 사용하는 전산 회계 프로그램—옮긴이) 천재인 아들이 오기로 했다. 퀵북스 천재는 휘트의 장부 정리를 도와주는 대가로 숙소를 제공받고, 여행 정보도 얻고, 가끔 회사 차를 쓰기로 했다(비행기 표는 자비로 끊었다). 나는 그달 중순에 도착했고, 잰이 6월에 돌아오기로 돼 있었다. 부로 사무실과 자택을 겸한 건물에서 사람들을 재울 방이 부족해진 휘트는 자신이 쓸 살림집이 필요했다. 가나에서 아직 건물을 살 준비가 되어 있지 않은 휘트는 지역 부동산 업자에게 괜찮은 임대 주택을 구해 달라고 의뢰했다.

가나에서 집을 구할 때는 집다운 집을 구하는 건 불가능하다고 봐야 한다. 사실상 세놓는다고 나온 집이 실제로 완공된 경우는 없다. 적어도 서구인의 눈에는 그렇다. 대출금 시장이라고 할 만한 게 없기 때문에 사람들은 본인의 경제 사정에 따라 여러 단계에 걸쳐 집을 짓는다(상업용 건물도 마찬가지다). 가나의 모든 건물은 철근콘크리트로 짓는다. 목재는 문과 창문 테두리에만 쓰고, 완공되지 않은 건축물은 몇 년씩 비바람에 노출된 채 서 있는 경우가 많다.

자금을 확보하는 방법은 세입자를 찾는 것이다. 대개 세입자는 최소 2년 치 임대료를 선불로 내야 했다. 그러면 집주인은 그 현금을 가지고 집에 투자해서 생활 편의 시설을 추가하고 공사를 진행한다. 다시 말하면 세입자가 수입을 내는 수단이 아니라 부동산에 부가적 가치를 더하는 것이다. 이런 식으로 휘트는 우리가 종종 저녁을 먹으러 가는 캐피털뷰호텔 뒤에 있는 시내 외곽의 넓지만 아직 완공되지 않은, 침실 네 개짜리 집을 구했다.

휘트의 아프리카 대저택은 가나 상류층이 사는 저택처럼 지극히 천박한 기준으로 보면 소박하지만, 미국인이 보면 탐욕스러운 마약왕의 요새 같았다. 단층의 현대식 건물로 조약돌과 같은 질감을 내는 치장벽토로 마감된 이 집은 아치가 들어간 현관 지붕과 '기에 느야메'('신을 제외하고'란 뜻)란 말을 전통적인 아칸 상형문자로 장식한 장식물인 지붕의 처마돌림(대조적인 색조의 으깬 조약돌을 사용)가 특징이었다.

집 안은 시원한 바람이 들어올 수 있게 넓은 중앙 복도를 중심으로 테라초 바닥이 깔린 커다란 방이 사방으로 퍼져 있었다. 화장실이 세 개 있었고, 샤워실도 있었고, 부부 침실에는 욕조도 있었는데, 그게 바로 휘트가 이 집을 선택한 결정적인 이유인 모양이었다.

하지만 그곳은 사람이 살 수 있는 곳이 아니었다. 부로 사무실을 개조했던 것처럼, 간헐적으로 나오는 수돗물을 보충하기 위해 외부에 추가로 물탱크를 설치해야 했고, 거기다 순간온수기, 부엌 설비와 수납장을 장만해야 했다. 그리고 휘트가 계속 감독해야 할 실내와 옥외 페인트 공사도 있었고 배선도 지속적으로 개선해야 했다. 가나에서는 이런 일을 몇 달에 걸쳐 조직하고 제대로 진행되도록 감독해야 했다. 가나 사람들은 고속도로에서는 심장이 멎을 것처럼 무시무시하게 달리지만 건물을 지을 때는 당최 그런 속도감을 찾아볼 수 없다. 휘트는 몇 달이나 기다릴 시간이 없었다. 구체적으로 말하면 몇 주밖에 없었다. 다행히 낸시라는 이름의 집주인이 절박한 상황에 빠지면서 공사를 앞

당길 수 있는 계기가 생겼다.

휘트와 낸시는 한 달에 150세디씩 해서 2년 치를 선불로 내는 데 동의했다. 그 대가로 낸시는 휘트가 낸 임대료의 대부분을 집 공사에 투자하면서 다른 기본적인 시설 중에서도 전기 배선과 수도 설비를 먼저 하기로 했다. 하지만 2주 후에, 낸시가 휘트에게 연락해서 돈을 다 썼다고 했다.

"제발, 부탁인데 공사를 끝내려면 돈이 더 필요해요." 낸시가 말했다.

"그래서 낸시에게 돈을 더 주기로 했지. 하지만 그 전에 거래를 했어. 내가 그랬지. '1년 치 집세를 더 내겠습니다. 하지만 다음 주에 들어갈 겁니다. 그러니까 그 전에 일을 다 끝내 주셔야 합니다.' 낸시와 나는 공사를 끝낼 목록을 만들었어. 실내 공사와 실외 공사로 나눠서 작업 범위를 정했지. 그러고는 다시 이렇게 말했어. '이 모든 공사가 다음 주까지 다 끝나야 합니다. 한 주씩 늦어질 때마다 한 달씩 임대료를 공짜로 해 줘야 합니다.' 낸시는 지금 3주째 공사를 못 마치고 있으니까 난 3년 3개월 치만 낸 셈이야. 그리고 이 집을 다시 다른 사람에게 세놓을 수 있다는 조항도 계약서에 넣었어."

하지만 공사를 끝냈다고 해서 공사가 잘됐다는 보장은 없었다. 낸시가 전기기술자를 고용해서 전등과 천장 선풍기를 설치하기로 했는데, 기술자가 선풍기를 서툴게 달아 놔서 선풍기의 금속 날이 알전구보다 약 5센티미터 밑에서 회전하게 됐다. 그래서 두 가지 문제가 발생했다. 첫 번째는 밤에 선풍기 날이 전구 밑에서 돌아가기 때문에 빛이 고속 회전하는 것 같은 효과를 낸다는 것이었다. 이것은 처음 5분간은 재미있었지만, 나중에는 슬슬 짜증이 났고, 결국엔 발작을 일으킬 것 같은 느낌이었다. 두 번째 문제는 가끔 불어오는 강풍에 선풍기가 흔들리면서 선풍기 날이 그 바로 위에 있는 작은 알전구(가나에서 유일하게 구할 수 있는 종류)를 무시무시한 힘으로 깨뜨려 유리 조각과 유독성 먼지가 바닥과 침대와 그 방에 있는 사람들 위로 비처럼 쏟아지게 된다는 점이었다. 아까 말했던 것처럼 이 선풍기와 전구는 가나의 전문 전기기술자가 설치한 것이다. 이러니 휘트가 부로 회사 직원들을 교육시킬 때 어떤 문제에 부딪히는지 이해할 수 있었다.

그런 면에서 첫 번째 희생자는 케빈이었다. 휘트는 몇 가지 문제 때문에 봄에 그를 해고했다. 그 이유 중 회사 차량을 가지고 말없이 사라지는 것과 팀을 이뤄 일하는 것을 꺼리는 성향도 포함돼 있었다.

"처음에는 충격받은 표정이더니 이내 사내답게 받아들이더군."

나는 가나에 대해 아주 많은 것을 가르쳐 준 케빈이 그리울 거라는 걸 알았지만, 케빈의 해고로 인해 휘트가 자선단체가 아니라 실질적인 사업을 구축하고 있음을 다시금 깨달았다.

"케빈이 해고되고 나서 모두 안도의 한숨을 쉬었어. 하루아침에 직원들의 사기가 크게 높아졌지. 내가 케빈의 루트로 운전해서 다니기 시작했는데, 형도 기억나지? 케빈이 마치 차에 치인 것 같은 표정으로 아침 7시에 간신히 출근하던 거 말이야. 케빈의 루트를 내가 다녀 보니까 오후 4시면 일이 다 끝나더라고. 대체 하루 종일 그 루트에서 무슨 짓을 하고 다녔는지 모르겠단 말이야."

케빈의 자리는 1년 전에 나와 잰을 데리고 '비밀의 농부들'에게 갔던 크로보족의 젊은 의료 세일즈맨인 은칸사가 채웠다. 그는 전 세계를 정복할 기세로 다니는 열성적인 청년이었다. 그리고 루트 운전기사로 종일 근무할 제임스라는 직원이 왔다. 그는 동네 세차장에서 휘트에게 스물두 살짜리 딸의 취직을 부탁하며 말을 걸어왔다. 사무직원이자 건전지 기술자로 그의 딸(그녀는 일은 빨리 배웠지만 상사들을 볼 때마다 목례를 하는, 매력적이지만 사람을 좀 불편하게 하는 습관이 있었다)을 채용한 후에 휘트는 제임스도 고용했다. 그래서 모르몬 교도와 경리 담당자 이렇게 두 그룹으로 나눌 수 있는 미국인이 사무실에 있었다.

모르몬 교도들은 물론 브리검영대학교의 매리엇경영대에서 온 네 명의 인턴이다. 제니아 파킨과 타라 헤어는 잰의 침실(잰은 오리건으로 돌아갔다)을 같이 썼고, 저스틴 킹과 앤드루 스튜어트는 내가 전에 쓰던 침실에서 잤다. 현장 조사를 나가지 않을 때는 모두 맥북프로 앞에 모여들어 스프레드시트를 작성하고 부로의 사업과 마케팅 계획에 대한 보고서를 썼다. 그들의 머릿속에 살림이란 개념은 탑재돼 있지 않은 듯했다. 모르몬 교도가 집 안 청소를 잘하느냐는 질문을 전에 받았다면 그럴 거라고 대답했을 것이다. 모르몬 교도는 확실히 아주 깨끗해 보이니까. 하지만 이 무리와 함께 지내다 보니 그 짐작은 틀린 것 같다. 부로 회사 겸 살림집이 이렇게 지저분했던 적은 없었다. 사방에 쓰레기가 쌓여 있고, 곳곳에 설거지를 안 한 더러운 접시가 팽개쳐져 있고, 냉장고는 과학 실험실로 둔갑해 있었다. 하지만 뭐 이들이 대학생이란 점을 감안해야겠지.

적어도 이들 중 하나는 냉장고에 든 위험한 쓰레기를 만드는 데 일조하지 않았다. 금발에 통통하고 귀여운 얼굴의 제니아는 듣는 사람이 깜짝 놀랄 정도로 솔직하게 가나 음식에 대한 공포증을 밝혔다. 그 공포 때문에 가나에서 머무는 한 달이 힘들어질 수도 있는데 말이다.

"여기서는 대체 뭘 먹고 있어요?" 내가 물었다.

"집에서 내가 먹을 음식을 전부 가져왔어요." 제니아가 대답했다.

"한 달 치를 몽땅?"

"네. MRE요."

"군용 식량을 가져왔다고요?"

"네, 비슷한 거예요. 한번 보실래요?"

그녀는 날 데리고 방으로 들어가서 옷장을 열었다. 보통 여분의 침대 시트와 타월을 두는 선반에 수십 개의 상업용 조리 식품이 들어 있었다.

"하나당 300칼로리인 데다 상온에 보관해도 안전해요." 제니아가 자랑스럽게 말했다. "진짜 군용 식량은 하나에 1,000칼로리씩 해요."

"그래서 이걸 유타에서 가방 하나에 가득 넣어 가지고 왔단 말이에요?"

"가방 두 개에 꽉꽉 채워서 왔어요. 그리고 말린 과일이랑 시리얼 바도 가져왔어요."

"그래서 여기 음식은 하나도 안 먹었어요?"

"땅콩버터는 사 먹었는데." 그녀가 대답했다.

"맙소사, 땅콩버터를 먹었다고요?"

"왜요?" 그녀는 재빨리 입에 손을 대며 물었다.

"아니, 장난친 거예요. 다른 건 안 먹어 봤어요?"

"구운 옥수수 한 번 먹어 봤어요."

나는 내 장인이 한번은 유고슬라비아 길거리에서 구운 옥수수를 한 조각 먹었다가 이질에 걸린 적이 있다는 말은 차마 하지 못했다. 구운 옥수수야말로 내가 가나에서 안 먹는, 몇 안 되는 음식 중 하나인데.

446

"그래, 잘 먹어요, 그럼." 나는 그렇게만 말했다.

경리 담당자는 데비 노드스트롬과 데이비드 마틴 모자였다. 데비는 비즈니스 컨설턴트로 크레니엄의 전 자금 관리 이사를 통해 만났다. 데이비드는 글자 그대로 며칠 전에 채플힐에 있는 노스캐롤라이나대학을 졸업했다. 경제학을 전공한 데이비드는 여섯 살 때부터 자신의 수표책의 수입과 지출을 맞춰 봤다고 했는데, 퀵북스를 귀신같이 다루는 그의 솜씨를 보고 그 말을 믿게 됐다. 이 모자는 내가 비행기를 타고 가나에 온 날 아크라에 도착해서 부로의 회계 장부를 단숨에 정리하고 가나를 탐험할 준비가 돼 있었다. 부로가 이 모자를 시내에서 몇 킬로미터 떨어진, 소박하지만 편의 시설이 잘 갖춰진 로즈의 집에 묵게 주선했다.

사고가 났던 그날 아침 사무실에는 이 사람들이 전부 모여 있었다. 그 전날 밤 나는 내 휴대전화 안테나가 헐거워졌고, 안테나 밑부분의 플라스틱이 벗겨진 걸 알았다. 그래서 아침에 사무실에 도착하자마자 비품실에서 초강력 접착제를 찾아서 그걸 고치려고 자리에 앉았다. 하지만 접착제가 오래된 데다 튜브 끝이 굳어서 나오질 않았다. 나는 주머니칼을 꺼내서 굳은 튜브 주위를 파면서 책상에 깐 종이 위에 대고 튜브 끝을 계속 쥐어짰다. 그리고 접착제가 잘 나오는지 보려고 안경을 벗었다.

가볍게 튜브를 짜 보려고 애를 썼지만, 튜브가 상당히 단단한 플라스틱 재질로 만들어져 있어서 접착제가 나오게 하려면 힘을 많이 줘야 했다. 그러다 갑자기 막혔던 곳이 펑 뚫리면서 책상으로 접착제가 뿜어져 나온 게 아니라 예상치 못하게 각도가 뒤틀려서 곧바로 내 오른쪽 눈으로 접착제가 날아와 각막이 접착제에 뒤덮여 버렸다. 나도 모르게 눈을 깜빡였다. 하지만 내가 눈을 깜빡이는 순간 곧바로 눈꺼풀이 닫혀 버렸다.

"제기랄!"

아파서라기보단 공포에 사로잡혀 이렇게 몇 번 소리를 질렀던 것 같다. 사실 눈은 하나도 아프지 않았다. 따갑지도 않았다. 어떤 면에서 보면 눈에 물이 들어간 것과 별 차이가 없게 느껴졌다. 하지만 본드는 물이 아니고, 내가 아는 한 내 눈은 영원히 본드에 붙어 버린 것이다. 난 공황 상태에 빠졌다. 휘트와 다른 사람들이 날 도우러 쏜살같이 달려왔지만 아무도 이 상황에서 어떻게 해야 할지 몰랐다. 사람들이 날 데리고 샤워기 밑으로 가서 뜨거운 물로 눈을 씻어 내린 기억이 나는데 그래 봤자 아무 효과도 없었다. 내가 소파에 누워 끙끙거리자 데비가 따뜻한 물을 적신 타월로 내 눈을 닦아 주던 기억이 난다. 그리고 내가 휘트에게 내 의료보험을 확인해 보라고 시켰던 기억도 난다.

"빌어먹을 제트기를 타고 독일로 가야겠어!" 내가 무지 대단한 인물이란 착각에 빠져 동생에게 그렇게 명령했던 기억도 난다.

저스틴이 나왔다. 그는 초강력 접착제 웹사이트에 들어가서 대처법을 찾아보고 있었다.

"눈에 초강력 접착제가 들어가서 영구적으로 손상된 사례는 없대요. 나흘 지나면 접착제가 분해되고 붙었던 눈꺼풀이 떨어질 거라는데요." 그가 말했다.

"망할." 저스틴의 말에 난 그렇게 대꾸했다. 평소에는 잘 쓰지 않는 욕이 줄줄 터져 나왔다.

"아저씨 얼굴이 창백해 보여요." 누군가 말했다.

"아무래도 쇼크 상태에 빠지는 것 같은데."

휘트가 누워 있는 내 머리맡을 왔다 갔다 했다.

"형, 아무래도 병원에 가야겠어. 차 타고 아크라로 가면 괜찮은 개인 병원이 있을 거야. 아니면 여기 병원에 가든가. 여기도 안과가 있어. 거기도 잘 본다고 하던데."

로즈가 아크라 최고의 안과에 전화해서 의사랑 직접 통화해야겠다고 고집을 부린 사실을 나중에 알았다. 그 의사가 코포리두아 병원의 안과를 추천했다고 한다.

"어떻게 하고 싶어?"

아크라의 지옥 같은 교통 체증을 뚫고 가는 건 몸 상태가 좋을 때도 여간 힘든 일이 아니다.

"에잇. 여기 병원으로 가자."

나는 애덤과 휘트의 손을 잡고 병원 바깥에 있는 계단을 비틀거리며 올라갔다. 성한 한쪽 눈 위로 쏟아지는 무자비한 햇볕을 가리면서 여생을 한쪽 눈만 뜨고 살게 되면 어떻게 해야 하나 상상했던 기억이 난다. 병원에는 거대한 대기실과, 환자들로 꽉 찬 목제 벤치, 갓난아기들이 우는 소리, 쇠로 만든 철창 안에 있는 텔레비전의 희미한 화면, 거의 움직이지 않는 선풍기가 있었다. 내 상태가 심각해서 그랬는지 아니면 내가 백인이라서 그랬는지는 모르겠지만, 어쨌든 난 기다리지 않았다. 병원에선 곧바로 접수를 하고, 몇 가지 질문을 한 후에, 공식적인 가나 의료 카드를 주고, 이동식 침대에 날 눕혔다.

가나 병원에서는 환자들의 손을 잡아 주는 일은 거의 없다. 의사가

449

자신의 사무실로 불러서 설명해 주는 일도 없다. 이들은 그냥 소매를 걷어붙이고 곧바로 치료에 들어간다. 그래서 난 어떤 상담도 받지 못했다. 간호사들이 다짜고짜 날 침대 위에 눕힌 후에 체구가 큰 간호사가 핀셋으로 내 눈꺼풀을 하나하나 떼서 벌리기 시작했다.

"미안해요."

"미안하단 말로는 부족해요!" 나는 산 채로 눈알의 껍질이 벗겨지는 것 같은 끔찍한 통증을 느끼며 쏘아붙였다.

아무래도 이 간호사는 초강력 본드 웹사이트는 찾아보지 않은 모양이었다.

"먼저 속눈썹부터 잘라 내야겠어요." 간호사가 몇 분 동안 내 눈꺼풀을 잡아당겨도 아무 소용이 없자 이렇게 말했다. "윗눈썹과 아랫눈썹이 딱 붙어 버렸네."

간호사가 가위로 내 속눈썹을 싹둑싹둑 자르더니 이어서 핀셋으로 다시 어마어마한 고문을 시작했다.

"남자는 울지 않는 법이에요." 간호사가 중얼거렸다.

"난 우는 게 아니라 비명을 지르는 거예요!"

어쨌든 간호사가 한 번씩 몸서리가 쳐질 정도로 눈꺼풀을 세게 잡아당기자 조금씩 빛이 보이기 시작했다. 그녀의 야만적인 치료 덕분에 내 한쪽 눈이 전혀 안 보이지는 않겠다는 생각이 들었다. 영원히 끝나지 않을 것 같은 고통스러운 박해의 순간이 몇 분 동안 지속되고 나서 간호사가 내 눈꺼풀이 완전히 열렸다고 선언했다. 하지만 보이는 거라곤 움직이는 형체들이 희미하게 만화경처럼 둥둥 떠다니는 모습뿐이었다.

"이제 눈에서 접착제를 제거해야 해요." 간호사가 말했다.

"맙소사."

휘트의 목소리가 들렸는데 내 얼굴을 내려다보고 있는 것 같았다. 더 많은 고문과 함께 뭔가 갉작갉작 긁어내는 소리가 들렸다. 이번에는 내 눈알을 눈구멍에서 잡아당기는 것 같은 느낌이 들었다.

"됐어요." 간호사가 말했다.

그러자 갑자기 앞이 보였다. 간호사가 눈에 들어왔다. 그리고 그녀가 쥐고 있는 핀셋에 두께가 오렌지 껍질만 하고 5센트 동전의 지름만 한, 마른 초강력 접착제 덩어리가 들려 있었다.

그다음에 복도 저쪽 방에 있는 안과 의사를 보러 갔다. 다행히 그의 진료실에는 낯익은 장비들이 다 갖춰져 있었고, 그는 아주 세밀하게 내 눈을 진찰했다.

"각막에 상처가 많이 났어요." 의사가 말했는데 아마 긁힌 자국이 많다는 말을 가나식으로 표현한 것 같았다.

아까 그 무자비한 간호사 덕분이라고 말하고 싶었다.

"통증을 가라앉히는 안약을 좀 드릴게요. 하지만 며칠 동안은 불편할 겁니다."

신장결석 환자로 통증 분야의 반 전문가가 다 된 나는 '불편하다'라는 말이 '고통스럽다'는 말의 완곡한 표현이라는 걸 잘 알고 있었다. 가나 병원에서는 완전히 새로운 경험, 어쩌면 사악한 경험을 하게 될지도 모른다고 예상했지만 막상 겪고 보니 미국의 병원과 다를 바 없었고, 쓰는 용어도 같았다. 나는 이 안과 의사도 골프를 치고 여행 잡지를 구독하는지 물어보고 싶었지만 참았다.

"감염될지 모른다는 게 가장 염려됩니다. 항생제를 처방해 드릴게요.

하루에 세 번씩 드세요. 다음 주 화요일에 오셔서 경과를 보기로 하죠."

우리는 의사에게 고맙다는 인사를 하고 아래층으로 내려와 처방전을 받았다. 안약까지 포함해서 치료비가 66세디, 미화로 46달러 정도 나왔다.

다음 날 아침이 되자 한결 나아졌고, 그다음 날엔 더 좋아졌다. 욕도 평소 빈도로 돌아왔다. 일주일이 지나자 여전히 속눈썹도 없고 조금 충혈되긴 했지만 눈이 정상으로 돌아온 걸 느낄 수 있었다.

어느 날, 나를 치료해 줬던 덩치 큰 간호사와 거리에서 우연히 마주쳤다. 그녀는 날 아들처럼 다정하게 대해 줬다.

"아, 눈은 어때요?" 그녀는 내 손을 자신의 두 손으로 감싸 쥐고 활짝 웃으며 물었다. "훨씬 좋아 보이네요!"

나는 도와줘서 고맙다고 인사했는데 진심이었다. 아직도 심각한 부상을 입는다면 제트기를 타고 독일로 가고 싶지만(가나의 의료용품 중에는 없는 게 많고, 가나에서 수혈을 받으면 아직까진 에이즈에 걸릴 위험이 높았다), 가나의 국영 의료 관리 시스템은 내가 상상했던 것처럼 그렇게 무섭진 않았다. 간호사들과 의사들은 서구의 의료진처럼 친절하고 유능했는데 어쩌면 그들보다 더 훌륭할지도 모른다. 가나에서 지낸 남은 시간 동안, 나는 가나 의료보험증이 있다는 걸 자랑스럽게 생각했다.

아코시아

"휘트, 아침 다 됐어. 그리고 뒤뜰에서 어떤 여자가 소변을 누고 있는데.”

“아코시아일 거야.”

휘트는 침대 위에 엎드려서 노트북으로 계산을 하고 있었다. 나는 평소처럼 아침 식사로 망고 스무디를 휘트에게 갖다 줬다. 어떤 남자들은 쉰셋이나 먹은 사람이 매일 동생 침대로 아침 식사를 가져다준다는 걸 창피하게 여길지도 모르지만 난 아무렇지도 않았다. 이렇게 아침마다 망고 스무디를 같이 마시는 의식 덕분에 우리는 정신없이 돌아가는 사무실로 들어서기 전에 서로 이야기를 나눌 수 있었다. 일단 출근하면 항상 대여섯 명 이상이 휘트와 이야기를 하기 위해 다투는 상황이 벌어지곤 했다.

나는 휘트의 침대 옆에 의자를 하나 끌어당겨서 앉고 스무디를 한 모금 마셨다.

“아코시아라고?”

“아코시아는 뜰에 있는 통나무집에 살고 있어. 집주인은 내가 원하면 쫓아내라고 했지만 그럴 생각은 없어. 아코시아는 어린 아들과 살고 있고 거기다 홀몸도 아니야. 그만하면 좋은 조건에서 사는 거지. 집세도 안 내고 전기도 공짜로 나오는 곳에서 사니까. 문제는 집 안에 수도가 없다는 거야.”

“그렇게 보이는군.”

“아코시아에게 내 빨래를 맡기고 돈을 주고 있어.”

“메나는 어떻게 하고?”

“메나는 잰의 빨래를 하고 있어. 나는 나와서 살고 있으니까 아코시아에게 맡기는 게 훨씬 쉽지.”

"남편은 있어?"

"빅터라고, 집을 자주 비우네. 내 생각엔 질이 안 좋은 사람 같아. 안됐어. 아코시아는 교육도 꽤 잘 받은 것 같고 영어도 상당히 잘하거든. 하지만 내가 빨래를 맡기고 품삯으로 주는 돈과 뒤뜰에 야채를 키우는 걸로 간신히 살아가는 것 같아."

"저건 아코시아가 키우는 수탉이야?"

이 집에 들어왔을 때 부록으로 수탉 다섯 마리도 딸려 온 것 같았는데, 매일 새벽 3시면 창문 밖에서 울어댔다.

"아니, 하지만 말 잘했어. 아코시아에게 누구 닭이냐고 물어봐야지."

이때 아코시아의 아들이 우리 부엌 창문 밖에서 구부정하게 서서 집 뒤쪽에 있는 콘크리트 테라스에 대고 똥을 눴다. 아이가 울음을 터트리자 어머니가 걱정스러운 표정으로 아들을 지켜봤다.

"아이고, 상태가 안 좋아 보이는데. 아이가 설사를 하네." 내가 말했다.

가나의 높은 아동 사망률의 원인 중 하나가 오염된 물을 먹고 설사를 하는 것이다.

휘트가 일어나서 뒷문으로 나갔다.

"안녕하세요, 아코시아."

"안녕하세요, 휘트." 그녀가 대답했다.

우리는 밖으로 걸어갔다. 휘트가 나를 소개하자 아코시아가 생긋 웃었다.

"아드님이 아픈 것 같아요." 휘트가 말했다.

"네. 아이를 병원에 데려가게 돈 좀 빌려주실 수 있나요?"

"남편은 어디 있어요?"

"여행 갔어요." 그녀가 얼굴을 찡그렸다.

"돈은 안 주고 갔어요?"

"안 줬어요."

"남편은 언제 돌아와요?"

"묻지 마세요. 저도 몰라요."

"출산 예정일은 언제죠?"

"몰라요."

"임신한 후로 병원에 가 본 적은 있어요?"

"아뇨."

휘트는 주머니에 손을 넣었다.

"여기 10세디요. 빨래 품삯을 미리 주는 겁니다. 당신도 진찰을 받아 봐요, 알았죠?"

"네. 고맙습니다. 복 받으실 거예요."

은칸사

수탉 떼를 치우는 건 헛수고가 될지 모르겠지만, 휘트와 그의 팀은 내가 2009년 하반기 마지막으로 찾아간 이래 많은 발전을 이뤘다. 위조 문제는 우리가 작년 가을에 방문한 보안 인쇄 회사인 카멜롯이 인쇄한 새 쿠폰으로 해결했다. 카멜롯이 투명무늬와 부로 당나귀 로고를 새겨서 새로 쿠폰을 제작했다. 그리고 6,000개의 고성능 건전지가 도착했다. 건전지 하나가 예전에 2,300밀리암페어아워였던 것에 비해 새것은 2,500밀리암페어아워다.

"그리고 건전지 인증 절차도 훨씬 나아졌어." 휘트가 울퉁불퉁한 도로를 달려 시내로 들어가면서 새로 충전한 건전지를 다시 현장으로 보내 대여해도 되는지 판단하는 절차에 대해 설명했다.

고객의 충성도를 유지하려면 불량 건전지를 가려내는 게 정말 중요했다.

"건전지를 고객에게 보내기 전에 100퍼센트 테스트하는 방식으로 바꿨어. 그랬더니 판세가 완전히 바뀌었어. 대여했다가 다시 받아서 충전하는 과정에서 이유를 알 수 없이 손상된 건전지들이 수백, 수천 개에 달했는데 전에는 그것을 추려 내지 않았지. 아직도 고객들이 불평하는 경우가 있긴 하지만 전처럼 많진 않아. 그것 때문에 얼마나 많은 고객이 빠져나갔는지 몰라. 거기다 그런 불량품 때문에 체면이 깎인다고 에이전트들이 그만둔 경우도 많았고. 그 문제가 완전히 해결된 거야. 또 충전기에서 건전지를 꺼내서 바로 테스트하면 안 된다는 것도 알아냈어. 전문가 몇 명이 그렇게 하면 테스트 결과가 잘못 나온다고 그 방법은 쓰지 말라고 하더라고. 충전기에서 꺼낸 후에 적어도 한 시간, 될 수 있으면 여덟 시간에서 하루 정도 후에 하는 게 가장 좋대. 그리고 낡은 건전지에 새 라벨을 붙이니까 고객 반응이 더 좋아졌어. 새 라벨을 붙인 건전지에는 표시를 해서 어떤 게 새것이고, 어떤 게 낡은 건지 추적할 수 있게 했지. 그리고 산요 충전용 건전지도 100개 샀어. 그 건전지 품질이 세계 최고라는데 우리가 쓰는 건전지보다 세 배나 더 비싸. 그 건전지의 외장재를 바꾸고 표시를 해서 우리 건전지와 성능을 비교해 볼 거야." 이런 식으로 배우는 게 많았거든. 이제는 건전지가 뭔지 좀 알 것 같아. 완벽하다고는 말하지 못하겠지만 전보다 훨씬 나아지고 있어."

부로 사업 성장의 또 다른 견인차는 내가 가방에 넣어 온, 건전지로 작동되는 휴대전화 충전기였다. 이 충전기는 휴대전화 충전 플러그에 꽂아서 넣을 수 있는 선이 달린, AA 건전지 네 개가 들어가는 플라스틱 케이스다. 가나 전역에서 팔리는 값싼 망가니즈 건전지(선와트 브랜드)는 휴대전화를 충전할 만큼 성능이 강력하지 못했기 때문에 그 용도로는 부로 건전지가 시장에 나온 유일한 제품이다. 전기가 안 들어오는 마을에서 히트 상품이 됐지만 이 충전기도 완벽하지는 않았다. 이 충전기로 모든 휴대전화를 충전할 수 있는 건 아니었고(전기 회로망이 과부하가 됐다고 착각해서 전류의 흐름을 차단해 버리는 휴대전화가 있었다), 전선을 잘라서 꼰 다음 충전기에 꽂는 것도 손이 많이 가는 일이었다. 휘트가 중국 회사와 손을 잡고 전기 회로망 문제를 해결할 수 있도록 이 극진공관과 연결하면서 고객들이 전선을 꼬지 않아도 되도록 각기 다른 종류의 어댑터를 고를 수 있는 대안을 만들려고 노력하고 있었다.

그리고 새 신용거래 정책이 한몫했다. 마을 사람들에게 무이자로 단기 대출을 해 줘서 1세대인 건전지 보증금이나 휴대전화 충전기 보증금을 낼 수 있도록 해 준 것이다. 휘트가 설계한 그 프로그램은 추장과 마을 원로로 구성된 위원회에서 믿을 만하다고 선정한 사람은 누구든 부로에게 보증금을 빌릴 수 있었다. 단, 그렇게 빌린 보증금은 한 달 안에 갚아야 한다. 이 프로그램은 무함마드 유누스의 소액 금융 지원 혁

• 일부 산요 건전지는 꽤 오랜 기간 우수한 품질을 유지했지만 원래 수명보다 훨씬 일찍 못 쓰게 되는 것도 있었다.

신 모델을 본뜬 것으로, 유누스가 설립한 그라민은행은 동료 간의 사회적 압력을 이용해서 대출금 상환을 보장받았다. 휘트는 그 프로그램에 대해 이렇게 설명했다.

"우리는 추장에게 누군가 돈을 빌렸다 갚지 않으면 마을 전체가 신용을 잃게 되고, 그렇게 되면 우리가 마을 사람에게 대여해 줬던 건전지를 모두 회수할 것이라는 점을 분명히 밝혔어. 그렇게 해서 추장이 우리에게 마을의 어떤 사람이 믿을 만한지 아닌지 조언하게 한 거지. 그래 놓고 나중에 추장이 이렇게 말하는 사태가 일어나면 안 되는 거야. '아니, 래리에게 돈을 빌려줬다고요? 나라면 래리에게 절대 돈을 빌려주지 않았을 텐데. 그 사람이 작년에 내 톱을 빌려 가선 감감무소식이었거든.' 누군가 책임을 져야 이 시스템이 돌아갈 수 있다는 뜻이야."

부로는 나중에 이 정책을 더 효율적으로 다듬어서 고객의 신용을 에이전트가 책임지는 제도로 바꿨다. 그렇게 변경하자 상환율이 극적으로 향상됐다. 그리고 은칸사도 일조했다.

"은칸사가 공공 모임에서 사람들에게 대체 무슨 말을 하는지 나야 전혀 모르지." 은칸사는 주로 크로보족을 상대로 영업하기 때문에 휘트가 은칸사의 말을 못 알아듣는 게 당연했다. "하지만 은칸사는 공공 모임에 한 번 나갈 때마다 건전지를 300개 정도 파는 것 같아. 마을 사람들한테 우리 건전지를 사면 그 사람들 성기가 커진다고 한 건지 아니면 아이들 성적이 오른다고 한 건지 그 비법은 나도 몰라. 그리고 마지막엔 영악하게 이런 소리로 마무리를 한다니까. '내가 고객들을 가입시키는 걸 도울 수 있는, 읽고 쓸 수 있는 지원자 세 명이 필요합니다.' 그런 식으로 그 마을에서 일할 수 있는 새 에이전트를 미리 선별

하는 거지."

스물다섯 살인 은칸사는 타고난 세일즈맨답게 항상 웃는 얼굴과 느긋하고 편한 자세로 사람을 대했다. 그는 자신만만한 성격인 데다 한 번 입을 열면 세련된 동작과 긴 손가락을 자연스럽게 움직여서 듣는 사람을 끌어당기는 매력이 있었다. 그런 모습에 배우 같은 분위기가 흐르기도 했지만 그렇다고 지나치게 과장되거나 어색해 보이지도 않았다. 은칸사는 코포리두아에서 20킬로미터 북쪽에 있는, 큰 장이 서는 마을에서 성장했다. 그의 아버지는 영어 선생님이었고, 어머니는 판잣집에서 차, 곡식, 완숙 달걀, 식료품 등을 파는 작은 가게를 했다. 은칸사의 어머니는 매일 그에게 가게에서 팔 빵을 사 오라고 돈을 줘서 시장에 보냈다고 한다. 은칸사는 어머니가 준 현금을 최대한 효과적으로 쓰는 법을 재빨리 깨우쳤다. 제과점에서 할인된 가격에 빵을 직접 사 그 빵을 마을에서 팔아서 이윤을 남긴 후에, 다시 제과점으로 돌아가서 빵을 더 사서 어머니에게 가져다 드리고 주머니에 남은 잔돈을 챙긴 후에 집에 와서 숙제를 했다.

"난 항상 돈을 버는 법을 알고 있었어요. 고등학교 갈 때까지 그렇게 빵을 팔다가 다른 아이들이 빵 파는 날 보고 놀려 대서 그만뒀죠." 은칸사가 내게 말해 줬다.

고등학교를 졸업한 후에 그는 아크라로 와서 레스토랑 점원으로 취직했다.

"그 레스토랑에 단골로 오는 거물이 하나 있었어요. 어느 날 밤, 그 손님이 쪽지를 써서 건의함에 넣더군요. 건의함에 있는 쪽지는 나 외에는 아무도 읽지 않았어요. 나는 거기 있는 쪽지를 다 읽었어요. 그 거물이 쪽지에 자기가 시킨 틸라피아 수프가 너무 늦게 나오고, 그 누구도 식사를 마친 후에 손을 씻을 수 있는 따뜻한 물과 레몬을 갖다 주지 않았다고 불평을 했더군요. 그래서 그 사람이 다음번에 왔을 때 제가 직접 접대했어요. 주방에 가서 그 사람이 주문한 수프가 2분 만에 나오게 했죠. 그리고 따뜻한 물과 레몬을 갖다 드렸어요. 그날 밤에 그 손님이 건의함에 또 쪽지를 한 장 넣더군요. 그 쪽지에 '오늘 날 접대한 직원에게 내게 전화하라고 전해 줘요' 이렇게 적혀 있더군요. 전화번호도 적혀 있었어요. 그래서 전화를 했더니 자기 집에서 일해 달라고 하더군요. 그 사람은 큰 집에서 부인과 함께 살았는데 제가 그 부부의 빨래를 개고, 요리와 청소까지 전부 했어요. 하지만 그러다 쿠푸오르가 대통령이 되면서 그 거물을 라이베리아 대사로 임명해서 그 부부는 떠나야 했죠."

은칸사는 대학에 가고 싶어 필사적이었는데 특히 미국 대학에 가길 원했다.

"전 브리검영대학에 갈 거예요." 그는 내게 자신 있게 말했다. 모르몬 교도 인턴과 시간을 많이 보냈던 모양이다.

"진심이에요?" 내가 물었다.

"네. 난 담배도 안 피우고, 술도 안 마시고, 여자도 멀리할 수 있으니까, 그 학교에 들어갈 수 있어요."

"그럼, 그 학교의 학칙에 대해 잘 아나 보죠?"

"그럼요. 그 학교 웹사이트에 들어가 봤어요. 제가 사장님을 감동시켜서 그 학교에 입학할 수 있게 도와주시면 좋겠는데."

"당신이 원한다면 휘트는 기꺼이 도와주려고 할 거예요."

돈을 절약하기 위해 은칸사는 소만야라는 좀 멀리 떨어진 마을에서 부모님과 함께 살고 있었다(그의 아버지가 장로교회에서 운영하는 학교 교장으로 취직했을 때 가족이 그곳으로 이사했다). 그것 때문에 휘트와 잰은 불편해했는데 은칸사가 좀체 믿을 수 없는 교통수단인 트로트로를 이용해서 출퇴근하느라 한 시간씩 걸렸고, 종종 지각했기 때문이다. 대개 휘트는 집주인에게 집세를 선불로 내서 새로 온 직원이 코포리두아에서 살 수 있도록 했다. 하지만 은칸사는 휘트를 설득해서 집주인에게 돈을 주는 대신 돈을 그에게 직접 빌려주게 했다. 1,500세디 정도였는데 대략 은칸사 월급의 넉 달 치에 해당되는 돈으로, 은칸사는 그 돈으로 오토바이를 사서 출퇴근을 하면서 부모님과 계속 같이 살겠다고 했다. 오토바이를 타면 코포리두아로 금세 달려올 수 있을 거라고 휘트를 설득했다. 그리고 집에서 부모님과 같이 살면 대학 갈 학비도 모을 수 있다고. 휘트는 그 제안에 동의했지만, 돈을 준 지 몇 주가 지났는데도 오토바이는 보이지 않았다. 은칸사는 아크라에서 오토바이를 수리 중이라고 말했지만, 영수증을 보여 달라고 하자 이리저리 핑계만 댔다.

이렇게 사소한 일로 문제를 일으키긴 했지만 은칸사는 계속해서 어마어마한 실적을 올렸다. 아무도 그처럼 수많은 사람의 마음을 사로잡진 못했다. 그는 일류 세일즈맨은 자신이 파는 제품에 대해서만 이야길 하는 게 아니라 잠재적인 고객들이 스스로 본인의 욕망과 욕구를 깨달을 수 있도록 고도로 계산된 질문을 던져야 한다는 걸 잘 이해하고 있었다.

"건전지에 돈을 절약하고 싶은 사람이 여기 몇 명이나 있죠?" 그는 종종 이렇게 선전을 시작했다.

"저요, 저요!"

"건전지에 돈을 절약할 수 있다면, 언제부터 시작해야 좋을까요?"

"음, 지금이요?"

나는 아프라마스라는 마을에서 은칸사가 하는 공공 모임에 따라간 적이 있다. 마을 사람들이 장례식에 가느라 공공 모임에 온 사람은 열다섯 명밖에 되지 않았다. 추장이 은칸사에게 전화를 걸려고 했지만 그 마을은 휴대전화가 잘 안 터져서 통화가 되지 않았다고 했다. 예정대로 공공 모임은 시작됐고, 은칸사는 청중을 손에 넣고 쥐락펴락했다. 제품을 직접 다뤄 본 고객이 그 제품을 살 가능성이 훨씬 높다는 걸 아는 은칸사는 모두 건전지와 어댑터를 만져 보게 했다. 그리고 마을 사람들에게 집에서 쓰는 손전등과 라디오를 가져오라고 한 후에 그 안에 들어 있던 녹슨 타이거헤드 건전지를 빼곤(과장되게 그 건전지를 비웃는 동작을 하면서) 그 안에 밝은 초록색의 부로 건전지를 넣었다. 부로 건전지가 얼마나 밝게 빛나고, 얼마나 큰 소리를 내는지를 말하면서 은칸사가 마을 사람들을 즐겁게 해 주는 모습은 크로보어를 몰라도 충분히 이해할 수 있었다. 그러다 은칸사가 뭐라고 한마디 하자 사람들이 모두 박장대소했다.

나는 회사 운전기사이자 은칸사의 조수로, 같이 청중의 관심을 끌기 위해 노력하는 제임스에게 고개를 돌렸다.

"은칸사가 뭐라고 했죠?"

"은칸사는 회사 신용거래 정책에 대해 설명했어요. 이렇게 말했죠. '우리가 다음 주 금요일에 대금을 받으러 돌아올 겁니다. 그때 여러분이 돈을 내지 못하면 그다음 주 금요일에 올 겁니다. 그때도 돈을 내지 못하면 우리는 트럭에 검은 칠을 하고 그 옆에 경찰이라고 써서 돌아올 겁니다'라고요."

은칸사는 에이전트들과 다른 직원들에게 귀감이 되는 최고의 세일 즈맨이었지만 다른 기본적인 기술은 좀 부족했다. 특히 자신이 맡은 구역을 관리하는 점이 허술했다. 어느 날 아침, 휘트가 은칸사를 사무실로 불렀다.

"은칸사, 애덤이 장부에 기입할 수 있도록 당신이 영수증을 제대로 처리하려면 어떻게 해야 할까요? 전에도 이 이야길 했고, 애덤이 당신에게 그 방법을 가르쳐 줬는데 아직도 그 문제가 해결되지 않고 있어요."

"제가 다 설명해 드리겠습니다." 은칸사가 대답했다.

"설명을 하지 말고 그냥 영수증 처리를 제대로 해요."

"곧 하겠습니다."

"이건 단지 부기 문제가 아니에요. 그 정보가 있어야 사업을 제대로 키울 수 있어요. 예를 들어, 우리는 지금 재판매업자들*이 지난 2주간 교환율에 집중할 수 있도록 엄청 노력 중이에요. 그거야말로 정말 사업에 큰 파급 효과를 낼 수 있기 때문이죠. 한 주는 너무 짧아요. 재판매업자들이 여행을 갈 수도 있고 아플 수도 있으니까. 하지만 2주 정도면 정확한 데이터를 모을 수 있는 기간이에요. 내 말이 무슨 뜻인지 이해하겠어요?"

"네, 압니다."

• 이제 부로에서는 에이전트라고 하지 않고 재판매업자라고 하는데, 그 이유는 가나의 조세와 노동법에서 요구한 것처럼 그들의 독립적인 지위를 좀 더 정확하게 표현한 명칭이기 때문이다.

"자, 대니얼 라웨의 경우를 한번 보자고요."

대니얼은 아테나에 있는 은칸사가 관리하는 판매업자 중 한 명이었다.

"대니얼은 처음에는 건전지 274개를 교환했는데 그다음 주에는 150개로 줄었어요. 55퍼센트가 줄어든 거예요. 대니얼은 우리 회사 소속 재판매업자 중에서 스케일이 큰 사람 중 하나였으니까, 이건 정말 안 좋은 소식이에요. 왜 이렇게 교환율이 줄었을까? 고객들이 아팠을까, 아니면 그가 마음에 안 들었을까? 이런 점을 눈여겨봐야 하죠."

"무슨 말씀이신지 알겠습니다."

"그리고 휴대전화 충전기도 계속 신경 써야 해요. 내 생각에 휴대전화 충전기야말로 건전지 교환율을 높이는 중요한 제품 중 하나이고 그에 따라 수익이 올라가요. 그러니까 교환율이 낮은 재판매업자는 충전기를 많이 못 팔았다는 소리도 돼요. 그래서 우리가 충전기 판매를 모니터하고 있는 거예요. 만약 어떤 재판매업자에게 고객이 100명 있는데 충전기를 100개 팔았다면, 이 항목의 수치는 100퍼센트가 되겠죠. 만약 고객이 100명인데 충전기를 50개 팔았다면 몇 퍼센트죠?"

"50퍼센트입니다."

"맞았어요."

휘트 사장님은 내 천사예요

어느 날 제임스와 함께 그의 루트인, 아콰핌 산맥으로 가는 넓은 고리 모양의 도로를 올라갔다가 다시 은쿠라칸으로 내려갔다. 마흔두 살에 동안인 제임스는 위험한 이 산악 순환로를 한 손은 핸들을 잡고 다른 손은 연신 경적을 울리면서 달렸는데 내가 운전했을 때보다 시간이 절반 정도밖에 걸리지 않았다. 아무래도 자기 차선보다는 반대편 차선으로 더 많이 달려서 그랬던 것 같지만 그가 운전하는 내내 나는 거의 눈도 뜨지 못하고 있어서 확실히는 모르겠다. 휘트의 다른 직원들과 달리 제임스는 적어도 숙련된 미치광이 운전기사니까.

사실 그는 기네스 배달 트럭 기사로 8년 동안 일했다. 그와 아내와 다섯 아이(부로에 취직한 여직원을 포함해서)는 기네스 사택인 원룸 아파트에서 살고 있다가 동네 세차장에서 휘트를 만났다.*

"기네스에서 일할 땐 정말 힘들었어요. 아이 학비로 돈을 빌려주는 법도 절대 없었거든요. 그런데 부로는 기네스보다 월급도 더 주고, 학비도 빌릴 수 있어요. 내가 휘트 사장님 밑에서 일하려고 기네스를 그만둔다니까 그때야 월급을 올려주겠다고 하더군요. 하지만 너무 늦었다고 내가 그랬죠." 제임스가 말했다. 월급이 올라서 제임스는 코포리두아에 전보다 좀 더 넓은 방 두 개짜리 아파트로 이사했다. "휘트 사장님은 내 천사예요. 사장님이 무병장수하시라고 내가 기도하고 있답니다."

제임스가 휘트에게 그렇게 고마워하는 이유는 딸까지 취직시켜 줬기 때문이다. 그 딸은 원래 아크라에 있는 삼촌과 같이 살면서 대학에 다니고 있었지만, 일이 잘 풀리지 않아 다시 집으로 돌아온 참이었다.

• 가나 사람들은 자기 차를 무시무시하게 깨끗하게 관리하는데, 이 나라의 부실한 도로 사정을 고려해 보면 끝도 없는 헛수고라고 할 수 있다. 나는 가나 사람들의 그런 태도가 어느 정도는 거물 콤플렉스에서 비롯된 게 아닐까 하는 생각이 들었다. 가나에서 자기 차를 가지고 있거나 심지어 회사 차를 모는 사람도 거의 없기 때문에, 그런 행운을 거머쥔 사람들은 그 사실에 큰 자부심을 가지고 있다.

"딸아이는 다시 대학으로 돌아갈 겁니다. 어쩌면 내년에 돌아갈지도 몰라요." 제임스는 계속 운전하며 말했다. "나도 대학에 가고 싶었지만 아버지가 돌아가셔서 일을 해야 했어요."

"아버지가 젊었을 때 돌아가셨나요?"

"친구에게 독살당하셨죠."

"참 대단한 친구군요."

"아버지는 라고스에서 일하셨는데 그때 아버지는 차를 가지고 있었어요. 아버지 친구가 그 차를 탐낸 거죠. 어느 날 둘이서 같이 술을 마시러 나갔는데 그다음 날 아버지는 심하게 앓아누우셨다가 결국 돌아가셨어요. 그 친구는 차를 가지고 사라졌고요."

부기 모험

나는 데비와 그녀의 아들 데이비드를 데리고 어느 날 비즈 시장에 갔다. 며칠 전 도착한 후로 이 모자는 계속 사무실에 틀어박힌 채 들고 온 노트북으로 퀵북스 보고서와 은행의 입출금 내역서만 보고 있었다. 데이비드는 하루 종일 이어폰을 끼고 스포츠 팟캐스트를 들으면서 일했고, 데비는 그냥 일했다. 이들은 휴식이 필요했다. 게다가 나는 쉰 살의 데비가 자비를 들여 가나까지 와서 휘트의 장부 정리를 도와주는 이유를 알고 싶었다. 나는 그녀가 시애틀에서 상당히 안락한 삶을 살고 있다는 인상을 받았다. 그녀는 보트를 구입할 생각이라고 했는데 그녀가 염두에 두고 있는 보트(우연히 알게 됐다)는 정확히 말해 작고 아

466

담한 것이 아니었다. 좋다, 그녀는 아이도 독립시키고 혼자 사는 이혼녀다. 그렇다고 해도 모든 부유한 이혼녀가 휴양지가 아닌 세계에서 가장 가난한 나라에 와서 자신의 전문적인 지식과 기술을 가지고 자원봉사 하진 않는다.

"그냥 지겨워서요. 난 모험을 좋아해요. 많은 사람이 난 이거 해 보고 싶어, 저거 해 보고 싶어 하지만 다 말뿐이잖아요." 시장으로 걸어가면서 데비가 말했다.

부로의 회계 장부를 정리하는 게 그렇게 대단한 모험 같지는 않지만, 그들이 해결해야 할 문제가 많긴 했다(데비와 데이비드가 휴가를 내서 가나를 여행하러 갔을 때 난 기꺼이 기뻐해 줬다). 부로의 비즈니스는 회계 관점에서 볼 때 대여 물품 목록(가치가 떨어지는 것), 임대 보증금(이건 정기적인 수입으로 칠 수 없다), 고객이 얼마나 많이 사느냐에 따라 비용이 그때그때 달라지는 쿠폰이 있어서 신생 소기업치고는 일하기가 까다로웠다.

"쿠폰은 교환하기 전까지는 수익으로 칠 수 없어요." 어느 일요일에 데비가 아부리에 있는 새 호텔의 풀장 가장자리에서 데이비드와 휘트와 점심을 먹으면서 말했다. "문제는 쿠폰 중 일부는 영원히 사용되지 않을 거라는 거죠. 분실되거나 뭐 그런 일이 생기니까. 그래서 어느 시점에 가서는 교환하지 않은 쿠폰도 수익란에 넣어야 해요. 그렇게 하려면 가격대마다 쿠폰이 얼마나 팔렸는지 추적해서 쿠폰의 평균가를 알아내야 해요."

회계 전문가는 아니지만 이 문제를 어느 정도는 이해하는 휘트가 말했다.

"알았어요. 내가 감가상각 부분을 조사해서 이번 주에 평균값을 알아 볼게요. 지금까지는 애덤이 속도를 낼 수 있도록 애를 쓰고 있는 중이에요."

데이비드가 메뉴를 보다가 고개를 절레절레 흔들며 말했다.

"애덤은 당좌예금 계좌의 수입과 지출을 맞추는 방법도 몰라요. 그리고 현금계정도 작업해 본 적이 없고. 그냥 매달 모든 계정을 맞춰서 다 똑같이 만들어 놨어요."

"돌겠군." 휘트가 말했다.

강력한 성능 유지

어느 날 아침, 3주간의 현장 조사를 기반으로, 브리검영대학교의 인턴인 제니아와 타라의 최종 프레젠테이션 발표가 있었다. 우리 직원 열세 명이 부로 회의실에 모두 모였다. 이 둘이 맡은 과제는 마케팅과 인사(즉, 재판매업자를 고용하고 교육하고 유능한 이들을 유지하는 것) 두 영역에 권고안을 내는 것이었다.

"데이터를 모으기 위해 현장에서 열여덟 명의 재판매업자를 인터뷰했습니다." 타라가 발표를 시작했다. "그중 아홉 명은 실적이 뛰어나고, 나머지 아홉 명은 실적이 저조합니다. 우리는 정성분석 기법을 사용했습니다. 그리고 브랜드 인지도를 알아보기 위해 고객 마흔 명을 인터뷰했습니다. 정성분석 기법치고는 규모가 작지만 이 정도면 유효하다고 생각했습니다. 발표를 들어 보시면 아실 겁니다."

우리는 둘이 준비한 파워포인트를 모두 자신의 노트북에 띄우고 이들의 발표를 따라갔다.

"우리는 왜 어떤 재판매업자는 매달 수백 개의 건전지를 교환하는데 어떤 재판매업자는 열 개밖에 교환하지 못하는지 알고 싶었습니다. 그래서 부로가 그런 최선의 관행을 직원 채용과 교육에 적용시킬 수 있게 하자는 거였죠. 우리가 발견한 흥미로운 점 하나는 최고의 실적을 내는 재판매업자와 저조한 실적을 내는 재판매업자 양쪽 모두 자신이 담당한 마을에서 비슷한 문제에 직면해 있다는 겁니다. 즉, 마을 사람들이 돈이 거의 없고, 모두 농사를 짓는 데다 바쁘고, 교통수단이라고 할 만한 게 없어서 주로 걸어 다니는 것, 그런 점이죠. 그래서 우리는 재판매업자의 능력 차이는 시장의 여러 힘에 좌우되는 게 아니라 재판매업자 개개인의 능력에 따라 달라진다는 사실을 알았습니다. 사람들이 왜 부로 건전지를 사지 않느냐고 물었을 때 실적이 낮은 판매자는 종종 기이하게도 부정적인 사회적 압력을 이유로 들더군요. 다시 말하면 이런 식입니다. '사람들은 내가 돈 벌려고 그런 물건을 판다고 생각해요' 또 다른 답으로는 '내가 그 일로 돈을 버니까 마을 사람들이 질투해요'라는 대답이 돌아왔습니다.

반면, 실적이 좋은 재판매업자에게는 몇 가지 공통점이 있었습니다. 이들은 고객이 찾아올 때까지 기다리지 않고 직접 고객을 찾아갔습니다. 그리고 다른 물건도 파는 재판매업자들이 부로 건전지도 더 잘 파는 것 같습니다. 짐작에 그런 사람들은 사업을 좋아하고 판매 기술도 있는 것 같습니다. 그리고 아주 우수한 재판매업자는 부로가 하나의 제품이 아니라 '서비스'라는 개념을 잘 이해하고 있었습니다. 그들이 파는 것이 상품이 아니라 에너지라는 걸 알고 있었죠."

"우리 취향대로 고를 수 있을 만큼 재판매업자 후보가 많지 않은 상태에서 우리가 실시하고 있는 인사 관행 중에 어떤 것이 좋고, 어떤 것은 고쳐야 할 점이라고 생각하죠?" 휘트가 질문했다.

"음, 마을 추장과 만나 재판매업자 후보를 상의하는 방법은 효과가 있는 것 같습니다. 하지만 면접 과정을 좀 더 문서화하는 것도 좋을 것 같습니다. 추장과 함께 다섯 명의 후보를 골라 놓고, 예상 가능한 답변에 대해 점수를 매기는 식으로 면접을 보는 겁니다. 그러니까 '나는 고객이 나를 찾아오게 할 계획이다'라는 답을 하면 0점이죠. 그런 식으로 직원을 뽑는 겁니다."

"내가 보기에 한 가지 문제는 추장이 다섯 명을 골랐는데 그 다섯 명이 모두 추장의 아들일 수 있다는 거죠. 그래서 그 다섯 명을 두 달 동안 써 봤는데 시간 낭비일 수도 있고. 그러면 또 누군가를 찾아야 하잖아요." 로즈가 지적했다.

"추장이 너무 단순한 사람일 경우도 흔하죠." 은칸사도 로즈의 지적에 동의했다.

"그래도 결국 가장 중요한 건 추장이 그 재판매업자를 잘 알고 높이 평가해야 해요. 하지만 꼭 추장이 재판매업자를 고를 필요는 없죠." 로즈가 덧붙였다.

"직원을 어떻게 채용하든 부로는 이 일이 매우 중요한 일이며 이 자리에 뽑힌 사람은 무엇보다 판매 기술 때문에 뽑혔다는 점을 널리 알려야 합니다. 뽑힌 직원도 자신이 맡은 일에 책임감을 가지고 진지하게 임해야 합니다." 타라가 말했다.

그녀는 이어서 재판매업자 교육 문제에 대해 설명했다. 이 과정은 처음에 나왔던 채용 문제보다 더 중요하다고 할 수 있다. 선천적으로 타고난 세일즈맨도 부로 사업 모델에는 익숙하지 않기 때문이다.

"부로가 처한 도전은(세련되게 타라가 표현했다) 아주 다른 문화적 가치를 지닌 사람들을 교육하는 것입니다. 부로가 각 지점 내에서 위계 체제를 갖춘 부서 체제를 채택해야 한다고 생각합니다. 최고의 실적을 내는 재판매업자들이 부서장이 돼서 다른 재판매업자들에게 다가가 그들이 판매 목표를 달성할 수 있도록 돕는 것입니다. 그리고 이 부서장들은 전문적인 교육을 받은 직원이 교육하는 겁니다. 기본적으로 교육할 능력이 되는 사람들이 그 밑의 부하 직원을 교육하는 시스템이죠."

"그렇다면 이 부서장들이 자신이 데리고 있는 재판매업자들을 위해 건전지를 교환해 주는 일도 할 수 있겠군요. 우리는 보마스에 있는 도로시가 세스와 빅터의 건전지를 교환하게 하려고 해 봤어요. 하지만 그 시스템은 효과가 없었어요. 물론 우리가 도로시에게 아무런 인센티브도 주지 않아서 그랬을지도 모르죠." 로즈가 말했다.

"마을에 상주하는 재판매업자가 다른 재판매업자를 교육할 수 있는 전문 지식도 있다는 아이디어가 마음에 드는군. 타라, 아크라에 그 방면에 경험이 있는 회사가 있다는 말을 하지 않았나요?" 휘트가 물었다.

"헬스키퍼라는 회사입니다. 그 회사에도 브리검영 인턴이 많아요. 그 친구들도 이 주위에서 일하고 있죠." 타라가 말했다.

"그 회사의 사업에 대해 더 많이 알고 싶군요."

데비가 목소리를 높여 말했다.

"사장님이 원하는 만큼 회사를 빨리 성장시키고 싶다면 이 부서장들이 꼭 필요하다고 생각합니다. 로즈와 은칸사 둘이서 그 일을 다 할 순 없습니다. 경영진의 중앙 통제와 대표체제를 포기한다는 게 쉽진 않겠지만, 그렇게 해야 합니다. 그리고 그 일을 대신할 수 있는 사람을 찾아야 합니다."

"그 말이 맞아요, 데비. 지금 우리 회사의 제1호 지점에는 아흔 명의 재판매업자들이 있어요. 내가 계산한 바로는 투자에 대한 보상을 하면서 순익을 내려면 각 지점마다 약 375명의 재판매업자가 있어야 해요. 그러니까 로즈와 은칸사 둘이서 다른 재판매업자 한두 명과 함께 그 많은 재판매업자들을 교육할 수 있을까? 물론 하려고 들면 할 순 있겠죠. 하지만 지금 제안한 것처럼 부서장들이 주축이 된 교육 시스템만큼 효율적이거나 신속하게 교육하는 건 불가능하겠죠. 그리고 18개월이 아닌 6개월 안에 새 지점을 여는 단계까지 우리 회사가 발전했으면 좋겠어요."

"로즈, 아까 인센티브 이야기를 했는데 그 아이디어를 다시 한 번 논의하면 좋을 것 같아요. 우리가 알아낸 한 가지 문제는 재판매업자들이 커미션으로 받는 돈이 얼마 안 된다는 거예요. 현재 건전지를 한 번 교환할 때마다 1페세와를 받더군요. 이와 비슷한 다른 업종의 세일즈보다 인센티브가 적어요. 게다가 부로는 다른 많은 회사와도 경쟁해야 하는 입장인데." 타라가 말했다.

"음, 쿠폰 판매까지 합치면 재판매업자는 실제로는 건전지를 한 번씩 교환할 때마다 2페세와를 받아요. 그리고 가나에서 일하는 다른 세일즈맨들은 본인이 직접 상품을 대량으로 구매해야 한다는 걸 잊지 마세요. 다른 회사 재판매업자는 물품을 대량으로 살 자본이 있어야 하

472

는데 그러다 그 물건들이 안 팔리거나 품질이 떨어지면 재판매업자에게 큰 부담이 되죠. 부로는 그런 부담이 없어요. 이왕 말이 나왔으니까 하는 말인데, 실적이 높은 재판매업자들에게 인센티브나 상을 주는 방법을 더 찾아보는 것도 좋을 것 같아요. 새 고객들에게 건전지를 파는 것과 기존의 고객이 건전지를 교환해 가는 경우에 대한 보상을 섞는 방법도 생각해 볼 필요가 있고. 지금까지는 건전지를 교환하는 비용 때문에 새 고객을 모집하는 편을 더 선호해 왔지만, 그 점을 바꿔 볼 필요가 있겠어요." 휘트가 제안했다.

그다음에 제니아가 발표했다.

"우리가 마케팅 리서치를 한 목적은 부로 고객을 더 잘 이해하고 왜 이들이 다른 브랜드보다 부로 건전지를 지속적으로 사용하는가를 알아보기 위해서였습니다. 그리고 거기서 알게 된 점을 마케팅과 브랜드 인지도 계획에 적용해 봤습니다. 부로에 대해 가장 꾸준히 나온 긍정적인 의견은 부로 건전지가 기기 안에서 썩지 않는다는 것이었습니다. 사실상 모든 고객이 타이거헤드 건전지가 새서 기계가 망가진 사례를 알고 있었습니다."

"그건 놀랄 일도 아니죠. 건전지 전문가인 이지도어 부흐만이 내게 말해 줬는데 모든 망가니즈 건전지는 끝까지 다 쓰면 결국엔 새게 된대요. 그런데 여기 사람들은 다 그렇게 쓰고 있어요. 그게 바로 화학의 본질입니다. 새느냐, 새지 않느냐가 아니라 언제 새느냐가 문제인 거죠." 휘트가 설명했다.

"그러니까 부로는 '새지 않습니다'란 표어를 당당하게 주장할 수 있다고 생각합니다. 타이거헤드의 또 다른 단점은 어린이 안전 문제입니

473

다. 아이들이 폐건전지를 입에 넣는 걸 봤다는 고객들이 몇 명 있었습니다. 한 연구 대상자는 자기가 아는 아이가 건전지를 빨았다가 병원에 갔다는 이야기도 했습니다. 부로 건전지는 버리는 일이 없고, 새지도 않기 때문에 아이들에게 더 안전한 제품으로 인식되고 있습니다." 제니아는 설명을 이어 나갔다. "하지만 타이거헤드도 긍정적으로 인지되는 점이 많았습니다. 첫째, 타이거헤드를 아는 사람들이 아주 많다는 겁니다. 사람들은 타이거헤드가 새긴 하지만 그 브랜드를 신뢰하는 것 같았습니다. 그리고 많은 고객이 타이거헤드가 부로보다 더 오래 지속되거나 더 성능이 강력한 것으로 인식하고 있었습니다."

"우리가 테스트해 본 결과 처음에는 타이거헤드가 우리 건전지보다 조금 더 강력하고, 좀 더 오래 지속되는 점이 있었어요. 물론 뒤에 가서 나오는 전력량은 아주 미미하지만." 휘트가 말했다.

"그 점 때문에 부로의 '더 많은 파워'라는 표어는 별로 설득력이 없는 것 같습니다. 장치에 따라 타이거헤드가 더 강력한 성능을 발휘할 때도 있으니까요. 그리고 이 표현은 좀 모호하기도 합니다. 이 말은 더 오래 지속된다는 건지 아니면 더 밝고 더 크다는 건지 헷갈립니다. 게다가 '더 많은 일을 하라'라는 표어 역시 고객들에게서 별다른 반응을 이끌어내지 못했습니다. 우리가 실시한 모든 인터뷰에서 일을 더 많이 한다는 아이디어는 한 번도 나오지 않았습니다. 가나 사람들이 그런 면은 중시하지 않는 건지 그건 저도 잘 모르겠습니다. 하지만 부로가 자신 있게 쓸 수 있는 표현을 하나 찾아냈습니다. '강력한 성능 유지'란 표현입니다. 사람들은 부로 건전지가 타이거헤드처럼 성능이 지속적으로 저하되지 않는다는 점을 마음에 들어 했습니다."

"그 표현 맘에 드는군." 휘트가 말했다.•

"더 많은 일을 한다는 표현은 우리가 고객들의 생산성을 제고시키기 위해 노력한다는 점을 각인시키는 포인트입니다. 모든 부로 제품은 고객들의 수익 가능성을 향상시키거나 그들이 이미 돈을 쓰고 있는 제품에 대한 더 나은 대체품이 되어야 합니다. 그래서 고객들이 '더 많은 일을 한다'는 개념에 대해 열렬히 호응하도록 유도해야 합니다. 이 개념은 고객들을 한 번에 사로잡을 수 있는 명쾌한 표현은 아니지만, 전반적인 브랜드 포지셔닝이라는 관점에서 봤을 때 절대 포기해선 안 됩니다. 우리는 건전지라는 제품으로 돈을 버는 방법을 반드시 알아내야 합니다. 가나의 일회용 건전지 시장 하나만 해도 5,000만 달러 규모입니다. 그리고 그 시장을 넘어서면 우리 건전지를 알릴 수 있는 제품인 손전등과 휴대전화 충전기같이 아주 쉬운 시장이 있습니다. 단기적으로는 그곳이 우리가 목표로 하는 시장입니다."

며칠 후에 나는 휘트가 앤드루와 함께 그만의 프로젝트를 의논하기 위해 만든 자리에 같이 참석했다. 그 프로젝트는 타라와 제니아가 제기한 아이디어에 대한 후속 프로그램을 만든 것이었다. 앤드루는 마을 네 개를 골라서 은칸사와 함께 재판매업자의 건전지 교환율을 올릴 수 있는지 시도해 보고 싶다고 했다.

"난 그 계획을 지지하지만 나라면 그보다 스케일을 더 키우겠는데. 우리가 시험해 보고 싶은 구역을 하나나 두 개 정도 알아봅시다. 그다

• 그 후에 로즈가 현장 조사를 한 결과 '강력한 성능 유지' 역시 '더 많은 파워'만큼이나 모호하다는 반응이 나왔다. 그녀는 휘트를 설득해서 그보다 더 나은 구호는 '더 밝고 더 세다'라고 했는데 이 점 덕분에 부로가 타이거헤드보다 지속 시간이 짧은 점을 정당화할 수 있었다.

475

음에 당신이 로즈와 은칸사와 같이 협력해서 여러 명의 재판매업자와 함께 그 프로그램을 신속하게 실시해 보는 겁니다. 그렇게 되면 상승 효과가 일어날 것이고, 우리로서는 구역제와 부서장 체제에 대해 시험해 볼 수 있는 기회가 될 겁니다." 휘트가 대답했다.

"그럼 우리가 구역 매니저를 교육해야 한다는 말씀이신가요?"

"맞아요. 최소한 밑에 다섯 명의 재판매업자들이 있는 매니저를 뽑아서 부하 직원들이 효과적으로 판매하고 있는지 체크하고 괜찮은 새 구역을 개척할 기회를 찾자는 겁니다. 로즈가 이미 그 점을 연구하고 있으니까 앤드루가 가서 같이 하면 됩니다. 로즈와 둘이서 재판매업자들을 훈련시킬 트레이너를 교육하는 겁니다. 그러면 정말 큰 효과를 낼 수 있죠."

다음 날 그들은 로즈와 다시 만났다. 앤드루가 서면으로 작성한 기나긴 교육 계획을 듣고 나서 휘트가 말했다.

"이건 정말 간단명료하게 만들어야 해요. 가나에서는 글을 낭독하는 전통이 없다는 걸 명심해요. 이곳은 구전 문화가 뿌리내린 곳이에요. 인간의 뇌는 한 번에 최소 두 개에서 다섯 개 사이의 개념밖에는 처리하지 못한다는 인지과학 연구 결과도 있어요. 그러니까 한 번에 많은 걸 노리지 말고 간단하게 갑시다. 이 교육 자료를 크게 서너 가지 항목으로 줄이고, 각각의 큰 항목 밑에 또 서너 가지 세부 사항을 붙이는 식으로 구성해 봐요. 아주 신선하고 귀에 쏙쏙 들어오면서 한 번에 완벽하게 외울 수 있도록 만들어야 합니다. 짧고 간결하게 만들어요. 이 일을 하기 위해 그들이 해야 할 일 세 가지. 그 밑에 그 일을 하기 위해 또 해야 할 일 세 가지. 그리고 그 목표를 달성하기 위해 해야 할 일 세 가지. 이런 식으로 단순하고 일목요연해야 합니다."

기괴한 결합체

한편, 저스틴은 휘트가 잠재적인 투자자들에게 부로를 소개할 사업 계획을 세우는 걸 돕고 있었다. 저스틴은 다른 인턴보다 조금 나이가 있었다. 아내와 어린 딸을 유타에 두고 그는 사업 가치 평가라는 현실적인 경험을 가지고 휘트를 도우러 왔다. 그는 어느 날 오후, 그 사업 계획에 대해 논의하기 위해 휘트와 만났다.

"투자자들을 위한 출구 전략으로 뭐가 있습니까? 투자자들이 배당금을 받으려 할까요? 100만 달러를 투자했을 때 회사 지분의 어느 정도를 받을 수 있습니까?" 저스틴은 꼭 필요하고 중요한 질문을 하고 있었다.

"음, 나도 이 회사에 25만 달러를 투자했으니까 상당한 돈을 투자한 셈이죠. 그러니까 이 회사의 지배권을 내놓진 않을 생각이에요. 수익이 늘어나기 시작하면 돈을 더 투자할 생각도 있어요. 내 재정 고문은 미쳤다고 하겠지만 말이에요. 상황이 좋아 보이면 얼마든지 더 큰 위험을 감수할 수 있어요. 출구 전략에 대해 말해 보자면, 투자자 입장에서는 배당금보다는 주식을 상장하거나 전략적 인수 합병을 하는 게 더 매력적이겠죠. 투자자들에게 새 지점을 내는 데 투자하게 하고 3년 후에 바꿀 수 있는 전환 어음을 주는 방안도 있고요."

"부로의 인수 합병 상대로 염두에 둔 회사는 있나요?" 저스틴이 궁금해 했다.

휘트는 어깨를 으쓱했다.

"P&G나 유니레버처럼 소비재를 생산하는 거대 기업도 괜찮을 것 같고. 아니면 전략적 투자자로 중국 대기업도 생각해 볼 수 있지만 중국 기업들은 브랜드 관리가 엉망이라서요. 나로선 브랜드 가치를 잘 아는 상대가 좋은데요."

저스틴이 부로가 벤처 자금을 어떻게 쓸 건지 물었다.

"음, 먼저 직원 교육과 마케팅 내용을 보강하고, 팀제를 좀 더 빠르고 확실하게 정착시키고, 회사가 좀 더 빨리 성장할 수 있다는 걸 투자자들에게 보여 주고, 2호점을 내서 우리 회사가 1호점의 실험 단계에 그치지 않고 계속 복제될 수 있다는 걸 입증해야죠. 그리고 회사가 더 빠르게 성장할 수 있는 기술에 투자하고요. 특히 잰과 내가 아크라에서 급조한 포더 프로그램보다 훨씬 강력하게 우리 사업 활동에 필요한 정보를 모두 규합할 수 있는 IT 솔루션을 저비용에 개발해야 해요. 사업 규모를 확장하는 동안 건전지 충전 성능도 키워야 하고요. 비용을 낮추면서 고객들을 위해 성능이 더 뛰어나고, 다른 충전기에 불법적으로 충전하는 행위를 방지하기 위해 우리 회사 자체적으로 독자적인 건전지 개발에 투자하는 것도 괜찮을 거예요. 제품 개발에 박차를 가해야 한다는 건 사업적으로 봐서도 이치에 맞아요. 사람들은 더 나은 오락과 정보 기술과 의사소통 수단과 더 다양한 조명 기구에 덧붙여 건전지로 작동되는 도구까지 원해요. 우리 브랜드의 정체성을 상징하는 제품에 집중하면서 건전지로 작동되는 효율적인 전자 제품 생산으로 확대해 나가는 건 좋아요. 그렇게 하려면 우리는 단순히 건전지만 파는 가게가 아니라 그보다 더 가치 있는 자산을 축적하는 회사라는 걸 입증해야 해요. 그러다 보면, 나도 이 회사에서 월급을 받아 갈 수 있게 될지도 모르죠."

저스틴은 돈을 버는 것만큼이나 부로라는 회사의 사명에 공감하는 소액주주들에게 관심이 있는지 휘트에게 물었다.

"물론 그 점은 생각해 봤어요. 우리는 지금 사회적 기업과 창조적 자본주의가 기묘하게 결합된 회사를 운영하고 있어요. 그러니까 지금은 간신히 회사를 유지해 나가고 있는 상황이지만 투자자들을 유치해서 비용 부담에 동의하게 하고 보조금을 받아서 지점을 개설해 가는 데 도움을 받을 수 있다는 거죠. 솔직히 그런 방법에 별로 관심은 없지만 그런 식으로 위태위태한 우리 회사의 명줄을 유지하는 방법을 완전히 배제할 생각도 없어요. 그렇게 된다면 우리가 기부자들의 지원을 받는 기업으로서 회사 경영을 책임지면서 새로 지점을 열어가는 거죠. 그러면 지점들이 독립해서 유지는 되지만 자체적으로 확장할 수 있을 정도로 튼튼하진 못해요. 그리고 새 지점을 개설하는 것을 주도하고, 광고하고, 새 지점에서 일할 팀원들을 교육할 사람이 필요하죠. 그들도 그들 나름대로 일하다 보면 기부자들의 지원이 필요하지만, 가난한 지역 공동체에 에너지를 공급하고 그들의 삶에 효율성을 높여 준다는 차원에서 자생력이 있으면서 장기적으로 유지될 수 있는 소기업이 만들어지는 셈이에요. 내 관점에서 보면 그런 체제는 실패라고 보겠지만, 사회적 자본주의에 관여한 많은 사람이 목표로 하는 게 바로 그런 체제예요. 다시 말하면 사람들이 기부하는 돈을 투입해서 대박이 나거나 아니면 간신히 유지만 되는 그런 사업체를 창업하는 모델을 우리가 만드는 거죠. 그러니까 선한 기부자들이 낸 기부금을 5만이나 10만 달러 정도 모아서 이런 시골 마을에 전력을 공급할 수 있는 일을 하는 거고요.

우리는 그 기부자들을 대신해서 그 사업체의 경영 전체를 책임지고 총괄하면서 재판매업자들과 고객 현황을 지속적으로 보고하는 거예요. 그러면 그 기부자들은 자신이 투자한 돈에 대해 작지만 수익도 올리면서 보람도 느끼는 거죠. 나는 우리가 여기서 하는 일이 상당히 인상적일 거라고 생각해요. 우리 회사는 여기서 거의 100명에 이르는, 어느 정도 글을 읽고 쓸 수 있는 재판매업자들을 데리고 수백 명에 이르는 고객들에게 건전지를 팔면서 그들에게 조언하고, 상담을 해 주고, 그들에 대한 정보를 입수해서 이 나라나 아프리카 대륙에서 한 번도 시도해 본 적이 없는 새로운 사업 모델을 구축해 가고 있어요. 그리고 사람들은 건전지에 쓰는 돈을 줄여서 그걸로 더 많은 일을 하고 있죠."

때마침 코포리두아 전역에서 환호성이 일어서 거리를 넘어 창문으로 그 소리가 들어왔다. 그 소리는 부로를 환호하는 게 아니라 가나 블랙스타 축구팀이 방금 월드컵 예선전에서 한 골을 넣어서 그랬다.

휘트는 이야기를 계속했다.

"지금 우리 회사가 내세우는 주장이 많은 기부자들이나 사회적인 문제에 관심을 두는 투자자들이 좋아할 만하다고 생각해요. 하지만 우리는 대신 정말로 매력적인 소규모 경제활동을 주도하고 있어요. 그러니까 예를 들어 1년에 세금을 공제한 순수익이 5만 혹은 7만 5,000달러에 달하는 지점을 만들고 있는 거예요. 그야말로 거대한 거죠. 그런 면에서 맥도널드 모델과도 비슷하다고 할 수 있어요. 하지만 손해만 보는 사업을 프랜차이즈화 할 순 없잖아요. 그렇게 되면 손해를 보는 속도만 더 빨라지죠. 그러니까 지점을 운영하는 것이 이익이 된다는 걸 먼저 입증해야 해요. 그다음에, 혹시 외부 투자자를 찾게 되면 1, 2년 내에 수익을 낼 수 있다는 걸 증명해 보인 후에 지점을 투자자에게 하나당 10만 혹은 20만 달러에 팔 수 있게 되겠죠. 그럼, 지금보다 더 많은 투자자에게 우리 회사가 더 매력적으로 보일 거예요. 나 같은 투자자에게 말이에요."

그들은 소리를 좋아한다

부로에는 가나 출신 인턴도 한 명 있다. 최근에 아셰시대학을 졸업한 또 다른 졸업생으로 프리실라 오스만이라고 로즈의 동창이었다. 말수가 적고, 피부색이 아주 짙고, 넓적한 얼굴에 광대뼈가 툭 튀어나온 프리실라는 가나의 북동쪽에 있는 건조하고 인구 밀도가 엄청 낮은 볼레 출신이다. 그녀는 약 25만 명 정도 되는 곤자족의 일원이다. 그들의 언어(역시 곤자어라고 한다)는 광언어 그룹에 속해 그녀의 고향인 외딴 지역에 있는 많은 사람은 영어는 고사하고 튀어도 구사하지 못하지만 프리실라는 둘 다 유창했다. 그녀는 어렸을 때 가나 라디오 뉴스 방송을 들으면서 영어를 배웠다고 내게 말했다.

"많은 곤자 사람이 영어를 못하지만 그래도 뉴스는 들어요. 소리를 좋아하거든요."

로즈와 프리실라는 트럭 확성기에서 틀 부로 광고 대본을 쓰기 위해 한 팀이 됐다. 휘트는 아크라에 있는 광고 회사인 오길비가 그 광고를 만들어 주길 원했다. 하지만 수많은 이메일이 오고갔는데도 결국 어떤 확답도 받을 수 없었고, 더는 기다릴 수도 없었다. 부로는 웬만한 건 직접 하자는 원칙이었고, 휘트 역시 정확히 말하면 마케팅 초보도 아니었다. 그와 리처드가 애초에 대기업의 허락을 받고 창업을 한 것도 아닌데 이제 와서 새삼 그럴 생각도 없었다. 게다가 애덤의 동생이 코포리두아에서 북쪽으로 한 시간 정도 가면 나오는 뉴타포라는 마을에 있는 작은 녹음 스튜디오를 하나 알고 있는데 거기서 휘트가 원하는 걸 제작할 수 있다고 했다. 비용은 몇백 세디밖에 안 하니 한번 해 볼 만했다.

휘트는 광고를 두 개 만들 계획이었다. 30초 분량의 짧은 예고 광고로 달리는 차에서 틀 수 있는 것과, 1분 30초 분량의 좀 더 자세한 내용이 들어간 광고로 공공 모임같이 고정된 장소에서 트는 방송이었다.

"상품에 대한 여러 개의 추천사 같은 형식으로 만들어 봐요. 내레이터뿐 아니라 여러 사람의 목소리를 함께 들을 수 있게." 휘트가 로즈와 프리실라에게 지시했다.

점심을 먹은 후에 휘트가 내게 로즈와 프리실라가 만든 초안을 함께 검토해 달라고 했다. 실제 녹음은 튀어, 에웨어, 크로보어(코포리두아 주위에서 흔히 사용되는 세 가지 언어)로 하기 때문에 영어로 작성된 초안은 휘트와 나, 우리 둘만을 위한 것이었다.

내가 초안을 읽었다. 시작은 이랬다.

"건전지를 사용하는 분은 모두 주목하세요. 부로 건전지가 모든 장애를 타파했습니다!"

내가 보기엔 조금 딱딱했다. 가나에서는 광고가 널리 퍼져 있지만 현대 서구 광고의 특징인 닳고 닳은 풍자 기법은 아직 도입되지 않은 듯 했다. 가나에서는 잘난 체하는 꼬마가 나와서 증권 중개 업무를 선전 하거나 동굴에 사는 원시인이 차 보험을 파는 그런 텔레비전 광고는 없다. 옥외의 커다란 광고판과 텔레비전 광고(가끔 레스토랑에서 텔레비 전을 볼 때가 있다)에는 대개 생글생글 미소 짓는 사람들이 그들이 원하 던 물건을 꺼안고 있는 장면이 나온다. 그야말로 순진한 장면으로 그 걸 볼 때마다 전후 세계의 특징이었다가 이제는 사라져 버린 물질적 낙관주의에 대한 향수가 떠오를 지경이었다.

"당신은 너무 많이 알아." 아프리카 사람들은 종종 우리에게 이런 말 을 했다.

그것은 아프리카식의 예의 바른 표현으로 결국은 우리가 너무 완고 한 백인이란 걸 의미했다. 광고에 관해서는 그들의 말이 전적으로 옳 았다.

그래서 나는 계속 읽었다.

"'부로 덕분에 비싸고, 새면서, 금방 닳는 건전지에 돈을 많이 쓸 필 요가 없어졌습니다.' 이러면 마치 우리가 이 비싸고, 새면서, 금방 닳는 건전지를 사게 돈을 대 준다는 소리 같지 않아요?" 내가 물었다.

"무슨 뜻인지 알겠어요." 프리실라가 말했다. 그녀가 다시 고쳐서 읽 었다. "부로 덕분에 더는 비싸고, 새면서, 금방 닳는 건전지를 살 일이 없어졌습니다."

이런 식으로 계속 읽는데 휘트가 끼어들었다.

"이 문구는 힘이 넘치고 내가 원하던 것과 비슷해요. 하지만 나라면 어떻게 해서든 부로 건전지가 더 낫다는 아이디어가 눈에 확 들어오게 하겠어요. 그 말을 튀어로 어떻게 하는지 모르겠지만, 프리실라가 첫 두 문장을 다듬어서 내가 말한 점을 아주 간결하면서 명쾌하게 만들어 봐요. 전에 다른 건전지들이 아이들과 환경에 위험하다고 말했죠. 하지만 짧은 광고에서는 새지 않는다는 점을 확실히 보장하는 쪽에 초점을 맞춰야 해요. 그러니까 부로의 전반적인 브랜드 포지셔닝과 그에 따른 핵심 세 가지를 최대한 빠르게 고객의 마음에 각인시키라는 거죠. 그걸 한마디로 정리하면 우리 건전지가 더 낫다는 거예요. 그다음에 세 가지 포인트는 새지 않는 걸 보장하고, 끝까지 강한 에너지가 나오고, 더 싼값에 훨씬 잘 쓸 수 있다는 거죠. 튀어로 부담 안 되는 가격이란 말을 어떻게 강력하게 전달해야 할지 모르겠어요. 그건 당신들이 고민해야 하는 사항이죠. 어쨌든 핵심은 그거예요. 그러니까 다시 정리하면, 더 나은 건전지이고, 새지 않는 걸 보장하고, 끝까지 강력하고, 값도 훨씬 싸다, 이거죠."

"건전지를 구매하는 방법에 대해서도 한마디 덧붙일까요?" 프리실라가 물었다.

"좋은 질문이에요. 하지만 짧은 광고에는 넣을 수 없죠. 이 광고는 짧은 게 생명이니까. 거기에는 쿠폰에 대한 말도 안 넣는 게 좋겠어요. 하지만 긴 광고에는 넣어야죠."

실제 아프리카어 대본이 어떤지 더 잘 이해해 보려고 휘트는 로즈와 프리실라에게 마지막 대본을 튀어로 번역한 다음에 그 대본을 다시 영어로 재번역하라고 지시했다. 그건 일종의 전보 게임 같았지만 효과가 있었다. 몇 번 더 손보자 최종 대본이 나왔다.

남자 목소리: 건전지 사용자들은 모두 들으세요. 우리 마을에 부로라고 하는 새 건전지가 왔어요! 부로 건전지는 새지 않고, 끝까지 강하고, 무엇보다 가격이 저렴합니다.

여자 목소리: 부로 덕분에 조금만 쓰면 약해지고, 비싸면서, 새는 건전지를 살 필요가 없어졌어요!

남자 목소리: 부로 한번 써 보세요. 부로! 더 많은 일을 할 수 있어요!

우리가 듣기에는 인위적인 대화였다. 하지만 서구의 말과 표현에 일대일로 대응되는 표현이 없기 때문에 영어로 번역하는 과정에 그 맛이 많이 사라지고 왜곡됐을 거라는 점을 명심해야 했다. 거기다 로즈와 프리실라는 전문 번역가도 아니었다. 그러니 그들이 쓴 대본의 영역본(어차피 아무도 듣지 않을 대본)이 구글 번역기를 돌린 것 같은 어감이 나는 건 어찌 보면 당연했다. 로즈가 튀어로 쓴 대본은 완벽하게 자연스럽다고 우리를 안심시켰는데 그녀의 말을 의심할 이유도 없었다. 은칸사가 짧은 광고와 긴 광고 두 개를 튀어에서 크로보어로 번역했고, 에웨어로 번역하는 일은 애덤이 맡았다. 프리실라와 로즈가 차를 타고 뉴타포에 있는 스튜디오로 가서 1차 편집본을 만들었다. 그다음 날 휘트와 프리실라와 나는 녹음하는 걸 보기 위해 스튜디오로 갔다.

쾌엠프로덕션은 보통 정원에 있는 헛간만 한 크기에 치장 벽토를 바른 특징 없는 오두막집이었다. 기름야자 나무 밑에 흙이 깔린 마당으로 우리 차가 들어가자 스튜디오 사장이 나왔다. 체격이 다부지다는 뜻의 스토키라는 이름과 운동선수 같은 체격이 잘 어울리는 느긋한 성격의 청년이었다. 스튜디오 밖에 있는 나무 테이블 주위에는 대여섯 명의 청년들이 앉아 있었는데, 모두 역기깨나 들었을 것 같은 체격이었다. 그들이 다양한 언어로 녹음할 사람들이었다. 그들은 비쩍 마르고 배고파하는 고양이에게 마른 생선 한 마리를 잘게 찢어 먹이고 있었다. 스토키는 그와 동료들이 DNA라는 그룹에서 랩을 한다고 설명했다.

"드럭 앤드 알코올의 약자죠."

그는 사무적으로 설명했지만 이 청년들 중 하나라도 스테로이드 외에 달리 마약을 한다는 건 도저히 상상이 되지 않았다.

스튜디오는 컴퓨터 장비로 뒤덮인 낡은 목제 책상, 작은 전자 키보드, 플라스틱 의자 두 개가 차지해서 남는 공간이 거의 없었다. 천장에는 작은 알전구가 하나 달려 있었다. 한쪽 구석에는 전화박스만 한 크기의 녹음실이 있었는데, 그 안에는 의자 하나와 마이크가 하나 있었다. 스토키가 책상 앞에 앉고 우리는 방 안에 비좁게 껴서 들어갔다. 그때 갑자기 불이 나가 버렸다. 정전이었다. 우리는 하는 수 없이 다시 밖으로 줄을 지어 나갔다. 휘트가 사무실에 전화하자 인턴 중 하나가 받았다. 코포리두아도 정전이었다. 다시 전기가 들어오려면 한참 있어야 할 것 같았다.

우리는 피크닉용 테이블 주위에 앉아서 튀어의 남자 역할을 연기할 자하가 고양이에게 마른 생선을 주는 걸 바라보면서 이야기를 나눴다. 스토키는 알고 보니 야심만만한 청년이었다. 아크라에 근거지를 둔 밴드와 뉴타포에 녹음 스튜디오가 있는 그는 코포리두아과학기술대학에서 공급망 관리를 공부하고 있었다. 거기서 애덤의 동생을 만났다. 대학에 가기로 마음먹기 전에 스토키는 중국의 광저우에서 3년 동안 가나 시장으로 옷과 신발을 수출하는 일을 했다고 한다. 중국에 대한 스토키의 기억은 별로 유쾌하지 않았다.

"중국인들은 인종차별주의자예요. 흑인이 지나가면 길에 침을 뱉어요." 스토키가 말했다.

"정말요?" 내가 물었다.

"정말이에요. 특히 아프리카 흑인은 더해요. 중국인들은 내가 덩치가 크니까 미국에서 온 흑인이라고 생각해서 그 정도로 미워하진 않았지만."

그렇다고 해서 중국인들이 스토키를 존중했다는 뜻은 결코 아니었다.

"내가 내 돈을 내고 비행기 표를 샀을 때 어떤 중국인은 정말 믿을 수 없어 하더군요. 내게 어떻게 그런 돈이 있는지 궁금해하더라고요. 중국인들은 우리가 다 노예인 줄 알아요." 스토키가 회고했다.

스토키는 이집트와 두바이에서도 일했다. 입국 도장과 비자가 빼곡하게 들어찬 여권 외에도 그는 가나 수입 사업에 대해 백과사전적 지식을 보유하고 있었다. 스토키에 따르면 가나의 수입 사업은 기이하고 독특한 논리에 따라 움직이고 있었다.

"직접 목격한 걸 말하면 믿지 않으실 겁니다. 사람들은 미국 중고차를 들여오면서 세금을 덜 내려고 자동차 후드를 박살 내요. 일단 그렇게 들여와서 여기서 고쳐요."

그때 자하가 비명을 지르면서 손을 흔들었는데 피가 뚝뚝 떨어지고 있었다. 새끼 고양이가 자하의 집게손가락을 물어서 살점이 떨어져 나갔다. 스토키가 고양이를 노려봤다.

미국에 있을 때도 별로 애완동물을 좋아하지 않았던 나는 가나의 시

487

골 마을에 있는 개와 고양이를 가까이하지 않았다. 하지만 휘트는 내가 하지 말라고 잔소리를 해도 항상 이 연약한 동물들을 쓰다듬어 주거나 안곤 했다.

전기가 다시 들어와서 우리는 스튜디오로 돌아갔다. 크로보어로 녹음하는 사람이 곧 가야 해서, 가장 먼저 대본을 들고 녹음실로 들어갔다. 그 남자가 대사를 읽기 시작하자 스토키가 컴퓨터 앞에서 감독했다.

"소리 질러!"

그 남자가 아까보다 더 큰 목소리로 다시 읽기 시작했다.

"더 크게!"

목소리가 아까보다 더 커졌다.

"더 크게! 목소리에 열정을 실어 봐!"

이런 식으로 20분 동안 그 남자는 대본을 읽고 또 읽었다. 스토키는 확실히 전문가였고, 배우들의 연기력을 끌어올리기 위해 어떻게 몰아쳐야 하는지 잘 알고 있었다. 그러다 누군가 우리가 이해하지 못하는 농담을 해서 녹음하던 남자들이 웃음을 터트렸다.

"뭐가 그렇게 우습지?" 휘트가 물었다.

휘트가 묻자 스토키가 아까보다 더 정신없이 웃었다.

"크로보어로 트웨라는 말이 여기 대본에 있어요. 그 말뜻은 '인내' 혹은 '인내하라'라는 겁니다. 하지만 이 말을 튀어로 하면 '질'이란 말과 발음이 똑같아요. 이 문맥에서는 튀어로 하면 '부로가 유일한 질입니다' 이런 말이 되죠."

"이런, 우리 광고에 그런 말이 들어가면 안 되는데. 이 대본대로 나가도 괜찮겠어요?" 휘트가 물었다.

"괜찮아요. 아무 문제 없습니다." 스토키가 대답했다.

"사람들이 불쾌하게 생각하지 않을까?"

"아뇨, 서로 다른 언어인걸요. 사람들은 다 알아듣습니다." 스토키는 그렇게 말하고 다시 웃었다.

또다시 전기가 나갔다. 한 시간 정도 앉아 있다가 우리는 그만 돌아가기로 결정했다. 프리실라는 아크라까지 버스를 타고 가야 했다. 스토키와 배우들은 일단 전기가 다시 들어오는 대로 그날 밤을 새워서라도 일을 끝마치겠다고 약속했다.

스토키가 다음 날 아침 휘트에게 전화해서 오라고 했다. 그 고양이는 아직도 먹고 있었고, 자하는 손가락에 붕대를 감고 있었다. 우리가 스튜디오에 앉자 스토키가 오디오 파일을 작동시켰다. 휘트가 부로만의 사운드에 대한 브레인스토밍을 실시해서 손가락을 마주치는 것처럼 탁탁 두 번 소리를 내기로 했다. 그 소리는 부로 건전지를 D 사이즈 어댑터에 쳐서 만들었다. 짧은 광고는 스토키가 크게 키운 탁탁 소리로 시작됐고 이어서 목소리가 나왔다.

"헤이!"

나머지는 튀어, 에웨어, 크로보어로 나왔는데 배경에 경쾌한 가나 팝 음악의 연주음이 깔려 있었다. 유일하게 끝부분에 영어가 나왔다.

"부로! 더 많은 일을 하라!"

탁탁.

그리고 다시 같은 말이 반복해서 나왔다.

휘트는 씩 웃으면서 집중해서 들었다.

"탁탁 소리가 나기 전에 아주 짧게 사이를 둘 수 있나요?"

"그럼요. 자, 더 많은 일을 하라…… 탁탁." 스토키가 말했다.

"저기 마치 '더 많은 일을 하라'에 '탁탁' 소리가 조금 빨려 들어가는 거 같아요. 그러니까 '더 많은 일'의 표현을 좀 더 분명하게 들리게 해 줬으면 좋겠어요. 하지만 아주 잘했어요. 좋아요."

스토키는 휘트가 지시한 대로 레벨을 조정하고 박자를 다듬은 후에 다시 틀었다.

휘트는 아무 말 없이 들었다.

"한 번만 더 틀어 봐요. 좀 이상해. 마치 '많은 일'에 에코가 들어간 것 같아요."

"제가 에코를 넣었는데요."

"그랬군. 탁탁 소리가 에코하고 부딪치는 것 같아요. 그래도 괜찮을 것 같긴 하지만."

스토키는 휘트가 말한 부분을 더 많이 손봤다.

"좋아! 아주 근사한데. 그렇죠?" 휘트가 말했다.

그때 자하가 들어왔다. 그는 열이 나서 온몸을 덜덜 떨고 있었다.

"병원에 갈게."

그때 밖에 택시가 도착했다. 나는 어제 고양이에게 물린 것 때문에 그런 게 아닌지 궁금했다. 아크라에서 온 스토키의 여자 친구가 자하를 병원에 데려가겠다고 했다. 우리는 계속 일을 했다.

"여자 목소리는 누가 녹음했죠?" 휘트는 스토키의 여자 친구가 했나 보다 짐작하고 물었다.

"전데요." 스토키가 말했다.

"당신이라고요?"

"제가 음의 높이를 바꿨어요."

그러니까 기기로 음의 높이를 조작해서 그의 굵은 목소리를 여자 목소리로 바꿨다는 뜻이었다.

"전혀 모르겠는데." 휘트가 말했다.

그 말에 스토키가 미소를 지었다. 마지막 남은 작업은 모든 진동수를 조금씩 바꿔서 재생된 내용에 '활기를 넣어 주는' 프로그램에 녹음된 내용을 넣어 돌리는 것뿐이었다.

"이 프로그램에 넣으면 '사운드의 벽'이 생길 겁니다." 스토키가 설명했다.

필 스펙터가 브롱크스에서 온 흑인 여성 그룹과 함께 아날로그뉴욕시티녹음스튜디오에서 발명한 개념을 근 50년이 지난 후에 젊은 아프리카 청년이 컴퓨터 프로그램을 써서 가나의 진흙 오두막집에서 같은 효과를 내고 있는 것이다.

돈을 지불할 때가 됐을 때, 스토키가 220세디를 불렀다.

"그거론 부족하지." 휘트가 말했다.

휘트는 스토키에게 300세디를 주고 가격을 매기는 전략과 회사가 제공하는 서비스 가치에 대한 경제학 강의를 간략하게 했다.

집으로 돌아오는 길에 휘트가 말했다.

"정말 끝내줬어. 지난 사흘 동안 광고 두 개 만드는 데 300달러 들었어."

돼지고기 쇼

우리는 어느 금요일 밤에 휘트의 집에서 파티를 열었다. 사실 파티라기보다는 돼지고기 쇼라고 하는 게 맞을 것이다. 도로변에 있는 사내에게서 돼지 어깨살을 샀다. 그 가게 이름은 '돼지고기쇼'였다. 이런 식의 기이한 명칭은 가나에서는 흔했다. 여기서는 세일이란 말과 쇼라는 말을 바꿔 쓸 수 있다. 가나에서는 돼지고기를 구하기 힘들기 때문에 어떤 면에서 보면 돼지고기를 파는 것 자체가 쇼 같긴 하다. 하지만 우리 동네 길가에 있던 돼지고기 상인의 상품은 쇼라고 하기엔 좀 부족했다. 그 쇼라는 건 사실 파리가 날아다니는 돼지고기 덩어리로 가득 찬 커다란 알루미늄 그릇 하나를 바나나 잎으로 덮어 덜렁 내놓은 것이었다.

애덤을 제외한 부로 회사 식구가 모두 파티에 참석했다. 애덤은 아크라에 약속이 있다고 하면서 사양했지만 내가 보기엔 신앙 문제로 오지 않은 것 같았다. 애덤은 로즈와 데비와 데이비드가 파티에 내놓으려고 다양한 종류의 술을 어마어마하게 준비하는 걸 봤다. 브리검영 인턴들은 술이 있어도 개의치 않은 것 같았고, 알고 보니 모두 상당히 춤을 잘 췄다. 내 동생의 커다란 집에 침대 두 개를 포함해서 가구가 정확히 다섯 점밖에 없다는 걸 고려해 봤을 때 춤출 공간은 충분했다.

돼지고기 쇼에서 가장 분명하게 기억나는 건 로즈가 머리에 술잔을 올려놓고 완벽하게 균형을 잡은 채 춤을 추던 모습이다. 두 번째로 선명하게 떠오르는 기억은 은칸사와 제임스가 내가 구운 바비큐 맛을 칭찬한 것이다. 그들에게는 새로운 맛이었던 것 같은데 돼지고기라고 하자 반응이 싹 바뀌었다.

"이런." 은칸사가 포크를 공손하게 내려놓고는 말했다. "우리는 크로보족이라서 돼지고기는 안 먹습니다."

그날 밤 늦게 로즈와 제임스가 아주 시끄러운 테크노와 펑크 비트에 맞춰 식당에서 춤을 추는 걸 지켜보다가 무심코 마당에 있는 오두막집에 사는 아코시아가 눈에 띄었다. 그녀는 밖에서 현관을 둘러친 시멘트 난간에 팔꿈치를 걸친 채 열린 창문으로 파티를 지켜보고 있었다.

"아코시아!" 내가 손을 흔들면서 그녀를 불렀다.

하지만 눈이 마주치는 순간, 그녀는 신데렐라처럼 곧바로 밤의 어둠 속으로 사라져 버렸다.

로퍼를 신고 교회에 가다

동네 모르몬교 예배당은 부로 사무실에서 몇 블록 떨어진 곳에 있었다. 5월 말의 어느 일요일, 그 예배당에 모인 신자 중 저스틴과 앤드루와 나만 백인이었다. 우리는 등받이가 곧은 의자에 앉아 있었다. 남자들은 나만 빼고 모두 흰 셔츠와 짙은 색 넥타이를 매고 있었다. 나는 아프리카에 올 때 넥타이는 고사하고 스포티한 상의 하나 챙겨 오지 않았다. 그래서 깨끗한 셔츠에 말쑥하게 다린 바지를 입고 왔다. 격식을 갖추기 위해 내가 제일 신경 썼던 부분은 바로 며칠 전에 아프리카에서 산, 끝이 뾰족한 흰 가죽 로퍼였다. 지금 와서 생각해 보니 의도는 좋았지만 교회에 신고 가기엔 적절하지 않은 것이었다. 살 때는 멋있

493

어 보였는데 지금 생각해 보면 왜 그런 신발을 샀는지 모르겠다. 하지만 모르몬 경전을 쥐고 교회에 앉아 있으려니 어렸을 때 디트로이트에서 여름을 보내던 시절에 지금 신고 있던 것과 비슷한 신발을 '포주들이 신는 신발'이라고 했던 것이 문득 생각났다. 그러니까 난 일요일 아침에 모르몬교 교회에서 포주가 신는 신발을 신고 앉아 있는 것이다. 아마 하나님이 보시기에 그보다 더 나쁜 건 일요일 아침에 모르몬교 교회에 앉아서 포주들에 대해 생각하고 있다는 점이겠지만. 조나스의 교회였다면 문 앞에서 신발을 벗고 들어가니 문제없었을 텐데.

하지만 이곳은 조나스의 교회와는 전혀 달랐다. 춤도 안 추고, 북도 안 치고, 어머니를 위해서(그날이 가나의 어머니날이었다) 아이들이 부르는 찬송가 한 곡을 제외하면 음악도 없었다. 예배는 영어로 드렸다. 예배 시간의 대부분을 차지한 설교에서 목사는 영어를 배우는 것의 중요성에 대해 이야기했다.

"저는 뒤어로 진행하는 모르몬교 예배를 간 적이 있는데, 제게는 안 맞더라고요." 목사가 이렇게 말했다.

연고, 크림, 의료용 비누

"형, 일어나."

"시끄러."

나는 이미 일어나 있었다. 열어 놓은 내 침실 창문 밖에서 수탉들이 새벽 3시부터 울기 시작한 후로 줄곧 다시 잠을 자려고 애를 쓰고 있었다.

"일어나라니까. 나가야 해."

"어딜 가는데?"

"아크라."

"빌어먹을."

또다시 무시무시하게 막히는 길을 뚫고 아크라로 가서 또다시 지루한 회의에 참석해야 했다. 휘트는 브리검영의 인턴인 타라가 발표할 때 소개한 헬스키퍼 운영진들과 만나기로 했다. 휘트의 표현에 따르자면 그 회사는 자선과 영리가 합쳐진 '기이한 결합체'를 운영하는 회사 중하나였다. 그리고 이 회사는 부로와 직접적으로 경쟁하진 않지만 확실히 부로라는 브랜드를 보완해 줄 수 있는 유용한 제품을 팔고 있는 데다 에이전트 네트워크를 갖추고 있었으며, 에이전트 중 일부는 코포리두아 근처에서 활동하고 있었다. 그러니까 이들을 알아두는 것이 우리에게 도움이 된다는 뜻이다. 나는 마치 참호에서 나오는 것처럼 침대에서 기어 나와 셔츠를 낚아챘다.

길 안내도 잘못 받았고 회사도 찾기 모호한 곳에 있는 바람에 우리는 약속 시간에 늦었다. 마침내 도착했을 때 전무이사인 대니얼 멘사가 우리를 따뜻하게 맞아 줬다. 두꺼운 안경을 쓰고 체격이 큰 그 남자는 부로에 대해 진심으로 알고 싶어 하는 것 같았다. 우리는 회의 테이블 주위에 둘러앉았고, 헬스키퍼 에이전트의 교육을 담당하고 있는 샌드라마누가 합석했다. 휘트는 최근에 업그레이드한 파워포인트 쇼로 약 200곳에서 관리하는 부로 고객 1,500명에 대해 발표했다. 휘트가 좋은 재판매업자를 찾기 힘들다는 고충을 표현했을 때 샌드라도 다 안다는 표정으로 고개를 끄덕였다.

"우리는 유능한 재판매업자들이 큰 성과를 낸다는 걸 배우고 있는 중입니다. 현재 평균 교환율은 20일에서 25일 정도입니다." 휘트는 고객이 건전지 하나를 다 쓰고 새것으로 교환하는 데 걸리는 시간을 말한 것이다. "우리는 이상적인 기간을 14일로 잡고 있는데, 고객을 잘 관리하는 재판매업자는 대개 그 목표를 달성하고 있습니다."

휘트가 발표를 끝내자 대니얼이 자신의 파워포인트 쇼를 진행했다.

"우리는 비정부기구지만 우리가 하는 사업이 꾸준히 유지돼야 한다고 믿습니다." 그는 이 말로 발표를 시작했다. "우리는 이익을 남기면서 여러 제품을 유통하고 거기서 벌어들인 돈을 다시 사업에 투자합니다. 그리고 우리 에이전트들은 일하는 만큼 수익을 거두고 있습니다. 그러니까 민간 부문의 사업 방식을 쓰고 있는 셈입니다."

이 회사는 '기아로부터의자유'라는 캘리포니아 비영리단체가 2006년 설립했다. 그 후 몇 년에 걸쳐 브리검영경영대 학생 열다섯 명이 이곳에 인턴으로 와서 마케팅 플랜을 짜고 생산성을 향상시키는 걸 도왔다.

"하지만 올해는 한 명도 안 왔습니다. 부로에서 다 뺏어간 것 같습니다." 대니얼은 그렇게 덧붙이면서 웃었다.

한편 '기아로부터의자유'가 수단공화국의 다르푸르를 원조하는 데 총력을 기울이기로 결정하면서 헬스키퍼는 미국 측의 자금 지원을 받지 못하게 됐다.

"하지만 그 단체에서 너그럽게도 이 사무실과 이 지역에 있는 모든 자산은 그대로 유지할 수 있게 해 줬습니다. 그래서 우리는 지역 그룹으로 재조직됐죠. 지난주 미국국제개발처에서 보조금을 받아서 콘돔과 피임약을 배포할 수 있게 됐습니다."

헬스키퍼 제품에는 서구인들이 약국에서 사는 품목이 많다. 설사약, 독서용 안경, 상처 치료제, 여성용 위생용품, 치약, 머릿니 약, 비듬 방지 샴푸, 보습제, 빨랫비누 같은 제품이 그렇다. 개발도상국에 더 필요한 제품도 있는데 살충제 처리한 모기장과 물 처리 정제가 그 예이다. 이 회사에서는 또한 모기장 살충제 재처리(처음에 친 살충제가 시간이 흐르면 사라지니까), 시력 검사, 혈압 측정, 응급처치, 국립건강보험 등록 같은 서비스도 제공하고 있다.

부로의 위탁판매 모델과 달리 헬스키퍼 에이전트들은 자기들이 관리하는 제품을 본인이 미리 사야 한다. 예를 들어, 에이전트가 80페세와에 면도기 여섯 꾸러미를 사서 면도기 하나에 1세디씩 받고 파는데, 이는 가게에서 파는 가격보다 조금 싼 편이다. 회사에서 처음에는 에이전트들에게 외상으로 물건을 주길 꺼려했지만 현금만 내고 물건을 가져가게 하자 에이전트들이 새 물건을 받으려 하지 않는다는 사실을 알게 됐다고 했다.

"그래서 지금은 100세디 정도 되는 제품을 넉 달 동안 빌려주는 식으로 했죠. 에이전트들은 그 넉 달 동안 2주에 한 번씩 무이자로 12.5세디씩 갚아야 합니다. 그렇게 했는데도 가끔은 돈을 받기가 어려워요. 그래서 가끔 경찰을 보내야 하는 경우가 생깁니다." 대니얼은 그렇게 덧붙였다.

그의 말을 듣자 공공 모임에서 은칸사가 경찰차를 가지고 농담을 했던 게 빈말이 아니었단 걸 깨달았다.

휘트는 지역 약국들이 반발하는 일은 없었느냐고 물었다. 그런 약국

497

들은 외딴 마을까지는 아니어도 종종 작은 마을에서 이 회사가 제공하는 것과 똑같은 제품을 많이 팔고 있다.

"그런 약국들은 우리가 팔 수 없는 것들도 팔고 있습니다. 항생제 연고와 소염 진통제인 이부프로펜 같은 것 말입니다."

나는 약사에게 공손히 부탁하면 마취제도 구할 수 있는 나라에서 이부프로펜은 강력하게 규제하고 있다는 점이 이상했다. 가나에서 이부프로펜은 약국에서만 구입할 수 있다.

"샌드라, 이 회사에서는 새 에이전트를 어떻게 채용하는지 궁금한데요." 휘트가 물었다.

"종종 기존의 에이전트들을 통해 뽑습니다. 기존의 에이전트가 새 에이전트를 가입시키면 커미션을 조금 받을 수 있어요."

"교육은 어떻게 시킵니까?"

"클러스터 미팅에서 교육합니다." 클러스터란 몇 개의 마을에서 온 에이전트 그룹을 가리킨다고 샌드라가 설명했다. 그들은 2주에 한 번씩 만나서 돈과 새 제품을 교환한다. "에이전트 교육 과정에는 역할극, 연극, 토론이 포함돼 있어요. 만만한 일은 아닙니다. 우리 회사 최고의 에이전트들은 30대가 대다수를 차지하고 있습니다. 젊은 사람들은 기대치가 너무 높거든요."

그녀는 항생제 성분이 들어 있는 비누, 핸드 로션, 여성 위생용품같이 이익이 많이 남는 제품은 노력과 연습이 필요한 세일즈 기술을 요한다고 말했다.

"에이전트 교육을 어떻게 하는지 보고 싶습니다. 은쿠라칸에도 에이전트들이 있는 걸로 아는데요."

"대여섯 명 있습니다."

"맘페는요?"

"스무 명 정도."

"은쿠라칸, 맘페 둘 다 우리가 활발하게 사업하는 지역입니다. 이런 마을에서 두 회사의 제품 판매를 우리가 촉진시킬 수 있을지 보고 싶습니다. 그리고 다른 지역에 있는 우리 고객들에게 당신 회사 제품을 공급하는 일도 시도해 보고 싶고요." 휘트가 제안했다.

"확실히 우리가 협력할 수 있는 부분이 있죠." 대니얼이 대답했다.

샌드라가 맘페에서 열리는 다음번 클러스터 미팅 때 부로 직원을 초대하겠다는 말을 듣고 그곳을 나왔다.

차를 몰고 집으로 돌아오는 길에 우리는 이부프로펜에 대해 이야기를 나눴다.

"지난주에 로즈가 열이 났을 때 이부프로펜을 찾아다녔거든." 휘트가 말을 꺼냈다. "약국에 갔는데 거기서는 그런 약을 들어본 적도 없다는 거야. 결국 다른 약국에 갔더니 거기선 또 그 약을 프로펜이라고 하더라. 그 약은 인도에서 수입한 건데 약 위에 당의정을 씌우고 투명 비닐 포장을 했더라고. 가격은 아주 쌌어. 60알 정도가 3세디밖에 안 하더라고. 하지만 구하기가 너무 힘들었어. 시골 사는 사람들은 택시나 트로트로를 타고 시내로 가지 않는 이상 절대로 그 약을 구할 수 없어. 그래서 말인데 스위스제약협회 같은 약국 체인과 파트너를 맺어서 부로 브랜드가 찍힌 이부프로펜을 여기서 팔아보고 싶어. '당신 회사가 약을 팔고, 우리가 마케팅과 배달을 책임질게요. 법적으로는 약국에서 판매하는 셈이 되죠?' 이렇게 말하는 거지. 이 불쌍한 농부들을 좀 보란 말이야. 이 사람들은 허리가 끊어지게 아파도 빌어먹을 연고랑 의료용 비누만 있지, 이부프로펜은 구할 수 없잖아. 난 시골 마을에 들어가서 이렇게 말할 수 있었으면 좋겠어. '허리가 아프면 이걸 두 알 드세요.' 하지만 사실 지금은 이런 제품을 팔 시간이 없긴 해."

휘트는 이야기를 계속 이어 나갔다.

"먼저 우리 재판매업자들의 생산성을 좀 더 높여야 해. 영어가 큰 문제야. 조나스와 조지 같은 40대들은 영어를 잘하긴 하지만 예순네 살인 헤이퍼드만큼 유창하진 않아. 학교에서 아프리카 지역 언어들을 더 강조하는 경향이 있긴 했지만, 대부분 교육 시스템의 질이 저하됐다는 점에 동의할 거야. 세대가 더 어려질수록 확실히 영어 능력이 떨어지고 있어. 에드워드 민타라고 비웨어에 있는 재판매업자가 있는데 사람이 좋아. 일도 열심히 하고, 유능한 세일즈맨인데 스무 살이야. 그 친구랑은 영어로 대화가 거의 불가능해."

해가 떨어진 지도 오래됐고, 좁은 도로 갓길에 있는 무시무시한 콘크리트 배수관도 어두워서 잘 보이지 않았다. 검은 옷을 입은 사람들이 아스팔트 도로 가장자리를 따라 걸어가고 있었는데 아주 가까이 가지 않는 한 그들의 유령 같은 형체가 잘 보이지 않았다. 숯검정 같은 염소 역시 도로 앞뒤로 획획 뛰어다녔다. 가로등이나 반사되는 노면 표시 하나 없는 상황에서, 반대편에서 오는 차의 불빛 때문에 순간적으로 앞이 안 보여서 도로 가장자리를 걸어가는 사람이나 가축이 있는 쪽으로 차가 휙 틀어질 가능성이 왕왕 있었다. 코포리두아 외곽에 있는 오쿠라세라는 마을에 이르자 손전등 불빛이 까닥거리면서 바로 앞에 경찰이 세운 장애물이 있다는 신호를 줬다.

"차 트렁크 열어요." 경찰이 말했다.

트렁크에는 아크라에서 장을 본 식료품이 가득 들어 있었다. 경찰이 그 식료품을 죄다 꺼내라고 지시했다. 그다음에 1킬로미터 더 달리자 또 다른 장애물 앞에 선 다른 경찰이 또다시 우리 트렁크에 든 식료품을 검사했다. 휘트가 성질을 부릴 거란 생각이 들었지만 동생은 묵묵히 참아냈다.

마침내 휘트의 차고로 들어갔을 때 차에서 기름이 새는 걸 발견했다. 집 안으로 들어가자 천장에 달린 선풍기가 또 전구를 깨서 휘트의 침대에 유리 가루를 뿌려 놓은 게 보였다.

나는 새벽 2시에 잠이 깼는데 수탉 때문이 아니라 경찰이 쓰는 표현으로 '가정 내 소란' 때문이었다. 그 시끄러운 소리는 마당에 있는 아코시아의 통나무집에서 나오고 있었다. 나는 뉴욕 아파트에서 오랫동안 살아 봤기 때문에 말다툼과 실제로 폭력이 오가는 소리의 차이를 잘 알고 있었는데, 이 경우는 그냥 말다툼에 지나지 않는 것 같아 참견하지 않았다.

새벽 5시 30분에 배가 남산만 한 아코시아가 뒷문을 두드렸다.

"제발, 제 남편과 이야기를 좀 해 주시겠어요?" 그녀가 휘트에게 부탁했다.

그녀의 남편인 빅터가 한밤중에 '여행'에서 돌아왔는데 아크라에서 여자를 하나 데리고 왔다고 했다. 당연히 아코시아는 그 불청객을 환대하지 않았다.

"제발 남편에게 나가라고 해 주세요."

"내가 말할게요." 휘트가 대답했다.

"고맙습니다." 그녀는 땅바닥을 내려다봤다.

"그리고 제가 병원에 다시 가야 할 것 같아요. 돈을 좀 주실 수 있을까요?" 그녀가 다시 말했다.

"아기 때문에 병원에 가야 하니까 이번에는 돈을 줄게요." 휘트가 그렇게 말하면서 주머니에서 10세디 지폐를 꺼냈다. "하지만 난 다음 주에 미국에 가서 당신을 돌봐 줄 수 없어요. 그동안 당신 혼자 살아가는 법을 찾아야 할 겁니다."

휘트는 그때 장애가 없는 사람에게는 돈을 주지 않겠다는 자신의 규칙을 유일하게 한 번 어겼다. 밖으로 나오자, 빅터가 몸에 착 달라붙는 청바지에 머리를 잔뜩 부풀린 여자 친구와 함께 문을 나오는 게 보였다. 휘트는 그 모습을 보면서 고개를 저었다.

"정말 나쁜 놈이야."

제15장

영혼을 구하고 싶다면 중국으로 가 봐.
-버드 슐버그,《새미는 뭣 때문에 달릴까(What Makes Sammy Run)》

충전

2010년 가을
고객을 설득하다

시골 사람들이 휴대전화를 충전할 수 있는 한 가지 방법은
발전기를 쓰는 것이다. 또 다른 방법은 전기가 나오는 곳에 휴대전화를
택시로 보내서 충전하는 것이다. 어느 쪽이든 건전지로 작동되는
부로 휴대전화 충전기를 쓰는 것보다 훨씬 많은 돈이 들어간다.

GHANA

중국 걸 써 봐

코르크 따개가 한 번 쓰면 부러지고, 박스에서 막 꺼낸 수도꼭지가 달자마자 새고, 문을 닫으면 가스 오븐 퓨즈가 나가고, 냉장고 문이 제대로 안 닫히고, 마늘 찧는 기계가 비스킷만 갖다 대도 무뎌지고, 가위처럼 당신의 손을 찢는 집게가 있는 곳이 세상에 딱 한 곳 있다. 그곳은 바로 아프리카 부엌이다. 이런 평범한 가정용 기구로 먼저 운을 떼는 이유는 내가 이런 기구에 친숙하기 때문이다. 사무용품이나 수리공이 쓰는 도구나 가정용 전자 기기에서도 이런 예를 쉽게 찾을 수 있다. 서구 소비자들이 쓰기에 너무 조잡하거나 안전하지 않은 제품은 결국 아프리카에 팔린다. 거기에 사람들이 선의로 기부한 헌 옷과 스테레오 카세트 데크도 따라온다.

지금은 중국이 아프리카에서 거대한 제조업에 동력이 될 만한 천연자원을 싹 쓸어서 싣고 갔다가 품질 보증서도 없고, 반환도 교환도 안되는 반짝거리는 쓰레기라는 형태로 아프리카에 되돌려 주는 추세이다. 이렇게 상표를 붙인 깡통과 얇은 플라스틱의 쓰나미에 맞서 내 동생은 우수한 품질의 상품을 가나 시골 사람들이 감당할 수 있는 가격에 제공하려고 노력하고 있다.

"이 사람들은 더 나은 것을 가질 자격이 있어." 동생은 종종 이렇게 말했다.

진심이었다. 하지만 2010년 여름이 되자 동생의 사업은 건전지만 가지고는 번창할 수 없다는 것이 확실해졌다.

사실, 건전지 품질 문제가 확실히 해결된 것처럼 보이는 상황에서도 한 가지 의문이 끈질기게 남아 있었다. 왜 부로가 영업을 다니는 수많은 마을의 주민들이 여전히 타이거헤드를 쓰고 있느냐는 것이었다. 심지어 부로 최고의 재판매업자까지도 고객들이 건전지를 계속 충전하도록 설득하는 데 힘들어하고 있었다. 첫 번째 건전지 사용료는 기본적으로 무료이기 때문에(다 쓴 건전지를 가져다주고 보증금을 받으면 사실상 무료로 쓰는 것이다) 지속적으로 건전지를 교환하는 것이 우리 사업에 필수다. 그러지 않으면 소비자들이 한 번 무료로 써 보고 마는 걸로 끝나는 것이다. 매주 헌 건전지를 새 건전지로 바꿔 가는 대신 많은 고객이 헌 건전지를 가져다주고, 보증금을 그냥 받아 간다.

부로 건전지를 쓰지 않는다면 타이거헤드 건전지를 다시 사는 게 분명했다. 그렇지 않다면 매일 오후 6시 이후에는 깜깜한 어둠 속에 앉아 있어야 할 판이었으니까. 휘트는 부로 건전지가 타이거헤드보다 품질이 더 우수하고 값도 더 싸다는 걸 알고 있었다. 부로 팀원들은 고객에게 보내는 건전지는 모두 제대로 충전해서 잘 작동되는지 확인한 후에 보낸다. 대체 뭐가 마음에 안 드는 걸까? 현장에서 몇 달 동안 연구를 한 후에야 휘트는 마침내 이 문제는 건전지로 작동되는 장치의 본질에 대한 문제이자, 특히 인간의 시각이라는 지극히 주관적인 본성과 관련된 문제라는 걸 알았다.

휘트는 그동안의 모든 테스트를 통해 부로의 니켈-수소 합금 전지가 타이거헤드의 값싼 망가니즈 건전지보다 약 서른 시간 더 밝은 불빛을 제공한다는 걸 알고 있었다. 하지만 문제는 타이거헤드가 부로 건전지보다 약하지만 며칠 더 계속해서 꺼지지 않고 불빛을 내는 반면, 부로 건전지는 어느 정도 효과가 떨어지면 곧바로 수명이 끝난다. 스마트 기기와 언제든 전기를 쓸 수 있는 현대 세계에서는 부로 같은 식으로 전원을 공급하는 장치가 더 이상적이다. 강한 전원을 안정적으로 공급하다가 충전할 때가 되면 곧바로 꺼지는 식의 장치가 현대인의 성향에 더 맞는 것이다. 하지만 가나 시골은 현대 세계와 다르다. 휘트의 고객들은 스마트 기기가 없는 데다 건전지를 충전할 전기도 없다. 사실상 부로의 모든 고객은 2, 3세디를 주고 '허접한' 손전등(역시 타이거헤드에서 판매하는)을 산다. 그 손전등은 타이거헤드 건전지에서 오랫동안 천천히 흘러나오는 전압에 맞게 설계된 아주 단순한 장치다.

"타이거헤드가 그 싸구려 LED 손전등으로 우릴 죽이고 있어. 거기에는 제대로 된 전기 회로망이 없어서 건전지 전압이 떨어지는 동안 전기를 꾸준히 공급하는 게 아니라 전류를 덜 잡아먹는 시스템으로 돌아가는 거야. 그것도 아주 소량의 전류를 먹는 거지. 이건 마치 산을 올라가다가 힘들어질수록 배낭에서 더 많은 짐을 빼서 버리는 것과 같은 식이야. 그런 식으로 계속 산에 올라가는 거지. 마찬가지로 타이거헤드 건전지도 죽어 가면서 전압이 점점 더 낮아지고 있어. 그런데 그 싸구려 손전등이 먹는 전기량 역시 줄어드니까 전압이 낮아져도 상관없는 거지."

"그럼 좋은 거 아니야?" 내가 물었다.

"그렇게 되면 불빛이 점점 희미해져. 불빛의 밝기를 배낭의 무게라고 생각해 봐. 배낭에서 짐을 더 많이 꺼내서 버릴수록 산을 올라가는 건 더 쉬워지지만 그만큼 빛도 줄어드는 거야. 물리학의 법칙이 여기서도 적용되는 거라고."

휘트의 테스트 결과 죽어 가는 타이거헤드 건전지로 켠 불빛은 거의 보일락 말락 한 수준으로, 밤의 희미한 불빛 정도 수준이었다. 하지만 바로 이것이 문제였다. 인간의 눈은 빛의 강도 차이를 즉각적으로 인지하지 못한다. 따라서 빛이 점점 약해져도 그에 적응해서 보게 된다는 것이다. 좀 더 강한 불빛과 직접적으로 비교를 했을 때만 "아! 차이가 크구나!"라는 말이 나오게 된다. 손전등을 딱 하나 가지고 있는 가나의 평범한 시골 사람 시각으로 보면, 아무리 희미한 불빛이라도 불빛은 불빛인 것이다. 그런 시골 사람에게 이렇게 설명해 보라.

"그렇지만, 이건 불빛이라고 할 수도 없을 정도로 어두워요. 부로는 적어도 처음에는 아주 오랫동안 밝은 불빛이 나와요."

거기다 정성분석 사례연구를 들먹이며 설명해 봤자 가나 사람들에겐 아무 소용 없다는 것이다. 간단히 말하면, 휘트는 정말 '오래 지속되는' 불빛을 원하는 사람들에게 '더 밝은' 불빛을 팔려고 노력하고 있는 것이다. 그리고 니켈-수소 합금 전지의 원리를 바꿀 수는 없지만, 저렴한 장비를 쓸 때 단점이 되는 부로의 특징을 해결할 방법을 알아내야 했다. 어쨌든 부로 건전지가 품질이 훨씬 우수한 건 사실이니까. 그러다 어느 날 밤, 배터리실에서 휘트는 드디어 답을 찾아냈다.

"형, 이것 좀 봐. 이 싸구려 손전등은 부로 건전지 하나만으로도 작동될 것 같아." 휘트는 못과 은박지 덩어리를 뭉쳐서 일종의 모조 건전지를 만들어 손전등에 쑤셔 넣었다.

"건전지 두 개가 들어가는 손전등에 건전지를 하나만 넣는다고? 그러면 불빛이 너무 약하지 않을까?"

"그건 그렇지. 2.4볼트 대신 1.2볼트가 흐르겠지. 하지만 전기가 거의 다 떨어진 타이거헤드 건전지에 익숙해진 사람들 눈에는 훨씬 밝아보일 거야. 사실 그 정도 낮은 전압에서 작동하는 데 필요한 전력은 아주 조금이기 때문에……." 휘트는 잠시 생각에 잠겼다.

"그래서 뭐?"

"이건 말하기가 겁날 정도야. 하지만 이 손전등은 건전지 두 개보다 하나를 넣을 때 더 오래갈 수 있다는 생각이 들어."

"그건 정신 나간 소리지."

"그럴지도 몰라. 하지만 내 말이 맞을 거야. 그렇게 되면 가격이 사정없이 내려갈 수 있어. 타이거헤드 건전지 두 개보다 훨씬 싼 거지. 그렇게 되면 부로가 가장 값싼 건전지가 될 거야. 대부분의 우리 고객이 가장 중요하게 생각하는 건 현재 얼마나 지출해야 하는가, 바로 그 비용이잖아."

우리는 서로 마주 보면서 싱긋 웃었다. 그건 마치 〈프로듀서스〉에서 회계사 레오 블룸이 브로드웨이 히트작보다는 실패작을 만들었을 때 돈을 더 많이 벌 수 있다는 걸 깨달은 바로 그 순간 같았다. 하지만 그들이 만든 실패작이 히트작이 될 거라고는 꿈도 꾸지 않았던 것과 달리, 휘트는 처음부터 자신이 고안한 절약형 건전지가 사람들의 마음을 사로잡을 거라는 걸 알고 있었다.

"이건 정말 대단한 거야. 하지만 짜증 나기도 해. 이걸 개발하면 우리 제품에 대한 필요성이 줄어드는 장치를 들여와야 한다는 소리잖아. 조금 무서운 일이긴 하지만 어차피 우리 고객들이 빠져나가고 있는 상황이니까, 뭐."

"그럼 사람들이 그 장치를 가지고 타이거헤드 건전지 하나만 쓸 수도 있지 않아? 그럼 네가 고생한 게 도로 아미타불이 되잖아."

"타이거헤드 건전지를 넣으면 작동이 안 되게 윗부분에 뭔가 끼워 놓도록 설계할 수 있지. 물론 사람들이 거기다 은박지를 씌워서 또 수를 쓸 수 있겠지만. 하지만 그런 손전등에 타이거헤드 건전지를 하나만 넣게 되면 정말 아주 빠르게 희미해질 거고, 새기도 잘 샐 거야. 이런 식으로 정면 대결을 해 보면 소비자들이 부로를 선택할 거라는 건 내가 자신해."

휘트는 임시변통으로 만든 '건전지 제거기'(나중에 '건전지 절약기'로 이름을 바꿨다)인 은박지를 넣은 손전등에 건전지 하나를 넣고 손전등을 켰다.

"이걸 시험해 봐야겠어."

싸구려 손전등 문제를 해결할 수 있는 또 다른 방법은 더 나은 전등과 부로의 니켈-수소 합금 전지에 아주 잘 맞는 스마트 장비를 파는 것이다. 한 가지 예로 휘트가 이미 3세디에 팔고 있는, 건전지로 작동되는 휴대전화 충전기가 있다. 하지만 휘트는 내부에 플래시가 장착된 부로 브랜드의 휴대전화 충전기를 원했다. 그렇게 되면 고객들이 충전기에 연결하기 위해 선을 자르고 꼬아서 붙일 필요가 없었다.

크레니엄에서 일할 때 알게 된, 중국에 거점이 있는 파트너 회사인 스리식스티를 통해 휘트는 광저우에서 저가 가전제품 제조업자로 그와 함께 일할 용의가 있는 회사를 찾아냈다. 2009년 여름 그 회사 공장을 찾아간 휘트는 표준규격의 손전등 카탈로그를 봤다. 대부분 너무 비싸거나 번쩍거리는 디스코 조명같이 쓸데없는 기능이 들어 있었다. 휘트는 단순하면서도 우아한 휴대전화 충전기로 건전지가 네 개 들어가고 LED 조명이 나오며, 밤에 사냥할 때 볼 수 있도록 빨간 불이 포함된 것을 원한다고 중국 회사에 설명했다. 그리고 부로 브랜드가 들어간 손전등 제작에도 관심이 있는데 심지어 월마트에서 파는 20달러짜리보다 더 가격이 낮아야 한다고 했다. 휘트는 휴대전화 충전기와 플래시 일체형, 손전등 샘플, 즉 실제 생산이 시작되기 전에 승인 과정을 거쳐야 하는 제품 원형을 제작하는 비용으로 수천 달러를 지불했다. 거기서부터 문제가 발생했다.

휘트는 건전지의 전원이 3.6볼트 밑으로 떨어질 때 저절로 작동을 멈추는 전기 회로망이 설치된 휴대전화 충전기를 만들어 달라고 구체적으로 명시했다. 그것은 부로의 값비싼 니켈-수소 합금 전지가 망가지는 걸 예방하는 데 필수적인 기능이었다. 부로 건전지는 전원이 바닥날 때까지 작동되면 망가지는 특징이 있었다. 그 중국 회사에서 영어를 구사하는 영업 사원인 버니스가 휘트가 요구한 제품 사양 그대로 도매가로 한 개당 1달러 32센트에 'FOB 차이나'로 할 수 있다는 확인 메일을 보내왔다. 'FOB 차이나'란 가격에 선적 운임과 관세가 포함되지 않은 걸 의미했다. 그래서 추가 비용을 다 계산해 보면, 충전기 하나당 2달러 혹은 가나 돈으로 3세디 정도였다. 휘트는 그 충전기를 5세디에 팔 수 있다고 생각했는데 그렇게 되면 적긴 하지만 그럭저럭 괜찮은 매상 총수익이다.

모든 것이 순조롭게 진행되는 것 같았다. 하지만 2009년 10월, 가나에 휴대전화 충전기와 손전등 샘플이 도착했을 때 영어와 중국어 번역 과정에서 많은 오해가 있었다는 것이 분명해졌다. 휘트는 버니스에게 보내는 다음 이메일에서 그 문제를 자세히 밝혔다.

휴대전화 충전기:

건전지가 들어가는 칸은 드라이버를 써야 간신히 열 수 있었습니다. 이건 용납할 수 없습니다. 우리 고객들은 드라이버가 없습니다. 이 칸은 반드시 제대로 닫히고 열려야 하며, 닫을 때도 드라이버를 쓰는 일은 없어야 합니다.

건전지와 기기가 잘 맞지 않아서 접촉 불량이 일어납니다. 이 문제를 해결하기 위해 나는 건전지에 은박지 조각을 넣어야 했습니다. 고성능을 보장하기 위해 확실한 테스트를 실시해 주시기 바랍니다. 니켈-수소 합금 전지는 치수가 조금 다르고, 전극 접촉 부위도 적고, 지름이 크기 때문에 일일이 라벨을 붙여야 합니다. 이 건전지들이 충전기에 너무 꽉 끼어서 전기접점이 잘 일어나지 않습니다. 이게 큰 문제입니다.

버튼을 누르면 불이 계속 켜져 있고 두 번째로 누르면 불이 꺼져야 합니다. 우리 고객들은 일정 시간 동안 이 조명을 사용할 겁니다. 불빛이 꺼지지 않도록 계속 버튼을 누르고 있어야 한다는 건 말도 안 되는 일입니다.

그리고 귀사가 쓴 초록색은 부로 브랜드의 초록색이 아닙니다. 제품에 씌우는 최종 플라스틱에 PMS 802 C 2X 페인트를 써야 합니다.

손전등:

귀사가 보내 준 샘플 스위치가 고장입니다. 일단 이 샘플을 켜면 끄는 게 불가능하더군요. 수차례 시도해야만 손전등이 제대로 작동됐다가 꺼졌습니다. 샘플 자체도 이렇게 결함이 많은데 어떻게 우리가 생산하는 제품의 질을 보장할 수 있을지 모르겠군요. 그리고 래칫(한쪽 방향으로만 회전하는 톱니바퀴—옮긴이)이 있는 플라스틱 부품을 반복적으로 사용하면 쉽게 부서질 것 같아 우려됩니다. 이 점에 대한 귀사의 테스트 결과와 그 문제점을 알고 싶습니다. 적어도 래칫이 들어간 부위의 예비 부품을 가지고 있다가 부로 고객들에게 판매할 때 부서질 경우를 대비해야 할 것 같습니다.

휘트는 휴대전화 충전기가 그가 명시한 대로 전압이 3.6볼트 밑으로 떨어졌는데도 저절로 전원이 차단되지 않았으며, 보내 준 샘플 충전기로는 휘트의 휴대전화를 포함해서 많은 휴대전화를 충전할 수 없었다는 점을 지적하면서 이메일을 마무리 지었다.

저희는 그렇게는 할 수 없습니다. 그러려면 재충전용 리튬 전지에 사용되는 전문적인 IC*가 필요합니다. 그렇게 되면 추가 비용이 미화로 1.5에서 2달러가 들어갑니다.

버니스는 3.6볼트 전압 미만에서 전원을 차단해 달라는 휘트의 요구에 대해 이렇게 대답했다. 그렇게 되면 원래 견적을 냈던 비용의 두 배가 들어가게 되고, 결국 휘트의 이익은 사라지게 된다.
버니스의 이메일은 여기서 끝나지 않았다.

• 이 문맥에서 'IC'라는 것은 집적회로(Intergrated Circuit)를 의미한다. 휘트는 버니스가 말한 전문적인 IC라는 게 무슨 뜻인지 몰랐다.

우리는 그 제품을 5년 전에 유럽과 미국에 판매했습니다. 그런데 왜 아프리카의 제품 기준이 더 엄격한 겁니까?

손전등에 대해서는 이런 답변이 왔다.

귀하가 제시하신 가격으로는 현재 우리가 만든 제품의 품질 정도밖에 기대할 수 없습니다. 저가로 고품질 제품을 만들 수는 없는 법이고…… 제가 보기에 그 정도면 아프리카 시장에 적합하다고 생각됩니다.

다시 말하면 버니스는 내 동생에게 아프리카에 항상 들어오는 것과 똑같은 쓰레기를 보내겠다고 말하고 있었다. 휘트는 모욕감을 느꼈고 그 중국 여자 때문에 소중한 시간을 낭비했다는 생각에 격분했다. 그래서 답장을 보냈다.

와우! 솔직히 말씀 드리죠. 샘플에 대한 피드백을 제공한 내 이메일에 대한 귀하의 답변이 매우 충격적이군요. 8월 24일 제가 정확하게 최대 출력 전압을 조절해서 전압이 3.6볼트가 되면 전류 흐름을 끊어 달라는 기술적인 요구를 밝혔다는 점을 명심하셨으면 합니다. 제가 제시한 이 조건에 귀하가 동의하셨기 때문에 제품 설계를 하기로 했고 설계와 샘플 제작 비용을 그다음 주 초에 보냈습니다. 그런데 샘플 제작하기로 한 지 몇 주가 지났고 수천 달러나 쓴 지금에 와서 처음 우리가 동의한 대로 제작하려면 제가 애초에 통보받은 비용의 두 배가 되는 가격에 추가로 전기 회로망을 제작해야 한다는 답변을 받았습니다. 솔직히 거기다 아프리카에 대한 귀하의 발언은 이 상황을 더 악화시켰습니다. 내가 추진하는 사업은 아프리카 시장에 좀 더 적합한 제품을 소개하는 것이 주목적입니다. 버니스, 제품에 대한 당신의 통찰력을 듣는 건 언제든 환영입니다만, 새로운 브랜드와 사업을 구축하는 동안 우리가 현지에서 수립한 시장 기준을 그렇게 무시하는 언사는 삼가 주시기 바랍니다. 아프리카 시장에 맞는 해답은 저품질이라는 당신의 의견은 솔직히 아주 모욕적입니다. 특히 우리가 동의한 가격에, 우리가 필요로 하는 실용적인 제품을 제작하는 데 동의한 후에 그렇게 말했다는 것은 더더욱 그렇습니다.

아마도 가장 불쾌한 점은 손전등에 대한 당신의 발언일 것입니다. '귀하가 제시하신 가격으로는 현재 우리가 만든 제품의 품질 정도밖에 기대할 수 없습니다. 저가로 고품질 제품을 만들 수는 없는 법이고'라는 말 말입니다. 아마 제가 제 의사를 분명히 밝히지 않았나 봅니다. 귀사가 만든 손전등은 작동되지 않습니다. 스위치가 고장 났단 말입니다.

그리고 충전기에 대한 당신의 의견과 질문에 대해 다시 답변을 드리죠. '우리는 그 제품을 5년 전에 유럽과 미국에 판매했습니다. 그런데 왜 아프리카의 제품 기준이 더 엄격한 겁니까?' 절 미치광이라고 불러도 상관없지만, 내가 휴대전화 충전기를 샀다고 치면 거기에 휴대전화를 충전하길 바라는 건 당연한 일 아닐까요? 당신이 보낸 샘플로는 내 휴대전화를 충전할 수 없습니다. 다른 휴대전화도 충전할 수 없었고, 현재 이 샘플로는 우리의 소중한 건전지만 망가질 뿐입니다. 왜 아프리카 사람들이 미국이나 유럽 사람들보다 더 나은 물건을 가져야 하냐고요? 그 대답은 간단합니다. 이 사람들은 가진 게 너무 없기 때문입니다.

우리 거래는 여기서 끝내기로 합시다.

휘트는 이 중국 공장에서 부로 브랜드 제품을 제조하려고 했던 계획을 포기했지만, 이 혼란스러운 일련의 과정을 실패가 아니라 단순히 지연된 것으로 봤다. 휘트는 휴대전화 충전기에 플래시를 달지 않고 독립형 제품으로 만들기로 했다. 내가 2010년 봄 힘들게 실어 온 휴대전화 충전기와 비슷한 사각형의 플라스틱 충전기를 만들기로 한 것이다. 다만, 이번에는 어떤 종류의 휴대전화든 연결할 수 있게, 분리형 어댑터를 갖춘 부로 브랜드 충전기를 제작하기로 했다. 그 제품은 스리식스티 회사를 통해 쉽게 외주를 줄 수 있다. 손전등은 브레인스토밍을 통해 더 나은 아이디어를 모았고, 이미 새 디자인과 제조 파트너를 염두에 두고 있었다. 이번에는 세계 최저 소득층에게 우수한 품질의 제품을 공급하고자 하는 휘트와 같은 열정을 가진, 중국에 거주하는 젊은 미국 엔지니어가 그 파트너였다.

그린 북

나는 2010년 6월에 가나에서 집으로 돌아가 메인에 있는 가족과 함께 2년 만에 여름휴가를 보냈다. 10월에 낙엽이 질 무렵 나는 가나행 비행기를 탔다. 휘트는 셸리와 이탈리아에서 2주 동안 휴가를 보내고 그 전날 밤 아크라에 도착했다. 내가 집에 없어서 사라가 힘들어했지만, 휘트 부부의 어려움에 비하면 아무것도 아니었다. 휘트는 대부분의 시간을 가나에서 보내면서 잠깐씩 집에 다녀오곤 했다. 오래 떨어져 있다 보니 부부 생활도 힘들어지고 있었다. 원래는 휘트가 가나에 가고 1년 정도 지난 후에 아이 둘을 대학에 보내고 나면 셸리도 가나로 가서 함께 지낼 계획이었다. 아크라와 코포리두아 중간의 페두아세에 있는 찰리의 집을 임대할 생각이었다. 그런데 셸리가 빌&멀린다게이츠재단에서 중책을 맡으면서 그럴 수 없게 됐다. 셸리는 독립적인 여성으로, 살림을 하면서 이틀씩 인도에 출장을 다녀와야 하는 회사 격무도 거뜬히 처리하는 사람이었다. 하지만 아이 둘 모두 대학에 들어가면서 셸리는 휘트처럼 텅 빈 집에서 지내야 했다. 그 집은 휘트의 아프리카 저택보다 훨씬 컸다.

"스트레스가 상당히 심했어." 공항에서 찜통같이 더운 아크라로 차를 타고 가는 길에 휘트가 말했다. "물론 이탈리아에서는 즐거운 시간을 보냈지. 아직도 서로 정말 사랑하고, 같이 있으면 좋고, 가치관도 같아. 거기다 며칠에 한 번씩 전화 통화를 하면서 아내와 아이들의 삶에 관심을 가지려고 노력하지만 쉽지 않네."

휘트의 휴가는 끈질긴 장 트러블 때문에 그 즐거움이 반감되고 말았다. 그 원인은 지아르디아라는 가나에서는 널리 퍼져 있는 편모충으로 드러났는데, 이 기생충은 배설물로 오염된 식수를 통해 확산된다. 항생제를 복용하면 편모충 자체는 죽일 수 있지만 번식 포낭은 죽일 수 없다. 그래서 몇 세대에 걸쳐 번식되는 편모충 자체를 다 죽이려면 치료를 여러 차례 받아야 한다. 그 결과 이탈리아로 떠나기 전에 항생제를 열심히 먹었지만 빌어먹을 작은 기생충이 휘트가 가나로 돌아왔을 때까지 여전히 배 속에 남아 있었다. 그런 상황은 리비아의 아프리키야항공의 암울하면서도 우스꽝스러운 항로 때문에 더 악화됐다.

이 항공사는 서반구를 비행하지는 않지만, 아프리카, 유럽, 중동을 교차했다. 이 회사의 최신 모델 여객기는 매우 편안하고, 다리를 뻗을 수 있을 정도로 공간이 넓고, 의자도 가죽이라고 했다. 물론 기내에서 알코올은 접대하지 않는다는 점이 흠이었지만, 요금이 굉장히 쌌다. 서구인들이 선뜻 이 항공사를 선택하지 않으리라는 걸 알고 경쟁사 요금의 반값에 여행객을 유혹했다. 부로 사업에 더 많은 돈을 써야 하는 휘트는 이 항공사를 이용해 보기로 하고 트리폴리에서 로마로 가는 비행편을 선택했다.

휘트가 배운 교훈은 항공의 중심지라고 생각했던 곳이 사실은 항공의 블랙홀이었다는 점이다. 휘트가 묘사하는 걸 들어보면, 트리폴리국제공항은 절대 타협하지 않는 가학증의 핵심과 같은 곳으로 사디즘의 대가 사드 후작이 쓴 《소돔 120일》을 실제로 재현한 곳이라고 상상하면 될 것 같았다. 밤새 사하라사막을 가로지르는 비행을 한 후에 트리폴리공항의 환승 라운지(카다피의 커다란 초상화가 떡 붙어 있었다)에 들어간 휘트와 다른 승객들은 공항의 보안 담당 직원들에게 팔을 잡혀 길게 줄을 서서 아무짝에도 쓸모없는 서류와 수하물 체크를 당해야 했다. 버럭버럭 소리를 질러 가며 승객들을 다그치던, 콧수염을 기른 직원들은 스파이 영화에 단골로 출연하는 족제비 같은 악당으로 외국 공항에 도사리고 있다가 항상 제임스 본드의 머리를 한 방 갈겨서 대기하고 있던 차에 억지로 태우는 나쁜 놈들과 닮았다고 휘트가 말했다. 엄청나게 방대한 신호체계와 굵은 활자체로 쓴 문구와 느낌표들이 라운지 벽을 가득 메우고 있었는데, 다 아랍어로 씌어 있었다. 몸수색과 아무 물건이나 마구잡이로 압수하는 절차(리비아 당국은 휘트가 가지고 있던 부로 건전지 여덟 개와 플라스틱 D 사이즈 어댑터를 여행 보안상의 이유로 압수했다)를 간신히 거친 후에, 지칠 대로 지친 여행객들은 마침내 오아시스를 발견했다. 아주 쾌적해 보이는 작은 카페 겸 바였는데 수십 명의 현대풍 베두인족들이 향기가 나는 에스프레소를 마시면서 갓구은 페이스트리를 음미하고 있었다. 하지만 아쉽게도 이 '여행객을 위한 카페 겸 레스토랑'에서는 신용카드나 외국 돈은 받지 않았다. 사실환승 라운지에 있는 모든 여행객은 비행기를 갈아타고 외국을 오가는사람들이라 리비아 돈을 가지고 있을 가능성이 거의 없는데도 말이다.거기다 말할 필요도 없이 환전소도 없었고, 다 낡아 보이는 ATM 기기는 고장 난 상태였다.

그러니 커피와 아침 식사는 로마에 도착할 때까지 기다려야 했다. 하지만 휘트의 몸 상태로 봐서 더는 참을 수 없었던 건 바로 화장실이었다. 여기서 화장실, 즉 레스트룸이라는 표현은 도저히 리비아공항의 화장실과는 맞지 않는 말이었다. 정체를 알 수 없는 회색 액체가 2.5센티미터 정도 두께로 바닥에 덮여 있는, 리비아공항의 화장실이라는 이 끔찍한 지하 감옥을 보면 이슬람과 서양 문화 사이에는 태평양과도 같은넓은 간극이 있다는 생각이 든다고 했다. 많은 이슬람 국가처럼, 리비아의 화장실에도 '콰다 알 하자'라고 알려진 종교적 위생 규칙을 준수하는 방식에 따라 설계되어 있다. 무함마드가 정한 이 규칙은 대변을본 후에 물로 '정화'하도록 되어 있다. 현대 이슬람 화장실에서 이 세정 의식은 손으로 돌려서 트는 수도꼭지에 달린 고무나 금속 호스를가지고 치른다. 이 규칙이 부가적으로 화장지를 쓰는 걸 금하지는 않지만(무함마드는 부드러운 돌을 쓰는 걸 권했다), 사실 많은 이슬람교도는그냥 물만 쓰는 편이다. 그렇지만 비이슬람교도들이 자주 다니는 항공사 환승 라운지에 있는 대중 화장실이라면, 당연히 그 안에 화장지가 있을 거라고 기대하지 않을까. 하지만 모든 방문객 여권에 아랍어 번역문을 기재하도록 요구하는 이 나라에서는 이슬람식으로 엉덩이를 닦는 중요한 문제에 대해 결코 타협하지 않았다. 화장실에는 종이 한 장 보이지 않았다. 종교나 개인적인 배경에 상관없이 이 화장실에 들어오는 사람은 모두 호스로 엉덩이를 씻어야 했다(나중에 다른 승객들이 휘트에게 말해 준 바로는 여자 화장실도 사정이 같다고 했다).

트리폴리공항으로 돌아오는 비행 편을 대비해 준비를 철저히 한 휘트는 이탈리아에서 화장지를 준비하고 리비아 화폐인 디나르를 사방팔방 찾아다녔는데 어떤 환전소에도 없었다. 그런데 기적적으로 돌아오는 길에 그 낡고 작은 리비아 ATM 기기가 작동이 됐다. 그래서 휘트는 커피를 살 수 있었고, 기념품 가게에서 1975년 나온 카다피의《그린 북Green Book》의 새 영어 번역판을 살 수 있었다. 그 책에서 독재자 카다피는 대표 민주주의와 서구 자본주의의 폭정에 대한 그의 생각을 털어놓았다. 그 책은 두꺼웠다. 아마 화장지로 쓰라는 뜻이 아니었을까?

돈을 가지고 일해 본 적 있나요

코포리두아에 있는 휘트의 집은 가을에 오니 전보다 훨씬 조용했다. 마당은 비어 있었고, 마당에 있던 오두막집은 덧문이 닫혀서 잠겨 있었다.

"아코시아는 어디 있어?" 내가 물었다.

"갔어. 빅터가 쫓아냈어."

"뭐라고?"

아코시아에게 약속한 대로 휘트가 그녀의 남편에게 집에 다른 여자를 더는 데려오지 말라고 했던 모양이다. 빅터는 그에 대한 보복으로 임신한 아코시아와 둘 사이에 낳은 어린 아들을 길거리로 쫓아냈다. 아마 아콰핌 산맥에 있는 친정에 간 모양이었다. 휘트가 그 사실을 안 후에 빅터를 그 집에서 쫓아냈다. 이제 그 집은 비어 있었다.

은칸사도 사라져 버렸다. 여름에 부로가 은칸사에게 빌려준 1,500세디 때문에 문제가 커진 모양이었다. 원래 그 돈은 회사 근처에 아파트를 구해서 살라고 내준 돈이었는데, 은칸사가 오토바이를 사서 시 외곽에 있는 부모님과 함께 살면서 코포리두아로 출퇴근을 하겠다고 해서 빌려준 것이었다. 휘트와 로즈가 은칸사에게 계속 오토바이를 가지고 오라고 하자, 은칸사는 그 돈을 택시에 투자한 걸 시인했다. 그 택시 기사 역시 은칸사를 위해 운전을 하고 있었다(원래 그 기사는 은칸사가 오토바이 면허를 딸 때까지 은칸사를 회사에 통근시키라고 부로에서 고용했는데 은칸사가 그 기사 역시 훔쳐 간 것이다). 그 일은 은칸사가 벌이는 수많은 벤처 사업 중 하나였다. 은칸사가 사실상 부로를 이용하고 계속 거짓말을 했다는 것에 격노한 휘트가 은칸사에게 회사 업무에서 손을 떼고 돈도 갚으라고 했다. 하지만 은칸사는 휘트에게 이해도 잘 되지 않는 문자메시지를 보내 그가 부당하게 가혹한 대우를 받았다고 항의하면서 자신이 저지른 일에 대해서는 어떤 책임도 지지 않고, 로즈를 배신자라고 부르면서 빚을 갚겠다는 말은 단 한 마디도 하지 않은 채 그냥 사라져 버렸다.

은칸사가 아주 많은 가능성을 보여 줬기 때문에 모두 낙담했다. 하지만 휘트가 지적한 것처럼 은칸사가 세일즈 기술은 뛰어났지만 관리를 비롯한 그 밖의 사무 능력은 형편없었기 때문에 오히려 잘된 일인지도 모르겠다고 위안했다.

어쨌든 은칸사의 빈자리를 대신해서 잰과 로즈가 은칸사보다 더 장래성 있는 매니저를 채용했다. 니 테테이라는 이름의 스물세 살 먹은 아셰시대학 졸업생이었다. 니는 은칸사처럼 큰 소리로 호객하는 저돌적인 세일즈 기술은 부족했지만 훨씬 세련됐다. 아크라 출신인 그는 엘리트 가문에서 성장했다. 일곱 살 때 돌아가신 아버지는 가나의 외교관이자 UN 차관이었고, 어머니는 회계사로 일하다가 은퇴했다. 니는 이탈리아에서 태어나서 아치모타(찰리의 모교)를 나왔다. 그 학교는 아크라에서 명망 있는 중등 교육기관으로 식민지 시대 이후 아프리카의 사업가와 정치 지도자(짐바브웨의 독재자 로버트 무가베를 포함해서)를 키워 냈다.

그런 배경 때문인지 니는 가나의 영어 사용 기준으로 봐도 교수처럼 고색창연한 표현을 많이 썼다. "그렇죠"라고 하는 대신 니는 종종 "바로 그렇습니다"라고 대답하곤 했다. 그에게 쿠키나 물이 든 봉지 같은 사소한 호의를 베풀려고 하면 그는 항상 "그러면 감사하죠"라고 점잖게 대답했다. 어느 날 한 시골 마을에서 우리는 파리의 명품 거리에서나 볼 수 있을 것 같은, 특이하게 곱슬거리는 털이 있는 개와 마주쳤다. 그러자 니가 "최근에 시골 마을에서 이국적인 개들이 풍성해진 걸 목격했어요"라고 말했다. 로즈가 그의 지나치게 화려한 언어 표현을 가지고 놀려댔지만, 그는 전혀 신경 쓰지 않고 꿋꿋하게 썼다.

"전 책을 한 권 쓰고 싶습니다. 가나의 문화와 사회적 변화에 대한 책이요." 니가 내게 말했다.

나는 그라면 잘 쓸 수 있을 거라고 말해 줬다.

우리는 부로 사무실을 나와 북동쪽을 향해 달리면서 새 부로 재판매 업자를 모집하기 위해 전기가 나오지 않는 마을을 찾아다니고 있었다. 이곳은 말하자면 미지의 영역이었다. 아직 부로와 부로 제품에 대해 모르는 사람들과 장소가 여기에 있었다. 니는 운전 실력이 좋고 숙련된 기사였다. 부로로서는 제임스를 제외한 최초의 운전기사로, 휘트와 잰이 운전을 따로 가르칠 필요가 없는 직원이기도 했다. 하지만 대부분의 가나 사람들처럼 니 역시 핸들만 잡으면 폭주족이나 다름없었다. 이런 성급한 기질 때문에 2주 전에 참변이 일어날 뻔했다. 그때 니와 샌프란시스코에서 온 열아홉 살, 대학교 2학년인 인턴 알렉 스콧이 기아 차를 타고 가다가 바퀴 하나가 떨어져 나가면서 옆으로 구른 사고가 발생했다. 그 기아 차는 바로 휘트와 내가 1년도 훨씬 전에 휠 베어링을 태워 먹은 적이 있는 바로 그 차였지만, 이번 사건은 훨씬 심각했다.

사고는 주말에 일어났다. 둘은 부수아 해변으로 가는 중이었다. 그곳은 모험을 좋아하는 서퍼들에게 인기가 있는, 목가적인 관광지였다. 해변으로 가던 도중에 차가 불길하게 흔들렸지만, 그들은 계속 갔다. 이 둘은 흔히 하는 말처럼 갈 데까지 가 보자는 심산이었던 모양이다. 하지만 결국 끝까지 가지도 못했다. 바퀴가 떨어져 나가면서 차가 내동댕이쳐져 구르다가 도로 위를 미끄러져서 조수석이 바닥에 깔리면서 멈췄다. 나중에 로즈가 찍은 사진을 보니까 차 오른쪽이 사정없이 구겨졌고, 앞 유리는 박살 나 있었다. 니가 운전하고 있었는데 안전벨트를 매지 않았다면(부로 규칙이다) 조수석에 타고 있던 알렉 위로 떨어

졌을 것이다. 다행히 둘 다 경미한 부상만 입어서 곧 퇴원했다(기아 차
는 수리하려면 몇 주가 걸릴 것이다).

"앞으론 죽을 때까지 항상 안전벨트를 맬 겁니다." 니는 운전하면서
말했다.

아직 이탈리아에 있던 휘트가 그 사고 소식을 듣곤 기겁했다. 알렉
의 부모는 휘트의 오랜 친구다. 그들은 니제르에서 몇십 년 전에 함께
일했다.

"알렉에게 무슨 일이라도 생겼어 봐." 휘트가 고개를 절레절레 흔들
면서 말했다. "그게 내 잘못은 아니지만. 둘 다 제대로 판단해서 그 빌
어먹을 바퀴가 떨어져 나가기 전에 차를 세웠어야지. 큰 사고가 났으
면 다 내 책임처럼 느껴졌을 거야."

그 사고 때문에 휘트는 직원들이나 인턴들에게 개인적으로 여행을
갈 때 차를 빌려주는 문제를 재고하게 됐다. 다칠 위험도 있지만 부로
가 급속히 성장하고 있었기 때문에 더는 회사 차를 잃을 여유가 없었다.

이렇게 부로가 성장해 가는 지역 중 많은 곳이 니가 개척하고 있는
새로운 구역에 있었다. 니와 알렉은 구글어스 위성사진과 가나 지형도
를 이용해서 도로에서는 보이지 않지만 좁은 길을 따라가다 보면 수천
명의 사람이 살 가능성이 있는, 인구가 집중된 곳을 찾고 있었다. 정보
면에서 뒤떨어져 있고 해상도도 낮은 위성사진 때문에 부로가 활동하
는 지역의 구글 지도는 대부분 쓸모가 없다. 하지만 구글어스에는 이
특별한 테스트 지역의 비교적 새롭고 자세한 사진이 최근에 추가됐다.
가나 지형도는 30년이나 됐고 인구 데이터는 믿을 수 없지만(어떤 마
을은 지난 30년 동안 사방으로 방대하게 뻗어 나가면서 성장하기도 했고, 반

면에 쇠락한 마을도 있다), 이 지형도에는 대개 좀 더 포괄적인 지역 이름이 나와 있었고, 때로는 등고선뿐 아니라 외딴곳에 떨어져 있는 정착지 이름까지 나와 있었다. 구글어스와 가나 지형도 둘 다 참고해서 니와 알렉은 좀 더 가능성이 높은 지역의 위도와 경도를 미리 파악했다. 이 좌표를 휴대용 GPS에 입력해서 현장 위치를 찾았다. 이 둘은 부로가 잠재적인 판매 지역을 찾아낼 수 있는 지극히 정교하고 효율적인 방법을 만들어 내기 시작했다.•

새로운 지식으로 무장한 니와 나는 새 고객을 찾으러 길을 나섰다. 아니, 좀 더 정확히 말하면 새 마을에 있는 고객에게 상품과 서비스를 제공할 수 있는 새 재판매업자를 찾으러 가는 길이었다. 지난봄 브리검영 인턴들이 실시한 현장 조사를 바탕으로 부로는 재판매업자 선정 과정을 좀 더 세련되게 다듬어서 문서화했는데, 나는 그 문서화된 규정이 어떻게 효과를 발휘하는지 보고 싶었다. 이제 재판매업자 후보는 마을 공개 토론회에서 지명되고(종종 마을 원로가 특별히 추천하는 사람), 그다음에 부로 매니저가 그 후보의 면접을 보면서 점수를 매기는데 니든 로즈든 문제의 새 구역을 담당한 매니저가 그 일을 맡는다. '우승자'가 발표되면 대대적인 축하를 받는데, 그 과정을 통해 최고의 재판매업자를 뽑을 수 있을 뿐 아니라 그 자리가 중요하다는 생각을 마을 사람들에게 확실히 심어 주게 된다.

• 알렉과 니는 결국 가나통계청에서 2000년 전국의 모든 마을 인구를 열거한 국가 인구 데이터를 찾아냈다. 전화번호부 크기의 책(다소 비효율적이긴 하지만 알파벳 순서로 전국의 인구수를 정리한)과 함께 디스크 한 장을 휘트가 구해서 마이크로소프트 어세스를 이용해 부로 회사 프로그램인 포더에 입력했다. 이 데이터에 지리학적 좌표는 나와 있지 않았지만, 부로는 이제 여러 구역 중에서 가능성이 높은 판매 지역을 좁혀서 인구별로 정리할 수 있게 됐다. 이것이야말로 게임의 판도를 바꿔 놓을 수 있을 것이라고 휘트가 말했다.

니는 도로에 움푹 파인 곳들을 무시무시하게 빠른 속도로 피해 가면서 이론적으로는 포장됐다고 하는, 주도로지만 내가 한 번도 가 보지 않은 도로를 달렸다. 그렇다고 이곳의 풍경이 새롭다는 말은 아니다. 플랜테인 숲이 쭉 뻗어 있고, 티크 나무들이 서 있는 땅이 나오고, 반쯤 지은 콘크리트 교회와 주홍색 야자유가 든 주전자를 늘어놓은 도로변 노점상들은 동부 지역 어디서나 볼 수 있는 풍경이다. 늘 그렇듯이 도로를 따라 전신주가 늘어서 있었지만 이 주변에 전기가 들어오는 마을은 한 곳도 없었다.

니가 진흙투성이 길로 들어서서 조금 달리자 도로가 오솔길로 바뀌었다. 지도를 보면 이 길로 가면 은크란크롬다다수라는 상당히 큰 마을이 나온다고 돼 있었다.

우리는 트럭에서 내려 주위를 둘러봤다. 웃통을 벗은 한 남자가 마체테로 티크 나무의 몸통을 난도질하고 있었다. 푹푹 찌는 한낮에 이런 일을 하려면 아주 힘들 것 같았다. 나는 티크로 액세서리를 만든 적이 있는데 그때 엄청 단단한 나무란 걸 알았다. 그 남자는 하던 일을 멈추곤 우리에게 인사했다. 벗은 가슴에서 구슬땀이 흘러내렸다. 니와 그 남자는 더듬더듬 튀어로 이야기했는데 튀어는 니의 제1 언어도 아니고, 내가 보기에 그 낯선 남자의 모국어도 아니었다.

"이 사람이 우리를 마을로 데려다주겠답니다." 니가 말했다.

가나는 원래 이런 곳이다. 어딜 가든 사람들은 중요한 일을 하고 있다가도 하던 일을 내려놓곤 다른 사람을 기꺼이 도와준다. 섭씨 32도가 넘는 날씨에 티크 나무를 베다 쉴 수만 있다면 어떤 구실도 환영할 만하긴 하다.

그곳은 전날 비가 억수같이 내려서 첨벙거릴 정도로 길에 물이 많았다. 마을 사람들이 통나무를 깔아서 임시변통으로 다리를 만들어 놨지만, 그 통나무 역시 물속에 잠겨 둥둥 떠다니는 판이라 신발을 적시지 않고는 도저히 그곳을 지나갈 수 없었다. 나는 크룩스를 신어서 무시무시하게 미끄럽긴 했지만 그래도 괜찮았는데, 니는 가죽 스트리트 슈즈와 양말을 신고 있었다. 800미터 정도 걸어가자 마을이 나왔다. 우리는 그곳에서 내 또래로 보이는 체구가 작은 추장을 만났다. 니가 우리를 소개하자 추장이 마을 원로를 몇 명 불러 모았다.

우리가 작고 아직 덜 익은 초록색 열매가 달려 있는 만다린 오렌지 나무 밑에 앉아 있는 동안 니가 모여든 마을 원로들에게 부로에 대해 설명했다. 알고 보니 마을 사람들은 토고에서 온 에웨족이었다. 니는 에웨어를 못하고, 나는 프랑스어를 그럭저럭 알아듣는 정도밖에 못했다. 어쨌든 우리는 튀어, 영어, 프랑스어 등 바벨탑 같은 언어를 사용해 엉성하지만 효과적으로 의사소통을 해냈다. 막무가내로 찾아온 우리를 대하는 마을 원로들의 눈빛이 점점 따뜻해지고 있었다.

니는 건전지 프로그램에 대해 설명하고 샘플 몇 개를 돌렸다.

"이 건전지들은 항상 지속적으로 사용해야 합니다. 이 건전지들은 뛰어난 경기를 하기 위해 항상 긴장을 늦추지 말아야 하는 축구 선수와 같습니다." 니가 설명했다.

그 말에 마을 원로들은 예상대로 감명을 받았다.

"우리 회사는 지역사회를 아주 중시합니다. 우리는 사람들과 이야기를 하고 싶고, 그들이 필요로 하는 것이 무엇인지 알고 싶습니다. 그래서 우리는 우리 재판매업자와 대화를 합니다. 만약 사람들이 우리에게 그들이 사는 동네에서 이런저런 것들이 필요하다고 말해 주면, 우리는 그 물건을 최선의 가격에 공급할 수 있는 가장 좋은 방법을 찾을 것입니다. 그리고 여러분이 가진 문제가 휴대전화를 충전하는 것이란 걸 알아냈습니다. 전기가 안 들어오는 이런 마을에서는 충전하기 위해 휴대전화를 멀리 보내야 하니까요."

원로들이 고개를 끄덕였다. 이 마을 사람들은 충전을 하기 위해 휴대전화를 도시로 보내는 데 50페세와를 지불하고, 거기다 오가는 택시비로 각각 40페세와를 지불하기 때문에, 다 하면 1세디 30페세와를 내야 한다고 추장이 말했다.

"그래서 우리가 그렇게 말했죠. '이 문제를 해결하기 위해 우리가 할 수 있는 게 뭘까?' 자, 이제 여러분에게 부로 휴대전화 충전기를 보여 드리겠습니다." 니는 플라스틱 통에서 작은 초록색 장치를 하나 꺼냈다. "바로 이렇게 생겼습니다. 이 충전기에는 우리 건전지가 네 개 들어갑니다. 보여 드리죠."

니는 충전기를 열어서 그 안에 있는 건전지를 보여 줬다.

"충전기가 어떻게 작동하는지 보여 드리겠습니다." 니는 주머니에서 자신의 휴대전화를 꺼냈다. "저희 충전기에는 휴대전화 잭이 하나 있습니다. 여러분이 충전기를 사시면 무료로 잭 하나를 드립니다. 그걸 이렇게 넣으면."

니는 휴대전화 잭을 충전기 전선의 움푹 들어간 구멍에 꽂았다.

"그리고 이쪽 끝부분을 휴대전화에 꽂으면, 휴대전화가 충전되는 겁니다." 니가 휴대전화를 들어 올려서 추장과 원로들이 화면에 나온 건전지 표시가 깜빡거리는 걸 볼 수 있게 했다. "이거 보세요. 충전되는 걸 볼 수 있습니다.”

그들은 충전기 주위로 모여들어서 감탄했다.

“충전이 되네!” 한 사람이 확인했다.

“정말 충전이 되네!” 다른 사람도 동의했다.

그들은 영어로 말했지만 마치 중국어처럼 들렸다.

“추웅전!”

“이렇게 간단하다니까요. 이제 여러분은 항상 휴대전화를 가지고 계실 수 있습니다. 휴대전화를 멀리 보내서 충전하는 데 드는 시간과 돈을 낭비할 필요가 없습니다.”

“이건 얼마죠?” 또 다른 사람이 물었다.

니는 건전지 네 개 값이 다 해서 80페세와인데 이걸로 휴대전화 충전을 두 번 할 수 있으며, 휴대전화 상태에 따라서 네 번까지 충전이 가능하다고 대답했다.

“그러니까 충전하는 데 한 번에 20에서 40페세와가 드는 겁니다. 이건 여러분이 현재 내는 것보다 평균 1세디나 적게 드는 겁니다. 그리고 충전기값도 5세디 내셔야 하는데 충전기는 일단 돈을 내면 여러분 것이 됩니다. 그래서 다섯 번만 충전하시면, 여러분이 절약한 돈으로 충전기를 살 수 있다는 계산이 나오죠.”

모인 사람들은 그 말을 이해했다는 몸짓을 보였고, 충전기값을 먼저 치러야 한다는 사실에도 당황하지 않는 것 같았다.

“하지만 우리가 여기 온 중요한 이유는 추장님과 이야기를 나누기 위해섭니다. 그래서 재판매업자를 뽑을 날짜를 정하려고요. 재판매업자는 에이전트라고도 하는데 매주 우리가 이 사람들과 만나서 건전지와 이들이 팔고 싶은 물건을 공급해 줄 겁니다. 그래서 우리가 온 겁니다." 니가 말했다.

원로들과 추장이 에웨어로 의논을 하고 나서 우리와 이야기를 하고 그다음 주에 날짜를 정했다.

"이 마을에는 사람이 몇 명이나 사나요?" 니가 물었다.

"아, 많이 살아요." 한 남자가 말했다.

"몇 명이요?"

"서른 명에서 서른다섯 명 정도요."

니의 얼굴에 낙담한 표정이 떠올랐다. 그 정도라면 재판매업자를 둘 필요가 없다.

"좋습니다. 그렇다면 주변에는 사람들이 얼마나 살까요?"

그 남자들은 다시 에웨어로 논의했다. 가끔 큰 소리도 나오고, 요란스러운 몸짓이 오갔다.

"한 1,000명 정도 될 것 같아요." 대변인이 말했다.

"좋습니다." 니가 대답했다.

니가 지도에 나온 데이터를 토대로 예상했던 인구였다. 우리는 모두 악수를 나누고 작별 인사를 하곤 미끄러운 길을 되돌아갔다.

약속한 날 재판매업자를 뽑으러 다시 왔는데 이번에는 농장에 부츠를 신고 왔다. 하지만 며칠 동안 비가 내리지 않아서 길이 말라 있었다. 우리는 또다시 만다린 오렌지 나무 밑에서 만났는데, 이번에는 마을 사람들이 많이 모여 있었고, 그중에는 원로들이 재판매업자 후보로 뽑은 남자 네 명도 있었다. 니가 기본적인 부로 선전을 읊으면서, 부로 건전지의 가장 중요한 특징 세 가지를 강조했다. 부로 건전지는 강력한 성능이 꾸준히 유지되고, 새지 않으며, 저렴한 것이 특징이다. 우리는 면접을 보기 위해 모임을 끝내고 카카오나무 밑에 있는 벤치로 자리를 옮겼다.

면접 과정은 몇 가지 중요한 부분에서 후보의 능력을 평가할 수 있게 고안된 일련의 질문으로 문서화돼 있었다.

- 글을 읽고 쓸 줄 아는 능력과 기본적인 산술 능력
- 정직성
- 신뢰성과 의욕
- 교육 가능성
- 세일즈 경험
- 부로에 시간을 투자할 수 있는지의 여부
- 인성과 성격
- 서비스 지향적인 태도

각각의 항목에는 몇 가지 샘플 질문과 그에 대한 답을 분석할 수 있게 돕는 '점수 매기는 방법'이 나와 있었다. 예를 들어 '서비스 지향적인 태도' 항목 밑에는 '건전지가 자기가 가진 손전등에서는 작동되지 않는다고 말하는 고객을 어떻게 대하시겠습니까?'라는 질문이 나와 있었다. 점수 매기는 난에는 이렇게 나와 있다. 이 단계에서는 '고객에게 회사에 보고할 때까지 기다려 달라고 말한다'라는 답이 높은 점수를 얻을 수 있다. '고객들에게 그 건전지를 회수하고 내 사업을 망치지 말라고 말한다'나 '고객에게 거짓말하지 말라고 말한다'라는 대답은 아주 낮은 점수를 받는다.

각각의 기준에 따라 1점부터 7점까지 점수가 매겨진다. 처음에는 좀 인위적이란 생각이 들었지만, 만약 부로 사업이 전국으로 확대되려면 루트 매니저들이 다양한 배경과 교육 수준을 지니고 있는 데다 휘트나 잰에게 개인적으로 교육을 받지 못할 거란 사실을 깨닫게 됐다. 그러니 분명하고 명쾌한 가이드라인이 필요했다. 이 경우에는 이처럼 단순한 방식이 장점으로 작용했다.

첫 번째 후보가 앉자 니가 그에게 면접 질문지를 건넸다. 질문지에는 질문이 두 가지 있었다.

1. 만약 고객이 하나에 5세디 하는 충전기 두 개를 사고 건전지 네 개를 임대한다면, 고객이 지불해야 하는 돈은 얼마인가?
2. 구화폐로 5만 2,000세디는 신화폐로 얼마인가?

"이름을 쓰세요. 그리고 주소와 전화번호도 적으세요."

니는 그 남자가 이름을 쓰려고 안간힘을 쓰는 걸 지켜봤다.

"자, 이제 질문 두 개를 큰 소리로 읽고 답을 쓰세요."

그는 단어 하나하나에 무척 고심하면서 천천히 질문을 읽었다. 그가 계산을 하려고 애를 쓰는 동안 눈썹이 종이를 접는 것처럼 일그러졌지만 아무 소용이 없었다.

"돈을 가지고 일해 본 적이 있나요?" 니가 물었다.

"네."

"무슨 일을 했죠?"

그 남자는 한동안 생각했다.

"나이지리아에서요."

"거기서 무슨 일을 했는데요?"

"일요일에 축구 클럽을 조직했습니다."

"거기에 돈을 다루는 일이 있나요?"

"저도 모르겠습니다." 그는 머리를 긁적였다.

"부로 건전지의 세 가지 중요한 특징을 기억할 수 있나요?"

어색한 침묵이 흘렀다. 마침내 니가 다시 그 남자에게 일깨워 줬다.

"강력한 성능이 오래 유지되고, 새지 않으며, 가격이 저렴하죠."

"그렇군요." 그 남자가 대답은 그렇게 했지만 니가 했던 말을 반복할 수 없을 것 같아 보였다.

"당신 마을에 필요한 게 뭐라고 생각하십니까?"

그 남자는 오랫동안 그 질문을 생각해 보더니 대답했다.

"물이요."

"좋아요. 고맙습니다. 다음 후보에게 오라고 해 주시겠어요?" 니가 말했다.

두 번째 남자는 좀 더 자신감 있고 교육도 잘 받은 것 같았지만 영어를 거의 하지 못했다. 그는 프랑스어로 자기는 매년 토고로 여행을 간다고 했는데 그것도 재판매업자로서 자격 미달이었다.

"그럼, 우리를 언제 만나러 올 수 있습니까?" 니가 물었다.

"언제든 좋습니다."

"그건 아니죠. 당신은 농장을 경영하고 있는 데다 토고로 여행을 간다고 방금 말했잖아요."

"내 처가 올 수도 있습니다."

세 번째 후보는 프랜시스 아타글로란 남자로 지금까지 본 후보 중에 제일 나았다. 그는 폴로셔츠를 말쑥하게 차려입고, 침착한 태도에 영어를 유창하게 구사했다. 거기다 산수도 잘했고 부로의 핵심 개념을 확실히 이해한 것 같았다. 알고 보니 그는 목사이거나 자신이 다니는 교회에서 일종의 평신도 모임 회장이었는데, 그것은 지역공동체에서 그가 존경받는 위치에 있다는 의미였다.

네 번째 후보의 면접도 잘 진행됐지만 가장 뛰어난 후보는 분명 프랜시스였다. 우리는 마을 사람들을 다시 모았고 니가 새 재판매업자를 발표하자 모두 환호했다. 그리고 니가 한 시간 반 동안 프랜시스를 교육하고 처음 사업을 시작할 건전지와 휴대전화 충전기를 공급했다. 1주 후에 니가 이곳으로 돌아와서 공식적으로 공공 모임을 열어서 프랜시스가 새 고객을 모집할 수 있도록 도울 것이다. 네 번째 후보가 프랜시스가 교육받는 걸 지켜보는 모습을 보고 기뻤다. 순전히 호기심에 그랬겠지만 만약 프랜시스가 재판매업자 일을 못 하게 된다면 그를 새 재판매업자로 대체할 수 있을 테니까.

"일이 잘됐네요." 차를 타고 가면서 니가 말했다. "가끔은 정말 아니다 싶은 두 후보 중에서 그나마 나은 쪽을 골라야 할 때도 있거든요. 하지만 여기선 아주 좋은 재판매업자를 뽑은 것 같아요. 프랜시스는 재판매업자의 이미지에 딱 맞아요. 거기다 이미 전도사니까 사람들이 프랜시스가 자기를 천국으로 보내 줄 거라고 믿고 있잖아요."

니의 목소리에서 빈정거리는 어조가 느껴졌다.

휘트의 직원 중에서 니가 가장 무신론자처럼 보였는데, 가나 사람들

중에 그런 태도를 보이는 사람은 거의 없다. 하지만 니에게 물어보진 않았다.

휘트가 타타를 가지고 코포리두아에 처음 도착해서 사무실도 되고 집도 되는 장소를 찾으러 온 지 2년이 조금 넘었다. 이제 그에게는 차가 석 대 있고, 상근 근무를 하는 가나 직원이 다섯 명(둘은 대학 졸업생이다)이나 되고, 더 많은 사람이 이 회사에 들어올 예정인 데다, 거의 100명에 이르는 파트타임 재판매업자와 미국 인턴과 가나 인턴 들이 회사에서 일하고 있다. 휘트는 수천 명의 가나 사람들이 신뢰하고 존경하는 브랜드를 구축했는데, 그 방법은 먼저 가나 사람들을 존중했기 때문이다.

휘트는 처음에 계획했던 것만큼 빠르게 사업을 확대하진 못했다. 사실 제1호 코포리두아 테스트 지점을 제외하고는 제2호 지점은 아직 열지도 못했지만, 첫 번째 지점이 아주 빠르게 성장하면서 제2호, 제3호 지점을 낼 수 있다는 가능성을 보여 주고 있다. 지금까지 이 모든 일을 자신의 돈을 써서 해 왔다. 지금 이 시점에서 그가 투자한 돈이 25만 달러가 넘는 데다, 그 돈으로 할 수 있는 기회비용은 계산에 넣지도 않았다. 그러니 투자자를 모집해서 사업을 확대한다고 해도 휘트가 이 회사를 계속 경영할 수 있을 것이다.

부로는 적어도 내가 보기엔 일종의 전환점에 이르렀다. 영업하는 마을을 찾고 재판매업자를 고용하는 새 규약은 훨씬 원숙하게 느껴졌고, 무작정 차를 타고 사람들을 찾아 마을 주위를 돌아다니던 1년 전보다 직감에 덜 의존하게 됐다. 새 휴대전화 충전기가 수익을 내서 지난 4주 동안의 매출이 그전보다 네 배가 늘었으며, 곧 2,500세디를 넘을 것으로 보인다. 건전지 교환 수익 역시 새 고객들이 휴대전화를 규칙적으로 충전하기 시작하면서 극적으로 늘어나고 있다.

"이걸로 충분하진 않지만, 그래도 사업 방향이 제대로 뻗어 가고 있는 건 사실이야." 휘트가 말했다.

부로는 몇 달에 걸쳐 힘들게 배운 교훈을 빠르게 적용하고 있었고, 얼마 안 가 정말 성공할 것처럼 보였다.

이건 모두 좋은 소식이고 휘트를 생각하면 기쁜 일이었지만, 한편으로는 회사를 시작하던 초반의 혼란스럽고 정신없던 때가 그립기도 했다. 새 마을을 찾아 무턱대고 돌아다니며 겪었던 모험과, 하나님도 미처 세지 못할 정도로 많은 언어로 즉석에서 지어낸 부로 건전지 선전과, 편파적인 시각의 추장들과 야자유 와인을 마시며 건배를 하던 일, 우리에게 오리알과 버섯을 주던 마을 사람들, 쿠폰 위조 행위를 두고 머리싸움을 벌이던 그때가 그리웠다. 나는 고양이를 먹는 사람도 만나 봤다. 택시 트렁크에 죽은 소와 살아 있는 양이 탄 것도 봤다. 그런데 지금은 뭐하고 있는 건가? 나는 GPS에 좌표를 입력해서 일하는, 잘나가는 아프리카 대학 졸업생 꽁무니를 쫓아다니고 있었다. 탐험가일 때가 그리웠다. 이제 더는 볼 게 없다는 생각이 들기 시작했을 때 오우라툼이라는 마을에 도착했다.

전선들이 갈색과 베이지색이 섞인 작은 오두막집이 있는 외딴 마을에 선 전선주를 지나가고 있었기 때문에 적어도 오우라툼에 사는 일부 주민들은 전기를 쓰고 있음을 알고 있었다. 하지만 학교에서 돌아온 10대 소년 하나가 우리에게 도로변에 있는 몇 집만 전기가 들어오지 대부분은 전선이 지나가지 않는 숲 속에 산다고 했다(우리가 구글어스 이미지를 분석한 결과를 확인해 줬다).

"추장은 어디 살지?" 니가 물었다.

"제가 데려다 드릴게요." 소년이 말했다.

우리는 차를 주차하고 내렸다. 도로변에 카카오 콩으로 가득 찬 거대한 자루가 높이 쌓여 있었다. 아마 택시나 트로트로에 실려 중앙 창고로 옮겨질 것이다. 이 카카오 콩은 달고 과일 향이 나는 독한 술인 리큐어를 머금은 초콜릿이 돼서 밸런타인데이에 붉은 레드벨벳 리본을 두른 상자에 담겨 팔릴 것이다. 가나는 전 세계 카카오 생산에서 코트디부아르에 이어 두 번째 생산국으로 세계 수확량의 약 14퍼센트를 재배하고 있다. 지금은 카카오 수확기인데 올해는 카카오 가격이 높아서 농부들이 돈이 많았다.

우리는 오솔길로 향했는데 이내 그 길은 카카오나무들이 울창하게 둘러싼, 낮은 늪지대로 변했다. 넓적한 나뭇잎이 햇빛을 막았고, 울퉁불퉁하게 비틀린 나무 몸통은 마치 1950년대 SF 영화에 나오는, 척추가 없는 에일리언 같아 보였다. 나뭇가지에 낀 이끼에서 뚝뚝 떨어지는 물이 마치 점액 같았다. 그곳은 어둡고 으스스했다. 곧 사람들이 사는 주거지에 도착했다. 치장 벽토를 바른 사각형의 오두막집들로 이뤄진 'U' 자형 주거지로, 금속 지붕 그늘 아래 넓은 현관이 있었다. 한가운데 공터에 커다랗고 평평한 대나무 받침대 세 개가 있었다. 모두 사람 허리 정도 되는 높이에 커다란 페르시아 양탄자만 한 크기였는데, 그 위에 검은 카카오 콩을 널어서 햇볕에 말리고 있었다. 축축한 바나나 잎을 덮어 놓은 엄지손가락만 한 콩들은 벌써 발효가 돼서 초콜릿 식초 같은 기이한 냄새를 뿜어내고 있었는데 독하긴 했지만 불쾌한 냄새는 아니었다.

"주인님!"

내가 돌아서자, 우리를 향해 달려오는 사티로스(고대 그리스 신화에 등장하는 숲의 신으로, 남자의 얼굴과 몸에 염소의 다리와 뿔을 가진 모습-옮긴이)의 모습이 얼핏 보였다. 하지만 실제로는 체구가 작은 노인이 다년간의 고된 노동 때문에 구부러진 허리에 풍차처럼 팔을 흔들며 달려오고 있을 뿐이었다. 길고 흰 수염이 늘어진 노인이었다.

"아, 주인님! 주인님!" 노인이 소리를 질렀다.

나는 노인이 부르는 사람이 누군지 보려고 고개를 뒤로 돌렸다가 미처 앞을 보기도 전에 노인이 다짜고짜 내 다리를 두 팔로 꽉 부둥켜안았다.

"주인님, 드디어 오셨군요!" 노인은 고개를 들어 날 보고는 미소를 지으며 말했다. 그의 이는 기이하게 썩어 있어서 아래쪽 앞니가 마치 아즈텍의 피라미드 같았다. "주인님, 환영합니다!"

이 일은 아무리 그럴싸하게 표현하려고 해도 당혹스럽기 그지없었다. 할리우드에서 오랜 세월 살면서 일해 봤기 때문에 이런 식의 아부를 좋아하는 사람이 있다는 정도는 알고 있었다. 하지만 나로선 그저 입을 떡 벌린 채 서서 이 굽실거리는 아부꾼이 내 무릎을 껴안고 흙바닥에 무릎을 꿇고 있는 동안 넘어지지 않으려고 애를 쓸 뿐이었다. 마침내 노인이 일어나서 한 젊은 남자에게 기이한 언어로 뭐라고 소리를 지르자 그 젊은이가 급히 날 위해 플라스틱 의자 하나와 빗물을 담은 금속 컵 하나를 가지고 왔다. 알 수 없는 일이지만 내가 아주 특별한 귀빈이 된 모양이었다.

그때까지 니는 놀라서 튀어나올 것 같은 눈으로 이 사태를 지켜보고만 있었다. 그러다 입을 열었다.

"대체 이게 무슨 일일까요."

"이 노인이 하는 말은 하나도 못 알아듣겠어요." 니가 내게 속삭였다.

젊은 남자가 니에게 튀어로 말했다.

"오케이. 저 노인이 추장이래요. 이 사람은 추장 아들이고. 이 사람들은 이 지역에서만 쓰는 라테어를 쓰고 있어요." 니가 다시 내게 말했다.

"대단하군. 아무래도 우리가 쓰는 말이 여기선 통하지 않을 거란 생각이 드는군요." 내가 대꾸했다.

"아들이 그러는데 추장이 당신을 다른 사람과 착각했대요."

"리빙스턴 박사(1800년대 영국의 탐험가 겸 선교사—옮긴이)?"

"아뇨. 추장 딸이 아크라에서 어떤 오브루니 밑에서 일하는데 그 남자가 추장에게 계속 한번 찾아오겠다고 약속을 했나 봐요. 그래서 당신이 자기 딸 상사인 줄 알았대요."

"그럼 이게 자기 딸의 오브루니 상사를 맞는 일반적인 방법인가요?"

"그러지 않기를 바라야죠."

"정말 미안합니다." 추장은 자기가 할 수 있는 최선의 영어로 수줍게 말했다.

"괜찮습니다." 나는 힘없이 미소를 지으며 말했다.

어쨌든 그는 추장이니까. 이 일을 겪으면서 나는 〈타잔〉 영화에서 원주민이 주인님에게 아양을 떨다가 잡아먹으려고 가마솥에 던지는 장면이 떠올랐다.

엄격한 기준

그 소포는 손으로 쓴, 멀리 떨어진 곳에 있는 반송 주소와 함께 DHL로 배달됐다.

"도착했다."

휘트의 말에 부로 사무실에 있던 사람들이 모두 하던 일을 멈추고 회의 테이블 주위로 모여들었다. 우리는 그 소포가 뭔지 알고 있었다. 새 부로 손전등의 최종 원형 샘플이 온 것이다. 휘트는 이것이 부로를 수익성과 지속 가능성의 시대로 이끌어 주길 바랐다.

"이게 최종 소매 포장이군." 휘트는 투명 테이프에 거칠게 싼, 임시 변통으로 만든 소포 용기를 감상하는 척하며 말했다.

"얼른 열기나 해." 내가 말했다.

휘트가 조심스럽게 포장지를 뜯었다. 그것은 11월에 받은 크리스마스 선물이었다.

선전이란 곳은 방대하게 뻗은 제조업과 금융업의 중심지로, 좁은 물길 하나를 사이에 두고 홍콩과 분리돼 있다. 이곳은 수천 개의 전자 제품 중 조명 기구를 찾는다면 반드시 가야 할 곳이다. 2009년 여름, 휘트는 일주일 동안 제조업자를 찾기 위해 그곳에 갔다. 며칠 동안 고동치는 디스코 불빛이 나오는 손전등과 쓸모없고 조잡하게 만들어진 다른 장치를 보면서 공손하게 고개를 끄덕인 다음 휘트는 이런 규격품은 가나 시골 마을의 열악한 환경에서는 제대로 작동되지 않을 거라는 걸 깨닫기 시작했다. 휘트는 그만의 제품을 만들어야 했다. 하지만 그러려면 파트너가 필요했다.

휘트가 그린라이트플래닛에 대해 언제 처음 들었는지는 정확히 기억하지 못했다. 그 회사는 전 세계 빈민을 위한 성능 좋은 조명 기구를 디자인하겠다는 생각으로 2008년 설립된 영리기업이다.

"난 주위를 둘러보면서 대안을 찾고 있었는데, 갑자기 그린라이트플래닛이 눈에 들어왔어. 그리고 패트릭을 만났지." 휘트가 설명했다.

패트릭 월시는 선전에 사는 젊은 미국 엔지니어로 대학을 졸업한 지 얼마 안 돼서 그린라이트플래닛을 공동 창업했다. 일리노이대학교 어배너-샴페인캠퍼스(잰도 이 대학에서 공학을 공부했다) 2학년이었던 패트릭은 '국경없는엔지니어'의 일리노이대학교 지부에 가입했다. 그 단체는 미국에 있는 공학도와 개발도상국의 지역사회를 연결해 주는 일을 했다. 날씬하고, 검은 머리에, 눈썹이 짙은 패트릭은 북부 인도에 있는 한 마을을 위해 주민들이 감당할 수 있는 비용으로 전력을 공급하는 프로젝트에 참가하게 됐다. 인도는 아직도 4억 명이나 되는 사람이 전기 없이 살아가고 있다.

"도시에서만 살던 제가 그 시골 마을에 가서 두 달 동안 살아 보고는 정말 깜짝 놀랐습니다." 패트릭은 2008년 말에 모교에서 한 연설에서 이렇게 말했다. "마을에 도착한 첫날 밤 어두운 방에 들어가서 스위치를 켜려고 했습니다."

패트릭은 이 부분에서 보이지 않는 스위치를 찾아 더듬거리며 팔을 휘두르는 시늉을 해 보였다.

"제기랄! 여기는 불이 안 들어오지. 오늘 밤만 아니라 앞으로 두 달 동안 계속 이럴 거잖아."

마을 사람들은 펌프로 물을 퍼 올리고, 주요 수입원인 향료를 가공하기 위해 디젤엔진으로 돌아가는 발전기를 하나 가지고 있었다. 하지만 마을 전체를 밝히기 위해 들어갈 기름값은 댈 수 없었다. 대신 이 마을은 울창한 숲이 둘러싸고 있었는데, 그 숲에 기름이 들어 있는 씨가 나오는 나무들이 있었다. 패트릭과 동료 학생들이 그 씨에서 기름을 짜내는 시스템을 설계했다. 그리고 그 식물성기름을 태워서 작동될 수 있도록 발전기의 디젤엔진을 개조했다.

"그것은 실행 가능한 시스템이었어요. 한나절 정도 일하면 2, 3달러 정도의 연료가 나왔죠. 그래서 덕분에 마을을 밝히면서 마을 사람의 수입도 두세 배로 늘었어요. 1년 후, 마을의 절반에 전기가 들어왔고, 60가구에 전등을 달았습니다."

그것은 지역 내에서 나온 우아한 해법이었지만, 실망스럽게도 패트릭은 그 방법을 외부로 확장할 수 없다는 사실을 깨달았다. 이 프로젝트는 자선단체에서 기부한 2만 달러로 자금을 조달했지만 인도 전역은 고사하고 그 주에 있는 5만 개에 달하는, 전기가 들어오지 않는 마을에 그 프로그램을 복제해서 실시할 자금이 없었다.

"인도에는 전기 없이 사는 사람이 4억 명이나 되지만, 자선만으로 전기를 끌어올 순 없었습니다. 우리는 시골 사람들이 직접 자신의 돈을 써서 불을 밝힐 수 있는 방법을 찾아야 했어요. 그 돈은 기부받을 수도 없고, 상부에서 내려온 돈도 아니고, 주민들이 직접 내서 마련해야 하는 돈이었습니다. 우리는 어떻게 하면 개인적으로 자금을 부담할 수 있을까를 연구했죠. 민간 부문에서 팔 수 있는 그런 제품, 그리고 실제로 그 판매 규모를 확대할 수 있는 제품이 필요했습니다."

그렇게 해서 그린라이트플래닛과 그 회사의 주요 제품인 선킹 태양열 손전등이 태어났다. 그 손전등은 LED 전구를 감싼 단단한 폴리카보네이트 플라스틱 재질의 비행접시 모양으로 엽서 크기의 태양 전지판에 의해 충전되는 리튬-이온 전지로 작동된다. 손전등에 달린 손잡이 끈을 사용해서 한 손에 들고 다니거나 스카프를 써서 이마에 묶을 수도 있다. 단단한 강철 스탠드를 끼우면 테이블 램프로 변신할 수도 있고, 못이나 빨랫줄에 걸어서 사용할 수도 있다. 조도를 낮게 설정하면 석유램프를 쓰는 만큼의 비용이나 위험을 감수하지 않으면서도 석유램프만큼 밝다. 조도를 가장 높게 설정하면(태양열로 충전된 에너지를 몇 시간 안에 다 쓰게 된다) 석유램프보다 두 배 정도 밝다. 이 손전등은 사실상 파괴할 수 없는 천하무적이다. 패트릭은 이것을 단단한 바닥에 떨어뜨리는 시범을 보이는 것을 좋아한다. 그리고 방수도 된다. 이 장치는 유네스코와 다임러가 후원하는 학생 경연 대회인 몬디알로고공학상을 수상했다.

휘트는 선킹의 튼튼하고 굉장히 실용적인 면을 마음에 들어 했지만 태양열이란 디자인은 그의 사업 계획에 잘 들어맞지 않았다. 지금 그가 벌이는 주 사업이 전기가 들어오지 않는 시골 사람에게 저비용의 전기로 충전되는 건전지를 대여하는 것이므로, 좀 더 비싼 태양열 장치가 아니라 그와 양립할 수 있는 건전지로 작동되는 장치여야 했다(선킹 태양열 손전등은 인도 소매가가 800루피인데 미화로는 거의 19달러에 달했다). 하지만 휘트가 보기에 그린라이트플래닛이 전 세계의 가난한 사람들에게 우수한 품질에, 사람들의 생산성을 향상시켜 줄 수 있는 제품을 팔고자 하는 그의 열정을 공유하고 있는 건 확실했다.

"처음에는 패트릭과 전화통화를 했어. 그리고 중국으로 만나러 갔다가 첫눈에 반해 버렸지. 패트릭이야말로 내가 꿈꾸는 제조 파트너였어. 놀라운 제품을 열정적으로 개발하는 청년이었어. 패트릭은 태양에서 방출되는 광자가 바닥을 치는 것부터 아이가 밤에 보는 교과서에서 반사되는 광자에 이르기까지 효율적인 조명 기구들을 모두 보여 줬는데 그런 태양열 에너지 전환 과정이 모두 아주 효율적이었어." 휘트가 말했다.

패트릭 역시 휘트의 아이디어에 호기심을 보였지만 동시에 아주 조심스러웠다.

"패트릭이 흥미롭긴 하지만 자기는 태양열 에너지에 집중하고 있다고 하더군. 그렇다고 모든 걸 태양열 에너지로 해결해야 한다는 말은 하지 않았어. 그리고 만약 그의 제품 라인에서 뭔가 유용하게 쓰일 수 있다면, 고려해 볼 거란 느낌을 받았어. 그래서 내가 원하는 모델을 구체적으로 생각해 보기 시작했어. 내가 원래 원했던 건 일종의 독자적인 건전지 포맷을 가진 순방향 호환 제품이었어. 그러니까 AA 건전지도 들어가면서 통합적인 LEP 건전지*도 들어가는 그런 모델을 원했지. 내가 패트릭에게 그림과 아이디어를 보내니까, 처음에는 잘 받아 주더니, 마지막엔 두 손 번쩍 들며 말하더군. '이건 너무 힘들어요. 거기다 지금 이것 때문에 내가 원래 봐야 할 업무도 처리하지 못하고 있어요.' 그러곤 발을 빼더군. 큰일 났다, 이제 어쩌지? 정신이 번쩍 들더라고.

• LEP는 표준 리튬-이온 전지보다 훨씬 안정적이면서 수명은 더 긴, 새롭게 부상하는 충전용 건전지다. 휘트는 이런 신기술 제품이 좀 더 비용 효율이 높을 것이므로 이런 건전지를 쓰는 장치를 개발하자는 것이었다. 그러면서 동시에 현재 그가 판매하는 제품인 니켈-수소 합금 전지인 AA 건전지도 들어가야 한다는 뜻이다.

그래서 다시 계산해 봤지. 좋아, 지금까지 생각한 모델은 나중에 개발해 보기로 하고. 패트릭에게 가서 지금 뭘 할 수 있는지 물어봤어. 패트릭이 기존의 선킹을 고쳐서 우리 건전지로 작동할 수 있는 제품을 만들 순 있다고 하더군. 그래서 내가 좋다고 했지. 그때 내가 깨닫지 못했던 점은 패트릭이 단순히 선킹을 고쳐서 건전지만 넣을 수 있게 하려는 게 아니었다는 거야. 패트릭은 그와 동시에 기존의 LED에서 벗어나 파워 LED*를 써 볼 생각이었는데 그걸 시도해 볼 수 있는 좋은 기회가 생긴 거지. 그래서 부로 손전등은 어떤 면에선 패트릭이 파워 LED로 해 보고 싶었던 걸 할 수 있는 기회가 된 거야."

부로 손전등은 그리고 또 다른 면에서도 달랐다.

"패트릭의 원래 선킹은 밝기 조절을 세 가지로 할 수 있었어. 그런데 난 네 가지를 원했지. 패트릭은 반대하더군. 패트릭이 그 분야 전문가라서 아주 잘 알고 있었지만 내가 고집을 부렸지. 그래서 내가 강력히 밀어붙인 끝에 네 가지로 밝기를 조절할 수 있는 장치를 개발하게 됐지. 각각의 밝기마다 우리가 목표로 하는 마켓 포지셔닝에 필수적인 요소가 들어 있었어. 첫 번째 세팅은 석유램프의 밝기와 같은 정도로 맞추고 싶었어. 그래서 사람들이 큰돈을 절약하면서도 석유램프를 켜고 할 수 있는 일을 다 하게 말이야. 많은 사람이 석유램프를 뛰어넘어야 한다는 말을 하지만, 우린 석유램프보다 비용은 80퍼센트나 더 낮으면서, 깨끗하고, 안전하고, 좀 더 편리하게 불을 밝힐 수 있게 된 거지. 부로 건전지 서비스를 접할 수 있는 사람에겐 정말 대단한 장점이야.

• 고성능 LED 혹은 HPLED로 알려진 파워 LED는 대전류로 작동되며 매우 밝다. 이 장치는 또한 특별한 열 방출 성분이 들어가기 때문에 가격이 비싸다.

그리고 두 번째 세팅 모드는 석유램프를 한 방에 날려 버리는 거야. 그러니까 이 모드를 본 사람은 이 전등이 석유램프보다 훨씬 밝지만 비용은 30퍼센트 더 저렴하다는 사실을 인정하게 되는 거지. 그리고 우린 둘 다 정말 밝은 조명이 필요하다는 데 동의했지. 하지만 정확히 얼마나 밝게 하느냐가 문제였어. '이걸 얼마나 밝게 만들 수 있지?' 그러니까 패트릭이 그러더군. '사람의 시력은 직선으로 쭉쭉 올라갈 수 있는 게 아니에요. 나라면 최고 밝기까지 그렇게 밀어붙이지 않겠어요. 건전지를 조금 더 오래 쓰면서 좀 더 희미하게 한다고 해도 사람들은 그 차이를 쉽게 알아채지 못해요.' 그래서 내가 그랬지. 까짓것 한번 해 보자고. '최대 전류가 얼마죠?'라고 물으니 '350밀리암페어예요'라고 하더군. 패트릭은 300이나 280정도까지로 하자고 했어. 그래서 계산해 봤는데, 이 정도 밝기면 우리 건전지의 일반적인 수명을 봤을 때 한 대여섯 시간 정도 켤 수 있을 것 같더라고. 그래서 내가 그랬지. '어차피 불은 밤에 켜는 거잖아요. 끝까지 가 보자고요. 사람들에게 마을에서 가장 밝은 불빛을 주는 거예요! 그러면 사람들도 이해할 겁니다. 밝게 할수록 전기가 더 많이 들어간다는 사실을. 거기다 건전지가 떨어져도 조도를 낮춰서 대여섯 시간 더 쓸 수 있다는 걸 말이에요.' 내가 패트릭을 설득해서 그렇게 만들게 했지."

"그러면 지금까지 나온 세팅이 세 가지잖아. 석유램프 조작 비용의 일부밖에 안 되는 비용으로 석유램프와 같은 밝기를 내는 모드와, 석유램프보다 밝으면서도 비용이 낮은 것과, 다섯 시간 동안 물리적으로 가능한 한 최대 밝기를 내는 것. 그럼 네 번째는 뭐야?"

"내가 패트릭에게 설명했어. 타이거헤드라는 경쟁사가 파는 그 멍청한 싸구려 손전등에 넣는 건전지가 무지하게 오래간다고. 그래서 우리 손전등도 최대한 건전지를 덜 사용하면서 여전히 쓸 만한 밝기를 유지할 수 있는지 물었지. 예를 들어 늦은 밤에 켜는 은은한 조명 같은 거 있잖아."

"그래서 패트릭이 뭐래?"

"직접 실험을 해 보라는 거야. LED를 하나 사서 건전지로 작동을 시켜 보라는 거지. 패트릭은 입력 전압을 다이얼로 조종하는 방법과 각기 다른 저항기를 사용해서 다양한 전류대를 실험하는 방법을 설명해 줬어. 나는 그때 시애틀 집에 있었거든. 그래서 LED랑 저항기를 몇 개 샀어. 패트릭이 설명한 대로 하면서 나온 전력량을 보고, 창문을 막고, 불을 끄고 다 해 봤지. 그다음에 패트릭에게 이메일을 보냈어. '오케이, 6밀리암페어까지 낮춰 봤더니 여전히 밝기가 쓸 만하던데요.' 패트릭이 정말이냐고 물어보더군. 그래서 내가 그랬지. '광자가 하나나 둘 정도 있는 것 같아요. 타이거헤드 건전지를 넣은 타이거헤드 손전등을 100시간 정도 틀어 봤는데, 그 밝기가 딱 이 정도였어요! 이건 정말 낮은 수치인데 말이죠. 밝기가 딱 촛불 하나 켠 정도예요. 이 정도면 들고 사냥은 못 가겠지만 불빛은 보여요.' 그리고 시골 사람들은 밤에 불을 켜고 있는 걸 좋아한다는 걸 내가 알거든.

패트릭은 우리가 그 정도까지 내려갈 수 있다면, 전기회로를 제작할 때도 그 점을 고려해야 한다고 했어. 그 시점이 되면 LED가 끌어들이는 만큼의 전기를 전기회로도 끌어들이거든. 난 사실 더 낮추고 싶었어. 그래서 테스트를 많이 해 봤는데 타이거헤드 건전지 두 개를 넣은 타이거헤드 손전등은 밤에 대략 200시간에서 250시간 정도 쓸 수 있더라고. 난 그런 면에서 타이거헤드를 이기고 싶었어. 그러니까 우리 제품은 300시간 정도 쓸 수 있어야 한다고 했지. 하지만 6밀리암페어 밑으로는 도저히 갈 수가 없다고 하면서, 그렇게 됐을 때 전기회로가 끌어들이는 전기량을 계산해 봤더니 200시간 조금 넘는 정도라는 거야."

휘트와 패트릭은 1차 주문으로 3,000개를 하기로 동의하고 가능한 비용을 최대한 낮추기 위해 협력했다. 프로젝트가 진행되고 제조, 선적, 세금, 다른 수입 비용의 견적이 확정되면서 휘트가 이상적이라고 생각했던 가격인 10세디(약 7달러)로 맞추면서 이윤을 낼 수는 없다는 게 확실해졌다. 해상 화물로 보낸다고 해도(그렇게 되면 항공 화물보다 비용이 크게 줄어들지만) 도저히 계산이 맞지 않았다. 15세디, 즉 대략 10달러는 돼야 타산이 맞았다. 하지만 휘트는 석유램프를 사용했을 때와 비교해서 큰돈을 절약할 수 있기 때문에 그 정도 가격이면 시장에서 통할 거라고 예상했다.

이 전등의 샘플이 9월에 가나에 도착했다. 휘트가 자세한 내용을 이메일로 패트릭에게 보내자, 패트릭이 휘트의 질문에 대한 일련의 답을 보내 왔다.

보낸 사람: 패트릭 월시

보낸 시각: 2010년 9월 18일 오전 10시 3분 23초

받는 사람: 휘트 알렉산더

주제: DHL 샘플

휘트: 몇 가지 질문이 있는데, 파워 모드를 처음에 누를 때만 불빛이 깜빡거리는 게 보이는데 이게 원래 있던 문제인가요 아니면 우리가 몰랐던 새로운 문제인가요?

패트릭: 원래 있던 문제입니다.

휘트: 샘플의 건전지 뚜껑이 꽉 닫히지 않는 것 같습니다. 샘플에선 손으로 뚜껑을 닫아서 고정을 시킨 건가요?

패트릭: 그렇습니다.

휘트: 건전지 뚜껑이 네 가지 방향으로 닫힐 수 있게 돼 있는데, 그중 세 개는 그대로 닫으면 스위치가 작동이 안 되네요. 눈에 띄는 단점은 아니라 이 문제를 해결하기 위해 1차 주문을 연기하고 싶은 생각은 없지만, 이 뚜껑 여는 문제를 고려해 봐야 하나요, 아니면 제대로 방향을 맞춰야 하는 건가요?

패트릭: 그 문제는 손보고 있는 중입니다. 뚜껑 뒤쪽을 보시면 거기에 뚜껑이 엉뚱한 쪽으로 들어가는 걸 방지하는 용도의 마개가 있습니다. 이게 설계가 너무 조잡하게 돼서 작동이 되지 않아 고치고 있는 중입니다.

휘트: 전구 색깔을 좀 더 시원한 색으로 바꾸고 싶다면 제조 일정에 차질이 생길까요? 아직 결정을 못 해서 이럴까 저럴까 고민 중입니다. 초반에 받은 피드백을 보면 지금 이 색에 윤기를 없앤 것이 구식 백열등 같다는 인상을 주는 모양입니다. 이건 아마 구매할 때 선호하는 사항과 실제로 사용할 때 선호하는 사항이 달라서 그런 것 같기도 한데, 전구 색깔을 좀 더 시원하게 만들 수 있을까요? 아니면 대대적으로 바꾸는 것만이 유일한 대안일까요? 이렇게 작업 후반부에 변경하면 공급이나 기능적인 면에서 차질이 생길까요?

패트릭: 흥미로운 의견이네요. 지금 부로 샘플과 선킹 모델의 중간을 선택할 수도 있습니다. 4,500K에서 5,000K 사이로요. 4,500K와 5,000K LED 사이에는 다양한 컬러가 있을 겁니다. 그쪽 피드백을 토대로 어떻게 하고 싶은지 제게 알려 주세요. LED 칩은 공급상에 항상 문제가 생길 수 있습니다. 가끔은 우리가 원하는 것과 정확히 일치하는 것을 확보할 수 없는 경우도 생기고요. 하지만 정확히 그 모델은 아니더라도 그와 최대한 비슷한 것은 구할 수 있고, 요즘에는 제품화되기까지의 기간도 상당히 합리적으로 변했습니다.

휘트: 전선 스탠드가 선킹 것과 모양이 똑같을까요? 새 램프가 조금 더 넓적하던데. 예전 스탠드도 새 램프를 끼웠을 때 작동이 잘되는 것 같긴 한데, 램프 각도가 조금 변하더라고요. 스탠드를 변경할 거면 나사와 못을 써서 벽에 설치하는 쪽으로 고객을 유도해 보려고 하거든요.

패트릭: 선킹과 AA 버전은 실제적으로 크기가 같습니다. 그러니까 적어도 지금으로선 정확히 같은 스탠드를 제작하게 될 겁니다. 스탠드만 분량을 줄여서 제조하는 건 사소한 문제가 아닙니다.

휘트: 새 램프에 건전지 세 개를 넣으면 당연히 꽤 무거워지겠죠? 램프가 바닥에 넘어져서 깨질 가능성을 줄이고 싶습니다. 건전지를 넣었을 때 낙하 테스트를 해 보면 결과가 어떨 거라고 생각하시는지? 어쩌다가 우연히 그렇게 해 보게 됐는데 나쁜 결과는 나오지 않았어요. 다만, 건전지 뚜껑이 떨어져 버리더라고요.

패트릭: 우리도 같은 결과가 나왔습니다. 램프가 윗부분부터 떨어지면 건전지 뚜껑이

떨어지더군요. 그 원인은 분명하죠. 램프가 떨어지면서 건전지가 뚜껑을 치면서 밀고 나온 겁니다. 건전지들을 넣고 몇 번 낙하 테스트를 해 봤습니다. 심지어 비행기가 착륙하는 식을 본떠서 바닥에 떨어뜨리기도 해 봤는데 역시 건전지 뚜껑은 달아났지만 한두 군데 긁힌 걸 제외하고는 영구적 손상은 없었습니다. 건전지 뚜껑을 고정시키는 못의 밑부분을 좀 더 짧게 깎을 수 있지만, 너무 짧게 깎은 데다가 건전지들이 정말로 밀려 나올 것 같으면 건전지가 상하지 않고 뚜껑을 밀고 나오는 대신 건전지 자체가 못을 치고 나오는 과정에서 손상을 입어 샐 수도 있기 때문에 좋은 아이디어가 아닙니다.

휘트: 당신 회사는 품질 보증서를 어떻게 내나요, 패트릭? 우린 1년으로 하고 싶은데요, 당신 회사 의견도 듣고 싶어서요.

패트릭: 인도에서는 제조 결함에 대해 보증 기간을 1년으로 하고 있습니다. 그리고 오리지널 선킹을 산 해외 소비자들에게도 동일하게 1년을 보증하고 있습니다. 문제는 이걸 사실상 현실에 어떻게 적용하는가입니다. 만약 제품에 결함이 있어서 반환을 한다면 당연히 바꿔 주지만, 그 제품이 정말 결함이 있는 거고 소비자가 우릴 이용하는 게 아니란 걸 확실히 해야 합니다. 제품 소재와 제조 공정상의 결함에 대해서만 보증합니다.

휘트: 소비자들에게 어떤 점을 경고해야 하지요? 그리고 어떤 소비자가 램프를 연못에 빠뜨렸다면 그건 어떻게 알 수 있을까요? 현장 근무를 하는 것도 고려해야 하나요? 부품도 주문해야 할까요? 상표를 붙일 때 건전지 뚜껑과 뒷면 사이의 이음매가 아주 부드러우니까 조립했을 때 그 위에 상표를 붙일 수 있을 것도 같군요. 그러면 로

고를 붙일 때 편리할 것 같은데. 그리고 어떤 쪽으로 건전지 뚜껑을 돌려야 하는지 보여 줄 수 있는 힌트도 되고 말이죠.

패트릭: 그것도 좋죠!

휘트: 우린 주말 내내 이 아이를 가지고 이리저리 놀아 보고 있는 중입니다. 곧 더 많은 질문과 아이디어가 떠오를 것 같군요. 지금은 이 정도로 충분한 것 같아요. 월요일에 주문하고 싶으니까, 당신들이 최대한 빨리 제작할 수 있도록 지금까지 나온 모든 문제를 해결해야겠군요.

패트릭: 좋습니다. 9월 25일까지는 견적을 내고 주문을 받을 준비를 마치겠습니다. 계획대로 된다면 10월 말에는 확실히 비행기에 실어 보낼 수 있습니다.

휘트: 정말 고마워요, 패트릭.

패트릭: 제가 오히려 감사합니다!

　나는 예전에 집으로 출장 나온 동네 텔레비전 수리 기사의 이름을 기억할 정도로 나이가 많다. 이런 것은 시대에 뒤떨어진 개념으로 느껴지기도 한다. 하지만 가나에서는 텔레비전과 라디오 수리점이 사방에 널려 있다. 망가진 전자 제품이 산처럼 쌓여 있고 남자들이 일주일에 6일씩 핀셋을 가지고 회로판을 붙잡고 씨름하면서 납땜하는 모습을 도처에서 볼 수 있다.*

새 물건을 살 여유가 없기 때문에 아프리카에서는 아무것도 버리지 않는다. 그래서 아프리카 사람들은 거의 모든 제품을 수리하는 법을 배운다. 가나의 제조 분야는 서글플 정도로 개발이 덜 됐을지 모르지만, 활발한 수리 산업 덕분에 제품의 작동 원리에 대한 지식은 수준이 매우 높다.

수리 기사인 레이가 고친 우리 집 텔레비전은 미국에서 제조한 것이었다. 어떤 사회의 물건을 수리하는 능력과, 그것을 만드는 능력 사이의 연관 관계와, 인과 관계까지 관찰해 보는 것도 이런 맥락에서 보면 합리적일 수 있다. 그냥 쓰고 버리는 문화와 제조업 분야가 종말을 맞이한 게, 동시대에 일어난 게 우연일까? 결국 물건을 만드는 법을 모르는 사람들은 곧 수리하는 기술 역시 잃어버릴 것이다. 물론 가난한 미국인마저 고장 난 제품을 귀찮게 수리해서 쓰기보다는 새것을 살 만큼 여유롭기 때문이라고 반박할 수도 있다. 그 이유가 뭐든 이제 우리는 생산과는 거의 단절된 소비사회에서 살고 있다. 모두 우리가 쓰는 제품이 어디서 나오는지 알지만(중국이다), 그 물건이 어떻게 만들어지는지 모르고, 관심도 없다. 우리는 근사한 최신 전자 제품에 열광하고 그 제품을 만든 회사의 경영자를 숭배하지만, 그 제품의 창조라는 기적, 그것을 디자인하고 제작하고 틀을 만들고 조립하는 과정 자체는 카메라 밖에서 일어난다. 최신 제품이 문 앞에 배달되기 전까지 일어난 일은 아무 형체도 없는 무의 상태의 암흑기에 일어난 일 같다. 마치 이 주

• 가나의 휴대전화 가게들도 역시 현장에서 휴대전화를 수리해 주는데, 대개는 가져간 그날 몇 달러 받고 해 준다. 나는 미국에 있는 휴대전화 가게에서 최근에 대학을 졸업한 젊은 전문직 종사자들이 전기회로판에서 고장 난 마이크로칩을 찾아내 갈아 끼우는 모습을 상상하려고 해 봤지만 도저히 떠오르지 않았다.

제 자체가 우리를 불편하게 만들면서, 극소수를 제외하고는 상품 제조 조립 라인에 대한 지식을 모른다는 냉혹한 현실을 일깨워 주고 있는 듯하다.

이 공정은 대부분 컴퓨터로 시작된다. 이 경우에는 디자이너가 컴퓨터 프로그램을 사용해서 그 제품의 세부 사항이 들어간 3차원 모델을 만든다. 그리고 컴퓨터로 그린 그림을 툴링 엔지니어에게 넘긴다. 툴링 엔지니어란 공장에서 쓰는 용어로 틀을 만드는 엔지니어를 뜻한다. 툴링 엔지니어는 툴의 어느 부분에 플라스틱을 주입하는지, 틀에 부은 플라스틱이 식었을 때 틀을 어떻게 떼어 내야 하는지를 해결해야 한다. 어떤 형상(예를 들어, 두 개의 반원으로 구성된 구) 같은 경우는 틀을 잡기가 쉽다. 하지만 제품 표면이 복잡하면서 테두리도 있고 모양을 여러 가지로 잡아야 한다면, 슬라이드와 풀이라는, 움직이는 부분을 정교하게 디자인해야 한다. 그래야만 틀 내에서 플라스틱의 모양을 잡아 줄 수 있다.

이렇게 툴링을 하게 되면 자연적으로 비용이 올라간다. 뛰어난 툴링 엔지니어는 항상 가장 비용 효율이 높은 해법을 찾아야 하는데, 그러려면 나중에 조립할 때를 고려해 부품별로 틀을 만들기도 한다. 툴링 엔지니어가 툴을 설계하면, 그 부분에 대한 최종 3D 컴퓨터 도안이 나온다. 이 디자인은 그다음에 컴퓨터를 통해서 밀링머신에 들어간다. 밀링머신이란 홈을 파는 기계인 라우터와 비슷한 것으로 단단한 구리 조각을 이전 과정에서 설계된 대로 잘라 내는 기계이다.

전극이라는 이 구리 모델을 이제 강철 덩어리 밑에 놓고 고압으로 다량의 전력을 투입해 엄청난 압력을 가한다. 다량의 전기와 압력을 받은 구리 모델은 그 강철 덩어리를 형상 그대로 자르고, 이것이 제품의 실제 틀이 된다. 이렇게 완성된 강철 틀을 기계에 올려서 뜨거운 액체 플라스틱을 주입한 다음에 특수 염료 알갱이로 색을 입힌다.

공장의 다른 구역에서는, 노동자들(그리고 로봇들)이 제품의 내부에 들어갈 하위 부품인 전기회로판, LED 보드, 완제품에 들어갈 다른 부품을 조립한다. 틀에 넣은 플라스틱 부품과 하위 부품이 완성되면, 제품의 마지막 공정에 들어간다. 이제 손에는 흰 장갑을 끼고 머리에는 망을 쓴 노동자들이 조립 라인 앞에 앉아 플라스틱 튜브에서 나온 다양한 부품을 최종적으로 조립한다.

하지만 조립 라인에서 수천 개의 똑같은 제품이 쏟아져 나오기 전에, 공장은 아주 중요한 제품 하나를 제작해야 한다. 바로 소비자가 승인하는 최종 원형이 그것이다.

휘트는 선전에서 보낸 DHL 소포의 포장지를 천천히 잘랐다.

"이거다. 부로 손전등의 원형. 여기 부로 로고랑 그린라이트플래닛 로고가 나왔네. '더 많은 일을 하라' 이 슬로건도 읽기 쉬운 것 같고. 색깔도 근사한데. 눈에 확 띄는 초록색이야. 건전지 뚜껑은 내가 기대했던 만큼 잘 닫히진 않는 것 같은데. 아마 한 방향으로만 돌아가게 홈을 파 놓은 것 같아. 맞네, 그렇게 했네. 좀 더 수평으로 잘 맞게 마무리했으면 좋았을 텐데. 자, 건전지를 넣고 한번 켜 볼까?"

인턴인 알렉이 새 부로 건전지 세 개를 집었다.

"자, 들어간다." 휘트는 그렇게 말하면서 스위치를 눌렀다. 반구형의 하얀 플라스틱 전구가 대낮의 사무실에서 희미하지만 눈에 보일 정도의 밝기로 은은하게 빛났다. "이게 바로 초절약형 모드야. 약 40센트의 비용으로 200시간 넘게 불을 켤 수 있지."

휘트는 또 다른 스위치를 눌렀다.

"이건 절약형 모드로 석유램프에 들이는 돈의 5분의 1밖에 안 들어."

또 다른 스위치를 눌렀다.

"이건 밝음 모드. 석유램프보다 훨씬 밝으면서 그래도 25퍼센트 더 저렴해."

그리고 마지막 스위치를 눌렀다.

"이건 최대 밝음 모드. 석유램프를 쓰는 것보다 더 비싸지만 마을에서 가장 밝은 조명이야. 이걸 켜면 정말 방이 환해지지."

휘트는 램프를 그의 눈 쪽으로 돌렸다가 눈을 가늘게 찡그렸다.

"와, 정말 밝다!"

동생의 얼굴도 정말 밝았다. 나는 휘트가 처음에 파트너로 삼으려고 했던 중국 제조회사의 영업 사원이었던 버니스가 그녀의 회사에서 만든 조잡한 전조등을 변호하며 했던 말이 기억났다.

'왜 아프리카 기준이 더 엄격한 거죠?'

마침내 휘트는 아프리카를 위한 그의 엄격한 기준에 맞는 조명을 갖게 됐다.

"이걸로 석유램프를 시장에서 밀어낼 수 있겠어." 휘트가 말했다.

제물

"꿈도 꾸지 마."

"뭘 꿈도 꾸지 마?" 나는 동생을 쏘아보며 물었다.

우리는 부두교 사제들이 유향, 말린 약초, 원숭이 머리, 악어가죽 같은 치료 약과 제물을 사는, 아크라의 주물 시장에 갔다. 이번이 아마도 가나에서 하는 나의 마지막 여행이 될 것 같아서 가나에 오면 해야 할 일 리스트에 쓴, 이 전설적인 곳에 꼭 와 보고 싶었다. 아그보블로시의 거대한 빈민가 외곽 목재 시장 깊숙이 들어와 있는 주물 시장은 관광객들이 보는 지도에는 나와 있지 않아서, 결국 우리를 이곳까지 안내해 줄 사람을 찾아 몇 세디를 쥐여 줘야 했다.

사실 그렇게까지 할 필요 없이 냄새만 따라가도 됐을 것이다. 이곳에서는 썩은 살냄새와 톡 쏘는 정체불명의 향료 냄새로 악취가 진동했다. 상인들은 부패해 가는 개 머리를 가득 담은 바구니 뒤에서 우리를 노려보고 있었다. 개들은 이를 악물고 으르렁거리는 표정 그대로 굳어 있었다. 조잡한 연철 단검 옆 테이블 위에는 말려서 돌돌 감아 놓은 도마뱀이 솜씨 좋게 쌓여 있었다. 침낭처럼 말아서 묶은 비단뱀 껍질이 쪼그라진 검은 원숭이 머리, 텅 빈 거북이 껍질과 함께 테이블 위에 나란히 올라와 있었다. 메이시백화점에 걸린 코트처럼 좌판 위에 수십 개가 넘는 동물 가죽이 통째로 걸려 있었다. 영양, 악어, 커다란 살쾡이 가죽도 몇 개 있었는데, 고양이 가죽은 하나당 대략 300세디(미화로 약 200달러)로 가격표가 적혀 있었지만 깎을 수 있었다. 이 정도면 가나에서는 큰돈이었다. 그래서 같은 선반 위에 짝퉁 살쾡이 가죽(영양 가죽에

557

페인트로 반점을 찍어 놨는데 가짜인 티가 났다)도 녀둔 것 같았다. 진짜 살쾡이 가죽은 아름다운 데다 부드럽고 놀랄 정도로 길이 잘 들어 있었다.

"꿈도 꾸지 말라고 했잖아." 내가 살쾡이 가죽을 쓰다듬는 동안 휘트가 다시 말했다.

"도대체 날 뭐로 보는 거야?"

"뭐로 보긴, 표범 가죽이나 표범 가죽으로 만든 모자를 몰래 집으로 가지고 갈 수 있다면 그럴 사람으로 보는 거지."

"그런 소리 마. 이 동물은 멸종 위기에 처했어. 이런 걸 들고 가면 감옥행이라고. 거기다 사라한테 이혼당할 거야. 비단뱀 껍질을 가져가는 건 합법인가?"

"그걸 내 차에 싣는 것도 불법이야."

"소심하긴. 뭐, 그건 성격이니까 어쩔 수 없다 치고. 와, 저 부두 인형 좀 봐. 저기 흰색으로 칠한 건 너 닮았다."

"이제 다 봤어? 여긴 정말 소름 끼치는 곳이야."

부두교만 휘트를 괴롭히는 나쁜 약이 아니었다. 그의 배 속에는 아직도 편모충이 끈질기게 사라지지 않고 있어서 코포리두아에 있는 의사가 핵폭탄급 처방을 내렸다. 클로람페니콜이란 광범위 항생제를 처방한 것이다. 내가 아크라로 차를 몰고 가는 동안 휘트는 약을 삼키고 스마트폰으로 클로람페니콜에 대해 검색했다. 그리고 큰 소리로 읽었다.

"내성과 안전 문제를 고려해서 선진국에서는 클로람페니콜은 어떤, 어떤(휘트는 그 단어를 강조하기 위해 반복해서 읽었다) 징후에 대해서도 제1차 치료제로 쓰지 않는다. 최빈국에서는 저렴하고 구하기 쉽다는 이유로 클로람페니콜이 아직까지 널리 쓰이고 있다."

"다시 말하면, 여기 들어오는 다른 쓰레기 같은 제품들처럼 이 약 역시 가난한 사람들에게 버리고 있다는 거네." 내가 말했다.

"이 부분을 좀 들어봐. '이 약의 가장 심각한 부작용은 재생불량성빈혈이라는 치명적인 질병이다.'"

"지금 농담하는 거야?"

휘트는 계속 읽었다.

"그 병에는 치료제도 없고, 어떤 사람에게 부작용이 나타날지는 아무도 예측할 수 없다. 그 부작용은 대개 클로람페니콜 치료를 중단한 지 수주 혹은 수개월 후에 나타난다. 그리고 부작용이 나타날 수 있는 유전적 소인도 있다. 클로람페니콜을 복용했을 때 부작용이 나타날 확률은 대략 2만 4,000명 중 한 명꼴로 나타난다."

"2만 4,000명 중 한 명으로 네가 죽을 수 있다는 거야? 와, 그거 정말 안 좋은 확률인데. 뭐 러시아 룰렛보다는 나은 확률이지만 그래도 안심이 되는 건 아니야. 나라면 그런 확률에 돈은 안 걸겠어."

"장난 아니군."

"있지, 동생아. 네가 죽으면 내가 그 옆을 지켜 줄게."

"시끄러."

"시내에 카카오 꼬투리 모양의 관을 만드는 가게가 있는 거 알지? 거기서 부로 건전지 모양으로 관을 만들어 달라고 주문하면 만들어 줄걸. 아무래도 당장 하나 주문해 놔야겠어."

"앞이나 잘 봐."

내가 오늘 외출한 주목적은 주물 시장에 가려는 것이었지만, 휘트는 세관을 막 통과한 절약형 건전지 샘플을 가지러 온 거라고 주장했다.

휘트는 약 1,500달러를 들여서 위스콘신 매디슨에 있는 산업 디자이너를 고용해 절약형 건전지 모델을 만들었고, 그다음에 광저우에 있는 파트너 회사인 스리식스티와 협력해서 그 모델을 만들 중국 제조회사를 찾아냈다. 절약형 건전지 모델은 건전지가 두 개 들어가는 손전등에서 건전지 하나 대신 그 자리에 들어가도록 양극과 음극, 그리고 내부에 배선 장치를 갖춘 D 건전지 모양의 플라스틱 케이스로 단순하게 설계됐다. 초가을에 도착한 첫 번째 샘플은 너무 빡빡했다. 거기다 길이도 조금 길어서 '양극' 끝부분 주위의 모서리를 비스듬하게 처리하면, 전자장치에 들어가는 진짜 건전지 옆에 넣기가 훨씬 쉬울 것 같다고 잰이 의견을 냈다. 그래서 오늘 아크라에 그 점을 수정한 두 번째 샘플을 가지러 온 것이다. 하지만 휘트가 일반 라디오에 그걸 넣자마자(휘트는 오늘 외출하는 길에 라디오를 가져왔다) 새 샘플에 새로운 문제가 있음을 깨달았다. 모서리를 비스듬하게 처리하자 그걸 꺼낼 때 손가락으로 잡기가 불가능해진 것이다. 거기에 플라스틱 촉같이 뾰족한 부분이 있어야 손으로 잡을 수 있을 것 같았다. 우리가 주물 시장에 도착하기도 전에 휘트는 위스콘신에 있는 디자이너에게 수정을 요구하는 메일을 보냈다.

아크라 외출은 상당히 생산적이었다. 차도 심하게 밀리지 않았고, 휘트는 실용적인 절약형 건전지를 만드는 데 한 단계 더 나아갔고, 나는 가나에서 여행하고 싶은 관광지 중 한 곳을 다녀왔고, 로즈, 그녀의 여동생 그레이스러브, 그 친구인 사라와 함께 장작불에 구운 피자(아크라에서만 살 수 있는 서양 음식)를 점심으로 맛있게 먹었다. 세 여자는 점심을 사 줄 나이 지긋한 아저씨들의 이야기에 재미있다는 표정을 지어 보이며 우아하게 처신했다. 사람들로 붐비는 거대한 마콜라시장(신발, 핸드백, 옷감과 같이 그들이 열광하는 물건으로 가득 찬 시장)에 셋을 내려 주고는 차에 기름을 넣고 쇼핑센터에 들러서 파르메산 치즈와 올리브 오일 같이 소중한 물건을 사서 실었다. 아침보다 현금은 확 줄었지만 이탈리아 식재료, 중국산 절약형 건전지 하나, 말린 도마뱀 한 마리, 제물로 쓰는 녹슨 단검 한 자루를 트렁크에 실은 채 밤에 집으로 돌아왔다.

이야긴 그만하고 돈이나 받아

절약형 건전지를 수정하는 것은 손전등과 관련해 패트릭과 오간 대화에 비하면 간단했다. 휘트는 마지막으로 받은 샘플을 철저히 검사한 다음 최종 승인을 하기 전에 걱정되는 일곱 가지 문제를 상세히 적은 이메일을 패트릭에게 보냈다. 패트릭은 각각의 문제에 대한 답을 보냈고, 거기에 대해 휘트가 다시 답장을 보냈다. 이 대화는 화기애애했지만(둘은 품질에 대해 과도하게 집착하면서도 서로 존경하는 사이다) 저변에는 절박함이 흐르고 있었다. 휘트는 이 손전등이 당장 필요했다. 이미 공공 모임에서 샘플을 소개했는데, 재판매업자들이 제품을 보내 달라고 성화였다.

1. 완제품은 전압을 높여도 제품에 손상이 가지 않으면서 알카라인이나 다른 건전지를 넣어도 제대로 작동이 되겠지요?

패트릭: 그 점은 이론적으로는 해결했지만 선적하기 전에 확실하게 테스트해 볼 겁니다. 말씀하신 것처럼 좀 더 철저히 테스트하기 위해 완제품이 몇 개 더 도착하길 기다리고 있는 상황입니다.

휘트: 좋은 소식이군요. 만약 그게 제대로 작동하지 않으면 제품을 변경하기 전에 알려 줘요. 그 단점을 미리 알고 있는 선에서 1차 주문은 그대로 나갈 수도 있으니까.

2. 완제품을 2.5미터 높이에서 단단한 표면에 떨어뜨려도 부서지지 않고 정상적으로 작동될 수 있나요?

패트릭: 어떤 식으로든 영구적인 손상을 입지 않는지 확인하기 위해 제가 낙하 테스트를 더 많이 해 볼 겁니다. 하지만 바닥에 떨어지는 각도에 따라 건전지가 장치 밖으로 나올 가능성은 있습니다. 제 생각에 이것도 용납할 수 없는 점이긴 하지만, 그걸 고칠 방법이 단시일 내에는 없습니다. 못의 밑부분을 넓게 깎으면 못이 부서졌을 때 무거운 건전지가 밖으로 밀고 나오려고 하다가 못 나오게 됩니다. 저라면 먼저 1차 생산을 한 후에 그 방법을 써 보겠습니다. 만약 그 방법이 통하지 않으면 원래대로 하거나 더 나은 디자인을 생각해 봐야죠. 그렇게 되면 다시 설계해서 테스트하는 과정이 2주 정도 더 걸립니다.

휘트: 1차 선적분에서 건전지 뚜껑이 제대로 열린다면 괜찮아요. 그보다는 천장에서 떨어졌을 때 완전히 손상된다면 그게 더 심각한 문제죠. 테스트를 했는데 그런 결과가 나온다면 이야길 해 봅시다. 그렇지 않다면 그냥 선적해요. 다음번 선적할 때는 좀 더 적극적인 해법을 찾자는 데 동의해요.

3. 완제품은 우기에 어떤 각도와 방향에서 비를 맞아도 정상적인 기능이 유지될 수 있는 건가요?

패트릭: 제 생각에 완제품은 잘하면 방수가 될 겁니다. 하지만 개스킷 없이는 완벽하게 방수가 되진 않을 것 같습니다. 우리는 이미 샘플 틀 2호에 개스킷을 넣으려고 시도하는 중입니다. 하지만 그렇게 되면 건전지 뚜껑을 닫기가 너무 힘들어질까 봐 걱정입니다. 아직 실험 중인데 계속 진행 상황을 알려 드리겠습니다. 새 샘플은 월요일에 나올 겁니다. 제 짐작으론 방수 스위치가 있으니까 안에 물이 들어간다고 해도 괜찮을 겁니다(예를 들어 소비자가 건전지를 교체하려고 뚜껑을 열었을 때 물이 들어간다고 해도). 실험할 수 있는 충분한 제품이 확보되면 곧바로 이 실험도 진행하겠습니다.

휘트: 개스킷 때문에 또 일정에 차질이 빚어져선 안 돼요. 만약 개스킷이 월요일에 나오는 샘플에 잘 맞고 제품 툴링에도 쉽게 추가할 수 있는 거라면 좋지만 그렇지 않다면 향후 2, 3일 내에 뚜껑을 최대한 깔끔하게 맞춰요. 1차 주문한 제품을 받을 우리 고객들에게 우리가 소개할 수 있는, 아주 현실적인 기대치를 세워 봅시다. 2차 주문을 할 때는 우기에 비를 맞아도 정상적으로 작동될 수 있도록 완벽한 방수 기능을 넣고 싶은데. 그렇다고 물에 담가도 작동될 수 있을 정도의 수준을 원하는 건 아니지만, 비용 추가가 거의 안 된다면 그것도 괜찮겠지요.

4. 손전등은 개별적으로 재활용할 수 있는 지퍼록 봉투에 넣어서 보낼 거지요?

패트릭: 투명한 지퍼록 봉투에 넣어서 보내겠습니다.

휘트: 고마워요!

5. 건전지 뚜껑이 최대한 램프 뒷면과 수평이 되게 맞춰 줘요. 이 샘플은 뚜껑이 램프 뒷면 위로 조금 튀어 올라와서 만지면 뚜껑 가장자리가 느껴져요. 이것 때문에 1차 선적분이 늦게 도착하는 건 원치 않지만 최대한 이 점을 빨리 개선해 줬으면 해요.

패트릭: 저도 뚜껑이 1차 샘플보다 조금 더 위쪽으로 올라간 걸 알고 있습니다. 이건 정말 고치기 힘든 문제지만, 연구는 해 보겠습니다. 그리고 제가 시도해 본 'O' 자형 개스킷 때문에 뚜껑이 살짝 더 올라가서, 꽉 닫기가 힘들다는 것도 알고 있습니다. 제가 사각형 개스킷 샘플을 만들었는데 월요일이면 완성될 겁니다. 그걸 가지고 실험해 보겠습니다.

휘트: 앞에 언급한 점은 월요일에 샘플이 나왔을 때 하루 안에 실행할 수 있는 훌륭한 해법이 나올지 한번 평가해 봐요. 그렇지 않다면 비가 적당히 왔을 때 잠깐씩 맞더라도 성능이 크게 저하되지 않을 걸로 생각해서 1차 주문으로는 괜찮을 것 같습니다.

6. '더 많은 일을 하라'라는 슬로건이 좀 더 눈에 잘 띄었으면 해요. 이것 때문에 제조 일정을 더 늦출 필요는 없지만 당장 고칠 수는 없더라도 차후에는 해결해야 할 겁니다. 그리고 미 연방정부에 등록하는 상표가 아니라 일반 상표를 붙여야 합니다.

패트릭: 알겠습니다. 그럼 시간을 절약하기 위해 지금까지 말한 수정 사항은 1차 주문하신 제품을 보낸 후에 할까요?

휘트: 동의합니다. 그대로 선적해요. 그리고 수정은 다음에 주문한 제품부터 적용하죠.

7. 초절약형 모드의 기본 회로 전력 소모량이 늘어나는 점 확인 바랍니다. 최저 파워 모드일 때 8.5에서 9.0밀리암페어를 소모하는 걸로 나옵니다.

패트릭: 그렇다면 LED일 때는 6밀리암페어이고 MCU/circuitry일 때 2밀리암페어가 추가되는 거군요. 첫 번째 샘플은 아주 낮은 전력에서도 작동됐을 수 있습니다. 최저 전류 모드를 정확하게 수정하기는 힘듭니다. 8.5밀리암페어로 쓰면 약 235시간을 쓸 수 있습니다. 이 정도면 충분할까요? 아니면 다 해서 6밀리암페어(LED일 경우엔 4밀리암페어)로 맞추고 300시간을 쓰게 할까요? 원래 정했던 규정을 바꾸고 싶진 않지만, 300시간을 목표로 하신다면 그렇게 하겠습니다.

휘트: 지금 그대로 보내요. 이 단계에서 규정을 바꾸는 일은 하지 말아야죠. 내 생각엔 지금도 좋아요. 난 그냥 처음에 보냈던 샘플보다 조금 더 높은 전압에서 작동되고 있는 것 같아서 알려 주려고 한 것뿐이니까. 우리가 정한 현실적인 용량은 1,800밀리암페어아워로 정했는데. 이건 200시간이 조금 안 되긴 하지만, 그래도 괜찮을 듯. 상품 포지셔닝을 조금 바꿔서 '하루에 5페세와도 안 되는 가격에 매일 밤새 켤 수 있습니다' 정도로 바꾸면 되죠. 전등은 사실 아주 좋아요. 촛불과 비교해도 더 낫습니다. 가까이 두면 글도 읽을 수 있을 정도예요. 어서 선적합시다. 선적해요, 선적!

패트릭: 그렇게 하죠!

휘트: 난 지금 심각해요, 패트릭. 선적할 때까지 주 7일 24시간 풀가동으로 돌려 주

세요.

휘트는 전보다 더 팔기 힘들어진 15세디라는 가격을 감수하기로 하고, 패트릭에게 1차 주문에 대한 계약금을 보냈다. 부로와 그린라이트 플래닛의 1차 공동 작업이 공식적으로 승인된 것이다.

그때가 11월 초였다. 완성된 손전등은 적어도 12월까지는 도착하지 않을 터였고, 아마 1월경에나 올 예정이었다. 한편 새 휴대전화 충전기는 날개 돋친 듯 팔려 나가고 있었고, 그 결과 건전지 재고가 줄어들고 있었다. 새로 주문한 건전지 6,000개는 두바이를 경유해서 홍콩에서 아크라로 오게 돼 있었다. 그때가 10월 말이었다. 그런데 바로 그즈음에 예멘에서 보낸 소포 두 개에서 알카에다 폭탄이 발견됐고, 소포 두 개 중 하나가 두바이에 있는 우체국에서 나왔다. 그 뉴스를 듣자 휘트는 끙 신음 소리를 냈다. 그렇다면 두바이를 거쳐 오는 건 뭐든 지연될 것이다. 특히 수천 개의 강력한 건전지는 더 그럴 거라는 걸 휘트는 알고 있었다.

하지만 두바이의 폭탄에 대해 걱정할 시간도 별로 없었다. 아코라보 마을에서 공공 모임이 예정돼 있었다. 그곳은 니가 새 재판매업자를 교육한 시내 서쪽에 있는 새 마을이다. 재판매업자 선정과 교육과정처럼, 1차 판매 공공 모임 형식 역시 세련되게 다듬어져 공식화됐다. 새 재판매업자가 교육을 받아서 판매할 준비가 되면, 니나 로즈가 추장과 원로들과 협의해서 공공 판매 모임 날짜를 정한다. 그날 니나 로즈가 부로 프로그램과 제품을 마을 사람들에게 소개하고 새 재판매업자에게 고객을 가입시킬 기회를 주는 것이다. 공공 모임이 열리기 전에 새 재판매업자는 행사 날짜와 시간을 알리는 홍보 전단을 한 뭉치 받는다. 새 재판매업자가 그 전단을 마을 사람들에게 나눠 주면서 공공 모임에서 그 전단에 나온 복권을 추첨하니까 전단을 꼭 가지고 있으라며 동기 부여를 해 준다. 전단을 가지고 온 사람은 추첨을 통해 누구든 근사한 상품을 받을 기회가 있다. 대개는 초록색 부로 티셔츠를 상으로 줬는데 그 셔츠는 휘트도 놀랄 정도로 재빨리 코포리두아 주변 사람에게 높은 사회적 신분의 상징이 됐다. 공공 모임은 또한 절약형 건전지와 손전등 같은 부로의 신제품을 미리 공개하고 고객들의 반응을 살펴볼 수 있는 좋은 기회가 됐다.

아코라보로 가는 길에, 휘트는 니에게 손전등 샘플을 소개하는 방법에 대해 가르쳤다.

"사람들에게 이건 손전등인데, 벽에도 걸 수 있고, 머리에도 찰 수 있다고 해요. 길고 장황하게 설명하지 말고 간결하게 말해야 해요. 이 손전등은 초절약형, 절약형, 밝음, 최대 밝음 이렇게 네 가지 모드로 세팅할 수 있어요. 이렇게 이름으로 네 가지 모드를 구분지어 놓으면 제품을 설명하기가 훨씬 쉬울 거예요. 그러니까 지금 석유램프에 한 달에 5세디를 쓰고 있다면, 이 손전등에는 1세디만 쓰면 된다는 거죠. 이 메시지를 아주 간결하면서도 핵심만 뽑아서 전달해야 해요."

"잘 알겠습니다." 니가 대답했다.

우리는 타타를 타고 아코라보로 들어갔다. 타타 스피커에서 녹음된 부로 선전 문구가 크게 울려 퍼지고 있었다. 이 마을은 이미 사람들로 북적거리고 있었다. 이날 근처에 있는 좀 더 큰 마을에서 장이 서서, 마을 사람들이 장에 가려고 장바구니를 챙기고, 아프리카에서 항상 그렇듯 와자지껄하게 소리를 지르고 웃어대면서 장에 가져갈 물건을 싸고 있었다. 카카오 콩을 넣은 자루를 가득 실은 택시들은 물건을 잔뜩 올려놓은 소파처럼 둔해 보이는 모습으로 힘겹게 움직이고 있었다. 수십 명의 승객이 마치 러시아워에 출근하는 사람처럼 트로트로에 숨 쉴 틈 없이 들어차 있었다. 마을 광장의 땅바닥에는 마치 카펫처럼 두껍고 고무 같은 재질의 종이가 깔려 있었다. 그 포스터에 전미 미식축구연맹과 ESPN 텔레비전 방송국의 로고와 목이 두꺼운 미식축구 선수들의 커다란 얼굴이 발효되고 있는 콩 밑에서 씩 웃고 있었다. 나는 미식축구 광고 포스터가 어떻게 전기도 안 들어오는 가나의 외딴 시골 마을까지 들어왔는지 상상해 보려고 애를 썼다. 누가 이 포스터를 돌돌 말아서 쇼핑몰 밖에 있는 기증함에 쑤셔 넣었나? 아니면 어떤 기업에서 이것도 세금 공제가 되는 자선 행위라고 생각한 걸까? 어쩌면 이건 일부 회사들이 자랑하는 '자선단체에 이익의 5퍼센트를 기부'하는 그런 행사의 일종일지도 모른다. 아무리 이런저런 시나리오를 떠올려 봐도 답이 나오진 않았다. 도대체 그 사람들은 무슨 생각을 한 걸까? 분명 아코라보 마을 사람이 돈을 주고 이걸 가져오진 않았을 것이다. 가나 사람들이 시간과 공을 들여서 카카오를 말릴 받침대를 만들 때는 최대한 공기가 잘 통하고 염소와 닭이 지분거리지 않도록 높이 만든다. 이렇게 흙바닥에 뒹굴고 있는, 임시변통의 건조대는 결코 이상적이지 않다. 하지만 공짜니까 그냥 이렇게 놔둔 것이다.

우리는 나무 그늘 밑에 모였다. 그 근처에는 물결무늬의 금속 지붕이 있는 정자 밑에 휘발유로 돌아가는 발전기가 하나 있었다. 그 옆에는 '여기서 휴대전화를 충전하세요'라는 간판이 세워져 있었다. 우리 회사의 경쟁자인 셈이었다. 아이들이 돌아다니고 있었는데, 많은 아이들이 아코라보이슬람초등학교와 아코라보이슬람유치원 배지를 수놓은 교복을 입고 있었다. 어떤 남자가 이 마을에는 기독교 신자뿐 아니라 종고(이슬람 집단을 뜻하는 가나어)도 있다고 했다. 새 재판매업자(그의 이름을 잊어버렸다) 역시 이슬람교도였다. 휘트와 니와 내가 나무 벤치 위에 자리를 잡고 앉는 동안 그 재판매업자는 마을 사람을 더 많이 모으러 갔다.

잠시 후 사람들이 도착해서 앉기 시작했다. 곧 사오십 명 정도 되는 남자와 여자가 와서 공공 모임이 시작되길 기다렸다. 나는 사람들을 둘러보다가 많은 이들이 손에 세디 지폐를 쥐고 있는 걸 눈치챘다.

"휘트. 내가 세일즈에 대해서는 잘 모르지만 이 사람들은 살 준비가 된 것 같은데." 나는 작은 소리로 동생에게 말했다.

"그렇게 생각해?"

마침내 공공이 울리면서 쇼가 시작됐다. 니가 통상적으로 하는 휴대전화 충전기 시범('추웅전!' 몇 명이 그렇게 말했다)을 보이면서 설명을 하고 나서 손전등 샘플을 꺼냈다.

"좀 있으면 오게 될 우리 회사의 새 손전등입니다. 이 전등은 네 가지 세팅 모드가……."

하지만 니가 더 설명하기도 전에 군중 속에서 어떤 남자가 벌떡 일어섰다. 그는 조지아대학교 축구팀 모자를 쓰고 라스베이거스의 팜스카지노리조트에서 나온 골프 셔츠를 입고 있었다.

"이봐요, 백인!" 그 남자는 구겨진 지폐 몇 장을 쥐고 휘트에게 손짓을 했다. "저 남자에게 이야긴 그만하고 돈 받으라고 해! 우린 시장에 가야 한단 말이야!"

"이야긴 그만해. 우린 돈을 내고 싶어." 또 다른 남자도 연이어 그렇게 말했다.

또 다른 남자가 일어섰고, 이어서 또 다른 사람이 일어섰는데 마치 우리가 그 사람들에게 누가 이 마을에서 가장 미남이냐고 물어본 것 같았다. 그리고 1637년 네덜란드 튤립 사재기 사태 이후로 처음 보는 판매 광풍이 불었다. 가나 사람들이 영국 문화에서 절대로 받아들이지 않았던 한 가지 특징은 바로 공손하게 줄을 서는 문화였다. 그래서 우리를 정신없이 둘러싼 사람들의 무리를 보고도 놀라지 않았다. 서로 밀쳐 대면서 자기 휴대전화를 테스트해 보거나(대부분 우리 충전기로 충전할 수 있었지만 안 되는 휴대전화도 몇 개 있었다) 돈을 내려고 팔을 길게 뻗은 사람들을 보면서 든 생각은 이건 부로로서도 처음 겪는 일이란 것이었다.

"니, 내가 휴대전화를 테스트하는 동안 자네는 고객들을 가입시켜 줘요." 휘트가 다급하게 말했다.

"내가 잔돈을 거슬러 줄게." 내가 현금 상자를 홱 움켜쥐면서 말했다.

몇 분 안에 우리는 마치 즉석 주문을 받는 요리사처럼 리듬을 타기 시작했다.

"이 분은 건전지 네 개를 샀어. 건전지 네 개랑 충전기 하나, 그리고 모토로라 플러그 챙겨 드려."

"어댑터, 어댑터, 여기 어댑터 좀 줘."

"이 여자분에게 20세디 거슬러 드려. 건전지 네 개와 충전기 하나 사셨어."

"이분에게 마이크로 USB 드려. 아니, 이건 미니고. 이 분은 마이크로를 드려야지. 마이크로."

"손님, 아까 그 종이 어디 있습니까? 먼저 가입부터 하셔야 합니다."

"이건 노키아예요. 구형 노키아. 이 휴대전화는 충전이 안 됩니다."

"파란 다이오드를 써 봐."

"이 여자 손님이 건전지를 더 사시겠대. 니, 이 여자분 등록 신청서에 건전지 네 개를 여덟 개로 바꿔 드려. 성함이 어떻게 되시나요?"

"돌겠네, 여기 빨리 어댑터 주라고."

이런 식으로 거의 두 시간이 지나갔다. 사람들은 충전기와 건전지를 사서 갔다가 돈을 더 갖고 돌아와서는 다른 휴대전화를 테스트해 보고, 충전기와 건전지를 더 많이 주문해 갔다. 한 손님이 새 휴대전화 충전기를 쥐고 달려왔을 때도 일을 멈출 수 없을 정도로 바빴다. 그 손님의 휴대전화가 우리 충전기에 꽂혀 있었는데, 그 충전기에서 검은 연기가 나면서 선이 녹고 있었다.

"휴대전화를 얼른 빼세요!" 휘트가 충전기를 냉큼 뺏어서 뜨거운 건전지를 뺐다. "정말 죄송합니다. 건전지가 불량이었나 봐요. 새 건전지로 바꿔 드리겠습니다. 하지만 우리 건전지가 얼마나 강력한지 직접 확인하셨죠! 걱정하지 마세요. 손님 휴대전화가 망가졌으면 저희가 교체해 드리겠습니다."

그 남자가 씩 웃자 휘트가 안도한 것처럼 보였다.

"명심해 둬. 다음번 선적에는 퓨즈도 추가해야겠어." 휘트가 나와 니에게 말했다.

마침내 우리는 휴대전화 충전기와 D 어댑터를 다 팔았고, 우리가 가져온 건전지도 거의 다 팔았다. 니가 복권을 추첨해서 티셔츠 두 장을 당첨된 사람들에게 나눠 주고 큰 박수를 받았다. 그리고 고맙다는 인사와 작별 인사를 나눈 후에 우리는 차를 몰고 떠났다. 니는 그날 오후에 또 다른 공공 모임에 가야 했지만 먼저 얼른 회사로 돌아가서 다시 물건을 가져와야 했다.

"음, 오늘은 일이 잘 풀렸어." 휘트가 트럭에서 일부러 아무렇지 않게 한마디 했다. "잘했어요, 니."

휘트와 니는 오후에 있을 공공 모임의 계획을 다시 짜고 있었지만, 나는 둘이 하는 대화는 듣지 않았다. 나는 뒷자리에 앉아 현금 상자에 든 돈을 세고 있었다. 우리는 오늘 280세디를 벌어서 기록을 세웠다.

'이야긴 그만하고 돈이나 받아'

나로서는 그 네 마디가 오늘 분위기를 완벽하게 설명해 줬다. 여러 가지 세련된 재무지표로 사업의 성공을 측정할 수 있는 방법이 있겠지만(결국엔 휘트가 그렇게 하겠지만), 그 한 문장에 성공의 진수가 녹아 있었다. 공짜로는 그런 성공을 거둘 수 없다. 사람들은 공짜를 좋아하니까 언제든 공짜로 주는 물건은 기쁘게 받을 것이다. 가나 사람들이 전미 미식축구연맹 포스터에 카카오 콩을 말린 건 그 포스터가 좋아서가 아니라 공짜였기 때문이다. 그 사람들이 당신에게 입 닥치고 돈이나 받으라고 한다면 그건 당신의 사업이 제대로 돌아가고 있다는 좋은 신호다.

'이야긴 그만하고 돈이나 받아!'

빌 게이츠가 창조적 자본주의를 만들자고 공공을 친 이후로 거의 3년이란 시간이 흘렀다. 그 후로 영리사업을 통해 가난한 사람들을 돕기 위한 전 세계적인 토론이 세계 도처의 교실과 사무실에서 울려 퍼지고 있

였다. 그러나 개발도상국이라는 호된 시련의 세계에 있는 한 나라 시골
에서의 내 이야기는 그만 끝낼 시간이 온 것 같았다.

아프리카의
일상

2010년 12월
그 후 우리는

만족스러운 고객. 에마누엘은 예순다섯 살의 농부로
라디오에 부로 건전지를 넣어 좋아하는 뉴스 해설을 듣는다.

Bright Lights, No City

부로는 계속 성장하면서 새로운 도전에 직면했다. 건전지 뚜껑 주위에 개스킷을 씌운 손전등 200개가 12월에 DHL로 도착했다. 휘트가 12월 10일 트위터에 썼다.

아크라호텔 싱크대에서 확인해 본 결과 부로 손전등은 물속에서도 계속 최대 밝음 모드를 유지했다! 집에서 아이들은 따라 하지 못하게 할 것. 하지만 야호!

1차로 온 손전등은 2주도 안 돼 다 팔렸다. 2011년 1월 새로 2,800개가 도착했다. 휘트는 가나 사람들을 더 많이 고용했다.

기아 차는 또 두 번이나 사고가 났다. 니가 제임스의 딸에게 운전을 가르치던 와중에(부로의 전 직원이 서로 자기 분야를 다른 직원에게 교육해서 회사의 모든 일을 할 수 있게 하자는 로즈의 제안에 따라) 그 여직원이 그만 벽돌담에 차를 박았다.

"코포리두아에서 한 남자가 40세디면 고칠 수 있다고 하더라고. 하지만 수리가 끝난 후에 차를 가지러 갔더니 엔진 자체가 떨리고 있었어. 알고 보니까 차를 박았을 때 엔진 장착대 앞부분이 완전히 떨어져 나갔는데 고치던 남자가 거긴 확인도 안 했더라고." 휘트가 내게 전화로 말했다.

그러다 크리스마스이브(아크라에서 차를 완전히 고치고 얼마 못 가서)에 제임스가 이번에는 더 심한 사고를 냈다. 어떻게 된 일인지 그날 외딴 곳에 있는 비포장도로를 달리다 차체 양쪽이 다 구겨지게 만들었다. 크리스마스이브에 제임스가 왜 회사 차를 몰고 있었는지에 대한 설명을 아무도 납득하지 못했고, 그날 그의 현금 보관함에 있던 돈 중에서 50세디가 비었다. 제임스는 성격도 좋고 일도 열심히 했지만 문제가 많았다. 아무래도 부로에서 일할 날이 얼마 남지 않은 것 같은데 제임스로선 안된 일이었다.

부로에서는 어떤 일도 쉽지 않았다. 휘트는 가나에서는 당연하게 받아들여지는 일들과 매일매일 싸우는 것처럼 보였다. 어느 날, 그는 새로 뽑은 세관 담당 직원에게서 전화를 받았다. 그 직원은 아크라 세관에서 건전지, 램프, 부로의 다른 제품 등을 통관 수속하는 일을 하고 휘트에게서 월급을 받기로 했다. 휘트의 이웃이 그 사람을 추천했는데, 그 이웃이 마침 연방 세관 및 밀수 단속반 소속 공무원이었다. 그 재판매업자가 맡은 첫 번째 업무는 마침내 12월에 도착한 새 건전지 6,000개의 통관 수속을 맡아서 해결하는 것이었다.

"건전지가 도착한 날 그 직원이 내게 전화를 했어. 그런데 조건이 있다는 거야. 내가 그날 500세디를 내야만 건전지를 가져갈 수 있다는 거야. 그래서 내가 물었지. '다른 비용을 제외하고 말이요?' 왜냐하면 관세랑 부가가치세가 2,000세디 정도 나오거든. 그러니까 그 직원이 대답하더군. '그게 총액입니다. 500세디요.' 내가 말했지. '그러면 제대로 된 통관서류는 다 받을 수 있는 거고요?' 그러니까 아니라고, 그냥 봐주는 거라고 하더군. 그냥 봐주는 거라니! 그러고 나서 그 직원이 한 단 말이 세관 관리가 그러는데 건전지에 붙인 코드가 틀렸다나. 충전용 건전지에는 세금이 10퍼센트만 붙지만 우리 물건은 20퍼센트를 내야 한다는 거야."

"참, 엄청나게 봐주는군."

"내 말이 그 말이야. 그 작자는 그러니까 신속하게 건전지를 통관시킬 수 있는 길은 누군가에게 뇌물을 주는 길밖에 없다는 걸 분명하게 밝히더군."

"그래서 뭐라고 그랬어?"

"일단 뇌물을 주기 시작하면 완전 그런 인간들 밥줄이 되는 거지 뭐. 내가 뇌물을 줄 거라는 걸 알면 그다음부터는 달라고 하지 않아도 줘야 하는 거잖아. 그래서 내가 그랬지. '호의는 고맙지만 내가 다루는 모든 제품은 적법한 절차에 따라 통관수속을 해야 해요.' 그러니까 그 직원이 한단 말이 그럼 나보고 직접 여기 와서 관리랑 이야기를 해 보라는 거야. 그 작자는 관세를 20퍼센트로 때리겠다고 계속 고집을 피우고 있다나. 그래서 내가 뭔 소리냐, 그 건전지는 분명 관세가 10퍼센트인데, 20퍼센트나 내면 도저히 이 사업을 할 수 없다, 그런 말을 했지.

그래서 차를 몰고 DHL 터미널에 있는 세관 관리를 만났어. 그 작자는 상당히 영악하더군. 이미 건전지에 대해 어느 정도 조사를 했더라고. 나한테 일반 건전지는 관세를 20퍼센트 매기게 돼 있고, 2차 축전지만 10퍼센트를 매긴다는 거야. 심지어 이 정보를 세 관리 부서에 보내서 그전에 여기 세관을 통과한 건전지까지 다시 재수거하게 만들 수도 있다는 거야. 그래서 내가 강력한 한 방을 날렸지. '우리 건전지는 충전용 건전지기 때문에 2차 축전지가 맞습니다'라고. 하지만 그 남자가 아니라는 거야. 2차 축전지는 차에 들어가는 습전지만 해당된다는 거야. 그래서 내가 그랬지. '아닙니다. 제가 건전지 사업을 하는데 2차 전지라는 개념 자체가 충전용 건전지라는 뜻입니다'라고.

그러니까 그 관리가 '그 정보는 어디서 구했냐?'라고 하잖아? 그래서 '그 정보가 나온 웹사이트가 5만 개는 됩니다' 그랬지. 그러니까 그 웹사이트를 보여 달라고 하는 거야. 그래서 스마트폰을 꺼내서 그 자리에서 구글 검색을 해서 보여 줬지. 이 사람이 영 말이 안 통하는 사람은 아니더라고. 내가 보여 준 전지의 성분과 화학 구성을 보는 거야. 난 15분 정도 조용히 앉아서 그 사람이 혼자서 결론을 내릴 시간을 줬지. 체면 차릴 시간이 필요하다는 걸 알고 있었으니까. 결국 그 사람도 물러서더군.

그다음에 내가 막 나가려는데 또 물어보는 거야. '그럼 휴대전화에 들어가는 리튬 전지는 어떻죠? 그것도 2차 전지로 분류해야 하나?' 그래서 '나라면 수입업자한테는 말하지 않겠지만, 그것도 2차 전지입니다'라고 했지. 다시 손전등을 가지러 왔을 때 그 남자에게 선물로 하나 줬어. 지금은 좋은 친구가 됐지."

부로는 휘트가 기대했던 것보다는 느리지만 지속적으로 수익을 늘려 갔다. 2010년 10월, 부로 건전지로 작동되는 첫 장치를 소개한 후로 9개월도 못 돼서 전체 월 수익이 세 배 이상 늘었고, 건전지 교환 수익도 두 배로 늘었다. 2011년 5월에는 건전지가 아닌 상품 판매가 건전지 판매를 앞질렀다. 부로는 그 후 건전지로 작동되는 다른 제품을 더 많이 주문하고 있으며, 또한 보건·농경 관련 제품과 서비스에 대한 시도를 계속하고 있다.

2010년 말에 내가 지켜본 것처럼, 부로는 유능한 재판매업자를 뽑는 데도 좀 더 효율적으로 변해 가고 있었다. 2011년 중반이 되자 부로는 매달 스무 명의 새 재판매업자를 고용하게 됐다. 현재는 판매하는 제품이 한정돼 있지만, 많은 부로 재판매업자들이 이미 회사의 수익이 쭉쭉 올라가도록 뛰어난 성과를 올리고 있었고, 그에 이어 아주 매력적인 투자 수익률까지 거두고 있었다. 휘트는 부로가 취급하는 제품을 늘리고 마케팅을 강화하면 더 많은 재판매업자가 수익을 올릴 수 있다고 판단했다.

하지만 여전히 쉽지 않은 문제가 남아 있었다. 성능이 불량한 건전지가 가끔 나타나서 회사의 이미지를 실추시켰지만, 그 문제는 차츰 줄어드는 추세다. 그리고 휘트는 좀 더 강력하면서 효율적인 충전 장비와 테스트 장비를 갖추기 위해 노력하고 있다.

한편 원래 부로가 영업을 시작했던, 전기가 들어오지 않았던 마을 몇 곳에 전기가 들어오게 됐다. 부로 고객에게는 희소식이었지만 건전지라는 제품 판매에는 타격을 입히는 소식이었다. 하지만 휘트는 부로의 상품 하나보다는 부로라는 브랜드 이미지가 가진 잠재력이 훨씬 크다고 믿고 있다. 부로 브랜드에 대한 가나 사람들의 신뢰는 컸고, 부로는 그 신뢰를 바탕으로 고객들에게 물 펌프와 개량된 종자같이 좀 더 실질적인 상품에 상품 예약 구입 투자를 하도록 격려하고 있다.

휘트는 사실상 가나에서 살면서 여름과 휴가 때만 짧게 집에 다녀간다. 휴가는 유럽에서 가족과 함께 보내고(아쉽게도 리비아를 경유하는 저가 항공은 더는 운행되지 않지만), 그의 아이 둘 다 코포리두아에 있는 그에게 가끔 다녀간다.

부로가 급속도로 성장하고 있기 때문에 휘트는 당분간 붉은 진흙 길 위에서 힘겹게 초록색 트럭을 모는 시간보다 시애틀에서 카페라떼를 홀짝이는 시간이 더 많아지는 날을 꿈꾸지 못할 것이다. 부로는 우리에게 세계의 가난한 사람들에게 상품과 서비스를 제공하는 사업은 할 수 있지만 그걸로 일확천금은 노리지 못한다는 걸 분명하게 일깨워 줬다. 이런 일은 더운 날씨에는 한없이 늘어지고, 와이파이가 터지는 곳만 찾아다니면서, 제대로 된 음식을 먹고 싶어 하는 사람들은 도저히 하지 못한다. 다시 말해 나 같은 사람은 절대로 할 수 없지만 내 미치광이 동생이 그런 일을 한다는 게 너무나 자랑스럽다.

부로는 이미 또 다른 사업가에게도 영감을 불어넣었다. 브리검영 인턴이었던 저스틴과 앤드루는 2011년 1월 가나로 돌아와 사업을 시작할 기회를 찾고 있다. 이들은 시골에 사는 가나 사람들이 지속 가능한 양식장을 설계해서, 짓고 유지할 수 있도록 돕는 프랜차이즈 사업을 도모 중이다. 틸라피아나라는 이름을 붙인 이 회사는 브리검영대학교에서 사업 계획 대회에 나가 상을 두 개나 받았다. 이들은 현재 이 프로그램을 실행할 자금을 찾고 있다.

부로의 일류 재판매업자 중 한 명인 조나스는 지역 의회 선거에 나갔다가 아쉽게 패배했다. 나는 메인에서 그에게 전화해 언젠간 그가 가나의 대통령이 될 거라고 말해 줬다. 부로에서 그가 벌어들이는 부수입으로 그는 농장 일에 더 많은 시도를 하고 있다. 2011년 2월, 조나스의 열여섯 살 먹은 아들이 원인을 알 수 없는 질병을 앓다가 숨졌다.

휘트는 아직 아코시아의 소식을 듣지 못했다.

로즈는 이제 숙련된 운전기사가 됐다. 부로의 차량은 계속해서 수난을 당했다. 2011년 초 타타는 8만 5,000킬로미터를 달린 후에 엔진을 새로 갈아야 했다. 휘트는 오토바이를 한 대 장만해서 코포리두아에서 아크라까지 전에는 두 시간 반 걸리던 출퇴근 시간을 절반으로 줄였다. 비라도 오는 날이면 홀딱 젖어서 다닌다고 한다.

부로의 첫 직원인 케빈은 아샨티족 여자와 결혼해서 새 가정을 이뤘다. 케빈은 코포리두아에서 이벤트 회사에서 일하고 있다. 잰과 데비 노드스트롬이 모두페 드조르카라는 이름의 나이지리아 출생 여성을 고용하면서 애덤이 해고됐다. 모두페는 회계사로 애덤보다 경력이 훨씬 많았다. 2011년 애덤은 또 다른 서아프리카 나라에서 비정부기구의 관리자로 취직했다. 제임스는 크리스마스이브에 차 사고를 낸 후 해고돼서 이제는 다른 지역 회사의 운전기사로 일하고 있다. 제임스의 딸은 아직도 부로에서 일하고 있다. 은칸사는 다른 사업 외에 택시 회사도 경영하고 있지만 아직도 부로에 진 빚은 갚을 생각을 하지 않고 있다. 로즈, 모두페, 니 모두 부로의 수석 매니저이자 다른 팀원과 함께 부로 최초의 지점을 독자적으로 운영하고 있다. 찰리는 아직도 부로의 사업 파트너이면서 여전히 잘나가는 건설 회사를 운영하고 있다.

마당에서 코를 질질 흘리면서 놀던 꼬맹이 패트릭은 죽었다. 아무도 아이가 어떻게 그리고 왜 죽었는지 모르는 것 같았다. 이웃 사람들이 잰에게 말하길 패트릭이 춥다고 해서 병원으로 데려갔다고 한다. 그런데 다시 차를 타고 집에 오는 길에 죽었다. 잰은 블로그에 '내가 가진 패트릭의 유일한 사진은 1년 반 전에 찍은 단체 사진에서 자른 희미한 모습뿐이다. 가나에서의 삶이 지속되면서 이미 패트릭의 존재는 추억으로 사라져 가는 걸까?'라고 적었다.

내가 고국에서의 일상에 적응하는 동안 코트디부아르의 정권 변화나 북아프리카의 혁명에 대한 뉴스보다 나만의 독특한 기억이 아프리카 대륙의 존재감을 매일같이 일깨워 주고 있다. 가나에 두고 온 친구들이 그리웠다. 그건 예상했던 일이지만, 그다음엔 아프리카도 그리웠다. 그건 예상치 못했던 일이다. 그리고 물론 동생도 그리웠다. 거기서 우리가 함께했던 시간은 우리 부모님이 이혼하고 동생이 어머니와 함께 서부로 이사 가면서 끝났던 우리 유년기의 짧은 2막과도 같았다. 그 2막이 서쪽이 아닌 극동에서 일어나리라고 누가 예상이나 했을까?

이별은 노예제도가 시작된 이래 아프리카에서는 일상이다. 한번은 아크라에서 집으로 가는 비행기에서 나이가 지긋한 가나 여성과 다섯 살짜리 손자 옆에 앉은 적이 있다. 그녀는 손자가 가나에 다니러 왔다가 라스베이거스에 있는 어머니에게 돌아가는 길이라고 내게 설명했다. 손자는 완전히 미국 아이였다. 튀어는 단 한 마디도 못했고 가지고 온 휴대용 DVD 플레이어로 〈닌자 거북이〉 영화를 봤다. 뉴욕까지 열 시간이나 걸리는 비행에서 아이가 가지고 있던 DVD 플레이어의 건전지가 죽어 버렸다. 아이는 배낭에서 휴대전화를 꺼내서 팩맨 비디오게임을 시작했지만 제대로 작동이 되지 않았다. 내가 도와주려고 했지만

584

나도 도대체 뭐가 문제인지 알 수 없었다. 짜증이 나고 지루해진 아이는 생떼를 부리기 시작했다. 아이는 울면서 의자 위에서 다리를 마구 휘저었다. 할머니가 그만하라고 하자 할머니를 때렸다.

아이들이 어른들의 말에 무조건 복종하는 가나에서 할머니를 때렸다간 난리가 날 텐데. 하지만 그 할머니는 자신의 혈육인 손자가 더는 아프리카 사람이 아니라는 사실을 체념하고 받아들이는 것 같았다.

그런데 기이하게도 나는 나 자신이 좀 더 아프리카 사람처럼 느껴졌다. 미래에 무슨 일이 일어날지에 대해선(내게, 내 아이들에게, 의료보험 제도에) 걱정을 덜 하게 되고, 알 수 없는 미래를 더 마음 편하게 받아들이게 됐다. 가나 사람들이 수세대에 걸쳐 배운 지혜를 나도 받아들이게 된 것이다.

우리는 공항에서 출입국 심사를 거쳐, 아프리카식으로 혼란스럽기 그지없는 수하물 벨트에서 짐을 찾아 다시 세관을 거쳐 JFK 공항의 음울한 복도로 나왔다. 이 공항은 아마도 세계에서 가장 느낌이 좋지 않은 공항일 것이다. 항상 어디선가 공사가 진행 중이지만 결코 개선되지 않는 국가적 수치인 이 공항은 그 거만하면서도 냉정해 보이는 분위기로 매번 날 놀라게 한다. 마치 이 공항을 설계한 사람은 다른 공항(예를 들면 가나의 코토카같이 근사한 공항)이라고는 한 번도 가 보지 않았고, 그럴 생각도 없는 것 같았다. 내가 모든 일이 급속도로 진행되는 터미널 안으로 힘겹게 들어가는 동안, 내 옆자리에 앉았던 승객들의 느긋하고 따뜻한 튀어(가나에서 2년이 넘게 날 품어 줬던 그 목소리들)는 절제된 유럽과 아시아의 언어, 미래에 대한 분명한 계획을 가진 사람들의 언어 속에서 희석돼 버렸다. 프랑스어, 독일어, 이탈리아어, 러시아어, 일본어, 내 영어까지 모두 내 귀에는 기이하게 외국어처럼 들렸고 3번 터미널처럼 혼란스럽기만 했다. 곧 가나 사람들이 군중 속으로 사라져 버렸고, 그렇게 나의 아프리카는 사라졌다.

⎰ 감사의 글 ⎱

내 동생 휘트의 협조와 지원 없이는 이 책을 쓸 생각도 못 했을 것이다. 동생은 내가 온갖 참견을 다 하는 걸 꾹 참고 자신이 운영하는 사업의 모든 걸 보여 주고 접할 수 있게 해 줬다. 동생은 이 책을 읽고 나서도 심기가 불편한 부분(그런 부분이 많았는데)도 바꿔 달라는 말을 (거의) 하지 않았다. 하지만 어쨌든 내가 쓴 글을 한 자도 빼놓지 않고 꼼꼼히 읽은 후에 잘못되거나 틀린 부분을 고쳐 주고, 모호한 부분을 명확하게 밝혀 주고 설명해 줬다.

내 글의 또 다른 충실한 독자이자 협력자는 동료인 잰 왓슨이다. 휘트처럼 잰 역시 이 책을 처음부터 끝까지 다 읽고는 이 책이 훨씬 나아지도록 도와줬다. 잰의 의견 덕분에 전에는 고려해 보지 못했던 문제에 대해 생각하게 됐고, 내 글이 삼천포로 빠질 때마다 다시 원래의 주제로 돌아올 수 있도록 바로잡을 수 있었다. 게다가 가나에서의 모험을 쓴 그녀의 재미있는 블로그(skitocoast.blogspot.com)에서 많은 영감을 얻었고, 몇 가지 일화를 빌려 올 수 있었다.

셸리 선드버그는 이 책을 읽고 아프리카에 대한 그녀의 사랑과 지식이 반영된 훌륭한 조언을 해 줬다.

아크라에서 찰리와 그의 아내 아피(이들의 본명을 쓸 수 있다면 정말 좋았을 텐데)는 나의 든든한 지주가 돼 줬다. 자신의 집을 내게 숙소로 제공해 줬을 뿐 아니라 내가 끊임없이 질문해 대는데도 가나에 대한 풍부한 배경 지식을 인내심을 가지고 설명해 줬다. 내가 가나 사람들을 이해할 수 있도록 도와준 고마운 부부다. 이 부부의 환희와 에너지와 친절 덕분에 아프리카 사람들의 불굴의 기상을 엿볼 수 있었고, 아프리카의 미래가 밝을 것이라 믿게 됐다.

로즈 도드는 동료이자 통역사이자, 나이가 좀 있는 오빠들보다 더 현명하고, 웃기고, 아이팟에 저장해 놓은 노래도 근사한 좋은 친구다. 니테테이는 참을성이 많고 사려 깊은 가이드였다. 케빈과 애덤과 은칸사와 제임스는 모두 가명이지만 진정한 친구들이었다. 이들의 시적인 언어로 감사를 표현할 방법이 없어서 그냥 '메다세'라고 해야겠다. 내 튀어보다 조금 나은 영어를 구사했던, 마당에서 놀던 아이들에게도 전하고 싶다. 맥스 이모는 너희가 보고 싶구나. 땅콩 수프 만드는 법을 가르쳐 준 파멜라와 사반나에게도 고맙다는 말을 전하고 싶다.

조나스와 헤이퍼드는 아주 우아하고 관대한 호스트로 날 친절하게 대해 줬다. 내 마체테를 날카롭게 갈아 주고, 재미있는 이야깃거리를 제공해 준 점, 고맙게 생각한다. 이들의 부모, 형제자매, 자식들, 손자 덕분에 즐거웠고, 큰 영감을 받았다.

유타의 저스틴 킹은 브리검영 인턴 네 명이 찍은 수백 장의 사진을 정리해서 웹에 올릴 수 있도록 큰 도움을 줬다.

뉴욕에 있는 내 에이전트 샐리 워포드 기란드는 이 책의 원고 작업을 처음부터 같이 시작해서 야근까지 해 가며 논리정연하게 다듬어 줬

다. 하이페리온출판사의 편집장인 엘리자베스 디세가드는 내가 원고
작업으로 힘들어할 때마다 격려해 줬는데, 아마 그녀의 편집 능력으로
내 원고를 살릴 수 있을 거라는 자신감이 있었나 보다.

　메인에서 사라와 하퍼와 윌리엄스는 내 빈자리를 잘 지켜 줬다.

아프리카의
배터리 킹

2015년 10월 19일 초판 1쇄 인쇄
2015년 10월 27일 초판 1쇄 발행

지은이 | 맥스 알렉산더
옮긴이 | 박산호
발행인 | 이원주
책임편집 | 김은경
책임마케팅 | 문무현

발행처 | (주)시공사
출판등록 | 1989년 5월 10일(제3-248호)

주소 | 서울시 서초구 사임당로 82(우편번호 137-879)
전화 | 편집(02)2046-2853·마케팅(02)2046-2894
팩스 | 편집(02)585-1755·마케팅(02)585-1755
홈페이지 | www.sigongsa.com

ISBN 978-89-527-7503-0 03300